# JavaScript
# +jQuery
# 정복

**지은이 김상형** http://www.soen.kr

1970년 진주에서 태어나 1997년 경희대학교 경제학과를 졸업하였다. 한메소프트, 다울소프트를 거쳐 LPA 아카데미 전임 강사로 활동하다 2007년부터 TODmobile에서 모바일 개발자로 활동하고 있다. 대부분의 시간을 연구 및 저술 활동에 전념하며 개발자 사이트인 SoEn을 운영하고 있다.

주요 프로젝트로는 영한사전, 백과사전, PassFinder, 온라인 테스트 솔루션 NeoTest, 조선일보 TEPS, 국순당 차림표 시스템, ePost, 당근 텍스트 편집기, iLark 워드 편집기, 아너림 자판, 윈도우 모바일 LifeDiary 등이 있다. 2009년부터 안드로이드 프로젝트를 하고 있으며 Communities, HelloTweet, FingerMemo, 갤럭시S 카메라, 갤럭시S2 SNote 등의 프로젝트에 참여하였다.

저서로는 『델파이 정복』(1996, 가남사), 『비주얼 C++ 정복』(1998, 가남사), 『윈도우즈 API 정복, 개정판』(2006, 한빛미디어), 『닷넷 프로그래밍 정복』(2008, 가메출판사), 『혼자 연구하는 C/C++』(2009, 와우북스), 『안드로이드 프로그래밍 정복』(2010, 한빛미디어), 『안드로이드 프로그래밍 정복, 개정판』(2011, 한빛미디어), 『윈도우폰 프로그래밍 정복』(2012, 와우북스), 『안드로이드 프로그래밍 정복, 3판』(2013, 한빛미디어), 『HTML+CSS3 정복』(2014, 한빛미디어) 등이 있다.

# JavaScript+jQuery 정복

**초판발행** 2014년 11월 01일
**3쇄발행** 2017년 03월 01일

**지은이** 김상형 / **펴낸이** 김태헌
**펴낸곳** 한빛미디어(주) / **주소** 서울시 마포구 양화로 7길 83 한빛미디어(주) IT출판부
**전화** 02-325-5544 / **팩스** 02-336-7124
**등록** 1999년 6월 24일 제10-1779호 / **ISBN** 978-89-6848-132-1 13000

**총괄** 전태호 / **책임편집** 송성근 / **기획·편집** 박민아
**디자인** 표지 강은영, 내지 강은영, 조판 이은미
**영업** 김형진, 김진불, 조유미 / **마케팅** 박상용, 송경석, 변지영 / **제작** 박성우, 김정우

이 책에 대한 의견이나 오탈자 및 잘못된 내용에 대한 수정 정보는 한빛미디어(주)의 홈페이지나 아래 이메일로 알려주십시오. 잘못된 책은 구입하신 서점에서 교환해 드립니다. 책값은 뒤표지에 표시되어 있습니다.
**한빛미디어 홈페이지** www.hanbit.co.kr / **이메일** ask@hanbit.co.kr

지금 하지 않으면 할 수 없는 일이 있습니다.
책으로 펴내고 싶은 아이디어나 원고를 메일(writer@hanbit.co.kr)로 보내주세요.
한빛미디어(주)는 여러분의 소중한 경험과 지식을 기다리고 있습니다.

보고, 이해하고, 바로 쓰는 자바스크립트 공략집

# JavaScript + jQuery 정복

김상형 지음

**HB** 한빛미디어
Hanbit Media, Inc.

## 지은이의 말

90년대 초에 제정된 HTML은 숱한 우여곡절과 무수한 변화를 거듭하여 이제 어엿한 성년이 되었습니다. 그간 웹은 기본적인 정보 전달 매체로서의 소임을 다해 왔으며 우리의 일상 생활에 없어서는 안 될 필수품으로 자리매김하였습니다. 새로운 표준으로 부상하고 있는 HTML5는 CSS, 자바스크립트, 캔버스, 웹 소켓, 웹 스토리지 등 수많은 관련 기술이 유기적으로 결합된 완벽한 플랫폼입니다. 비디오, 오디오 재생, 그래픽 출력, 네트워크 통신 등 플러그인의 도움 없이는 불가능했던 모든 작업을 이제는 웹에서 수행할 수 있습니다.

HTML5는 명실공히 국제 표준이며 이전의 혼란스러운 웹 환경을 대통일하여 막강한 위용을 과시하고 있습니다. 모든 브라우저가 표준을 준수하여 PC 환경에서의 웹을 통일했을 뿐만 아니라 모바일, 가전기기로까지 응용의 폭을 넓혔으며 지금도 지속적으로 새로운 활용처를 개척하고 있습니다. 그동안 인류가 쌓아왔던 모든 IT 기술이 HTML5로 집약되어 우리의 업무와 생활과 놀이에 깊숙히 들어왔습니다. 무엇을 하건 웹과 동떨어진 기술이 없으므로 지금이 HTML5를 배워야 할 적기입니다.

초기의 HTML에 비해 현재의 HTML5는 그 범위가 사뭇 다르며 많은 신기술이 추가되었습니다. 변화된 HTML5를 대하며 초보의 심정으로 돌아가 다시 배운다는 입장으로 꼼꼼하게 정리하면서 집필하였습니다. 실무 전문가에 비해 깊이는 부족할지라도 초보자 입장에서 헷갈리는 부분을 집중 연구하고 중요한 부분을 부각시킴으로써 처음 배우는 독자에게 읽기 편한 책이 되기를 기대합니다. 우선적으로 알아야 할 개념을 최대한 앞쪽에 배치하여 순서대로 읽으며 실습할 수 있는 자습서 형식을 취했습니다. 또한 레퍼런스로도 활용할 수 있도록 관련 이론을 가급적 한 곳에 모아 두었습니다.

부족한 원고를 기꺼이 출판해 주시며 항상 독자의 입장에서 좋은 책을 고민하시는 한빛미디어에 감사를 표합니다. 또한 저의 책을 신뢰해 주시고 실무 환경에서 구슬땀 흘려가며 열심히 공부하시는 독자분들께도 심심한 감사의 말씀을 드립니다. 독자의 소중한 시간을 아끼기 위해 최대한 효율적으로 학습할 수 있도록 최선을 다하였습니다. 부족한 책이나마 여러분의 학습에 조금이라도 도움이 되기를 희망합니다. 감사합니다.

2014년 9월

김상형

# 일러두기

## 독자 선정

자바스크립트는 웹페이지를 동적으로 프로그래밍하여 실시간으로 엘리먼트를 변경 및 추가, 삭제하는 언어입니다. 조작 대상이 HTML 엘리먼트와 CSS의 스타일이므로 자바스크립트를 배우기 전에 선수 과목인 HTML과 CSS는 꼭 먼저 학습하셔야 합니다. 웹에 대한 일반적인 개론과 페이지의 구조를 만드는 방법, 스타일을 지정하는 방법을 알아야 스크립트로 페이지를 자유롭게 조작할 수 있습니다. 이 책의 전권인 『HTML5+CSS3 정복』에서 두 주제를 상세하게 다루고 있으니 가급적 순서에 맞게 학습하시기를 권합니다.

이 책은 자바스크립트와 jQuery를 전혀 모른다는 가정하에서 처음부터 상세하게 설명합니다. HTML 문서에서 스크립트 코드를 작성하는 여러 가지 방법과 자바스크립트의 언어적 특성, 에러 처리 방법, 언어 제공 객체 사용법 등을 순서대로 실습합니다. 후반부에는 jQuery 라이브러리로 자바스크립트를 편리하게 사용하는 방법과 플러그인으로 언어의 기능을 확장하는 방법, 대표적인 플러그인인 jQuery UI에 대해 실습합니다.

자바스크립트의 문법이 간편하므로 다른 언어에 대한 경험이 전혀 없더라도 큰 상관은 없습니다. 물론 C/C++이나 자바 등의 기존 언어에 경험이 있다면 비슷한 구문이 많으므로 굉장히 빠른 속도로 학습할 수 있습니다. 그러나 자바스크립트는 기존의 언어와 다른 독특한 면이 있으므로 처음부터 다시 배운다는 자세로 꼼꼼히 연구할 필요가 있습니다.

## 인터넷의 활용

이 책은 학습에 필요한 원론적인 내용을 위주로 하는 자습서이며 실무에 바로 적용할 수 있는 응용서가 아닙니다. 그러나 실무 프로젝트에서는 대안 라이브러리가 필요하며 당장의 문제를 회피할 수 있는 팁도 적용해야 합니다. 또한 적용하는 기술이 특정 브라우저에서 잘 실행되는지도 항상 신경 써야 합니다. 이런 문제는 인터넷의 최신 자료를 검색해서 해결하십시오. 책과 인터넷의 차이점을 잘 알아 두고 양쪽을 적절히 활용할 필요가 있습니다.

| | 인터넷 | 책 |
|---|---|---|
| 내용 | 최신 내용 | 출판 시점의 내용 |
| 정확도 | 부정확한 내용이 있음 | 비교적 정확하다 |
| 품질 | 대충 쓰므로 품질이 떨어짐 | 검증, 교정 과정을 거치므로 품질이 높다. |
| 용도 | 실무 레퍼런스 | 자습 및 원리 학습 |

아무리 정성을 다해 집필하고 출판한 책이라도 발표 즉시 outdate될 수밖에 없는 운명입니다. 특히나 웹처럼 변화가 심한 기술은 더욱 그렇습니다. 책은 자습서의 소임을 다하기 위해 실무 기술보다는 원리에 치중하여 독자 스스로 구조를 이해하고 응용력을 키우는 데 초점을 둡니다. 지원 웹사이트를 운영하여 이런 단점을 극복하기 위해 노력하겠지만 그래도 한계가 있습니다.

반면 인터넷에는 실무에 부닥친 문제를 해결할 수 있는 방안이 많이 소개되어 있으며 프로젝트에 당장 써먹을 수 있는 코드도 쉽게 구할 수 있습니다. 코드를 재사용하는 것은 효율적인 방법이지만 복사해서 붙여 넣는 코드도 개념을 알고 사용해야 합니다. 최소한 그 코드가 어떻게 동작하는지 대충이라도 알고 있어야 문제 발생시 대처할 수 있고 응용도 가능합니다.

## 배포 예제

이 책의 모든 예제는 다음 사이트에서 배포합니다.

http://www.soen.kr/html5

책에 수록된 모든 예제를 사이트에서 직접 실행할 수 있으며 소스도 볼 수 있습니다. 모든 예제는 본문에 수록된 순서대로 나열되어 있습니다. 모든 예제를 모아둔 압축 파일을 다운로드 받아 로컬이나 이동 중에도 볼 수 있도록 하였습니다.

출판 후에 발견된 오타나 잘못된 내용은 정오표를 통해 숨김없이 공개하여 원고를 지속적으로 관리하겠습니다. 인터넷 관련 기술은 늘 변하며 새로운 기술도 자주 등장합니다. 출판 시점에 미처 적용하지 못했던 기술도 추가 강좌 형태로 계속 제공할 예정입니다.

# 목차

# 제6장 객체

# 제7장 원시 객체

# 제8장 배열

## 8-1 배열

## 8-2 배열의 메서드

# 제9장 내장 객체

## 9-1 String

## 9-2 코어 객체

# 제10장 BOM

# 제11장 DOM

# 제12장 이벤트

# 제13장 jQuery

# 제14장 선택자

# 제15장 jQuery 메서드

# 제16장 문서 조작

# chapter 01
# 자바스크립트

# 소개

## 1.1 동적인 웹

웹을 구성하는 기술은 고유의 역할이 분명히 정해져 있다. HTML은 문서의 구조와 내용을 기술하고 CSS는 문서의 모양을 정의한다. 이 두 기술에 의해 정의되는 웹 페이지는 정적이며 변화가 없다. CSS3에 애니메이션 기능이 도입되었지만 이마저도 미리 정해진 조건과 규칙대로 움직임을 보여줄 뿐이지 실시간으로 상황을 판단해서 능동적으로 사용자와 상호 작용하는 것은 아니다.

브라우저는 웹 서버에서 HTML 문서와 이미지, 스타일시트를 다운로드받아 이를 해석하고 포맷팅하여 보여준다. 정적으로 뭔가를 보여 주기만 할 뿐이지 실시간 동작은 하지 못한다. 기껏해야 링크를 누르면 다른 문서로 이동하고 긴 문서를 스크롤하는 정도다. 애초에 HTML이 학술 문서 공유를 위해 만들어진 포맷임을 생각해보면 당연하다. 처음에는 문서를 읽는 것만으로도 충분했으며 이때까지의 웹은 전 세계의 웹 서버를 총망라한 거대한 책일 뿐이었다.

그러나 네트워크가 빨라지고 고성능 컴퓨터가 등장함으로써 요구가 점점 다양해졌다. 조건에 따라 웹 페이지의 내용이나 스타일을 바꿔야 하고 사용자의 동작에 즉각적인 반응을 보일 필요도 있다. 가만히 있어서는 안되며 끊임없이 꿈틀거려 사용자의 관심을 끌어야 하며 대화상자를 통해 질문도 하고 처리 결과도 보여 주어야 한다. 최근의 대화형 웹 앱은 거의 데스크탑 프로그램 수준으로까지 발전했다. 구글 독스에 접속하면 웹 브라우저에서 직접 문서를 작성할 수 있다.

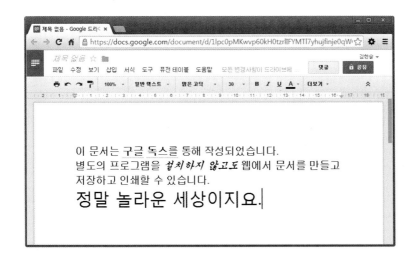

별도의 프로그램을 설치할 필요가 없으며 접속하는 것만으로도 문서를 바로 만들 수 있다. 운영체제나 장비의 영향을 받지 않으며 클라우드에 저장해 두면 언제 어디서나 문서를 읽고 편집할 수 있다. 스프레드시트나 프리젠테이션 등 범용적인 오피스 관련 프로그램도 웹에서 실행할 수 있다. 초기에는 간단한 동작만 가능했지만 기술의 발전으로 인해 전통적인 데스크탑 응용 프로그램도 모두 웹으로 실행 가능하다.

이제는 웹이 정보를 보기만 하는 환경이 아니라 프로그램을 실행시킬 수 있는 플랫폼이 되었으며 웹 전용의 운영체제와 노트북까지 발표되었다. 데스크탑에 있던 웬만한 소프트웨어는 모두 웹용으로 다시 작성되었으며 이런 앱을 배포하고 관리하는 크롬 웹스토어도 있다. 그 중 일부는 유료로 판매하는데 그만큼 품질이 우수해졌다는 얘기이다. 앞으로는 웹용으로 발표되는 앱이 점점 더 많아질 것이며 프로그램 설치 없이도 대부분의 작업을 웹에서 처리할 수 있게 될 것이다.

앱을 만들려면 사용자의 조작에 대해 어떤 반응을 보일 것인지를 정의하는 코드가 필요한데 이런 동작을 정의하는 코드가 바로 스크립트이다. 스크립트라는 용어는 해석과 동시에 실행하는 인터프리터 방식의 간단한 언어를 의미한다. C++이나 자바 수준의 컴파일 언어에 비해서는 성능이 떨어지지만 가볍고 배우기 쉽다는 장점이 있다.

스크립트의 실행 주체는 웹 브라우저이다. 스크립트 코드는 HTML 문서에 같이 작성되어 배포되며 브라우저가 이 문서의 코드를 해석하여 실행한다. 이런 식으로 브라우저상에서 실행되는 언어를 클라이언트 스크립트라고 한다. 이에 비해 JSP, PHP, ASP 등 서버상에서 실행되어 HTML 문서를 만들어내는 역할을 하는 언어를 서버 스크립트라고 부른다. 이 책에서 다루는 대상은 클라이언트 스크립트이며 서버 스크립트는 별도의 과목으로 따로 공부해야 한다.

스크립트 이전에도 동작을 정의하는 방법이 많이 있었다. 자바와 함께 등장한 자바 애플릿이 있었고 플래시나 실버라이트로도 복잡한 동작을 구현할 수 있다. 또 그 악명높은 ActiveX는 아직까지도 전자 상거래에 많이 사용되고 있으며 이런 것들에 의해 RIA가 구축되었다. 그러나 호환성, 보안성의 문제가 있어 지금은 이런 기술을 권장하지 않는다. HTML5에서 코드를 작성하는 공식적이고도 유일한 방법은 자바스크립트이다.

HTML5에 와서는 스크립트의 중요성이 한층 더 높아졌다. HTML5에 새로 추가된 캔버스, 웹 스토리지, 웹 소켓 등의 신기술이 모두 자바스크립트를 요구한다. 스크립트가 없으면 코드를 작성할 수 없으므로 이런 신기술도 모두 무용지물이다. 스크립트 코드를 사용하면 캔버스에 직접 그릴 수 있고 백그라운드에서 작업을 수행할 수 있고 사용자와 실시간으로 상호 작용하는 게임도 만들 수 있다.

## 1.2 역사

웹의 모든 구성 요소가 다 그렇듯이 스크립트의 역사도 HTML이나 CSS만큼 복잡하고 사연이 많다. 굳이 역사에 대해 상세하게 연구해 볼 필요는 없으므로 간단하게 훑어만 보자. 스크립트가 필요해진 최초의 동기는 입력폼의 유효성을 클라이언트단에서 점검하기 위해서였다. 사용자가 입력폼에 내용을 채워 제출 버튼을 누르면 이 값이 서버로 전달되며 서버는 입력값을 받아 처리한 후 그 결과를 다시 HTML 페이지로 리턴한다.

대개의 경우는 별 문제가 없지만 사용자가 잘못된 값을 입력하면 에러 처리가 번거로워진다. 예를 들어 주문 수량에 음수를 입력하거나 숫자가 아닌 문자열을 입력했다고 해 보자. 클라이언트는 규칙을 모르므로 이 값을 그대로 서버로 보낼 수밖에 없다. 서버는 잘못된 값을 처리할 수 없다는 에러 메시지를 리턴하며 사용자는 서버가 보낸 에러 메시지를 받고 나서야 비로소 자신의 실수를 알게 된다.

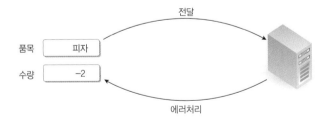

가장 기본적인 에러 처리까지 원거리의 서버가 담당하다 보니 비효율이 발생할 수밖에 없다. 일단 보내 봐야 제대로 된 값인지 알 수 있다. 특히나 모뎀 시절에는 속도까지 느려 시간 낭비가 심각한 수준이었다. 그래서 서버로 값을 보내기 전에 빠진 항목은 없는지, 요구하는 값을 제대로 입력했는지 클라이언트측에서 먼저 점검할 필요가 있다. 값의 길이나 형식 등을 살펴 보고 점검하기 위해서는 코드가 필요했던 것이다.

웹에 스크립트를 최초로 도입한 회사는 1995년 무렵에 웹의 주도권을 쥐고 있던 넷스케이프이다. 넷스케이프의 브랜든 아이히(Brendan Eich)는 웹 페이지에 동작을 구현하기 위해 모카라는 스크립트 언어를 개발했다. 이후 모카는 라이브 스크립트로 이름을 바꾸고 썬과 합작한 후 자바의 명성을 이용하고자 자바스크립트로 이름을 다시 바꾸었다.

사실 자바스크립트는 자바와 아무런 상관이 없으며 문법도 많이 달라서 비슷도 아니한 완전히 다른 언어이다. 구문상 비슷한 부분이 있지만 이는 두 언어가 모두 C언어를 기반으로 하는 형제 관계이기 때문이다. 당시 자바가 선풍적인 인기를 끌고 있었으므로 비슷한 이름을 붙임으로써 그 후광을 이용해 먹으려는 마케팅 전략이었을 뿐이다. 비슷한 이름으로 인해 수많은 자바 개발자가 자바스크립트를 만만하게 보고 혼쭐이 나는 혼란을 겪었다.

마이크로소프트는 자바스크립트에 대항하기 위해 비주얼 베이직 기반의 VB 스크립트를 개발했다. 기존 베이직 개발자들에게 익숙한 문법을 제공하였고 IE에서 전격 지원함으로써 한때는 많은 개발자를 거느리기도 했다. 또한 자바스크립트와 유사한 J 스크립트도 개발하였다. 비슷 비슷한 여러 개의 스크립트가 난립하고 서로 호환되지도 않아서 브라우저 대전만큼이나 혼란스러운 상황이 계속되었다.

이런 혼란을 정리하기 위해 넷스케이프사는 ECMA에 자바스크립트 표준을 제안하였고 여러 회사가 참여함으로써 1997년에 ECMA-262 표준안이 만들어졌다. 이 버전이 이른바 1.0이며 모든 브라우저 회사가 동참함으로써 일차적인 통일을 이루었다. 이후 상표권 문제로 자바스크립트라는 명칭을 사용할 수 없게 되어 공식적인 명칭을 EcmaScript로 확정하였다. 이름이 여러 번 바뀌었지만 아직까지도 관행상 그냥 자바스크립트라고 부른다.

이후에도 자바스크립트는 계속 기능을 확장하였다. 2000년 초에 ECMA-262의 세 번째 버전이 발표되었는데 이 버전을 ES3이라고 부르며 현재 발표된 대부분의 브라우저가 지원하는 최소 버전이다. ES4는 너무 과격하게 기능을 변경하는 바람에 개발 도중에 폐기되었다. 현재는 HTML5와 함께 등장한 ES5가 가장 최신 버전이다. 아직 완벽하지는 않지만 조만간 모든 브라우저가 ES5를 지원할 예정이므로 이를 기준으로 학습하면 별 무리가 없다.

한편 ES 버전외에  모질라 재단에서 별도로 버전 번호를 붙이기도 하는데 1.5 버전이 대략 ES3에 대응되며 1.8 버전이 ES5에 대응된다. 여러 업체에서 실행 엔진을 각각 만들기 때문에 독점 기업의 언어에 비해 버전 번호가 명확하지 않다. 사실 자바스크립트는 따로 설치하는 실행 모듈이 아니라 브라우저의 실행엔진에 따라 달라지는 부품일 뿐이다. 그래서 어떤 버전에 어떤 기능이 들어갔는지 군이 신경 쓸 필요 없이  현재 웹 브라우저가 지원하는가 아닌가만 따져 보면 된다.

# 1.3 〈script〉 태그

스크립트는 별도의 분리된 코드 파일에 작성할 수도 있고 HTML 문서안에 같이 작성할 수도 있다. 간단한 내용은 HTML 파일안에 작성하되 문서의 내용과 명확하게 구분되는 〈script〉 태그안에 작성한다. 다음이 가장 간단한 예제이다.

**scripttag.html**

```
<!DOCTYPE html>
<html>
<head>
    <meta charset="utf-8">
    <title>scripttag</title>
</head>
<body>
    <p>태그로 작성한 문단입니다.</p>
    <script>
        document.write("안녕하세요.");
    </script>
</body>
</html>
```

⟨body⟩ 태그 안에 ⟨p⟩ 태그로 문단을 배치하고 그 아래쪽의 ⟨script⟩ 태그에 문자열을 출력하는 간단한 스크립트를 작성했다. 실행해 보면 둘 다 출력된다. 위쪽 문단은 HTML 문서에 의해 정적으로 작성된 것이며 아래쪽 문단은 스크립트에 의해 실행중에 출력된 것이다.

⟨script⟩~⟨/script⟩ 태그 블록안에 코드를 작성하며 이 블록안에서는 HTML 문법이 아닌 자바스크립트 문법이 적용된다. 브라우저는 스크립트 코드를 해석하여 실행하며 어떤 코드를 작성하는가에 따라 웹 페이지의 동작이 정의된다. document.write는 문자열 출력 명령이며 괄호안의 문자열을 웹 페이지에 출력한다. 이 코드에 의해 "안녕하세요"라는 문자열이 출력되는데 정적으로 작성한 페이지와는 달리 전달하는 문자열에 따라 출력 내용이 달라진다.

현재는 ⟨script⟩ 태그안에 코드만 작성하는 식으로 스크립트 형식이 굉장히 간단하다. 그러나 과거에는 스크립트의 종류가 많았고 브라우저마다 스크립트 지원 수준이 달라 이렇게 단순하지 않았다. 얼마 전까지만 해도 위 코드는 다음과 같이 복잡하게 기술했었다.

```
⟨script type="text/javascript"⟩
    ⟨!--
        document.write("안녕하세요.");
    --⟩
    ⟨noscript⟩
        ⟨p⟩이 브라우저는 자바스크립트를 지원하지 않습니다.⟨/p⟩
    ⟨/noscript⟩
⟨/script⟩
```

스크립트의 종류가 많아 ⟨script⟩ 태그의 type 속성으로 어떤 스크립트인지 밝혀야 한다. 또한 같은 스크립트라도 버전에 따라 기능이 조금씩 다를 수 있어 language 속성으로 정확한 버전을 밝히기도 했다. 다행히 HTML 4.01에서 language 속성은 폐기되었다. 현재까지 발표된 스크립트의 종류는 다음과 같다.

J a v a S c r i p t + j Q u e r y 정복

```
text/javascript
text/ecmascript
text/vbscript
text/jscript
```

스크립트 코드를 HTML 주석으로 감싸는 이유는 스크립트를 인식하지 못하는 브라우저가 코드를 HTML 문서에 출력하는 것을 방지하기 위해서이다. 브라우저는 자신이 이해하지 못하는 구문은 있는 그대로 뱉어 내기 때문이다. 주석으로 막아 놓아도 스크립트 엔진은 HTML 주석 안의 코드를 읽어 실행한다. 주석은 원래 설명을 다는 용도로 사용하는 것인데 구형 브라우저를 위한 에러 방지 용으로 사용한 것이다.

모든 브라우저가 스크립트를 의무적으로 지원하는 것은 아니며 최신 브라우저도 보안상의 이유로 스크립트 실행을 금지하는 경우가 있다. 〈noscript〉 태그는 브라우저가 스크립트를 인식하지 못할 때 대신 출력할 내용을 지정하며 주로 간단한 안내문을 작성한다. XHTML 브라우저는 자바스 크립트 코드를 엉뚱하게 해석하는 문제가 있어 커스텀 데이터 영역인 CDATA 섹션으로 감싸기도 했었다.

```
<script type="text/javascript">
    //<![CDATA[
        document.write("안녕하세요.");
    //]]>
</script>
```

브라우저마다 인식하는 스크립트 언어가 다른데다 스크립트를 아예 인식하지 못하는 브라우저까지 고려해야 한다. 그래서 과거에는 멀티 브라우저 지원을 위해 아주 간단한 동작이라도 언어에 따라, 버전에 따라 이중, 삼중으로 다른 스크립트를 작성해야 했다. 보기만 해도 멀미가 날 지경이며 이런 코드를 관리하는 것은 더 골치 아픈 일이다.

```
<script type="text/javascript">
    // 넷스케이프일 때의 코드
</script>
<script type="text/vbscript">
    // IE일 때의 코드
```

```
</script>
<noscript>
    <p>이 브라우저는 스크립트를 지원하지 않습니다.</p>
</noscript>
```

다행히 HTML5에서는 이런 사정이 많이 개선되었다. 과거의 잡다한 스크립트는 더 이상 사용되지 않으며 오로지 자바스크립트만 표준으로 채택되었다. 스크립트를 인식하지 못하는 브라우저도 없고 XHTML은 완전히 폐기되었다. 그래서 이제는 저런 지저분한 형식을 쓸 필요 없이 〈script〉 태그안에만 코드를 작성하면 된다. 선배들은 이런 열악한 환경에서 그야말로 개고생을 했지만 우리는 훨씬 더 깔끔한 환경에서 개발할 수 있게 되어 천만 다행이다.

결론은 간단하지만 과거에는 이런 형식을 사용했음을 상식적으로 알고 있어야 한다. 이전에 작성된 스크립트 코드가 위 형식 중 하나로 작성되어 있다면 불가피한 역사적인 이유가 있어서이다. 이상하게 생각할 필요 없이 type 속성이나 주석 구문은 빼고 자바스크립트 코드만 가져 오면 과거의 코드를 얼마든지 재사용할 수 있다.

# 1.4 언어적 특징

자바스크립트도 일종의 프로그래밍 언어라는 면에서 C나 자바, C# 같은 전통적인 언어와 비슷하다. 기본적인 구문이나 문법은 별반 다르지 않다. 그러나 웹 클라이언트상에서 실행된다는 점에서 특수한 면이 있다. 다른 언어와 구분되는 자바스크립트의 전반적인 특징은 다음과 같다.

① 실행 파일을 만들어 내지 않는다. 한꺼번에 번역해서 실행 파일을 만들어내는 컴파일 언어가 아니라 한 줄씩 읽어 해석과 동시에 실행하는 인터프리터 방식이다. 별도의 컴파일러나 링커가 필요 없으며 해석기가 단계적으로 해석하여 실행하므로 개발하기는 간편하다. 그러나 태생적 한계로 인해 실행 속도가 무척 느리다. 다행히 웹 프로그램은 페이지 단위라 규모가 크지 않고 요즘 CPU가 워낙 빨라 큰 문제가 되지 않는다.

② 한줄씩 순서대로 읽어서 실행하므로 모든 코드를 일괄 점검하기 어렵다는 한계가 있다. 그래서 타입 체크가 느슨하며 함수나 배열의 형식이 지나치게 유연하다. 대충 작성해도 언어가 상황에 맞게 알아서 처리해 주는 식이다. 난이도가 낮아 배우기 쉽고 쓰기 쉽다는 긍정적인 효과가 있지만 애매모호한 면이 있어 실수의 가능성이 높고 예상치 못한 부작용이 발생하는 경우가 많다.

③ 객체 지향이 아니라 객체 기반이다. 미리 제공되는 클래스를 사용하여 객체를 생성할 수는 있지만 클래스의 계층을 정의하는 기능은 제한적이다. 관련 속성과 메서드를 한 객체에 모으는 캡슐화, 추상화의 이점은 있지만 상속과 다형성의 이점은 누리기 어렵다.

자바스크립트는 아주 쉬운 언어로 평가되며 언어가 단순해서 처음 배우기는 쉽다. 그러나 쉽기는 해도 프로그래밍 입문용 언어로는 적합하지 않다. 너무 유연하기 때문에 변수나 타입의 개념, 구조적인 함수 작성법을 정확하게 터득하기는 오히려 더 어렵다. 이렇게 쓸 수도 있고 저렇게 쓸 수도 있어 편하지만 이는 그만큼 함정이 많다는 뜻이며 잘못 작성하면 비효율적인 코드를 만들 수도 있다.

혼자서 실행되는 것이 아니라 웹 환경에서 마크업, 스타일 등의 다른 요소와 함께 실행되므로 언어 자체만 살펴 보기 어렵고 논리를 연습하기에도 아쉬운 점이 많다. 문법의 특성을 정확하게 알고 제대로 쓸 수 있는 사람에게만 쉬운 언어여서 입문용으로는 적합하지 않다. 만약 프로그래밍을 전혀 해 보지 않았다면 자바스크립트로 프로그래밍에 입문하는 것보다는 콘솔 환경에서 C나 베이직으로 기본 개념을 익힐 것을 권하고 싶다.

언어에 대한 기본적인 이해와 객체 지향 개념이 있다면 자바스크립트는 아주 재미있게 공부할 수 있는 과목이다. 코드를 읽기만 해도 바로 바로 이해가 될 정도다. 그러나 나름대로 독특한 특징이 있고 깊이가 있는 언어여서 만만하게 봐서는 안된다. 내가 C++ 전문가인데, 자바만 10년 했는데 하는 사람은 생초보에 비해 수월하겠지만 절대 자만해서는 안된다. 오히려 다른 언어에 대한 고정관념이 더 방해가 될 수도 있다.

그렇다면 자바스크립트는 C++이나 자바에 비해 열등한 언어인가? 이 명제에 대해서는 사람에 따라 의견이 분분하겠지만 나는 솔직히 그렇다고 생각한다. 물론 자바스크립트로도 안되는 것은 없으며 웹에서 오만 것들을 다 구현해 내기는 한다. 하지만 타입이 엄격하지 못해 대규모 프로젝트를 하기에는 답답한 면이 있고 인터프리터 방식의 속도 한계를 극복하기도 어렵다. 한마디로 C++이나 자바와는 용도와 급이 다른 언어라고 할 수 있다.

# 스크립트 작성

section
02

## 2.1 첫 번째 예제

상세한 문법은 다음 절부터 배우기로 하고 예제 작성 방법과 실행 방법을 익히기 위해 간단한 예제를 만들어 보자. HTML과 마찬가지로 텍스트 파일로 작성하므로 별다른 준비는 필요 없으며 쓸만한 편집기 하나만 있으면 충분하다. 좀 더 전문적인 개발툴을 사용하려면 이클립스가 무난하다.

HTML 파일안의 〈script〉 태그 안에 코드를 작성하는 식이라 HTML 문서만 새로 만들면 된다. 메모장이나 편집기로 다음 파일을 작성하고 jstime.html로 저장한다. HTML과는 달리 스크립트 코드는 대소문자를 구분함을 유의하자. 다음 예제는 현재 날짜와 시간을 조사하여 웹 페이지에 출력한다.

**jstime.html**

```html
<!DOCTYPE html>
<html>
<head>
    <meta charset="utf-8">
    <title>jstime</title>
</head>
<body>
    <p>현재 시간을 표시합니다.</p>
    <script>
        var now = new Date();
        document.write("현재 시간 : " + now);
    </script>
</body>
</html>
```

Date 객체를 생성하면 현재 날짜와 시간이 조사되며 이 값을 now 변수에 대입하였다. 결과 문자열을 document.write 메서드로 출력하면 현재 시간이 웹 페이지에 나타난다. 실시간으로 날짜를 조사하여 출력하므로 실행 시점에 따라 출력되는 시간이 달라지며 F5를 눌러 새로 고침을 하면 시간이 흐르는 것을 볼 수 있다.

정보가 동적으로 변한다는 것을 알 수 있는데 정적인 HTML 문서로는 이런 실시간 정보를 출력할 방법이 없다. 페이지를 로드할 때 브라우저가 스크립트 코드를 해석하여 실행하기 때문에 실시간으로 정보를 조사하여 출력할 수 있는 것이다.

날짜를 표현하는 형식은 브라우저마다 조금씩 다르며 기본 포맷이 너무 길어서 보기 불편하다. Date 객체의 변환 메서드를 사용하면 꼭 필요한 정보만 조립하여 원하는대로 출력할 수도 있는데 이런 방법은 차후 천천히 연구해 보자. 로컬에서 이 예제를 실행하면 스크립트 차단 경고창이 나타날 수도 있다.

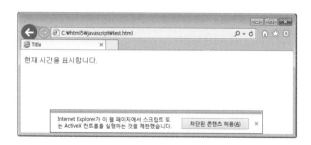

정상적인 웹 서버에서 받은 파일이 아니라 미리 다운로드 받아 놓은 파일인 경우는 출처를 정확히 알 수 없다. 이 경우 스크립트가 로컬의 파일을 읽는다거나 중요한 정보를 빼가는 못된 짓을 할 수 있기 때문에 경고창이 나타나는데 차단을 풀어주면 정상 동작한다. 로컬에서 실습할 때는 다소 귀찮은 면이 있는데 보안 옵션을 풀어 경고창을 끌 수도 있지만 위험하므로 그때 그때 차단을 풀어주는 편이 더 낫다.

## 2.2 스크립트의 위치

스크립트 코드를 작성하는 〈script〉 태그는 HTML 문서의 어느 곳에나 필요할 때 삽입해 넣을 수 있다. 페이지를 동적으로 생성할 때는 〈body〉 태그의 적당한 곳에 작성한다. 앞 예제는 조사한 날짜를 문자열로 조립하여 페이지에 출력하므로 〈body〉 태그안에 스크립트를 작성했다.

브라우저는 HTML 파일을 순서대로 읽어서 실행하므로 스크립트가 있는 위치에 문자열이 출력된다. 스크립트 코드를 〈head〉에 작성하면 〈body〉보다 먼저 실행되므로 출력 순서가 달라진다. 앞 예제를 다음과 같이 수정하여 〈script〉 태그를 〈head〉로 옮겨 보자.

**jshead.html**

```
<!DOCTYPE html>
<html>
<head>
    <meta charset="utf-8">
    <title>jshead</title>
    <script>
        var now = new Date();
        document.write("현재 시간 : " + now);
    </script>
</head>
<body>
    <p>현재 시간을 표시합니다.</p>
</body>
</html>
```

브라우저는 〈head〉를 먼저 처리한 후 〈body〉를 처리하므로 현재 시간이 먼저 출력되고 본문의 〈p〉 태그 문단이 나중에 출력된다. 이 경우에는 시간을 표시한다는 안내문이 먼저 와야 하므로 〈body〉에 스크립트를 작성하는 것이 더 적합하다.

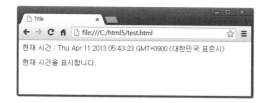

자주 사용하는 기능은 함수로 미리 정의해 놓고 필요할 때 호출한다. 함수는 호출하기 전에 미리 정의하는 것이 상식적이므로 페이지가 로드될 때인 〈head〉 태그에 작성하는 것이 일반적이다. 다음 예제는 〈head〉 태그에 시간 출력 코드를 outdate라는 함수로 정의하고 〈body〉 태그에서 이 함수를 호출한다. 스크립트 코드는 어디에나 올 수 있으며 여러 번 넣어도 상관없다.

**jsheadbody.html**

```
<!DOCTYPE html>
<html>
<head>
    <meta charset="utf-8">
    <title>jsheadbody</title>
    <script>
        function outdate() {
            var now = new Date();
            document.write("현재 시간 : " + now);
        }
    </script>
</head>
<body>
    <p>현재 시간을 표시합니다.</p>
    <script>
        outdate();
    </script>
</body>
</html>
```

〈head〉에서는 날짜를 바로 출력하는 함수 outdate만 정의한다. 〈body〉에서 outdate() 함수를 호출하는 코드가 〈p〉 태그보다 뒤쪽에 있으므로 안내문이 먼저 출력되고 현재 시간이 출력된다. 순서를 바꾸면 물론 반대로 출력될 것이다. 이 책은 예제 작성의 편의상 살펴볼 코드를 한곳에 모으기 위해 가급적이면 〈body〉의 아래쪽에 스크립트를 작성하였다.

스크립트의 내용이 아주 길고 복잡할 때는 아예 별도의 파일로 분리하여 작성할 수도 있다. 이때 스크립트 파일에는 〈script〉 태그를 쓰지 않고 순수한 자바스크립트 코드만 작성하며 확장자 .js로 저장한다. HTML 문서에 포함되어 실행되므로 같은 문자셋으로 작성해야 한다.

**outdate.js**

```
var now = new Date();
document.write("현재 시간 : " + now);
```

날짜를 조사 및 출력하는 코드만 작성하여 outdate.js파일로 저장했다. 이 파일을 HTML 문서와 같은 폴더에 저장하고 〈script〉 태그의 src 속성으로 파일의 이름을 밝힌다. 상대 경로나 절대 경로를 사용하여 임의의 위치에 두더라도 위치만 정확하게 밝히면 상관없다. 다음과 같이 수정해 보자.

**jsoutdate.html**

```
<!DOCTYPE html>
<html>
<head>
    <meta charset="utf-8">
    <title>jsoutdate</title>
</head>
<body>
    <p>현재 시간을 표시합니다.</p>
    <script src="outdate.js"></script>
</body>
</html>
```

outdate.js의 코드가 〈script〉 태그 위치에 삽입되어 실행되므로 출력 결과는 같다. 주의할 것은 〈script〉 태그안에 내용이 없다고 해서 다음과 같이 적어서는 안된다는 것이다. 〈script〉 태그는 빈 태그가 아니므로 설사 내용이 없더라도 닫는 태그를 반드시 써야 한다.

```
<script src="outdate.js" />
```

스크립트를 별도의 파일로 분리해 두면 관리하기 쉽다는 이점이 있다. 여러 페이지에 공통으로 사용되는 코드를 외부 파일로 작성해 놓으면 일괄적으로 수정할 수 있으며 잘 작성된 코드를 다른 프로젝트에 재사용하기도 수월하다. 기획자와 개발자가 분담해서 작업하기도 용이하며 반복적으로 사용되는 코드가 한번만 다운로드되므로 네트워크 대역폭도 절약된다.

기능적으로 서로 다른 모듈을 분리하면 단점보다는 장점이 훨씬 더 많은 것이 일반적이다. 그래서 실제 프로젝트에서는 짧은 코드라도 스크립트는 별도의 분리된 파일로 작성하여 관리한다. 단, 이 책에서는 일일이 파일을 따로 작성하면 실습이 번거롭고 코드를 한눈에 살펴 보기도 어려우므로 가급적이면 HTML 파일안에 스크립트를 작성하기로 한다.


## 2.3 여러 가지 예제

자바스크립트를 사용하면 실행중에 문서의 내용이나 스타일을 떡주무르듯이 마음대로 조작할 수 있으며 사용자와 상호 작용도 가능하다. 과연 어떤 동작이 가능한지 계속해서 예제를 만들어 구경해 보자. 여기서는 단지 스크립트로 어떤 작업이 가능한지 살펴보는 것 뿐이며 구체적인 방법은 앞으로 지속적으로 학습할 것이다. 부담없이 실행해 보고 구경만 해 보자.

**changetext.html**

```
<!DOCTYPE html>
<html>
<head>
    <meta charset="utf-8">
    <title>changetext</title>
```

```
</head>
<body>
    <h1 id="para">나는 바보다.</h1>
    <script>
        document.getElementById("para").innerText = "나는 천재다.";
    </script>
</body>
</html>
```

이 예제는 실행중에 문서의 내용을 변경한다. 문단에는 "나는 바보다."라는 내용이 적혀 있다. 결과를 시원스럽게 볼 수 있도록 〈p〉 태그 대신 큼지막한 글꼴의 〈h1〉 태그를 사용했다. 이대로 출력하면 바보가 출력되겠지만 스크립트 코드로 para라는 id를 가지는 문단을 찾아 내용을 "나는 천재다."로 바꾸었다. 실행 직후에 문단의 내용이 바뀐다.

getElementById 메서드는 특정한 id를 가지는 태그를 찾는다. 이를 위해 조작할 대상 태그에 id 속성을 반드시 주어야 한다. 대상 태그를 찾은 후 innerText 속성에 값을 대입함으로서 내용을 바꾸었다. 이 예제는 실행 직후에 내용을 무조건 바꾸지만 원하는 시점에 원하는 값으로 변경할 수도 있다. 내용뿐만 아니라 스타일도 마음대로 바꿀 수 있다. 다음 예제는 문단의 색상을 변경한다.

**changecolor.html**

```
<!DOCTYPE html>
<html>
<head>
    <meta charset="utf-8">
    <title>changecolor</title>
</head>
```

JavaScript+jQuery 정복

```
<body>
    <h1 id="para" style="color:red;" >빨간색이다.</h1>
    <script>
        document.getElementById("para").style.color="blue";
    </script>
</body>
</html>
```

para 문단의 색상에 인라인 스타일로 빨간색을 지정했다. 그러나 실행 직후에 스크립트가 문단의
style.color 속성에 "blue"를 대입하여 파란색으로 바꾸므로 파란색으로 출력된다. 물론 조건에
따라 필요할 때 원하는 색으로 변경할 수 있으며 색상뿐만 아니라 CSS의 거의 모든 속성을 마음대
로 조작할 수 있다.

이번에는 이벤트를 처리하여 사용자와 상호 작용을 해 보자. 버튼을 배치하고 onClick 이벤트에
코드를 작성하면 실행중에 사용자의 명령을 입력받아 적당한 반응을 보일 수 있다. 다음 예제는 버
튼을 누를 때 문단의 캡션을 변경한다.

**fruit.html**

```
<!DOCTYPE html>
<html>
<head>
    <meta charset="utf-8">
    <title>fruit</title>
    <script>
        function changeCaption(cap) {
            document.getElementById("fruit").innerText = cap;
        }
```

```
        </script>
    </head>
    <body>
        <h1 id="fruit">과일</h1>
        <form>
            <input type="button" value="Apple" onClick="changeCaption('Apple')">
            <input type="button" value="Orange" onClick="changeCaption('Orange')">
        </form>
    </body>
</html>
```

문단 하나와 버튼 두 개를 배치하고 버튼의 onClick 이벤트에서 changeCaption 함수를 호출한다. changeCaption 함수는 fruit라는 id를 가지는 문단을 찾아 인수로 전달받은 cap으로 내용을 변경한다. ⟨body⟩에서 함수를 호출하므로 ⟨head⟩에 함수를 미리 선언해 두는 것이 좋다.

두 버튼의 onClick 이벤트에서 changeCaption 함수를 호출하되 각 버튼에서 전달하는 인수가 다르다. 실행 직후에는 HTML 문서의 정적인 내용인 "과일"이 출력되어 있지만 실행중에 사용자가 버튼을 누르면 문단의 내용이 Apple, Orange로 토글된다.

웹 페이지가 마치 응용 프로그램처럼 사용자의 명령에 반응을 보이는 것이다. 실제 프로젝트에서는 버튼을 누를 때 다운로드를 시작한다거나 특정한 계산을 하도록 코드를 작성할 것이다. 어떤 이벤트를 어떻게 처리하는가에 따라 웹 페이지의 동작이 정의된다. 대화상자를 사용하면 사용자에게 질문을 할 수도 있고 보고 내용을 전달할 수도 있다.

JavaScript+jQuery 정복

```html
<!DOCTYPE html>
<html>
<head>
    <meta charset="utf-8">
    <title>jsdialog</title>
    <script>
        function sayHello() {
            var who;
            who = prompt("이름을 알려 주세요", "김개똥");
            alert(who + "씨 안녕하세요");
        }
    </script>
</head>
<body>
    <p>버튼을 눌러 보세요.</p>
    <form>
        <input type="button" value="Button" onClick="sayHello()">
    </form>
</body>
</html>
```

버튼의 onClick 이벤트에서 sayHello 함수를 호출했다. sayHello는 prompt 함수를 호출하여 이름을 입력받는다. 브라우저는 입력을 위해 에디트 컨트롤을 가진 대화상자를 보여 주며 사용자는 여기에 원하는 이름을 입력한다.

대화상자에 이름을 입력한 후 확인 버튼을 누르면 입력된 문자열이 리턴되는데 이 값을 who 변수에 저장했다. 그리고 alert 함수로 또 다른 대화상자를 열어 who에게 간단한 인사를 했다. 입력 대화상자에서 취소 버튼을 누르면 null이 리턴되므로 원칙적으로는 who에 값이 제대로 저장되었는지 if문으로 점검해 보아야 한다.

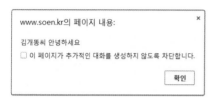

실행중에 대화상자를 통해 사용자에게 질문을 하고 보고를 하는 상호 작용을 한 것이다. 아직 문법을 제대로 배우지 않아 간단한 동작만 해 보았는데 스크립트로 대충 어떤 처리가 가능한지 감이 올 것이다. HTML 문서와 스타일을 떡 주무르듯이 마음대로 쪼물닥거릴 수 있으며 실행중에 문서를 만들어낼 수도 있다. 이런 자유로운 조작을 하기 위해 스크립트가 필요한 것이다.

# 2.4 에러 처리

코드 작성중에 오타를 잘못 입력하는 경우는 아주 흔하다. 오타 발생시 어떻게 이를 알아내고 대처하는지 실습해 보자. 앞 예제의 코드를 다음과 수정하여 의도적으로 오타를 만들어 보자. prompt 함수를 prmpt로 잘못 입력한 경우이다.

**jserror_html**

```
<!DOCTYPE html>
<html>
<head>
    <meta charset="utf-8">
    <title>jserror</title>
    <script>
        function sayHello() {
```

```
            var who;
            who = prmpt("이름을 알려 주세요", "김개똥");
            alert(who + "씨 안녕하세요");
        }
    </script>
</head>
<body>
    <p>버튼을 눌러 보세요.</p>
    <form>
        <input type="button" value="Button" onClick="sayHello()">
    </form>
</body>
</html>
```

함수명이 틀렸음에도 오타가 발생했음을 알려주지 않는다. 편집기는 prmpt라는 함수가 진짜 있는지 아니면 단순한 오타인지 판단할 능력이 없다. 또 해석기를 내장한 브라우저도 잘못된 코드에 대해 일체의 메시지를 출력하지 않는다. 자신이 이해하지 못하는 구문을 만나면 그냥 무시하고 리턴해 버린다. 웹 페이지는 정상적으로 출력되지만 버튼을 눌러도 코드가 실행되지 않아서 아무 반응이 없다.

너무 무책임해 보이는데 이것이 실행 파일을 생성하는 컴파일러와 한줄씩 해석하는 인터프리터의 차이다. 컴파일러는 단 하나라도 잘못된 구문이 발견되면 실행 파일을 만들 수 없으므로 즉시 에러를 출력하고 수정을 요구한다. 그러나 인터프리터는 실행해 보기 전에는 뭐가 잘못되었는지 미리 알 수 없으며 코드를 작성할 때는 에러를 발견할 수 없으므로 적시에 보고하지 못한다.

실행중에 에러가 발생하면 무시하지 않고 에러 메시지를 출력해 준다면 개발자가 문제점을 알 수 있을 것이다. 그러나 브라우저는 웬만해서는 에러를 출력하지 않는다. 왜냐하면 자바스크립트는 계속 확장중이어서 자주 바뀌기도 하며 브라우저마다 지원 문법이 상이한 경우가 많기 때문이다. 자신이 이해하지 못한다고 해서 최종 사용자에게 에러 메시지를 출력해서는 안된다. 사용자는 에러 메시지창을 무서워하며 경미한 에러 정도는 무시해도 별 상관없는 경우도 많기 때문이다. 그냥 아무 일 없는 듯 능청스럽게 계속 실행하는 수밖에 없다.

그래서 스크립트 개발자는 아주 단순한 오타조차도 찾아내기 어렵다. 코드의 길이가 짧으면 그나마 육안으로 찾을 수 있지만 아주 긴 소스에서 잘못된 부분을 찾아 내기는 쉽지 않다. 다행히 요즘은 개발툴이 좋아져서 스크립트도 어디에 문제가 있는지 바로 알아볼 수 있다. 크롬에서 F12를 누르면 개발자 도구가 나타난다.

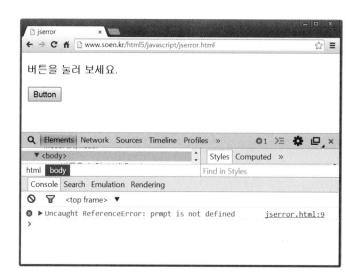

9번째줄에 정의되지 않은 prmpt라는 함수가 있다는 에러 메시지가 출력된다. 개발자는 이 메시지를 보고 구문상의 오류가 발생한 곳과 원인을 파악할 수 있다. 브라우저별로 제공하는 개발툴이 약간씩 다르다. 파이어폭스의 경우 메뉴에서 도구/웹 개발도구/개발자 도구를 선택하면 마찬가지로 에러를 검사해 준다.

단순 오타는 브라우저의 개발툴만 사용해도 쉽게 잡을 수 있으며 논리적 에러의 경우 단계 실행 등의 디버깅도 가능하다. 컴파일러 수준의 디버깅과 비교할 정도는 못되지만 계속 발전하는 중이어서 앞으로는 스크립트 디버깅도 더 쉬워질 전망이다. 실습중에 뭔가 뜻대로 되지 않으면 개발툴을 잠시 열어 잘못 작성한 구문이 없는지 확인해 보자. 사람은 실수 투성이여서 예상외로 오타를 입력하는 경우가 많다.

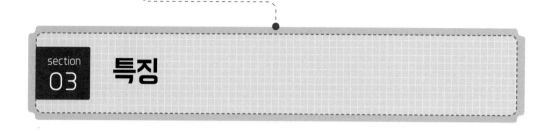

section
03

# 특징

## 3.1 어휘 구조

한글을 처음 배울 때 ㄱ, ㄴ, ㄷ부터 배우고 영어를 배울 때 a, b, c, d 부터 배우는 것처럼 새로운 언어를 처음 접할 때는 문장을 구성하는 가장 기본적인 요소와 구조부터 알아야 한다. 자바스크립트는 전반적으로 C와 자바의 특성을 물려 받아 기존 개발자에게는 친숙한 편이지만 다른 언어와 다른 독특한 특징도 많다. 코드를 구성하는 기본적인 특징부터 정리해 보자.

① 대소문자를 구분한다. 키워드, 변수명, 함수명 등 언어를 구성하는 모든 단어는 대문자와 소문자를 철저하게 구분한다. for, break, switch 등의 키워드는 모두 소문자여서 반드시 소문자로 써야 하며 For, BREAK 따위로 적어서는 안된다. 변수도 score, Score, SCORE 등이 모두 다른 명칭으로 인식된다. HTML 파일 자체는 대소문자를 구분하지 않지만 그 속에 포함되는 스크립트 코드는 그렇지 않으므로 〈script〉 태그 안에서는 대소문자 구분에 유의해야 한다.

함수 이름도 대소문자를 정확하게 적어야 하는데 특히 여러 단어로 구성된 함수를 호출할 때 주의가 필요하다. getElementById는 반드시 이대로 적어야 하며 getElementByID나 getElementbyId로 적어서는 안된다. 단, 따옴표안에 들어가는 색상값이나 스타일값 등은 자바스크립트의 값이 아니라 CSS의 값이므로 대소문자를 구분하지 않는다.

② 프리포맷을 지원한다. 문장 내의 공백과 탭은 대부분 무시한다. 문서량을 줄이려면 공백없이 따닥따닥 붙여써도 상관없다.

```
a=b+c;
```

그러나 너무 붙여 쓰면 읽기 갑갑하고 가독성이 떨어지므로 문장 요소 사이에 적당히 공백을 넣어 시각적으로 구분하는 것이 시원스럽다.

```
a = b + c;
```

조건문이나 반복문 등 블록 구조로 된 코드를 작성할 때는 앞쪽에 탭이나 공백으로 적당히 들여써 문장 구조를 분명히 표시하는 것이 좋다. 공백이나 탭에 대해서는 완전한 프리포맷을 지원하지만 개행에 대해서는 그렇지 않은 경우가 가끔 있다. 대표적인 예가 return 문인데 다음과 같이 반드시 한 줄에 써야 한다.

```
return theResult;
```

리턴하는 대상이 길다거나 복잡한 수식인 경우라도 다음줄로 내려쓰면 안된다.

```
return
theResult;
```

return 문은 단독으로 사용되기도 하고 뒤쪽에 리턴값을 명시하기도 하는데 return 키워드 다음에 개행해 버리면 명령이 끝난 것으로 인식하여 리턴값이 없는 것으로 간주해 버린다. ++ 연산자도 마찬가지로 위험한 면이 있다. a++ 이렇게 써야 할 것을 두 줄로 개행하여 다음과 같이 쓰면 제대로 증가되지 않는다.

```
a
++;
```

개행 코드에 대해서는 일부 부작용이 있어 완전한 프리포맷은 아닌 셈이다. 그러나 일부러 엽기적인 코드를 쓰지 않는 한 개행 코드로 인한 부작용은 거의 없으므로 상식적인 범위 내에서 보기 좋게 편집하면 큰 말썽은 없다.

③ 문장과 문장은 세미콜론으로 구분하며 보통 한 문장의 끝에 세미콜론을 붙인다. 다음은 두 개의 대입문을 작성한 것이며 각 문장 끝에는 세미콜론이 있어 다른 문장임을 명확하게 알 수 있다.

```
a = 1;
b = 2;
```

해석기는 두 문장을 별도의 명령으로 인식하여 따로 실행한다. 세미콜론 외에 개행 코드로도 문장을 끝낼 수 있다. 다음 코드도 정상적으로 실행된다.

```
a = 1
b = 2
```

문장별로 줄이 다르므로 해석기는 두 개의 다른 명령으로 해석한다. 그러나 다음과 같이 두 문장을 한 줄에 같이 적어서는 안된다.

```
a = 1 b = 2
```

이렇게 되면 어디까지가 한 문장인지 명확하게 구분되지 않는다. 정 한 줄에 두 문장을 적고 싶다면 문장 사이에 세미콜론을 넣어 구분한다. 마지막 문장의 세미콜론은 뒤쪽에 다른 명령이 없으므로 생략 가능하다.

```
a = 1; b = 2;
```

C나 자바에서 세미콜론은 문장 종결자이며 모든 문장은 세미콜론으로 끝나야 한다. 마치 문단의 끝에 마침표를 찍듯이 세미콜론이 문장의 끝을 표시하는 것이다. 그러나 자바스크립트의 세미콜론은 문장 종결자가 아닌 문단 구분자의 역할을 하며 한 줄에 두 개의 문장이 있을 때 문장을 분리하는 역할만 한다. 문장을 끝내는 것이 아니라 구분만 하므로 개행된 문장에는 세미콜론을 생략해도 상관없다.

그러나 세미콜론을 생략하면 특수한 상황에서 여러 가지 부작용이 발생할 수 있다. 이런 복잡한 규칙을 신경 쓰고 싶지 않다면 문장 끝에 무조건 세미콜론을 붙이면 된다. 꼭 필요한 곳에 누락하는 것은 문제가 되지만 남는 것은 빈 명령으로 해석되어 무시되므로 문제되지 않는다. C나 자바처럼 모든 문장은 세미콜론으로 끝난다고 생각해 버리면 된다. 실제로 기존 개발자의 손가락은 문장 끝에 항상 세미콜론을 붙이는 습관이 있으므로 큰 불편은 없는 셈이다.

④ 주석은 두 가지 종류가 있다. 한 줄 주석을 달 때는 // 를 사용하고 여러 줄을 주석 처리할 때는 /* */ 블록으로 감싼다. 한줄 주석은 // 뒤에서 개행할 때까지 주석 처리되므로 꼭 새 줄에서 시작할 필요 없이 코드의 오른쪽에도 달 수 있다. 자바나 C의 주석과 같다. 주석은 코드에 설명을 붙일 때 사용하지만 특정 코드를 임시적으로 삭제할 때도 종종 사용한다.

```
<script>
    /*
    작성자 : 김상형
    작성일자 : 2014년 6월 29일
    */
    var a = 3;            // 주석입니다.
    if (a == 3) {
        document.write("a는 3입니다.");
    } else {
        document.write("a는 3이 아닙니다.");
    }
</script>
```

자바스크립트의 코드에 대해 HTML 주석인 〈!-- --〉도 주석으로 인정하는 브라우저가 있지만 표준은 아니므로 가급적이면 언어 자체의 주석을 사용하는 것이 좋다. 블록 주석 안에 또 다른 블록 주석을 작성하는 중첩은 허용되지 않는다.

# 3.2 키워드

키워드(Keyword)는 언어의 문장을 구성하는 기본 단어로 예약된 것이다. 용도가 미리 정해져 있다고 해서 예약어(Reserved Word)라고도 한다. 언어 차원에서 기능이 확정된 것이어서 변수나 함수의 이름으로 사용할 수 없다. 표준 자바스크립트의 키워드는 다음 28개밖에 없다. 용도별로 구분해 보았다.

| 분류 | 키워드 |
|------|--------|
| 제어문 | if else for while do switch case default break continue |
| 연산자 | new delete typeof void with instanceof in |
| 변수 | var true false null |
| 함수 | function return this |
| 예외처리 | try catch finally throw |

변수나 함수를 선언하는 문장, 프로그램의 흐름을 통제하는 제어문, 특정값을 구하는 연산자 등이 키워드로 정의되어 있다. 보다시피 언어의 가장 기본적인 기능을 구현하는 중요한 역할을 하며 키워드 각각이 어떤 의미를 가지고 있는지는 자바스크립트를 공부하는 내도록 익혀야 할 과제이다.

기본 키워드 외에 다음 단어도 키워드로 등록되어 있다. 아직 본격적으로 사용되지는 않으며 당장은 기능이 없지만 장래에 지원할 예정이어서 다른 용도로 사용하지 않도록 미리 키워드로 선언해 놓은 것이다. 일부 브라우저에서는 이미 사용되는 예도 있으므로 키워드와 똑같은 자격을 가진다.

```
abstract boolean byte char class const debugger double enum export
extends final float goto implements import int interface long native
package private protected public short static super synchronized
throws transient volatile
```

예비 키워드의 목록을 살펴 보면 앞으로 자바스크립트가 어떤 식으로 발전해갈 것인지를 예상해 볼 수 있다. 다른 언어의 객체 지향 관련 키워드가 대폭 도입되어 이후에는 객체 관련 기능을 더 보강할 것으로 예측된다. 또 C의 타입 관련 키워드가 지정되어 있어 차후에는 타입을 강력하게 체크할 의지를 보이고 있다.

명시적으로 지정된 키워드 외에도 자바스크립트 라이브러리가 정의한 전역 변수와 함수도 키워드와 거의 유사한 자격을 가진다. 표준 객체의 이름과 특별한 상수를 나타내는 값, 변환 함수 등이 있다. 이미 용도가 예약되어 있고 표준으로 굳어져 실무에서 광범위하게 사용되므로 이 명칭도 다른 용도로는 사용할 수 없다.

```
Object Number Array Boolean Date Function Math String
Infinity NaN isNaN isFinite parseInt parseFloat undefined eval
```

이상의 키워드와 전역 명칭은 이 책에서 앞으로 순서대로 하나씩 소개하고 실습해 볼 것이다. 지금은 이 목록을 굳이 외우거나 미리 봐 둘 필요가 없으며 대충 인사나 해 두면 된다.

## 3.3 명칭

명칭(Identifier)은 변수나 함수처럼 사용자가 마음대로 정의하는 대상에 붙이는 이름이다. 표현하고자 하는 대상을 잘 상징하는 이름을 자유롭게 붙일 수 있되 명칭 규칙에 맞게 지어야 한다. 명칭 작성 규칙은 변수뿐만 아니라 함수, 상수, 레이블, 객체 등 이름을 붙일 수 있는 모든 대상에 적용된다.

① 키워드는 언어 차원에서 용도가 예약되어 있으므로 명칭으로 사용할 수 없다. for, switch 등은 언어의 기본 단어이므로 변수명으로 사용해서는 안된다.

② 명칭 구성 문자로 영문 알파벳, 숫자, _, $ 기호 등을 사용할 수 있다. +나 - 등의 연산자 기호와 공백은 명칭에 사용할 수 없다. 다음은 적합한 명칭의 예이다.

```
sum
totalScore
total_score
```

그러나 다음 명칭은 적합하지 않다.

```
total+score
total score
```

명칭 중간에 + 기호가 오면 양쪽 변수를 더하라는 명령과 헷갈릴 것이다. 또 공백은 명칭을 구분하는 구분자이므로 명칭 중간에 올 수 없다.

③ 숫자는 단어 중간에는 얼마든지 사용할 수 있지만 단어 선두에는 올 수 없다. 다음 명칭은 적합하다.

```
value4
inch2mili
```

그러나 다음 명칭은 숫자가 선두에 있으므로 적합하지 않다. 숫자가 명칭의 처음에 오면 리터럴과 잘 구분되지 않기 때문이다.

```
4debug
365day
```

④ 명칭은 기본적으로 대소문자를 구분한다. 그래서 Score와 score는 철자는 같지만 다른 명칭으로 인식된다. 명칭의 종류에 따라 다음과 같은 대소문자 구성 규칙이 정해져 있다.

- 변수나 함수는 한 단어로 된 짧은 소문자로 작성한다. score, age, value 등이 읽기도 쉽고 입력도 빨라 가장 이상적이다.
- 두 단어 이상으로 된 명칭은 totalScore, studentName, printResult처럼 소문자로 시작하되 어근이 되는 단어의 선두 문자만 대문자로 쓰는 낙타식 표기법을 사용한다. 단어 경계가 뚜렷이 보이므로 읽기 쉬우며 total_score 처럼 밑줄을 쓰는 방식에 비해 입력하기도 쉽다.
- 객체는 대문자로 시작한다. Array, Math, Date 등의 표준 객체의 이름은 모두 대문자로 시작한다. 사용자가 만드는 객체의 생성자도 대문자로 시작하는 것이 좋다.
- 고정된 값인 상수는 MILE, RATIO처럼 모두 대문자로 작성하여 변할 수 없는 수임을 분명히 표시한다.

이런 관행이 있기 때문에 명칭의 대소문자 구성만 봐도 변수인지, 객체인지, 상수인지 금방 파악할 수 있다. 이 규칙은 어디까지나 관행일 뿐 강제적인 것은 아니어서 꼭 지켜야 할 의무는 없다. 그러나 모든 개발자가 이 규칙을 대체로 잘 지키고 있으므로 혼자 게기지 말고 규칙을 따르는 것이 원활한 팀 작업에 유리하다.

⑤ 모든 유니코드 문자를 다 사용할 수 있으며 한글이나 한자도 엄연한 문자이므로 명칭의 일부가 될 수 있다. 다음 코드는 변수명을 한글로 작성한 것인데 어색해 보이지만 대부분의 브라우저에서 이상 없이 잘 실행된다.

```
<script>
    var 가격 = 500;
    var 수량 = 3;
    var 총매출 = 가격 * 수량;
    document.write("오늘 판매량은 " + 총매출 + "입니다.");
</script>
```

변수명이 익숙한 한글이어서 이름을 붙이기 쉽고 가독성이 높으며 직관적이다. 그러나 막상 한글로 코드를 작성해 보면 입력 타수가 많고 한영 전환을 빈번하게 해야 하므로 오히려 불편하다. 또 내가 만든 코드를 외국 개발자가 볼 수도 있으므로 호환성에도 불리하다. 변수명에 어울리는 마땅한 영어 단어를 떠올리기 쉽지 않지만 변수명은 짧은 영어 단어를 사용하는 것이 더 효율적이다.

이상 명칭을 작성하는 여러 가지 규칙에 대해 알아 보았다. 굉장히 복잡해 보이지만 사실 지극히 상식적인 규칙이어서 평이한 영어 단어만 사용하면 별 문제가 없다.

# 3.4 출력

문법을 실습하려면 코드의 실행 결과를 화면에 찍어서 확인해 봐야 한다. 결과가 너무 뻔해 보여도 코드만 보는 것보다는 눈으로 실행 모습을 직접 확인하면서 진도를 나가야 확실히 이해했다는 느낌이 든다. 한국 사람은 지극히 당연한 것도 눈으로 직접 봐야 믿는 습성이 있다.

또 가변적인 값에 따라 흐름을 제어할 때는 사용자로부터 값을 입력받아야 할 필요도 있다. 그래서 여기서는 문법 학습에 앞서 기본적인 입출력 방법부터 알아 보기로 한다. 웹 페이지에 문자열을 출력할 때는 Document 내장 객체의 다음 메서드를 호출한다.

```
document.write(exp1,exp2,exp3,…)
document.writeln(exp1,exp2,exp3,…)
```

document.write가 출력 메서드의 이름이다. 괄호안에 출력하고 싶은 표현식을 콤마로 구분하여 나열하면 모든 값을 한꺼번에 연결하여 출력한다. 표현식 개수에 제한은 없으므로 얼마든지 많은 변수나 수식을 출력해 볼 수 있다.

**docwrite.html**

```
<!DOCTYPE html>
<html>
<head>
    <meta charset="utf-8">
```

```
        <title>docwrite</title>
    </head>
    <body>
        <script>
            var score = 88;
            document.write("점수는 ", score, "입니다.");
        </script>
    </body>
</html>
```

score라는 변수를 화면에 출력했다. 값만 덜렁 출력하면 무슨 값인지 알기 어려우므로 앞뒤로 적당한 안내문을 넣었다. 변수 앞뒤로 문자열을 같이 출력했다. 실행하면 브라우저 화면에 score 변수의 실제값이 출력된다.

세 표현식을 각각 따로 전달하는 대신 + 연산자로 연결하여 하나의 표현식으로 전달해도 결과는 마찬가지이다. 문자열에 대한 + 연산자는 연결 동작으로 정의되어 있어 변수값을 문자열에 포함시켜 하나의 긴 문자열을 만들어 낸다.

```
document.write("점수는 " + score + "입니다.");
```

writeln 메서드는 write와 사용법이 동일하되 맨 끝에 개행 코드를 출력하여 강제 개행한다는 점이 다르다. 여러 줄을 출력할 때는 write 대신 writeln 메서드를 사용한다. 그러나 막상 이 메서드를 호출해도 개행이 제대로 되지 않는다. 다음 예제로 이 문제를 연구해 보자.

JavaScript+jQuery 정복

```
<!DOCTYPE html>
<html>
<head>
    <meta charset="utf-8">
    <title>docwriteln</title>
</head>
<body>
    <script>
        document.write("토끼");
        document.write("거북이");

        document.write("<hr>");

        document.writeln("토끼");
        document.writeln("거북이");

        document.write("<hr>");

        document.write("토끼<br>");
        document.write("거북이");
    </script>
</body>
</html>
```

수평선 사이 사이에 여러 가지 방법으로 토끼와 거북이를 연이어 출력해 보았다. 윗 줄은 write 메서드를 두 번 호출하고 가운데 줄은 writeln 메서드를 두 번 호출했다. writeln은 각 출력 사이에 개행 코드를 삽입하므로 토끼와 거북이가 각줄에 따로 나올 것 같지만 막상 실행해 보면 원하는 결과와는 다르다.

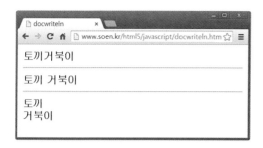

토끼와 거북이 사이에 공백이 하나 더 들어가 있을 뿐 결국 같은 줄에 출력된다. 이렇게 되는 이유는 writeln 메서드는 개행 코드를 실제로 출력하지만 웹 브라우저가 HTML 문서의 개행 코드를 무시하기 때문이다. HTML 문서에서 물리적인 개행 코드는 아무리 많아도 공백 하나와 같을 뿐이다. 같은 이유로 문자열 중간에 \n 확장열을 넣어 개행해도 실제 개행은 되지 않는다.

스크립트가 출력하는 문서는 결국 HTML이며 웹 브라우저는 HTML 방식대로 문서를 출력한다. writeln 메서드가 출력하는 개행 코드가 제대로 효과를 발휘하려면 스크립트를 〈pre〉 태그로 감싸는 방법을 생각할 수 있다. 〈pre〉 태그안에서는 공백이나 개행 코드가 그대로 유지된다. 그러나 두 줄 출력하고자 매번 〈pre〉 태그를 쓰는 것은 너무 번거롭다.

HTML 문서가 요구하는대로 개행할 때는 〈br〉 태그를 사용하는 것이 좋다. 마지막 줄은 write 메서드로 출력하되 토끼 다음에 〈br〉 태그를 같이 출력하여 HTML 문서상에서 개행하도록 했다. 〈br〉태그에 의해 두 동물이 개행되어 출력된다. 굳이 두 번에 나누어 출력할 필요 없이 그냥 한번에 "토끼〈br〉거북이"로 출력해도 상관없으며 토끼와 거북이를 각각의 〈p〉 태그로 감싸는 것도 가능하다. HTML 문서에서의 개행 여부는 〈br〉 태그로 결정하며 그래서 writeln 메서드는 실제로 별 실용성이 없다.

문서가 로드되기 전의 출력은 새 문서에 누적적으로 출력된다. 그래서 write 메서드로 토끼와 거북이를 순서대로 출력하면 두 동물이 문서에 차례대로 나타난다. 그러나 문서가 다 로드되어 화면에 표시된 상태에서 write 메서드는 새로운 출력을 문서 뒤에 누적시키는 것이 아니라 문서 전체를 다 지우고 새로 출력한다.

```
<!DOCTYPE html>
<html>
<head>
    <meta charset="utf-8">
    <title>runtimewrite</title>
</head>
<body>
    <p>다음 버튼을 눌러 보세요</p>
    <input type="button" value="요기요" onClick="btnClick()">
    <script>
        function btnClick() {
            document.write("참 잘했어요");
        }
    </script>
</body>
</html>
```

페이지를 로드하면 〈p〉 태그에 의해 출력된 문단과 〈input〉 태그로 배치한 버튼만 보인다. 스크립트가 작성되어 있지만 함수만 정의하는 것이어서 바로 실행되지 않으며 버튼을 클릭할 때 호출된다. 실행중에 버튼을 누르면 write 메서드에 의해 문서가 다시 작성되므로 문단과 버튼이 사라져 버리고 화면에는 write 메서드가 출력한 문자열만 남는다.

만약 기존 내용을 유지한 채 버튼 아래쪽에 새로운 문자열을 출력하고 싶다면 DOM 관련 메서드로 새 문단을 만들어 추가하는 복잡한 코드를 사용해야 한다. 이런 특성으로 인해 write 메서드는 실제 프로젝트에서 결과 출력용으로 거의 사용되지 않는다. 다만 코드의 실행 결과를 간편하게 확인할 수 있는 학습용 메서드일 뿐이다.

## 3.5 대화상자

document.write 메서드는 웹 페이지에 출력하며 개행하기 위해 태그를 사용해야 하고 문서 로드중에만 사용할 수 있다는 제약이 있다. 좀 더 결과를 분명히 살펴 보고 싶다면 다음 메서드로 대화상자를 연다.

alert(message)

인수로 출력할 내용을 전달하면 대화상자에 이 문자열이 출력된다. 딱 하나의 인수만 받으므로 여러 개의 값을 출력할 때는 + 연산자로 연결하여 하나의 문자열을 만들어야 한다.

**alert.html**

```
<!DOCTYPE html>
<html>
<head>
    <meta charset="utf-8">
    <title>alert</title>
</head>
<body>
    <script>
        var score = 88;
        alert("점수는 " + score + "입니다.");
    </script>
</body>
</html>
```

실행 직후에 대화상자가 나타나며 대화상자 중앙에 출력 내용이 표시된다. 대화상자를 통해 변수
의 현재값을 확인할 수 있다.

웹 페이지가 아닌 별도의 창으로 열리므로 전달 내용을 적극적으로 표시할 수 있고 문서가 로드된
후에도 내용을 그대로 유지한 채 변수값을 찍어볼 수 있다는 이점이 있다. 이벤트 핸들러에서 대화
상자를 열더라도 문서가 파괴되지 않는다는 점에서 편리하다.

**runtimealert.html**

```
<!DOCTYPE html>
<html>
<head>
    <meta charset="utf-8">
    <title>runtimealert</title>
</head>
<body>
    <p>다음 버튼을 눌러 보세요</p>
    <input type="button" value="요기요" onClick="btnClick()">
    <script>
        function btnClick() {
            alert("참 잘했어요\n확인 버튼을 누르세요.");
        }
    </script>
</body>
</html>
```

버튼을 누르면 대화상자가 열리며 뒤쪽의 웹 페이지는 그대로 유지된다. 또 \n을 문자열 중간에 넣어 여러줄로 출력할 수 있다. 호출도 간편해서 실행중에 변수의 현재값을 확인해 보기 위한 디버깅 용도로 많이 사용된다.

그러나 대화상자의 메시지를 다 읽은 후에 사용자가 일일이 확인 버튼을 눌러야 한다는 점에서 불편하다. 그래서 이 책은 결과 확인을 위해 대화상자보다는 그냥 눈으로 편하게 확인할 수 있는 document.write 메서드를 주로 사용한다. 사용자로부터 입력을 받을 때는 다음 메서드를 호출한다.

### prompt(msg,defaultText)

첫 번째 인수로 질문할 내용을 전달하고 두 번째 인수로 대화상자에 표시할 디폴트값을 전달한다. 디폴트를 생략할 경우 대화상자는 빈 채로 열린다.

**prompt.html**

```
<!DOCTYPE html>
<html>
<head>
    <meta charset="utf-8">
    <title>prompt</title>
</head>
<body>
    <script>
        var name = prompt("먹고 싶은 음식을 입력하세요.", "탕수육");
```

JavaScript+jQuery 정복

```
        document.write(name + "을 대령하겠습니다.");
    </script>
  </body>
</html>
```

별다른 조건없이 prompt 함수를 호출했으므로 실행하자 마자 대화상자가 바로 열린다. 대화상자에는 질문 내용과 입력을 위한 에디트가 배치되어 있으며 두 번째 인수로 전달한 디폴트값이 미리 입력되어 있다. 사용자는 에디트에서 원하는 값을 편집하고 다 입력하면 확인 버튼을 누른다. 입력한 값은 prompt 함수의 결과값으로 리턴되며 취소 버튼을 누르면 null이 리턴된다.

대화상자가 열렸을 때 사용자는 에디트를 편집하여 탕수육을 짜장면이나 짬뽕으로 바꿀 수 있다. 예, 아니오의 진위형 질문을 할 때는 다음 메서드를 호출한다.

### confirm(message)

message 인수로 질문 내용을 입력하면 이 내용을 대화상자에 보여 주고 확인, 취소 버튼으로 입력을 받아 그 결과를 리턴한다.

confirm.html

```
<!DOCTYPE html>
<html>
<head>
    <meta charset="utf-8">
    <title>confirm</title>
```

```
</head>
<body>
    <script>
        var upload = confirm("업로드하시겠습니까?");
        if (upload) {
            document.write("업로드를 완료하였습니다.");
        } else {
            document.write("업로드를 취소하였습니다.");
        }
    </script>
</body>
</html>
```

실행 직후에 업로드 여부를 묻는 대화상자가 나타나며 사용자는 대화상자의 확인, 취소 버튼을 눌러 질문에 응답한다. 코드에서는 그 결과를 upload 변수에 대입받고 사용자의 응답에 따라 다른 코드를 실행하였다.

이후 문법 실습중에 사용자의 입력이 필요할 때는 이 대화상자를 종종 사용할 것이다. 그러나 실제 프로젝트에서는 대화상자 관련 메서드가 거의 사용되지 않는다. 왜냐하면 대화상자는 브라우저를 블록하여 실행을 중단하는 특성이 있고 사용자는 수시로 창을 열어 재끼는 사이트를 별로 좋아하지 않기 때문이다. 브라우저에 따라서는 alert 실행을 금지하는 옵션을 제공하기도 한다.

## 3.6 엄격 모드

자바스크립트의 문법은 굉장히 방만한 편이다. 좋게 말하면 유연하고 융통성이 있다고 할 수 있으며 덕분에 규칙을 제대로 지키지 않고도 자유롭게 코드를 작성할 수 있다. 그러나 자유로움 이면에는 애매함에 의한 치명적인 함정이 도사리고 있으며 브라우저간의 호환성을 떨어뜨리는 부작용도 있다.

처음 언어를 설계할 때는 쉽게 배워 쉽게 쓰자는 의도였으나 갈수록 요구 사항이 높아지고 쓰임새가 많아짐으로써 대규모 프로젝트를 위한 분명하고도 명확한 규칙이 필요해졌다. 그래서 좀 더 엄격한 규칙을 적용하는 엄격 모드가 새로 도입되었다. 엄격 모드를 사용하려면 스크립트 선두나 함수 선두에 다음 구문을 넣는다.

```
"use strict";
```

자바스크립트는 별도의 개발툴도 아니고 브라우저에 의해 해석 및 실행되다 보니 옵션을 지정할 마땅한 방법이 없다. 게다가 엄격 모드를 위한 별도의 키워드를 도입할 수도 없어 문자열 형태로 옵션을 선언하는 형식을 사용한다. 스크립트 선두에 이 구문을 쓰면 전체 스크립트에 엄격 모드가 적용되며 함수 선두에 이 구문을 쓰면 해당 함수에만 적용된다. 엄격 모드에서는 자바스크립트의 문법이 다음과 같이 바뀐다.

- 변수를 선언하지 않고 사용할 수 없다.
- 일반 함수에서 this는 전역 객체가 아닌 undefined가 된다.
- eval() 안에서 변수나 함수를 선언할 수 없다.
- with문을 사용할 수 없다.
- 함수의 arguments 객체는 인수의 정적 사본이다.
- 같은 이름으로 함수, 멤버, 인수를 중복 정의하면 에러 처리된다.
- 8진수 리터럴을 허용하지 않는다.
- public, interface 등 확장을 위한 예약어가 키워드로 인정된다.
- 읽기 전용, 확장 불가, 삭제 불가 속성을 잘못 건드릴 경우 에러 처리한다.

아직은 문법을 배우지 않은 단계라서 이 규칙이 무엇을 의미하는지 잘 모르겠지만 이전의 좋지 않았던 구조나 말썽을 일으킬 가능성이 있는 문법을 더 안전하게 수정한 것이라고 이해하면 된다. 사실 이보다 훨씬 더 많은 세부 규칙이 존재한다. 엄격 모드를 사용하는 코드를 작성해 보자.

```
usestrict.html
```

```html
<!DOCTYPE html>
<html>
<head>
    <meta charset="utf-8">
    <title>usestrict</title>
</head>
<body>
    <script>
        "use strict";
        a = 1234;
        document.write("a = " + a + "<br>");
    </script>
</body>
</html>
```

변수 a를 var 선언 없이 그냥 사용했다. 전통적인 자바스크립트는 변수를 선언하지 않아도 사용할 수 있지만 엄격 모드에서는 명백한 에러로 처리된다. 브라우저의 개발툴을 열어 보면 변수가 선언되지 않았다는 에러가 출력되며 웹 페이지에는 아무것도 출력되지 않는다.

이 메시지에 의해 개발자는 변수를 선언하지 않고 사용했다는 것을 분명히 알 수 있고 명시적인 선언을 유도함으로써 잠재적인 문제를 예방할 수 있다. "use strict"; 구문을 제거하고 실행하면 선언없이도 변수를 사용할 수 있으므로 아무 이상 없이 잘 실행된다.

더 엄격한 문법을 적용하는 것은 코드의 품질 관리를 위해 바람직한 조치이다. 그러나 현업에서는 아직까지 엄격 모드를 사용하는 예가 그리 많지 않은데 왜냐하면 브라우저의 지원이 충분치 않기 때문이다. 이후에는 문법이 점점 더 엄격해지는 쪽으로 발전하고 있으므로 설사 엄격 모드를 명시적으로 선언하지 않는다 하더라도 가급적이면 엄격 모드의 규칙대로 코드를 작성하는 것이 바람직하다.

# chapter 02
# 변수

# 데이터 타입

## 1.1 타입의 분류

자바스크립트는 표현하고자 하는 자료의 형태에 따라 데이터 타입을 분류한다. 데이터 타입에 따라 값을 표기하는 방법과 연산시의 동작이 달라진다. 숫자형은 0~9까지의 아라비아 숫자로 표기하는데 비해 문자열은 알파벳이나 기호를 따옴표안에 담아 표기한다. 또 숫자끼리는 산술적으로 더하지만 문자열끼리는 이어서 연결하는 동작을 한다.

```
12 + 34 => 결과는 46
"good" + " morning" => 결과는 "good morning"
```

12 + 34는 양변이 다 숫자형이므로 수학적으로 더하여 46으로 계산되어야 하며 1234로 연결해서는 안된다. 반면 문자열은 수학적인 수치가 아니므로 "good"과 "morning"을 산술적으로 더할 수 없다. 그래서 두 문자열을 연결하여 하나의 긴 문자열을 만든다. 이런 표기법과 동작상의 차이점을 구분하기 위해 데이터 타입을 나눈다.

자바스크립트는 다른 언어에 비해 타입의 종류가 많지 않아 무척 단순한 편이다. 크기나 부호 여부 따위는 따지지 않으며 값의 종류에 따라 여섯 가지의 타입이 제공된다. 속도나 메모리 효율을 크게 고려치 않으며 현실적으로 딱 필요한 만큼의 타입만 나누어 놓았다. 크게 원시형과 객체형으로 구분된다.

- 원시형 : 숫자, 문자열, 논리형
- 객체형 : 함수, 객체, undefined

원시형(Primitive)은 숫자값이나 문자열 같은 값 하나를 표현하며 형태가 단순하다. 123, "korea", true 처럼 더 이상 분할할 수 없는 원자적인 하나의 값이다. 이에 비해 객체형은 여러 가지 멤버로 구성될 뿐만 아니라 다른 객체나 함수까지 포함할 수 있어 원시형에 비해 훨씬 더 거대하다. 객체형은 복잡하고 어려우므로 차후에 알아 보고 우선은 원시형을 먼저 연구해 보자.

# 1.2 숫자

숫자형은 수치를 표현한다. 우리가 일상적으로 사용하는 1, 25, 3.14 같은 값이 바로 숫자형이다. 수학에서는 수를 표현 범위에 따라 자연수, 정수, 실수 등으로 분류하지만 자바스크립트에서는 이런 구분 없이 숫자형 하나로 모든 숫자를 표현한다. 내부적으로는 C나 자바의 double 타입과 같은 구조의 64비트로 숫자를 저장한다. 표현 범위가 가장 큰 실수형으로 저장하되 소수점이 없으면 정수형으로 간주한다.

숫자 리터럴을 표기할 때는 0~9까지의 아라비아 숫자를 주로 사용한다. 이외에 +, − 부호와 소수점이 사용되며 진법이나 부동 소수점 표기시는 일부 알파벳도 사용된다. 리터럴(literal)이라는 용어는 상수값 하나를 표기하는 표현식을 의미하며 1234, −8.5와 같이 이름 없이 값만 있는 형태를 의미한다. 이름을 붙여 정의한 상수와 구분하기 위해 리터럴이라는 용어를 사용하는데 그냥 상수라고 이해해도 큰 무리는 없다. 정수 리터럴은 다음과 같이 표기한다.

```
629
-3
```

아라비아 숫자와 부호로 표기하며 소수점이 없다. 우리가 일상 생활에서 흔하게 사용하는 십진수이다. 프로그래밍 언어에서는 메모리값이나 색상값 같은 기계적인 값을 표현하기 위해 16진수도 많이 사용한다. 비트별로 의미가 있는 값은 16진수로 표기하는 것이 편리하다. 16진 리터럴은 0x로 시작하며 아라비아 숫자 0~9까지와 영문자 A~F까지를 사용한다. 영문자는 대소문자를 구분하지 않으므로 a~f까지 소문자를 사용해도 무방하다.

```
0x1f
0x20a8
```

16진수 0x1f는 10진수로 31과 같다. 숫자 0으로 시작하면 8진수가 되는데 017은 십진수 15에 해당한다. C나 자바가 8진수를 지원하므로 자바스크립트도 8진수 표기법을 지원하지만 사실상 거의 실용성이 없으며 오히려 헷갈리기만 한다. 그래서 엄격 모드에서는 8진 표기법을 금지하며 사용을 권장하지 않는다. 안타깝게도 더 실용성이 높은 2진 표기법은 지원하지 않는다.

정수형의 표현 범위는 $\pm 2^{53}$까지이며 무려 9000조에 해당하는 무지막지한 큰 수까지 표현할 수 있다. 그러나 배열 첨자나 비트 연산 등은 기계적인 한계로 인하여 32비트 정수까지만 지원한다. 안전하게 사용할 수 있는 범위는 $\pm 20$억 정도이며 실용적으로 별 무리가 없는 수준이다. 실수형은 정수형에 비해 소수점이 있다는 점이 다르다. 다음은 실수 리터럴의 예이다.

```
3.14
-2.414
```

아주 큰 수나 소수점 이하의 미세한 값은 공학적 표기법을 사용한다. 지수 표기법으로 e 다음에 10의 거듭승을 적어 소수점의 위치를 밝히는 방식이며 흔히 부동 소수점 표기법이라고도 한다.

```
5.12e5
-2.34e-4
```

5.12e5는 5.12 * $10^5$이며 512000에 해당한다. e 앞쪽의 가수에서 소수점을 e 다음의 지수만큼 오른쪽으로 이동한 수이다. -2.34e-4는 -0.000234이다. 부동 소수점 표기법으로는 최대 $10^{308}$이라는 감히 상상조차 할 수 없는 큰 숫자까지 표현할 수 있다. 일상 생활에서는 물론이고 천문학에서조차도 이런 큰 수는 거의 사용되지 않는다.

10의 거듭승 형태로 값을 표기하기 때문에 이런 큰 수를 표기할 수 있을 뿐이며 $10^{308}$이라고 해서 유효 자릿수가 308자리나 된다는 뜻은 아니다. 내부적으로는 64비트 길이 제한이 있어 정밀도는 고작해야 15자리밖에 되지 않는다. 부동 소수점 리터럴은 숫자를 표기하는 한 방법일 뿐이며 출력할 때는 항상 고정 소수점 형태로 출력된다.

# 1.3 문자열

문자열은 알파벳이나 한글, 기호 등의 문자를 연속으로 배치하여 문장을 표기하는 타입이다. 물론 숫자도 문자의 일부이므로 문자열 내에 사용할 수 있다. 문자열 리터럴은 명칭과 구분하기 위해 큰 따옴표나 작은 따옴표로 둘러싸서 표기한다.

```
"대한민국"
'대한민국'
```

둘 중 어떤 따옴표를 사용해도 상관없다. 그러나 여는 따옴표와 닫는 따옴표는 반드시 일치해야 한다. 열 때 큰 따옴표로 열었으면 닫을 때도 큰 따옴표로 닫아야 한다. 다음 둘은 양쪽의 따옴표가 달라 문자열의 끝을 찾을 수 없으므로 에러 처리된다.

```
"대한민국'
'대한민국"
```

상황에 따라 편리한 따옴표를 사용하면 된다. 만약 문자열안에 따옴표가 있다면 반대쪽 따옴표로 감싼다. 예를 들어 Let's go라는 문자열 리터럴을 정의하고 싶다면 다음과 같이 쓴다.

```
"Let's go"
```

문자열 안에 작은 따옴표가 있으므로 리터럴은 큰 따옴표로 감싼다. 'Let's go'라고 쓰면 'Let'까지만 문자열 리터럴로 인정되며 t 다음의 '에 의해 문자열이 끝나 버리므로 뒤쪽은 에러 처리된다. 따옴표안에 직접 표기할 수 없는 특수 문자는 \ 기호로 이스케이프한다. \u 표기법을 사용하면 키보드로 직접 입력할 수 없는 모든 유니코드 문자를 표기할 수 있다.

| 특수문자 | 설명 |
| --- | --- |
| \n | 개행 |
| \r | 리턴 |
| \t | 탭 |
| \b | BS |

| | |
|---|---|
| \ | 역슬래쉬 |
| \" | 큰 따옴표 |
| \' | 작은 따옴표 |
| \unnnn | 네 자리 코드로 표기한 유니코드 문자 |
| \xnn | 두 자리 코드로 표기한 라틴 문자 |

Let's go를 꼭 작은 따옴표로 감싸고 싶다면 'Let\'s go'로 쓰면 된다. 문자열 중간의 작은 따옴표 앞에 \가 있으므로 닫는 따옴표 기호로 인식되지 않고 따옴표 자체로 인식된다. \n이나 \t는 개행을 하고 탭을 삽입하지만 HTML 문서의 규칙상 하나 이상의 공백은 인정되지 않아 웹 페이지에는 별 효과가 없다. 다음 예제로 테스트해 보자.

**newline.html**

```
<!DOCTYPE html>
<html>
<head>
    <meta charset="utf-8">
    <title>newline</title>
</head>
<body>
    <script>
        document.write("토끼\n거북이");
        function btnClick() {
            alert("토끼\n거북이");
        }
    </script>
    <p><input type="button" value="대화상자 열기" onClick="btnClick()"></p>
</body>
</html>
```

document.write 메서드로 "토끼\n거북이" 문자열을 웹 페이지에 출력했다. 개행 코드는 정상적으로 출력되지만 HTML이 개행 문자를 인정하지 않기 때문에 그냥 공백으로 표시된다. 그러나 버튼을 눌러 대화상자로 똑같은 문자열을 출력해 보면 개행되어 있음을 알 수 있다. 웹 페이지에 출력할 때는 태그를 사용해야 하며 \n, \t 같은 기호는 파일이나 데이터베이스에 출력할 때만 사용한다.

문자열 리터럴이 아주 길다면 제일 뒤에 백슬레시 기호를 붙이고 다음 줄에 내려 써도 상관없다. 여기서 \ 기호는 행이 다음 줄에 계속된다는 뜻으로서 행 계속 문자라고 부른다.

**backslash.html**

```
<!DOCTYPE html>
<html>
<head>
    <meta charset="utf-8">
    <title>backslash</title>
</head>
<body>
    <script>
        document.write("아주 엄청나게 긴 문자열을 한 행에 입력할 때는 \
            백슬레시를 행 끝에 붙이고 다음 줄로 내려 쓸 수 있습니다.");
    </script>
</body>
</html>
```

줄 끝에 이 기호를 생략하면 첫 번째 줄에서 명령이 끝나며 닫는 따옴표가 없어서 에러 처리되지만 \가 있으면 위, 아래 줄을 연속해서 하나의 문자열로 인정한다.

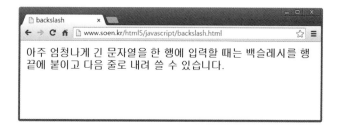

또는 다음과 같이 두 개의 문자열 리터럴을 각각의 줄에 따로 표기한 후 + 연산자로 두 문자열을 연결하는 방법도 가능하다.

```
document.write("아주 엄청나게 긴 문자열을 한 행에 입력할 때는 " +
    "백슬레시를 행 끝에 붙이고 다음 줄로 내려 쓸 수 있습니다.");
```

\ 기호는 문자열 리터럴 내부에서만 쓸 수 있으며 명령문에는 쓸 수 없다. 즉, 다음과 같이 쓰는 것은 허락되지 않는다. 프리포맷을 지원하므로 차라리 역슬레시를 붙이지 않고 그냥 개행하는 것은 가능하다.

```
document.\
write("이건 안됩니다.");
```

여러 개의 문자 집합을 표현하는 문자열 타입은 있지만 1개의 글자만 표현하는 문자형은 따로 없다. 꼭 하나의 문자만 표현하고 싶다면 "A", "한" 처럼 길이가 1인 문자열을 대신 사용한다.


## 1.4 논리형

논리형은 참, 거짓 딱 두 가지 값만 기억하는 타입이다. 리터럴은 true, false 두 가지가 있으며 이두 값만 저장할 수 있다. C/C++과는 달리 0과 1로 참, 거짓을 표현하지 않으며 호환되지도 않는다. 비교 연산자의 결과값이 논리형으로 리턴되며 주로 if 조건문, for 반복문 등의 조건절에 사용된다. 다음 예제는 a 변수의 값에 따라 조건 판단하여 분기한다.

JavaScript+jQuery 정복

```
<!DOCTYPE html>
<html>
<head>
    <meta charset="utf-8">
    <title>boolean</title>
</head>
<body>
    <script>
        var a = 3;
        if (a == 3) {
            document.write("a는 3입니다.");
        } else {
            document.write("a는 3이 아닙니다.");
        }
    </script>
</body>
</html>
```

숫자형 변수 a를 3으로 초기화했다. if문에서 비교 연산자 ==로 a가 3인지 조사하는데 a == 3 연산문이 리턴하는 타입이 논리형이며 a 값에 따라 true 또는 false를 리턴한다. 이 경우는 바로 위에서 3으로 초기화했으므로 결과는 항상 참이다. 코드를 수정하여 a의 초기값을 3이 아닌 값으로 바꾸면 결과는 달라질 것이다.

논리형은 주로 같다, 크다, 작다 등의 비교 연산의 결과로 생성되며 여러 가지 복잡한 조건을 논리 연산자로 연결하여 평가하기도 한다. 진위형의 정보를 조사하는 함수도 논리형을 리턴하며 대화상자를 통해 사용자로부터 질문을 하는 confirm 함수의 리턴값도 논리형이다.

# 변수

## 2.1 변수의 선언

변수는 값을 저장하는 기억 장소에 이름을 붙여 놓은 것이다. 변수의 개념 자체는 다른 언어와 다를 바 없지만 타입을 구분하지 않는 특성으로 인해 전통적인 언어와는 다른 독특한 특징이 많다. 기존 언어에 익숙한 사람은 이 차이점을 잘 숙지해야 한다. 저장하고자 하는 값에 대해 적당한 이름을 붙여 선언한 후 사용한다. 변수 선언 형식은 다음과 같다.

**var 변수 = 초기값;**

키워드 var로 변수를 선언하며 이름은 자유롭게 붙이되 명칭 규칙에 적합해야 한다. 변수명 다음에는 = 기호와 함께 초기에 대입할 값을 지정한다. 다음 선언문은 변수 a를 선언하면서 12라는 값으로 초기화한다.

```
var a = 12;
```

자바스크립트의 변수 선언문에는 타입을 따로 지정하지 않으며 초기식에 대입되는 값으로 타입이 결정된다. 위 선언문의 경우 12라는 숫자 리터럴로 초기화되었으므로 a는 숫자형 타입으로 선언된다. 초기값을 생략하면 아무 값도 없다는 의미의 undefined라는 특수한 값을 가진다. 이 상태로는 변수를 사용할 수 없으므로 사용하기 전에 원하는 값을 대입해야 한다.

```
var a;
a = 12;
```

선언을 먼저 하고 대입은 따로 해도 상관없다. 그러나 이왕 초기값을 줄 것이라면 선언과 동시에 초기화하는 것이 간편하다. 콤마로 구분하여 여러 변수를 한꺼번에 선언 및 초기화할 수 있다.

**var 변수1, 변수2, 변수3;**

각 변수 다음에 = 초기값을 지정하여 초기화한다. 다음은 세 개의 변수를 선언하면서 b만 3으로 초기화하고 a와 c는 초기화하지 않고 일단 선언만 했다.

var a, b = 3, c;

다음 예제는 변수를 선언 및 초기화하여 그 값을 출력한다. 너무 간단한 예라 굳이 예제까지 만들어 볼 필요가 없지만 확인해 본다는 의미로 예제를 작성했다.

**var.html**

```
<!DOCTYPE html>
<html>
<head>
    <meta charset="utf-8">
    <title>var</title>
</head>
<body>
    <script>
        var a = 12;
        var b = "korea";
        document.write("a = " + a);
        document.write("<br>");
        document.write("b = " + b);
    </script>
</body>
</html>
```

a는 초기값으로 12를 대입했으므로 숫자형이 되고 b는 "korea" 문자열을 대입했으므로 문자열 타입이 된다. 값이 제대로 초기화되었는지 두 값을 웹 페이지에 출력했으며 두 출력문 사이에 ⟨br⟩ 태그를 넣어 개행했다.

문법을 실습하는 동안 이런 식으로 변수의 값이나 상태를 문자열 형태로 웹 페이지에 출력하여 결과를 확인해 볼 것이다. 단순한 문자열일 뿐이므로 앞으로는 굳이 브라우저 화면을 캡처할 필요 없이 다음과 같이 출력 결과를 바로 보인다. 문자열 이상의 출력 결과가 있을 때만 캡처 화면을 보이기로 한다.

```
a = 12
b = korea
```

선언문의 초기식에 있는 값이 a와 b에 잘 대입되어 있다. 물론 초기값은 어디까지나 처음에 대입되는 값일 뿐이며 a와 b는 변할 수 있는 변수이므로 언제든지 다른 값으로 바꿀 수 있다.


## 2.2 선언 없이 사용하기

변수는 통상 선언한 후에 사용하는 것이 상식적이며 대부분의 전통적인 언어는 엄격한 변수 선언을 요구한다. 변수 선언문은 앞으로 요런 이름으로 변수를 쓸 테니 기억 장소를 할당해 달라는 요청이며 컴파일러는 이 요청에 대해 변수에 꼭 맞는 기억 장소를 할당하고 초기화하여 값을 저장할 준비를 한다.

그러나 자바스크립트는 컴파일러가 아니라 실행중에 모든 것을 처리하는 인터프리터여서 변수를 선언하지 않고도 사용하는 것을 허용한다. 애초에 없던 변수라도 처음 등장할 때 변수를 만들면 되는 것이다. 최초 사용이 곧 선언을 겸하는 셈이다. 앞 예제의 변수 선언문에서 var 키워드를 빼도 아무 이상없이 잘 실행된다.

```
a = 12;
b = "korea";
```

var 키워드가 빠지면 변수를 선언하는 문장이 아니라 값을 대입하는 대입문이다. a = 12; 라는 대입문을 실행할 시점에는 아직 a라는 변수가 없지만 해석기는 이때 a 변수를 생성하고 이 변수에 12라는 값을 대입한다. b도 마찬가지 과정으로 생성되며 따라서 두 변수의 값도 정상적으로 잘 출력된다. 전통적인 언어에 익숙한 사람에게는 무척 어색해 보인다.

더 이상한 점은 변수의 타입이 확정적이지 않다는 것이다. 선언문에 변수의 타입을 밝히는 구문이 아예 없으며 실행중에도 변수의 타입을 마음대로 바꿀 수 있다. 처음에는 숫자값으로 초기화했다가 나중에 문자열을 대입할 수도 있고 논리형으로 사용할 수도 있다. 실행중에 타입이 자유롭게 바뀐다고 해서 동적 타입(Dynamic Type)이라고 한다. 다음 코드를 보자.

**dynamictype.html**

```
<!DOCTYPE html>
<html>
<head>
    <meta charset="utf-8">
    <title>dynamictype</title>
</head>
<body>
    <script>
        a = 12;
        document.write("a = " + a + "<br>");
        a = "korea";
        document.write("a = " + a);
    </script>
</body>
</html>
```

최초 a는 12로 초기화되었으므로 숫자형이다. 이 상태에서 a를 출력하면 숫자 12가 출력된다. a
에 다시 "korea" 문자열을 대입하면 이때 문자열 타입으로 바뀐다. 실행 결과는 다음과 같다.

```
a = 12
a = korea
```

선언을 했더라도 중간에 타입을 바꿔 다시 선언할 수도 있다. 하나의 변수를 두 가지 용도로 사용
하는 것은 구조적으로 바람직하지 않으며 사실 그럴 필요도 없지만 어쨌거나 자바스크립트에서는
이것이 가능하다. 다음과 같이 var 키워드를 붙여도 에러가 아니다. 이미 선언한 변수를 다른 용도
로 다시 선언해서 재사용하는 것이다.

```
var a = 12;
document.write("a = " + a + "<br>");
var a = "korea";
document.write("a = " + a);
```

선언하지 않은 변수를 쓴다거나 중간에 타입을 바꾸는 기능은 엄격한 타입의 언어에 익숙한 사람
에게는 굉장히 어색해 보인다. 스크립트는 컴파일 언어에 비해 상대적으로 규모가 작기 때문에 엄
격함보다는 간편함을 추구한다. 타입이 좀 틀려도 상관없고 한 변수를 두 가지 용도로 사용해도 별
다른 잔소리가 없다.

이런 관대함이나 유연함을 장점으로 볼 수도 있지만 방만한 규칙은 단점으로 지적되기도 한다. 번
거로운 선언 절차를 거치지 않고도 변수를 마음 내키는 대로 쓸 수 있어 편리한 면은 있지만 자칫
실수라도 하게 되면 뜻하지 않는 부작용이 발생할 수도 있다. 애초에 선언 같은 강제적인 문법이
없다보니 어이없는 실수를 해도 해석기가 이를 알려줄 수 없다.

**wrongname.html**

```
<!DOCTYPE html>
<html>
<head>
    <meta charset="utf-8">
    <title>wrongname</title>
```

```
    </head>
    <body>
        <script>
            radius = 3;
            pi = 3.14;
            circle = radios * pi * 2;
            document.write("원주 둘레는 " + circle + "입니다.");
        </script>
    </body>
</html>
```

반지름이 3인 원의 원주 둘레를 계산하는 간단한 코드이다. 원주는 지름에 원주율을 곱하면 쉽게 구할 수 있다. circle을 계산하는 부분에서 radius라고 써야 할 것을 radios로 잘못 쓰는 실수를 했다. 사람이 보기에는 명백한 오타이지만 해석기가 보기에는 radios라는 변수를 새로 만드는 것으로 인식하여 초기값도 없는 변수를 만들어 낸다. undefined 값을 수식에 사용했으므로 에러가 발생하며 결국 웹 페이지에는 아무것도 출력되지 않는다.

선언하지 않고 사용하는 실수를 용납하기 때문에 이런 문제가 생기는 것이다. 규칙이 지나치게 자유분방해서 실수와 의도를 명확히 구분할 수 없다. 만약 명시적인 선언만 허용한다면 해석기는 radios가 선언되지 않은 변수임을 분명히 알려줄 수 있고 개발자는 실행 즉시 자신의 실수를 수정할 수 있다. 이런 짧은 코드에서는 그나마 육안으로라도 문제를 찾기 쉽지만 조금만 길어지면 오타에 의한 에러를 찾기 어렵다.

자바스크립트의 이런 특성에 대해 의견이 분분했지만 요즘은 부정적으로 보는 견해가 더 많다. 아직도 선언 없이 사용하는 것을 허용은 하지만 권장되지 않는다. 엄격 모드에서는 선언 없는 변수 사용을 명백한 에러로 처리하며 앞으로는 더 엄격한 방향으로 문법이 개정될 것이다. 처음 배울 때부터 변수는 무조건 선언 후 사용하는 것으로 버릇을 들이는 것이 좋다. 이 책의 모든 예제는 변수를 사용하기 전에 반드시 명시적으로 선언한다.

## 2.3 변수의 범위

변수는 사용되는 범위에 따라 전역과 지역 두 가지가 있다. 전역 변수는 〈script〉 태그 안에 바로
선언하며 페이지내의 모든 스크립트에서 자유롭게 참조할 수 있다. 이에 비해 지역 변수는 함수 내
부에 선언되어 해당 함수 내에서만 사용되며 함수가 리턴할 때 제거된다.

```
            ┌   <script>
            │      var global;  ─────▶ 전역 변수
            │   ┌ function func() {
      전역 ┤지역┤    var local;  ─────▶ 지역 변수
            │   │    ....
            │   └ }
            │      ....
            └   </script>
```

변수를 어느 위치에서 선언했는가에 따라 변수의 사용 범위가 결정된다. 다음 예제로 이를 확인해
보자. 함수는 아직 배우지 않았지만 function 키워드로 선언한 func가 함수이다.

**varscope.html**

```html
<!DOCTYPE html>
<html>
<head>
    <meta charset="utf-8">
    <title>varscope</title>
</head>
<body>
    <script>
        var global = "전역";
        function func() {
            var local = "로컬";
            document.write("함수 안  local = " + local + "<br>");
            document.write("함수 안  global = " + global + "<br>");
        }
        func();
        // document.write("함수 밖 local = " + local + "<br>");
```

J a v a S c r i p t + j Q u e r y  정복

```
                document.write("함수 밖 global = " + global + "<br>");
        </script>
    </body>
</html>
```

global 변수는 함수 외부에서 선언했으므로 전역이며 스크립트의 아무 곳에서나 자유롭게 읽고
쓸 수 있다. 반면 함수 안에서 선언한 local 변수는 함수 내부에서만 사용할 수 있는 지역 변수이
다. 함수 안에서 local과 global 값을 출력했는데 둘 다 범위 내에 있으므로 잘 출력된다. 함수 밖
에서도 똑같이 두 변수를 호출했는데 global만 제대로 출력된다.

```
함수 안  local = 로컬
함수 안  global = 전역
함수 밖  global = 전역
```

함수 밖에서는 지역 변수인 local을 읽을 수 없다. local은 함수가 호출될 때 생성되어 내부적으로
만 사용되며 함수가 종료되면 존재가 사라지므로 아예 없는 변수로 취급되기 때문이다. local을 읽
는 문장의 주석을 제거하면 에러 처리되며 이후의 명령이 모두 무시되어 마지막 global 변수도 제
대로 출력되지 않는다.

전역 변수는 어디서 선언하건간에 모든 스크립트에서 참조할 수 있다. 설사 〈script〉 태그가 나누
어져 있더라도 다른 〈script〉 블록으로도 알려진다. 〈head〉 태그의 〈script〉 블록에서 global 변
수를 선언해도 동작에는 아무런 문제가 없다.

---

**global.html**

```
<!DOCTYPE html>
<html>
<head>
    <meta charset="utf-8">
    <title>global</title>
    <script>
        var global = "전역";
    </script>
```

```
    </head>
    <body>
        <script>
            function func() {
                var local = "로컬";
                document.write("함수 안  local = " + local + "<br>");
                document.write("함수 안  global = " + global + "<br>");
            }
            func();
            // document.write("함수 밖 local = " + local + "<br>");
            document.write("함수 밖 global = " + global + "<br>");
        </script>
    </body>
</html>
```

브라우저는 〈head〉를 먼저 실행하므로 〈head〉에서 선언한 변수는 〈body〉에서도 유효하다. 어느 블록에서건 global이 사용되기 전에 먼저 선언되었기 때문이다. 변수는 사용되기 전에 선언해야 한다. global 선언문을 〈body〉의 제일 아래쪽으로 이동시키면 undefined로 간주되기 때문에 제대로 동작하지 않는다. 스크립트 전체에 걸쳐 사용되는 변수는 가급적 위쪽에 선언하는 것이 좋고 〈head〉에 모아서 선언하는 것이 가장 이상적이다.

전역 변수와 지역 변수의 이름이 같을 경우 함수 안에서는 지역 변수가 우선이다. 전역 변수와 똑같은 이름의 지역 변수를 선언하면 전역 변수가 사라지는 것이 아니라 지역 변수에 의해 잠시 가려진다. 그래서 함수 안에서는 전역 변수를 잠시 읽을 수 없는 상태가 된다.

**nameconflict.html**

```
<!DOCTYPE html>
<html>
<head>
    <meta charset="utf-8">
    <title>nameconflict</title>
</head>
<body>
```

JavaScript+jQuery 정복

```
<script>
    var score = 100;
    function func() {
        var score = 77;
        document.write("함수 안  score = " + score + "<br>");
    }
    func();
    document.write("함수 밖 score = " + score + "<br>");
</script>
</body>
</html>
```

함수 외부에서 전역 변수 score를 100으로 초기화했다. func 함수에서는 같은 이름의 지역 변수 score를 77로 초기화하여 출력했다. 이때는 지역 변수값 77이 출력된다. 함수 외부에서 전역 변수 score를 출력하면 이때는 전역 변수값 100이 출력된다. 두 변수가 이름은 같지만 다른 값을 잘 저장하고 있음을 알 수 있다.

```
함수 안  score = 77
함수 밖  score = 100
```

지역 변수가 전역 변수를 파괴하지 않으므로 설사 이름이 중복되더라도 큰 문제는 없다. 다만 함수 안에서는 전역 변수를 참조하지 못한다는 점이 좀 불편할 뿐이다. 함수 안에서 가려진 전역 변수를 꼭 읽고 싶다면 this.score로 참조할 수는 있다. 여기서 this는 전역 객체인 window를 의미하며 this.score는 전역으로 선언된 score 변수를 의미한다. 물론 가장 이상적인 것은 전역이든 지역이든 중복되지 않는 고유한 이름을 주는 것이다.

변수를 선언 없이 그냥 사용하면 설사 함수 안이라 하더라도 항상 전역 변수로 간주한다. 지역 변수로 선언하려면 반드시 var 키워드가 있어야 한다. 앞 예제에서 함수 안의 score가 지역 변수가 되는 이유는 var 키워드가 있기 때문이다. 이 키워드가 없으면 어떤 문제가 발생하는지 var 키워드를 잠시 빼 보자.

```
<!DOCTYPE html>
<html>
<head>
    <meta charset="utf-8">
    <title>novar</title>
</head>
<body>
    <script>
        var score = 100;
        function func() {
            score = 77;
            document.write("함수 안  score = " + score + "<br>");
        }
        func();
        document.write("함수 밖 score = " + score + "<br>");
    </script>
</body>
</html>
```

이렇게 되면 func 함수의 첫 줄에 있는 score = 77; 문장이 전역 변수 score의 값을 변경하는 대입문이 된다. 그래서 초기값 100은 무시되고 함수 안에서 출력하는 score나 함수 밖에서 출력하는 score나 둘 다 77이 된다. 두 score 변수가 둘 다 전역이 되어 func 함수가 자신의 지역 변수가 아닌 전역 변수를 잘못 건드리는 사고가 발생한 것이다.

```
함수 안  score = 77
함수 밖  score = 77
```

설사 외부의 전역 변수를 선언하지 않았다 하더라도 함수 내부에서 var 없이 선언한 변수는 항상 전역으로 간주된다. 스크립트 선두의 var score = 100; 선언문을 삭제해 보자.

```
<script>
    function func() {
        score = 77;
        document.write("함수 안  score = " + score + "<br>");
    }
    func();
    document.write("함수 밖 score = " + score + "<br>");
</script>
```

이렇게 해도 예제는 아주 정상적으로 잘 동작한다. 왜냐하면 func에서 선언한 score에 var 키워드가 없으므로 전역으로 간주되어 함수 밖에서도 이 변수가 존재하기 때문이다. 반면 다음과 같이 지역 변수 score에 var 키워드를 사용하면 에러로 처리된다.

```
<script>
    function func() {
        var score = 77;
        document.write("함수 안  score = " + score + "<br>");
    }
    func();
    document.write("함수 밖 score = " + score + "<br>");
</script>
```

이 경우는 score가 지역 변수로 선언되었으므로 함수 내부에서만 유효하며 함수가 리턴하면 변수가 사라진다. 따라서 함수 외부에서 score를 참조하는 것은 명백한 에러이다. 있지도 않은 변수를 읽었으므로 에러 처리되는 것이 마땅하다.

이상의 예제들은 모형화된 것이어서 이름 충돌이 바로 보이고 에러가 발생하는 원인도 어렵지 않게 추측할 수 있다. 그러나 프로젝트의 규모가 커지고 여러 사람이 팀 작업을 하다 보면 사소한 문제도 발견하기 어렵다. 그래서 변수를 선언할 때는 항상 var 키워드를 사용할 것을 권장하는 것이다.

C나 자바에는 전역, 지역 외에도 블록 범위라는 것이 있다. 함수가 아니더라도 {} 블록안에서 선언한 변수는 블록 내부에서만 유효하다. 그러나 자바스크립트에는 블록 범위라는 것이 없으며 블록 안에서 선언한 변수라도 블록 밖에서 자유롭게 읽을 수 있다.

```
<!DOCTYPE html>
<html>
<head>
    <meta charset="utf-8">
    <title>blockscope</title>
</head>
<body>
    <script>
        for (var i = 0; i < 3; i++) {
            var k = 1234;
            document.write("i = " + i + "<br>");
        }
        document.write("i = " + i + " ,k = " + k + "<br>");
    </script>
</body>
</html>
```

for 루프의 블록에서 제어 변수 i를 선언했으며 for 루프 내부에서 k 변수를 선언했다. 블록 내에서 선언했지만 두 변수 모두 루프가 끝난 후에도 유효하다. 루프 종료 후에 i와 k를 읽어도 잘 읽혀지며 루프의 끝값이 출력된다.

```
i = 0
i = 1
i = 2
i = 3 ,k = 1234
```

똑같은 코드를 C나 자바로 작성하면 에러로 처리되는데 이는 비슷한 블록이 계속 반복될 때 변수 범위를 제한하여 중복을 방지하기 위해서이다. 블록이라는 좁은 범위에서도 지역적인 변수를 선언해서 사용할 수 있다는 면에서 굉장히 유용한 기능이다. 자바스크립트는 그 정도로 복잡한 코드를 작성할 경우가 많지 않아 블록 범위를 지원하지 않는다.

최신 자바스크립트 명세에는 블록 범위를 지원하기 위해 let 키워드가 도입되었으나 아직 이 키워드를 지원하는 브라우저가 많지 않다. 지원하는 브라우저도 버전 번호를 정확히 밝혀야 하는 불편함이 있어 실용적으로 사용하기에는 아직 이르다. 언젠가는 let 키워드가 표준에 포함될 수도 있겠지만 아직은 안심하고 사용할 수 없는 문법인 셈이다.

## 2.4 상수

실행중에 언제든지 값을 바꿀 수 있는 변수에 비해 상수는 한번 값이 결정되면 영원히 변하지 않는 값이다. 수식내에서 값을 바로 사용하는 리터럴과는 달리 이름을 주고 선언한다는 면에서 차이가 있다. 키워드 const를 사용하며 관례상 상수의 이름은 모두 대문자로 작성한다.

**const.html**

```html
<!DOCTYPE html>
<html>
<head>
    <meta charset="utf-8">
    <title>const</title>
</head>
<body>
    <script>
        const MILE = 1.609;
        var marathon = 42.195;
        document.write("마라톤 코스 길이는 " + (marathon / MILE) + "마일이다.");
    </script>
</body>
</html>
```

이 예제는 MILE이라는 상수를 정의하여 1마일이 몇 킬로미터인가를 표현한다. 마라톤 코스가 몇 마일인지 알고 싶다면 42.195킬로미터를 MILE로 나누면 된다. 실행 결과는 다음과 같다.

**마라톤 코스 길이는 26.22436295835923마일이다.**

42.195킬로미터는 대략 26마일이다. 물론 이렇게 하지 않고 다음과 같이 리터럴을 직접 사용해도 결과는 마찬가지이며 별도의 선언문이 없으므로 오히려 더 간편하기는 하다.

```
marathon / 1.609
```

그러나 이렇게 써 놓으면 다른 사람이 코드를 보았을 때 1.609라는 숫자가 어떤 의미인지 바로 파악하기 어렵다. 1.609라는 숫자에 이름을 붙여 놓으면 이 수가 1마일을 의미한다는 것을 쉽게 눈치챌 수 있어 코드 파악이 쉽다. 코드에서 자주 사용하는 값을 상수로 정의해 두면 반복적으로 사용하기 편리하다.

**defineconst.html**

```
<!DOCTYPE html>
<html>
<head>
    <meta charset="utf-8">
    <title>defineconst</title>
</head>
<body>
    <script>
        const RATIO = 3.25;
        var a = 1000;
        var b = 2850;
        document.write(a + "만원 정기 예금의 1년 이자 = " + (a * RATIO / 100) + "만원<br>");
        document.write(b + "만원 정기 예금의 1년 이자 = " + (b * RATIO / 100) + "만원<br>");
    </script>
</body>
</html>
```

정기 예금의 이율을 RATIO 상수로 정의해 놓고 이 값을 각 원금의 이자 계산에 사용하였다.

```
1000만원 정기 예금의 1년 이자 = 32.5만원
2850만원 정기 예금의 1년 이자 = 92.625만원
```

수식이 읽기 쉬워지는 이점이 있고 이율이 바뀔 경우라도 수식은 건드릴 필요 없이 RATIO 상수의 정의부만 고치면 된다. 일괄 수정하기도 쉽고 한 군데를 누락해서 생기는 불일치의 위험도 없다. const로 선언한 상수는 읽기 전용이며 값을 변경할 수 없다. 만약 초기화 후에 상수에 값을 대입하는 코드를 작성하면 그냥 무시 당하며 값은 바뀌지 않는다.

## 2.5 특수한 값

자바스크립트는 특수한 상태를 표현하는 몇 개의 리터럴을 제공하는데 주로 에러 상태를 표현한다. null은 변수가 아예 선언되지 않았음을 표현한다. null인 변수를 참조하면 에러로 처리되며 이후의 문장은 무시된다. 그러나 다음과 같은 비교식은 사용할 수 없다.

```
if (score == null)     // score 변수가 선언되지 않았으면
```

score 변수 자체가 존재하지 않아 이 비교식부터 벌써 에러이기 때문이다. 그래서 변수에 대해 null을 비교하는 경우는 거의 없고 에러시 null을 리턴하는 함수의 실행 결과를 점검하기 위해 가끔 사용된다.

undefined는 변수가 선언되었지만 값이 초기화되지 않은 상태를 의미한다. 어떤 값을 가지고 있는지 알 수 없는, 즉 정의되지 않은 상태라는 뜻이다. 조건문을 통해 변수의 초기화 여부를 점검할 수 있다.

```
var score;
if (score == undefined)        // score 변수가 초기화되지 않았으면
```

그럴 경우는 별로 없지만 이미 초기화한 변수를 초기화 이전으로 돌리고 싶다면 변수에 undefined를 대입한다. 초기화되지 않은 변수를 출력하면 undefined 리터럴이 출력된다. 다음 예제로 두 개의 특수한 리터럴을 테스트해 보자.

```html
<!DOCTYPE html>
<html>
<head>
    <meta charset="utf-8">
    <title>undefined</title>
</head>
<body>
    <script>
        var notinit;
        document.write("초기화되지 않은 변수 : " + notinit);
        document.write("존재하지 않는 변수 : " + ghost);
    </script>
</body>
</html>
```

notinit는 선언만 하고 초기화하지 않았으며 선언 후에도 값을 대입하지 않았다. 변수는 존재하지만 어떤 값을 가지는지 알 수 없으며 그래서 undefined로 출력된다. ghost는 초기화는 물론이고 아예 변수 자체가 존재하지 않는다. null인 변수를 참조하면 에러 처리되며 이후의 코드는 무시된다. 실행해 보면 위쪽 출력문만 나타난다.

```
초기화되지 않은 변수 : undefined
```

Infinity는 무한대를 나타내는 상수이다. 타입이 표현할 수 있는 값보다 연산의 결과가 더 커지면 오버플로우가 발생하며 이 경우 연산 결과는 Infinity가 된다. 특정값을 0으로 나누면 무한대가 되는데 이는 자바스크립트가 0으로 나누는 연산을 그렇게 정의했을 뿐이지 수학적으로 올바른 정의는 아니다. 수학에서는 0으로 나누는 것을 금지하지만 자바스크립트는 예외 발생을 최대한으로 억제하기 위해 무한대로 처리한다.

NaN은 Not a Number의 약자로 숫자로 표현할 수 없는 상태라는 뜻이다. 일종의 연산 에러를 의미하는데 0을 0으로 나누면 NaN이 된다. 또는 숫자가 될 수 없는 문자를 숫자로 변환하고자 할 때나 음수의 제곱근 등 현실 세계에 존재하지 않는 수도 NaN으로 계산된다. 다음 예제로 두 상태를 만들어 보자.

```
<!DOCTYPE html>
<html>
<head>
    <meta charset="utf-8">
    <title>nan</title>
</head>
<body>
    <script>
        var veryBig = 1234/0;
        document.write("veryBig = " + veryBig + "<br>");

        var noNumber = Math.sqrt(-2);
        document.write("noNumber = " + noNumber);
    </script>
</body>
</html>
```

정수 1234를 0으로 나누면 무한대가 되는데 정확한 계산은 아니지만 무한대에 수렴하는 무지막지하게 큰 수라는 것을 표현한다. 음수인 −2의 제곱근은 실제 존재하지 않는 허수이므로 NaN이 리턴된다.

```
veryBig = Infinity
noNumber = NaN
```

이 두 상수는 숫자값이라기보다는 수학적 에러를 의미하는 상태값이다. 특정 변수가 NaN인지는 isNaN 함수로 조사할 수 있으며 무한대가 아닌 유효한 숫자인지는 isFinite 함수로 조사한다. 이 두 함수에 대해서는 차후 함수를 배운 후 다시 상세한 사용법을 소개하기로 한다.

# 타입 변환

## 3.1 암시적 변환

자바스크립트의 변수도 타입이 있지만 그다지 엄격하지는 않다. 타입이 일치하지 않는 자료형끼리 연산해도 에러로 처리하지 않고 실행중에 자동으로 타입을 바꿔 적용한다. 그래서 웬만한 타입끼리는 상식적인 수준에서 별다른 조치 없이 연산할 수 있다. 다음 예제로 타입끼리의 혼합 연산을 시험해 보자.

**implicit.html**

```
<!DOCTYPE html>
<html>
<head>
    <meta charset="utf-8">
    <title>implicit</title>
</head>
<body>
    <script>
        var name = "김상형 : ";
        var score = 98;
        document.write(name + score + "<br>");

        var value1 = "8";
        var value2 = "6";
        var add = value1 + value2;
        document.write("add : " + add + "<br>");
```

```
        var sub = value1 - value2;
        document.write("subtract : " + sub + "<br>");
    </script>
  </body>
</html>
```

문자열과 숫자형을 혼합하여 여러 가지 연산을 한 후 그 결과를 출력했다. 문자열 타입의 name 변수와 숫자 타입의 score 변수를 + 연산자로 연결했다. 문자열과 숫자를 수학적으로 덧셈할 수는 없는 노릇이므로 숫자가 문자열로 바뀐 후 뒤쪽에 연결된다. 98이라는 숫자가 연산을 위해 일시적으로 "98"이라는 문자열이 되는 것이다.

| "김상형" + 98 | ➡ | "김상형" + "98" | ➡ | "김상형98" |
|---|---|---|---|---|
| 문자열과 숫자 더함 | | 숫자가 잠시 문자열이 됨 | | 하나의 문자열로 연결됨 |

두 번째 예의 value1과 value2는 내용은 숫자이지만 따옴표로 둘러 쌌으므로 둘 다 문자열 타입이다. 이 둘을 + 연산자로 연결하면 문자열 안의 두 숫자가 산술적으로 더해지는 것이 아니라 두 문자열이 연결되어 "86"이 된다. + 연산자는 피연산자가 문자열이면 두 문자열을 연결하는 것으로 동작이 정의되어 있다. 그 외의 나머지 −, *, / 연산자는 문자열끼리 연산할 때 숫자로 바꾼 후 산술적으로 연산한다.

마지막 예는 문자열끼리 뺄셈을 했는데 이 경우는 숫자로 바꾼 후 산술적으로 빼서 숫자를 리턴한다. 문자열끼리의 덧셈은 연결로 정의할 수 있지만 뺄셈은 논리적으로 정의하기 애매하기 때문이다. "8"은 8이 되고 "6"은 6이 된 후 두 값이 산술적으로 뺄셈되어 sub에는 숫자 2가 대입된다. 이 숫자를 출력할 때 다시 문자열 "2"로 바뀌어 "subtract : "뒤에 연결된다.

```
김상형 : 98
add : 86
subtract : 2
```

수식내에서 문자열과 숫자형을 섞어서 연산해도 자바스크립트가 알아서 타입을 변환한 후 연산하도록 되어 있다. 문자열이 올 자리에 숫자가 오면 임시적으로 문자열로 바꾸어 사용하고 반대로 산술 연산을 해야 할 곳에 문자열이 오면 잠시 숫자로 바꿔 사용한다. 이처럼 개발자가 별다른 변환을 하지 않아도 언어가 자동으로 변수의 타입을 바꿔 주는 것을 암시적인 변환이라고 한다.

## 3.2 명시적 변환

암시적 변환이 일어나는 시점은 상식적이고 해석기의 판단이 합리적이어서 대개의 경우는 별 문제가 없다. 하지만 때로는 개발자가 명시적으로 변환을 지시해야 하는 경우도 있다.

**explicit.html**

```
<!DOCTYPE html>
<html>
<head>
    <meta charset="utf-8">
    <title>explicit</title>
</head>
<body>
    <script>
        var korean = "82";
        var english = "75";
        var total = korean + english;
        document.write("총점은 " + total + "이다.<br>");
    </script>
</body>
</html>
```

두 과목의 점수를 더하여 총점을 계산하는 프로그램이다. 점수를 기억하는 변수가 숫자형이라면 단순히 더하면 되지만 문제는 문자열형이라는 점이다. prompt 함수로 대화상자를 열어 사용자로부터 점수를 직접 입력을 받았거나 텍스트 파일에서 점수를 추출했다면 문자열 형태의 점수 정보가 읽힌다. 두 값을 total 변수에 더한 후 그 값을 출력했다.

총점은 8275이다.

우리가 원하는 값은 82와 75를 수학적으로 더한 157이지만 결과는 생뚱맞게도 두 문자열을 연결한 8275가 된다. 자바스크립트는 korean, english 변수의 실제 의미가 숫자 형태의 점수임을 모르기 때문에 + 연산자의 정의대로 두 문자열을 연결해 버리는 것이다. 이럴 때는 문자열 형태의 값을 명시적으로 숫자로 변환한 후 연산해야 한다.

**tonumber.html**

```
<!DOCTYPE html>
<html>
<head>
    <meta charset="utf-8">
    <title>tonumber</title>
</head>
<body>
    <script>
        var korean = "82";
        var english = "75";
        var total = Number(korean) + Number(english);
        document.write("총점은 " + total + "이다.<br>");
    </script>
</body>
</html>
```

문자열을 숫자로 변환할 때는 Number 함수를 사용한다. 인수로 문자열을 전달하면 문자열내의 아라비아 숫자를 읽어 숫자 타입으로 바꿔 준다. Number 함수에 의해 korean 변수에 저장된 "82"가 문자열 타입에서 숫자형의 82로 바뀌고 마찬가지로 english도 숫자 75로 바뀐다. 숫자로 바꾼 후 두 숫자를 더했으므로 total은 숫자값 152를 가진다.

총점은 157이다.

대화상자를 통해 입력받은 값, 데이터베이스에서 읽은 값은 숫자가 든 문자열 형태인 경우가 많다. 이 값을 출력한다거나 다른 곳으로 전송한다면 문자열이어도 상관없지만 수학적 연산을 하려면 숫자로 바꿔야 한다. 개발자가 Number 함수를 호출하여 문자열을 숫자로 직접 바꾸는 변환을 명시적 변환이라고 한다.

Number 함수는 인수로 전달된 문자열이 완전한 숫자일 때만 제대로 변환을 한다. "120원", "minus 629" 따위로 숫자가 아닌 문자가 포함되어 있으면 변환할 수 없다는 의미로 NaN을 리턴한다. Number 함수 외에도 parseInt 등의 좀 더 복잡한 형태의 변환을 수행하는 표준 함수들이 있는데 다음 기회에 알아 보도록 하자.

## 3.3 숫자를 문자열로 변환

이번에는 반대로 숫자를 문자열로 바꿔 보자. 문자열을 숫자로 바꿀 때 Number 함수를 사용하는 데 비해 숫자를 문자열로 변환할 때는 String 함수를 사용한다. 두 함수는 서로 반대되는 변환을 수행하는 셈이다.

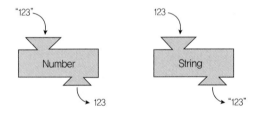

String 함수의 인수로 숫자값을 주면 문자열로 바뀐다. 문자열 형태의 직원 이름과 숫자 형태의 월급을 연결하여 출력하고 싶다면 다음과 같이 한다.

**tostring.html**

```
<!DOCTYPE html>
<html>
<head>
    <meta charset="utf-8">
```

　　　　　　　　　　　　　　　　　　　　　　　　JavaScript+jQuery 정복

```
        <title>tostring</title>
    </head>
    <body>
        <script>
            var staff = "김상형 : ";
            var salary = 320;
            document.write(staff + String(salary) + "만원");
        </script>
    </body>
</html>
```

staff 문자열 다음에 숫자형인 salary를 출력하기 위해 salary를 String 함수로 넘겨 문자열로 변환했다. 변환 후에 두 문자열이 연결되어 출력된다.

김상형 : 320만원

그러나 사실 이 예제에서 String 함수 호출문은 꼭 필요치 않다. salary를 명시적으로 문자열로 바꾸지 않아도 문자열과 + 연산하면 암시적으로 문자열로 바뀌기 때문이다. 다음과 같이 해도 결과는 같다.

```
document.write(staff + salary + "만원");
```

그래서 Number 함수에 비해 String 함수를 사용할 일은 드물다. 그러나 다음과 같은 경우는 사정이 약간 다르다.

**tostring2.html**

```
<!DOCTYPE html>
<html>
<head>
    <meta charset="utf-8">
    <title>tostring2</title>
</head>
```

```
<body>
    <script>
        var staff = "김상형 : ";
        var salary = 320;
        var bonus = 160;
        document.write(staff + salary + bonus + "만원");
    </script>
</body>
</html>
```

월급 외에 보너스가 더 있다면 두 값을 더해서 출력해야 한다. 출력문의 직원 이름 다음에 salary
와 bonus를 더하여 출력했다. 대충 맞는 것 같지만 결과는 원하는대로 나오지 않는다.

    김상형 : 320160만원

이름이 문자열이기 때문에 여기에 더해지는 salary와 bonus가 자동으로 문자열로 바뀌며 따라서
직원 이름 다음에 그냥 연결될 뿐이지 두 값이 산술적으로 더해지지 않는다. 월급이 32억이라니
진짜 이러면 얼마나 좋을까? 평생 하고 싶은 공부 마음껏 하고 강좌나 쓰면서 착하게 살텐데 말이
다. 이 경우는 두 숫자를 수학적으로 더한 후에 문자열로 변환해야 한다. 코드를 다음과 같이 수정
해 보자.

**tostring3.html**

```
    ....
    document.write(staff + String(salary + bonus) + "만원");
</script>
```

salary와 bonus를 수학적으로 덧셈한 후 String 함수로 문자열로 변환하면 직원 이름 다음에 두
값을 더한 값이 연결된다. String 함수의 인수식에서 두 숫자값의 산술적 연산이 수행되며 그 결과
가 문자열로 변환된다. 그러나 사실 이 경우도 String 함수를 꼭 사용할 필요는 없으며 괄호로 두
숫자값을 묶어 연산 순위를 높여도 똑같은 효과가 발생한다.

```
document.write(staff + (salary + bonus) + "만원");
```

+ 연산자는 왼쪽부터 차례대로 연산하지만 괄호 안쪽의 우선 순위가 더 높아서 숫자를 괄호로 묶
어 주기만 해도 수학적으로 더해진다. 억지로 특수한 상황을 만들지 않는 한 String 함수를 꼭 사
용해야 할 경우는 사실상 무척 드물다. 꼭 필요한 경우라도 String 함수보다는 다음 형식이 더 간
편하다.

```
"" + salary
```

앞에 빈 문자열 하나를 두고 이 값을 숫자형과 더하면 숫자가 자동으로 문자열이 된다. 또는
salary + " "식으로 뒤에 붙여도 상관없다. 피연산자중 하나가 문자열이면 숫자가 암시적으로 문자
열로 바뀐 후 연결된다.


# 3.4 논리형의 변환

조건문이나 반복문처럼 논리형이 와야 할 자리에 숫자나 문자열 또는 객체를 사용하면 논리형으로
변환된다. 해당 값이 다음 다섯 가지 중 하나이면 false로 평가되며 그 외의 나머지는 모두 true로
변환된다.

```
0, "", null, undefined, NaN
```

숫자 0이나 빈 문자열은 false이며 에러를 표시하는 특수한 값도 false이다. 나머지는 어떤 값이
와도 true이다. 1, 100, -1 같은 수치는 물론이고 "0"나 "false" 같은 문자열도 비어 있지는 않으
므로 true로 평가된다. 다음 예제로 테스트해 보자.

```
<!DOCTYPE html>
<html>
<head>
    <meta charset="utf-8">
    <title>toboolean</title>
</head>
<body>
<script>
    if (0) {
        document.write("참입니다.");
    } else {
        document.write("거짓입니다.");
    }
</script>
</body>
</html>
```

if문 안에 숫자 0을 적었으므로 이 조건식은 거짓으로 평가된다. if 조건문 안에 여러 가지 표현식을 써 보고 어떤 값이 출력되는지 관찰해 보자. 위 다섯 가지 값을 제외한 모든 값은 참으로 평가될 것이다. 다른 자료형을 논리형으로 변경하려면 Boolean 함수를 사용한다. 문자열 변수 name값을 조건문에 사용하려면 다음과 같이 하는 것이 원칙이다.

```
var name = "";
if (Boolean(name))
```

그러나 조건문 안에서는 명시적으로 변환하지 않아도 암시적으로 논리형으로 변환되므로 Boolean 함수로 굳이 변환하지 않아도 상관없다. if (name)이라고 써도 효과는 같다. 그래서 Boolean 함수도 직접 사용할 일이 거의 없다. 논리형 외의 다른 변수를 조건문에 사용할 때는 보통 비교 연산자로 값을 평가하며 비교 연산자가 논리형을 리턴하기 때문이다.

# chapter 03

# 연산자

# 기본 연산자

## 1.1 대입

연산자는 자료를 가공하여 원하는 값을 만들어 내는 도구이다. C로부터 파생된 언어의 연산자는 기능이나 사용법이 거의 대동소이하다. 기존 언어에 익숙한 사람을 위해 의도적으로 비슷하게 만들어 놓았으므로 약간씩 다른 부분만 주의해서 보면 된다.

대입문은 우변의 값을 좌변에 대입하여 두 값을 같게 만든다. 변수의 값을 정의하는 가장 기본적인 연산이어서 빈번히 사용된다. 좌변에 대입받을 변수를 두고 = 기호 다음에 대입할 값이나 수식을 작성한다.

```
좌변 = 우변;
```

대입의 가장 간단한 형태는 변수에 리터럴을 저장하는 것이다. 다음 대입문에 의해 a 변수의 값이 3으로 바뀐다.

```
a = 3;
```

대입 연산자의 좌변은 값을 대입받을 수 있는 좌변값(left value)이어야 한다. 변경 가능한 값만 = 연산자의 왼쪽에 올 수 있는데 변수만 올 수 있다고 생각하면 거의 틀림없다. 리터럴이나 수식은 변할 수 있는 값이 아니므로 좌변에 올 수 없다. 상수도 읽기 전용이어서 좌변값이 아니며 함수는 값을 계산해 낼 뿐 값을 기억하지는 못하므로 역시 좌변에 올 수 없다.

```
3 = 5;
a + b = 3;
```

리터럴 3은 언제까지나 3일뿐이며 여기에 5를 대입하는 것은 말이 안된다. 값을 표현할 뿐 저장할 능력이 없으므로 대입문의 좌변에 올 수 없다. a + b라는 수식은 계산 가능하지만 값을 저장할 수는 없으므로 역시 좌변값이 아니다. 반드시 변경 가능한 변수만 좌변에 올 수 있다.

좌변에 비해 우변에는 훨씬 더 많은 것이 올 수 있다. 단순 리터럴은 물론이고 다른 변수의 값을 대입받을 수도 있고 복잡한 수식이 올 수도 있으며 값을 리턴하는 함수 호출문도 가능하다. 하나의 단일값으로 평가되는 모든 표현식이 우변에 올 수 있다.

```
b = a;
c = 2 + 3;
d = getTotalScore();
```

b는 a가 가진 값을 대입받는데 실제 대입받는 값은 a가 어떤 값을 가지고 있는가에 따라 달라진다. c에는 2와 3을 더한 5가 대입될 것이다. (1 + 2) * 3 / 5처럼 더 복잡한 수식노 얼마든지 가능하다. d는 getTotalScore 함수가 리턴하는 값을 대입받는데 실제 어떤 값이 대입되는가는 함수의 리턴값에 따라 달라진다. 여러 개의 변수를 같은 값으로 대입할 때는 대입 연산자를 계속 연결하여 연쇄적으로 대입한다.

```
a = b = c = d = 12;
```

= 연산자는 오른쪽이 먼저 실행되며 대입된 값을 리턴한다. d = 12가 먼저 실행되어 d에 12가 대입되며 그 결과인 12가 리턴된다. 리턴된 12는 다시 c에 대입되고 계속해서 a와 b에도 대입되어 결국 4개의 변수가 모두 같은 값을 가진다.

좌변의 변수가 우변의 수식에 다시 나오는 경우, 즉 자신의 값에 대해 연산한 결과를 자신이 다시 대입받을 때는 복합 대입 연산자로 간단하게 줄여 쓸 수 있다. 복합 대입 연산자의 기호는 원래 연산자와 = 연산자를 연이어 쓴다. 예를 들어 + 연산에 대한 복합 대입 연산자는 +=이다.

```
a = a + 2;
a += 2;
```

위쪽 연산문은 a가 가진 원래값에 2를 더해 a에 다시 대입한다. 만약 a가 3이었다면 5가 될 것이다. 이처럼 자기 자신의 값에 특정값을 연산할 때는 복합 대입 연산자로 바꾸고 우변에 특정값만 적는 다. +=은 좌변을 우변값만큼 증가시키라는 명령이다. a += 2에 의해 a는 원래값에 2만큼 더한 값을 대입받는다. 총 11개의 복합 대입 연산자가 있다.

```
+=, -=, *=, /=, %=, <<=, >>=, >>>=, &=, !=, ^=
```

사칙 연산자와 비트 연산자에 대해 복합 대입 연산자가 정의되어 있다. a *= 2; 복합 대입문은 a의 값을 2배로 만들라는 명령이다. 만약 a가 3이었으면 이 연산문 실행 후 a는 6이 될 것이다.

# 1.2 사칙

사칙 연산자는 가감승제를 하는 기초적인 연산자이다. 연산자의 좌우에 두 개의 피연산자를 취하며 두값을 더하고, 빼고, 곱하고, 나눈다. a가 5이고 b가 3일 때 두 연산자에 대한 사칙 연산의 결과는 다음과 같다.

```
var a = 5;
var b = 3;
var c = a + b;        // 8
var d = a - b;        // 2
var e = a * b;        // 15
var f = a / b;        // 1.666
```

초등학교 때 배웠고 실생활에 늘상 사용하는 것들이라 너무 쉽다. 다음 예제는 사칙 연산의 결과를 보여 준다.

```
<!DOCTYPE html>
<html>
<head>
    <meta charset="utf-8">
    <title>arithmetic</title>
</head>
<body>
<script>
    var a = 5;
    var b = 3;

    document.write("a + b = " + (a + b) + "<br>");
    document.write("a - b = " + (a - b) + "<br>");
    document.write("a * b = " + (a * b) + "<br>");
    document.write("a / b = " + (a / b) + "<br>");
</script>
</body>
</html>
```

a와 b를 각각 5와 3으로 초기화하고 두 값에 대해 사칙 연산자를 적용했다.

```
a + b = 8
a - b = 2
a * b = 15
a / b = 1.6666666666666667
```

다만, 다른 언어와 달리 나누기 연산자가 실수 연산을 한다는 점을 주의해야 한다. C나 자바는 정수끼리 나눗셈을 하면 정수를 리턴하지만 자바스크립트의 숫자형은 기본적으로 실수이므로 정수끼리 나누어도 결과는 실수이다. 5를 3으로 나누면 다른 언어에서는 몫 1이 리턴되고 나머지 2는 버리지만 자바스크립트는 1.666을 리턴한다.

자바스크립트의 숫자형이 원래 실수 타입이며 실수 수준에서의 나눗셈은 원칙적으로 나머지가 없다. 나머지라는 개념은 정수 연산에서만 의미가 있는 것이다. 꼭 나머지를 구하려면 % 연산자를 사용한다. % 연산자는 나눗셈을 한 후 정수의 몫은 버리고 나머지만 리턴한다. 실수끼리도 나머지 연산을 할 수 있다.

```
a = 5 % 3;    // 2
b = 5 % 1.5;  // 0.5
```

5를 3으로 나누면 몫은 1이고 나머지는 2인데 몫은 버리고 나머지 2를 리턴한다. 5를 1.5로 나누면 몫은 3이고 나머지는 0.5가 된다. 나머지 연산자는 홀짝 구분에 주로 많이 사용된다. 변수 a가 짝수인지 판별하고 싶다면 다음 조건문을 사용한다.

```
if (a % 2 == 0)
```

a를 2로 나눈 나머지가 0이면, 즉 2로 나누어 떨어지면 짝수라고 판단한다. 또 한가지 자바스크립트 나누기의 큰 특징은 0으로 나누어도 에러가 발생하지 않는다는 점이다. 수학적으로 0으로 나누는 것은 불능이며 다른 언어는 예외로 처리하지만 자바스크립트는 0으로 나누는 것도 허용한다.

```
var a = 2 / 0;            // Infinity
var b = -2 / 0;           // -Infinity
var c = 0 / 0;            // NaN
```

어떤 값을 0으로 나누면 무한대에 해당하는 Infinity가 리턴된다. 음수를 0으로 나누면 무한대도 음수인 −Infinity이다. 0을 0으로 나누면 이때는 숫자가 아니다. 결과가 좀 특수하지만 어쨌든 예외는 발생하지 않는다. 웹 브라우저는 웬만해서는 에러를 출력해서는 안되기 때문에 예외로 처리하기 보다는 에러값에 해당하는 특수한 값을 리턴한다.

사칙 연산자는 피연산자의 타입에 따라 연산 방법이 달라진다. 대표적으로 + 연산자는 양쪽이 모두 숫자일 때만 수학적 연산을 하며 문자열에 대해서는 더하지 않고 연결한다. 한쪽만 문자열이면 그렇지 않은 피연산자를 문자열로 변환한 후 연결한다.

```
a = 2 + 3;    // 5
b = 2 + "3";  // "23"
```

a에는 2와 3을 더한 결과인 5가 대입된다. 그러나 b는 수식내에 문자열인 "3"이 있으므로 앞쪽 피연산자 2도 "2"로 바꾼 후 두 문자열을 연결하여 "23"을 리턴한다. 문자열 "23"은 2라는 문자와 3이라는 문자가 연속된 것일 뿐 숫자값 23과는 다르다. + 연산자 외에 다른 연산자는 피연산자가 문자열일 경우 수치형으로 바꾼 후 연산한다.

```
a = "2" * 3;  // 6
b = 3 - "2";   // 1
```

문자열끼리 곱할 수는 없으므로 "2"를 숫자 2로 바꾼 후 3과 곱해 6을 리턴한다. 뺄셈의 경우도 마찬가지로 문자열이 숫자로 바뀐 후 수학적으로 빼는 연산을 한다. 이때 피연산자 문자열에는 숫자만 있어야 한다. 알파벳이나 기호가 포함되 있으면 숫자로 변환할 수 없으므로 NaN이 리턴된다.

좀 복잡해 보이는데 요약하자면 덧셈은 문자열 우선이고 그외 나머지 연산은 숫자가 우선이라고 정리해 두면 된다. 사칙 연산의 피연산자로 논리형을 사용할 경우 true는 1로 평가되고 false는 0으로 평가된다.

```
a = 1 + true;      // 2
b = 1 + false;     // 1
```

사실 숫자형과 논리형을 사칙 연산하는 것은 정상이 아니며 그럴 경우도 거의 없다. 코드를 압축하기 위해 의도적으로 이런 구문을 쓸 경우도 있지만 바람직한 코드는 아니다.

# 1.3 증감

증감 연산자는 피연산자를 하나만 취하는 단항 연산자이며 피연산의 값을 1 더하거나 뺀다. ++ 연산자는 값을 1 증가시키고 -- 연산자는 값을 1 감소시킨다. 다음 세 수식의 효과는 동일하며 a가 3일 때 수식 실행 후 a는 모두 4가 된다.

```
a = a + 1;
a += 1;
a++;
```

자신의 값에 1을 더해 자신에게 다시 대입하거나 복합 대입 연산자를 쓸 수도 있지만 1만 증가시 킬 때는 ++ 연산자를 사용하는 것이 가장 간편하다. 1씩 증감시킬 경우가 많기 때문에 증가, 감소 연산자를 별도로 제공한다. 증감 연산자는 피연산자와 연산자의 위치에 따라 전위형과 후위형으로 구분된다.

- **후위형 :** a++. 값을 먼저 리턴하고 증가시킨다.
- **전위형 :** ++a. 값을 먼저 증가한 후 결과를 리턴한다.

연산자가 뒤쪽에 있는 형태가 후위형이고 앞쪽에 있는 형태가 전위형이다. 둘 다 피연산자를 1증 가시킨다는 점은 같지만 리턴하는 값이 증가하기 전의 원래 값인지 증가한 후의 값인지가 다르다. 다음 예제로 테스트해 보자.

**increase.html**

```html
<!DOCTYPE html>
<html>
<head>
    <meta charset="utf-8">
    <title>increase</title>
</head>
<body>
    <script>
        var a = 2;
        var b = a++;
        document.write("a = " + a + ", b = " + b + "<br>");

        var a = 2;
        var b = ++a;
        document.write("a = " + a + ", b = " + b + "<br>");
    </script>
</body>
</html>
```

a를 2로 초기화하고 이 값을 증가시켜 b에 대입했다. 후위형의 a++은 a의 원래값을 먼저 리턴한 후 증가시키므로 b에 2가 대입된다. 반면 전위형의 ++a는 증가를 먼저한 후 증가된 값을 리턴하므로 b는 3이 된다.

```
a = 3, b = 2
a = 3, b = 3
```

a++이나 ++a나 결과적으로 a는 1 증가하여 3이 되지만 이 수식을 대입받는 b는 전위형과 후위형에 따라 다른 값을 대입받는다. 수식내에서 사용될 때만 전위형, 후위형이 구분되며 단독으로 사용할 때는 아무 차이가 없다. 다음 두 연산식은 실행 결과를 다른 용도로 사용하지 않으므로 효과가 완전히 같다.

```
a++;
++a;
```

증감 연산자는 변수의 원래 값에 1 더한 값이나 뺀 값을 다시 자기 자신에게 대입하는 동작을 하므로 피연산자는 반드시 값을 변경할 수 있는 좌변값이어야 한다. 리터럴은 좌변값이 아니므로 3++ 같은 연산문은 사용할 수 없다.

증감 연산자의 피연산자가 문자열이면 숫자형으로 바꾼 후 증가시키며 그 결과는 숫자형이 된다. 물론 문자열내에는 숫자로 변환 가능한 문자만 있어야 한다. 문자열에 대한 ++ 연산과 복합 대입, 단순 대입의 효과가 각각 다르게 나타난다. 다음 예제로 이를 실험해 보자.

**stringincrease.html**

```html
<!DOCTYPE html>
<html>
<head>
    <meta charset="utf-8">
    <title>stringincrease</title>
</head>
<body>
    <script>
```

```
        var a = "3";
        a++;
        document.write("a = " + a + ", type = " + typeof(a) + "<br>");

        var a= "3";
        a += 1;
        document.write("a = " + a + ", type = " + typeof(a) + "<br>");

        var a= "3";
        a = a + 1;
        document.write("a = " + a + ", type = " + typeof(a) + "<br>");
    </script>
</body>
</html>
```

a를 "3"으로 초기화하고 이 변수에 대해 ++ 연산을 한 결과값과 타입을 출력하였다. 또 += 복합 대입 연산과 단순 대입도 똑같은 방식으로 테스트해 보았다.

```
 a = 4, type = number
 a = 31, type = string
 a = 31, type = string
```

a++ 연산에 의해 a는 4가 되며 그 타입은 숫자형이다. 즉 문자열 "4"가 아니라 숫자 4이다. ++연산자는 문자열 연결 기능이 없고 무조건 수치값으로 바꾼 후 1 증가시킨다. 반면 a += 1이나 a = a + 1은 문자열과 숫자를 더한 것으로 해석하여 숫자를 문자열로 암시적으로 변환한 후 연결한다. 그래서 결과는 문자열 타입의 "31"이 된다. 숫자에 대해서는 a++, a += 1, a = a +1의 동작이 같지만 문자열에 대해서는 그렇지 않다.

문자열 형태로 된 변수까지 수학적으로 증가시킬 수 있다는 면에서 특이한데 이런 점을 보면 자바스크립트가 타입에 대해 얼마나 관대한 언어인지 알 수 있다. 그러나 이런 특성을 정확히 파악하기 어렵고 뜻밖의 부작용이 발생할 수도 있으므로 문자열에 대해 ++연산을 적용하는 코드는 삼가하는 것이 좋다.

JavaScript+jQuery 정복

앞 예제에서 실험했다시피 += 연산자는 좌변값에 우변을 더하되 문자열인 경우는 좌변 문자열에 우변의 문자열을 연결하여 계속 누적시키는 기능을 한다. 이 기능은 실용적으로 꽤 유용하게 사용되는데 다음 예를 보자.

**plusequal.html**

```
<!DOCTYPE html>
<html>
<head>
    <meta charset="utf-8">
    <title>plusequal</title>
</head>
<body>
    <script>
        var order = "";
        order += "date : 2014-06-29";
        order += "<br>";
        order += "item : notebook";
        order += "<br>";
        order += "price : 134";
        document.write(order);
    </script>
</body>
</html>
```

애초에 order 변수를 빈 문자열로 초기화해 놓고 이 변수에 문자열을 순서대로 덧붙여 완성된 문자열을 만들었다.

```
date : 2014-06-29
item : notebook
price : 134
```

데이터베이스나 웹 서비스를 통해 정보를 구해 조립할 때 이 연산자가 아주 유용하다. 웹 서비스를 통해 서버에서 전달받은 XML 문서에는 원하는 정보가 여기 저기 흩어져 있다. XML 문서를 파싱하여 정보를 하나씩 추출하여 += 연산자로 결과 문자열에 누적시키면 원하는 정보를 쉽게 조립할 수 있다.

# 1.4 부호 연산자

부호 연산자는 피연산자의 부호를 지정한다. + 연산자는 부호를 그대로 유지하며 - 연산자는 부호를 반대로 뒤집는다. 사칙 연산자와 같은 기호를 사용하지만 피연산자 수가 다르다. 덧셈, 뺄셈을 하는 +, - 연산자는 양쪽에 두 개의 피연산자를 취하는 이항 연산자이지만 부호 연산자 +, -는 피연산자를 하나만 취하는 단항 연산자이다.

```
a - b : 사칙 연산자
-a : 부호 연산자.
```

양쪽에 2개의 피연산자가 있으면 뺄셈을 하는 사칙 연산자이고 뒤쪽에 하나의 피연산자만 있으면 부호를 변경하는 부호 연산자이다. - 부호 연산자는 피연산자의 부호를 반대로 뒤집기 위해 종종 사용된다.

```
a = 2;
b = -a;        // -2
```

a가 2일 때 -a는 -2가 된다. 구색을 갖추기 위해 + 부호 연산자도 있지만 값 자체에 아무런 변형을 가하지 않으므로 현실적으로 사용할 필요가 없다. +a는 그냥 a와 같아서 거의 사용되지 않는다.

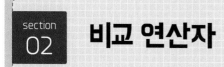

# 비교 연산자

## 2.1 비교 연산자

비교 연산자는 좌우변의 값을 대소 또는 상등 비교하여 그 결과를 논리형으로 리턴한다. 변수가 특정한 값을 가지는지 아니면 특정값보다 큰지, 작은지를 검사하는 것이다. 주로 if문의 조건절에서 변수의 값을 평가하기 위해 사용된다. 수학에서 사용하는 기호와 비슷해서 직관적이며 외우기도 쉽다.

| 연산자 | 설명 |
| --- | --- |
| $>$ | 좌변이 크다. |
| $<$ | 좌변이 작다. |
| $>=$ | 좌변이 크거나 같다. |
| $<=$ | 좌변이 작거나 같다. |
| $==$ | 좌변과 우변의 값이 같다. |
| $!=$ | 좌변과 우변의 값이 다르다. |
| $===$ | 좌변과 우변의 값과 타입이 같다. |
| $!==$ | 좌변과 우변의 값이나 타입이 다르다. |

다음 예제는 대화상자로 사용자의 나이를 입력받아 19세 이상인지 비교 연산자로 점검한다. 대화상자로 입력받는 값은 사용자의 입력에 의해 결정된다. 실제 프로젝트에서는 네트워크나 데이터베이스에서 읽어들이는 값에 비유되는데 실행해 보기 전에는 정확한 값을 알 수 없다. 그래서 비교 연산자로 값을 평가해야 한다.

```
<!DOCTYPE html>
<html>
<head>
    <meta charset="utf-8">
    <title>compare</title>
</head>
<body>
    <script>
        var age = prompt("당신의 나이를 입력하세요", 18);
        if (age < 19) {
            document.write("이 동영상을 볼 자격이 없습니다.");
        } else {
            document.write("즐겁게 보셔요. ");
        }
    </script>
</body>
</html>
```

대화상자로부터 입력받은 값을 age 변수에 대입한 후 이 값이 19보다 작은지 비교 연산자로 조사한다. age의 실제값에 따라 age < 19 비교 연산문의 값이 true 또는 false로 평가된다. if (19 > age)로 좌우변을 바꿔도 상관없지만 보통은 변수를 좌변에 두고 비교할 값을 우변에 쓴다.

if문은 조건문의 진위에 따라 실행할 명령을 선택한다. age가 19 미만이면 동영상을 볼 자격이 없다는 안내 메시지를 출력하고 그렇지 않으면, 즉 19세 이상이면 동영상을 재생한다. 동영상 내용이 뭔지는 모르겠지만 나이값을 비교해 보고 재생 여부를 결정하는 것이다.

비교 연산은 주로 숫자에 대해 수행하지만 문자열에 대해서도 대소를 비교할 수 있다. 문자끼리는
유니코드표의 순서값대로 비교하여 코드값이 높을수록 더 큰 것으로 평가한다. a보다는 b가 높고
b보다는 z가 훨씬 더 높다. 사전에 있는 순서대로이며 사전의 뒤쪽에 있을수록 더 높은 값으로 평
가된다. 숫자에 비해서는 비교 방식이 직관적이지 못한 면이 있는데 예제로 이를 확인해 보자.

**stringcompare.html**

```
<!DOCTYPE html>
<html>
<head>
    <meta charset="utf-8">
    <title>stringcompare</title>
</head>
<body>
    <script>
        document.write('"korea" > "america" : ' + ("korea" > "america") + "<br>");
        document.write('"Korea" > "america" : ' + ("Korea" > "america") + "<br>");
        document.write('"한글" > "english" : ' + ("한글" > "english") + "<br>");
        document.write('"15" > "12" : ' + ("15" > "12") + "<br>");
        document.write('"015" > "12" : ' + ("015" > "12") + "<br>");
        document.write('"9" > "12" : ' + ("9" > "12") + "<br>");
        document.write('Number("9") > Number("12") : ' + (Number("9") > Number("12")) + "<br>");
    </script>
</body>
</html>
```

비교 연산의 평가 결과를 웹 페이지에 출력했다. 논리형은 true 또는 false로 출력된다. 큰 따옴표가 있는 연산식을 출력하기 위해 작은 따옴표로 둘러 쌌다. 코드 자체는 단순한 덤프문의 나열이며 중요하지 않으므로 실행 결과만 분석해 보자.

```
"korea" > "america" : true
"Korea" > "america" : false
"한글" > "english" : true
"15" > "12" : true
"015" > "12" : false
"9" > "12" : true
Number("9") > Number("12") : false
```

korea가 america보다는 사전의 더 뒤쪽에 있으므로 더 큰 것으로 평가된다. 첫글자인 k가 a보다 코드값이 더 크기 때문이다. 그러나 Korea는 america보다는 더 작게 평가되는데 이는 코드표에서 대문자가 소문자보다 더 앞쪽에 있기 때문이다. 상식과는 달리 대문자가 소문자보다 더 작다. 대소문자 구분없이 비교하려면 String 객체의 메서드로 변환한 후 비교하는데 이는 다음에 알아보도록 하자.

한글은 코드표에서 영문 알파벳보다 한참 뒤쪽에 있어 더 큰 값으로 평가된다. 그래서 오름차순으로 정렬하면 항상 영문이 먼저 나오고 한글이 뒤에 나온다. 문자열에 숫자가 들어 있을 경우에도 수치의 값으로 평가하지 않고 사전순으로 평가한다. 선두 문자가 일치하면 다음 문자를 계속 비교하는 방식이다. "15"와 "12"를 비교할 때 앞자리 1을 먼저 비교한다. 앞자리가 같으므로 다음 자리를 비교하는데 5가 2보다 코드값이 더 크므로 "15"가 더 크다. 반면 "015"는 "12"보다 더 작다고 평가되는데 앞자리 0이 1보다 더 작기 때문이다.

"015"
"12"

대응되는 자리끼리 비교한다.

문자열 형태로 된 숫자를 기계적으로 비교하기 때문에 상식과는 일치하지 않는다. 심지어 "9"가 "12"보다는 더 큰값으로 평가되기도 한다. 9와 대응되는 1의 코드값이 훨씬 더 작기 때문인데 앞자리에서 이미 결정났으므로 뒤쪽에 있는 2는 아무런 영향을 주지 못한다. 정확하게 비교하려면 문자열을 숫자로 바꾼 후 수학적으로 비교해야 한다. Number 함수로 문자열을 숫자로 바꾼 후 비교하면 수학적으로 비교한다.

prompt 함수로 입력받은 숫자값도 문자열 타입이므로 정확하게 비교하려면 숫자로 바꾼 후 비교하는 것이 원칙적이다. 그러나 앞 예제에서는 age를 숫자로 바꾸지 않고 19라는 숫자 리터럴과 바로 비교했는데 비교 연산자는 숫자를 우선으로 하기 때문이다. 피연산자 중 하나라도 숫자이면 양변을 모두 숫자로 바꾼 후 수학적으로 비교하므로 굳이 숫자로 바꾸지 않아도 된다. 다음 비교 연산식의 결과는 상식과 일치한다.

```
"015" > 12;                    // true
9 > "12";                      // false
"9" > 12;                      // false
```

두 값이 같은지 점검할 때는 == 연산자를 사용한다. age 변수가 정확하게 19인지 name 변수가 "김상형"인지 점검하려면 다음 조건문을 사용한다.

```
if (age == 19)
if (name == "김상형")
```

== 연산자는 값만 점검하므로 양변의 타입이 일치하지 않아도 상관없다. 두 타입을 일치시킨 후의 값이 같다면 참을 리턴한다. 이에 비해 === 연산자는 값 뿐만 아니라 타입까지 점검하여 완전히 일치할 때만 참을 리턴한다.

**equal.html**

```
<!DOCTYPE html>
<html>
<head>
    <meta charset="utf-8">
    <title>equal</title>
```

```
</head>
<body>
    <script>
        a = 2;
        b = "2";
        if (a == b) {
            document.write("== 비교 : 같음<br>");
        } else {
            document.write("== 비교 : 다름<br>");
        }
        if (a === b) {
            document.write("=== 비교 : 같음<br>");
        } else {
            document.write("=== 비교 : 다름<br>");
        }
    </script>
</body>
</html>
```

a와 b는 모두 2라는 값을 가지고 있지만 a는 숫자형이고 b는 문자열형이다. 이 두 변수를 ==로 비교하면 같은 것으로 평가하며 ===로 비교하면 다른 것으로 평가한다.

```
== 비교 : 같음
=== 비교 : 다름
```

변수에 저장된 값만 비교하고 싶다면 == 연산자를 사용하고 값 뿐만 아니라 타입까지도 완전히 같은지 비교하고 싶다면 === 연산자를 사용한다. 두 변수의 타입이 같다는 것을 이미 알고 있다면 군이 === 연산자를 쓸 필요 없이 간편하게 == 연산자로 비교하면 된다.

JavaScript+jQuery 정복

## 2.2 삼항 조건 연산자

삼항 조건 연산자는 세 개의 피연산자를 취한다. ? 왼쪽의 조건문을 평가한 후 이 값의 진위 여부에 따라 : 좌우의 값 중 하나를 선택한다.

**조건 ? 참값:거짓값**

조건을 먼저 쓰고 ? 다음에 참일 때와 거짓일 때의 값을 각각 지정해 놓으면 조건의 진위 여부를 판별하여 참값 또는 거짓값을 리턴한다. 다음 코드는 a가 짝수인지 홀수인지를 판별하여 출력한다.

**question.html**

```
<!DOCTYPE html>
<html>
<head>
    <meta charset="utf-8">
    <title>question</title>
</head>
<body>
    <script>
        var a = 3;
        var b = (a % 2 == 0) ? "짝":"홀"
        document.write("a는 " + b +"수이다.<br>");
    </script>
</body>
</html>
```

2로 나눈 나머지가 0이면 짝수이다. 이 조건이 맞으면 b는 "짝"이 되고 그렇지 않으면 "홀"이 된다. b의 값을 결정한 후 출력문에서 "b수이다" 형태로 출력했다. 이 예제에서는 a를 3으로 초기화했으므로 실행 결과는 홀수로 나타난다.

a는 홀수이다.

삼항 조건 연산자가 없다면 이 구문은 원래 다음과 같이 조건문으로 평이하게 작성하는 것이 원칙이다.

```
if (a % 2 == 0) {
    document.write("a는 짝수이다.<br>");
} else {
    document.write("a는 홀수이다.<br>");
}
```

자연어와 유사해서 읽기는 쉽지만 반복되는 구문이 많다. document.write 함수 호출 자체는 조건에 따라 달라지는 것이 아니라 출력하는 문자열만 조건문의 영향을 받는다. 그래서 b에 미리 조건 평가 결과를 대입해 놓고 함수는 한 번만 호출하도록 한 것이다. 중간 변수 b를 사용하지 않고 수식에 삼항 조건 연산자를 바로 사용하면 훨씬 더 짧아진다.

```
document.write("a는 " + ((a % 2 == 0) ? "짝":"홀") +"수이다.<br>");
```

삼항 조건 연산문은 a가 짝수인가 아닌가에 따라 "홀" 또는 "짝" 둘 중 하나의 문자열을 리턴하며 이 문자열을 문장 중간에 출력했다. 조건문으로 둘 중 하나의 값을 선택할 때는 장황하게 조건문을 쓰는 것보다 수식내에서 삼항 조건 연산자로 원하는 값을 바로 선택하는 것이 간편하다. 앞에서 작성한 == 연산자 예제는 딱 한 줄로 압축할 수 있다.

**question2.html**

```
<!DOCTYPE html>
<html>
<head>
    <meta charset="utf-8">
    <title>question2</title>
</head>
<body>
    <script>
        a = 2;
        b = "2";
```

```
        document.write("== 비교 : " + (a == b ? "같음":"다름") + "<br>");
    </script>
  </body>
</html>
```

함수 호출문안에서 삼항 조건 연산자를 사용하면 조건에 따라 함수를 따로 호출하지 않고 인수 목록에서 바로 값을 선택할 수 있다는 면에서 편리하다. 코드가 짧아지는 이점이 있지만 가독성은 떨어지므로 간단한 구문에만 사용하는 것이 좋다.

## 2.3 논리 연산자

논리 연산자는 둘 이상의 조건을 동시에 평가하여 하나의 논리값을 만들어낸다. 두 개의 피연산자를 취하는 이항 연산자이며 피연산자는 주로 비교 연산문이다. 비교 연산자를 양쪽에 쓰고 가운데 논리 연산자를 쓴다.

| 연산자 | 설명 |
| --- | --- |
| && | 좌우변이 모두 참이어야 참이다. |
| \|\| | 좌우변중 하나만 참이어도 참이다. |
| ! | 조건 평가값을 반대로 만든다. |

두 조건이 모두 참인지 보거나 둘 중 하나라도 참인지 점검한 후 전체 식을 평가한다. 단순 비교식에 비해서는 훨씬 더 복잡한 조건을 점검할 수 있다. 다음 예제는 두 변수의 값을 동시에 점검한다.

**logic.html**

```
<!DOCTYPE html>
<html>
<head>
    <meta charset="utf-8">
    <title>logic</title>
```

```
    </head>
    <body>
        <script>
            var a = 4;
            var b = 5;
            if (a == 4 && b == 6) {
                document.write("and 연산 : 참<br>");
            } else {
                document.write("and 연산 : 거짓<br>");
            }
            if (a == 4 || b == 6) {
                document.write("or 연산 : 참<br>");
            } else {
                document.write("or 연산 : 거짓<br>");
            }
        </script>
    </body>
</html>
```

a와 b를 각각 4와 5로 초기화해 놓고 두 변수값을 비교했다. 실습 편의상 상수를 사용해서 결과가 뻔하지만 prompt 등으로 실행중에 입력받은 변수라고 가정하자.

```
and 연산 : 거짓
or 연산 : 참
```

a는 4가 맞지만 b는 6이 아니다. 두 조건을 &&로 연결하면 전체식은 거짓이 되며 || 로 연결하면 참이 된다. 변수가 특정값의 범위에 있는지 조사할 때도 두 개의 조건을 논리 연산자로 연결해서 점검한다. 다음 조건문은 나이를 보고 고등학생인지 조사한다.

```
if (age >= 16 && age < 19)
```

고등학생은 나이가 16세 이상이어야 하고 19세보다는 작다. 두 조건을 동시에 만족해야 하므로 && 논리 연산자를 사용해서 조건을 결합했다. 수학에서는 16 <= age < 19 형태로 표기하지만 코

드에서 이런 구문을 쓸 수 없으므로 두 조건을 따로 기술하고 논리 연산자로 연결해야 한다.

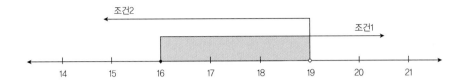

자바스크립트의 논리 연산자는 쇼트 서키트(Short Circuit) 기능을 지원한다. 쇼트 서키트는 앞쪽 조건을 먼저 평가해 보고 전체식의 결과가 이미 나왔으면 뒤쪽 조건은 아예 평가하지 않음으로써 실행 속도를 높이는 기법이다. a가 4이고 b가 5일 때 다음 조건문을 보자.

```
if (a == 3 && b == 5) {
```

a가 3이 아니므로 좌변의 조건식은 거짓이다. && 연산이 참이 되려면 양쪽이 모두 참이어야 하는데 좌변이 벌써 거짓이므로 우변의 b == 5 조건은 전체식의 결과에 아무런 영향을 끼치지 못한다. b가 어떤 값을 가지든간에 전체식이 이미 결정되었으므로 불필요한 조건 점검에 시간을 낭비할 필요가 없는 것이다. || 연산자도 마찬가지로 앞쪽 조건이 참이면 뒤쪽 조건은 아예 보지 않는다.

```
if (a == 4 || b == 6) {
```

a가 이미 4이므로 b가 6이건 아니건 전체 결과에는 아무런 영향을 미치지 못하며 무조건 참이다. 그래서 b가 6인지는 아예 점검조차도 하지 않는다. 쇼트 서키트의 이런 특성을 잘 알아 두어야 효율적인 코드를 작성할 수 있다. 간단한 조건식을 가급적이면 앞쪽에 두어야 하며 뒤쪽 조건문이 항상 실행된다고 가정해서는 안된다.

**shortcircuit.html**

```
<!DOCTYPE html>
<html>
<head>
    <meta charset="utf-8">
    <title>shortcircuit</title>
```

```
</head>
<body>
    <script>
        var age = 23;
        if (age > 19 && confirm("술을 잘 마십니까?") == true) {
            document.write("술집에 입장하십시오.");
        } else {
            document.write("집에 가서 쉬세요.");
        }
    </script>
</body>
</html>
```

나이가 19세 이상이고 술을 마실 줄 아는 사람만 술집에 입장시키는 코드이다. 두 가지 조건을 동시에 만족해야 하므로 && 연산자가 필요하다. 나이가 외부에서 주어진다면 상황이 다르겠지만 이 예제의 경우 age를 23으로 초기화했으므로 일단 성인임은 확인된 상황이다. 따라서 대화상자를 열어 술을 잘 마시는지만 질문해 보고 입장을 허가하면 된다. 대화상자에서 확인 버튼을 누르면 술집 입장이 허가되고 취소 버튼을 누르면 술집에 들어갈 수 없다.

만약 age가 15로 초기화되어 있다고 해 보자. 이 경우는 나이가 미성년자이므로 아무리 병나발을 부는 술꾼이라도 술집에 입장시켜서는 안된다. 술을 잘 마시는지 물어볼 필요도 없으며 쇼트 서키트에 의해 앞쪽 조건이 거짓이므로 뒤쪽의 confirm 함수 호출은 실행조차도 하지 않는다. 이 상황에서 만약 조건문을 반대로 작성했다고 해 보자.

```html
<!DOCTYPE html>
<html>
<head>
    <meta charset="utf-8">
    <title>shortcircuit2</title>
</head>
<body>
    <script>
        var age = 15;
        if (confirm("술을 잘 마십니까?") == true && age > 19) {
            document.write("술집에 입장하십시오.");
        } else {
            document.write("집에 가서 쉬세요.");
        }
    </script>
</body>
</html>
```

confirm 조건이 앞쪽에 있으므로 일단 술을 잘 마시는지 물어본 후 다음으로 나이를 점검한다. 질문 대화상자는 뜨지만 어떤 대답을 하더라도 뒤쪽의 나이 조건이 거짓이므로 술집에는 입장할 수 없다. 결국 쇼트 서키트의 특성을 잘 파악하지 못하고 하나마나 한 불필요한 질문을 한 셈이다. 좀 더 간단하고 판별하기 쉬운 조건을 더 앞에 배치해야 한다. confirm 대화상자는 고귀하신 사용자님을 괴롭혀야 하므로 비용이 월등히 비싸다.

자바스크립트는 아직도 계속 발전하고 있는 중이며 브라우저마다 제공하는 기능에 차이가 많다. 특정 브라우저에 있는 메서드가 다른 브라우저에는 존재하지 않는 경우가 있으며 같은 브라우저라도 버전에 따라 기능 제공 여부가 다르다. 그래서 해당 메서드가 존재하는지 확인한 후에 호출하는 코드를 빈번하게 사용한다.

```
if (method) {
    method();
}
```

method가 존재하면 이 값은 null이 아니며 이 상태에서는 안전하게 method를 호출할 수 있다. 만약 method가 존재하지 않아 null이라면 false로 평가되므로 호출하지 않는다. 이 조건문을 말로 풀어 보면 "method가 존재할 때만 호출한다" 라고 할 수 있다. 이 문장을 좀 더 간략하게 압축하면 다음과 같다.

```
method && method();
```

메서드가 존재하는지 조사하는 조건문과 메서드 호출문을 && 연산자로 연결했다. && 연산자는 먼저 좌변의 method가 null이 아닌지 점검한다. 만약 이 값이 false이면 아예 method를 호출하지도 않으므로 아무 문제가 없다. 물론 method가 존재하면 우변의 호출문도 정상적으로 잘 실행된다. 기능의 존재 여부를 안전하게 확인한 후 호출하는 전형적인 쇼트 서키트의 활용예라 할 수 있다.

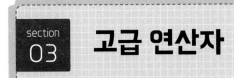

<br />
<br />

# section 03 고급 연산자

## 3.1 비트 연산자

비트 연산자는 대응되는 비트끼리 논리적인 연산을 수행한다. 비트 단위로 자료를 섬세하게 가공하는 고급 연산자로서 시스템 제어나 게임 제작 등 고도의 정밀성과 속도를 요하는 연산에 사용된다. 비트 수준의 저수준 연산자라 2진수에 익숙하지 않으면 이해하기 어렵다. 자바스크립트에서는 그다지 사용할 일이 많지 않다. 다음 4가지 연산자가 있으며 ~만 단항 연산자이고 나머지는 모두 이항 연산자이다.

| 연산자 | 설명 |
| --- | --- |
| & | 둘 다 1일 때 1이다. |
| \| | 둘 중 하나라도 1이면 1이다. |
| ^ | 두 값이 달라야 1이다. |
| ~ | 모든 비트를 반전시킨다. |

쉬프트 연산자 >>, <<는 좌변항의 비트를 우변항의 수만큼 이동시킨다. 다음 예제는 색상값에서 가운데 초록색 요소만 분리해낸다.

**shift.html**

```html
<!DOCTYPE html>
<html>
<head>
    <meta charset="utf-8">
    <title>shift</title>
```

<br />

```
    </head>
    <body>
        <script>
            var color=0x123456;
            var green = (color & 0x00ff00) >> 8;
            document.write("green = " + green.toString(16));
        </script>
    </body>
</html>
```

색상값은 각 8비트별로 R, G, B, A 값을 저장하므로 한 요소만 추출해 내려면 비트를 조작해야 한다. 0x00ff00과 & 연산하면 비트가 1인 초록색 부분만 남고 0인 빨간색, 파란색 부분은 제거된다. 초록색 요소는 중간 바이트에 있으므로 8칸 오른쪽으로 이동시켜야 원래값을 얻을 수 있다.

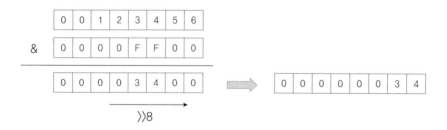

그림상의 한 칸은 2진수 4자리인 16진수이어서 8비트 이동은 그림상의 2칸 이동에 해당한다. 비트 연산자로 불필요한 색상을 잘라 버리고 쉬프트 연산자로 자리수를 이동시켜 초록색값만 추출했다.

```
green = 34
```

green은 십진수로 52가 되는데 toString 메서드로 16진수 34로 바꿔 출력했다. 0x123456의 가운데 2자리만 쏙 빼 낸 것이다. 반대의 연산 과정을 거치면 각 색상 요소를 결합하여 하나의 색상값을 만들어낼 수도 있고 특정 색상 요소 하나만 교체하거나 증가시킬 수도 있다. 비트별로 의미가 부여된 자료를 다룰 때는 비트 연산자가 필수적이다.

^ 연산자는 XOR 연산을 하여 1과 대응되는 비트를 반대로 뒤집어 반전시킨다. 즉, 1은 0이 되고 0은 1이 된다. 뒤집은 걸 다시 뒤집으면 원래 값으로 돌아오는 특성이 있다. 다음 예제로 확인해 보자.

J a v a S c r i p t + j Q u e r y  정복

```
<!DOCTYPE html>
<html>
<head>
    <meta charset="utf-8">
    <title>xor</title>
</head>
<body>
    <script>
        var a = 101092;
        a = a ^ 0xffffffff;
        document.write("한번 반전 : ", a, "<br>");
        a = a ^ 0xffffffff;
        document.write("다시 반전 : ", a);
    </script>
</body>
</html>
```

오른쪽 피연산자로 반전시킬 부분을 지정하는데 0xffffffff와 ^ 연산하면 모든 비트가 반전된다. ~
연산자도 모든 비트를 반전시키는 같은 동작을 하되 ^ 연산자는 반전시킬 부분을 선택할 수 있다는
점이 다르다. 만약 이 값이 이미지의 픽셀값이라면 색상이 뒤집어진 네거티브 이미지가 될 것이다.
반전된 값을 다시 한번 반전시키면 원래 값으로 돌아오는데 이런 특성을 이용해 종종 간단한 암호
화에 사용되기도 한다.

```
한번 반전 : -101093
다시 반전 : 101092
```

쉬프트 연산자는 비트를 하나씩 이동시키는데 <<는 모든 비트를 왼쪽으로 옮김으로써 2배하는 효
과가 발생하며 >>는 모든 비트를 오른쪽으로 옮겨 절반으로 나누는 효과가 있다. 다음 예제로 확인
해 보자.

```
<!DOCTYPE html>
<html>
<head>
    <meta charset="utf-8">
    <title>shiftmulti</title>
</head>
<body>
    <script>
        var a = 12;
        document.write(a << 1, "<br>");
        document.write(a >> 1, "<br>");
        var b = - 12;
        document.write(b >> 1, "<br>");
        document.write(b >>> 1, "<br>");
    </script>
</body>
</html>
```

12라는 값을 왼쪽, 오른쪽으로 각각 한칸씩 이동시켰다. 왼쪽으로 한칸 옮기면 2배값인 24가 되고 오른쪽으로 한칸 옮기면 6이 된다. 기계적으로 비트를 조작하는 이동이기 때문에 곱셈, 나눗셈 같은 논리적인 연산에 비해 속도가 월등히 빠르다.

```
24
6
-6
2147483642
```

>> 연산자는 오른쪽으로 옮기되 최상위의 부호 비트는 유지하는데 비해 >>>는 부호 비트를 유지하지 않고 무조건 0으로 채운다는 점이 다르다. 그래서 음수의 경우 >> 연산자는 정확하게 절반이 되지만 >>> 연산자는 기계적으로 비트를 이동시키므로 엉뚱한 값이 나온다. 부호가 유지되어야 하는 수치값에는 >> 연산자를 사용하며 부호의 의미가 없는 값에는 >>> 연산자를 사용한다.

# 3.2 typeof

자바스크립트도 약하기는 하지만 타입을 구분한다. 변수에 대입되는 초기값에 따라 타입이 결정되며 실행중에 타입이 바뀔 수도 있다. typeof 연산자는 특정 변수가 현재 어떤 타입의 값을 가지고 있는지 조사한다. 여섯 개의 변수를 만들고 이 연산자로 각 변수의 타입을 조사해 보자.

**typeof_html**

```html
<!DOCTYPE html>
<html>
<head>
    <meta charset="utf-8">
    <title>typeof</title>
</head>
<body>
    <script>
        var num = 1234;
        var str = "대한민국";
        var lunar = true;
        var func = function() {};
        var obj = { name:"김상형", age:29 };
        var notinit;

        document.write("num = " + typeof(num) + "<br>");
        document.write("str = " + typeof(str) + "<br>");
        document.write("lunar = " + typeof(lunar) + "<br>");
        document.write("func = " + typeof(func) + "<br>");
        document.write("obj = " + typeof(obj) + "<br>");
        document.write("notinit = " + typeof(notinit) + "<br>");
    </script>
</body>
</html>
```

typeof( ) 괄호 안에 조사하고 싶은 변수를 전달하면 타입을 조사하여 리턴한다. typeof(num) 형식의 함수형으로 쓸 수도 있고 연산자이므로 typeof num이라고 써도 상관 없다. 자바스크립트가 지원하는 여섯 가지 종류의 타입으로 각 변수를 선언했다. 숫자, 문자열, 논리형은 이미 배워서 익숙하지만 함수형, 객체형은 아직 배우지 않아서 생소해 보일 것이다. undefined까지 여섯 개의 타입으로 변수를 선언하고 typeof 연산자로 타입을 조사하여 출력했다.

```
num = number
str = string
lunar = boolean
func = function
obj = object
notinit = undefined
```

타입의 이름은 평범한 영어 단어로 되어 있다. 특정 변수가 문자열일 때만 어떤 처리를 하고 싶다면 다음 조건문을 사용한다. 대소문자를 구분하여 비교하므로 반드시 "string"과 비교해야 하며 "String"이나 "STRING"과 비교해서는 안된다.

```
if (typeof(value) == "string") {
}
```

자바스크립트의 변수는 선언 후에도 타입이 언제든지 바뀔 수 있다. 똑같은 변수라도 어떤 값을 대입하는가에 따라 타입이 수시로 바뀐다.

```
var a = 12;
typeof(a)      // number
a = "대한민국";
typeof(a)      // string
```

그래서 실행중에 변수의 현재 타입을 조사하는 typeof 연산자가 제공된다. 특히 임의 타입의 인수를 전달받을 수 있는 함수 내부에서 인수의 타입을 조사할 때 이 연산자가 꼭 필요하다. 차후 함수 편에서 구체적인 사용예를 보게 될 것이다.

## 3.3 기타 연산자

void 연산자는 피연산자를 무시하고 undefined를 리턴한다.

```
void.html
<!DOCTYPE html>
<html>
<head>
    <meta charset="utf-8">
    <title>void</title>
</head>
<body>
    <script>
        var a = prompt("값을 입력하세요", "2");
        document.write("a = " + a + "<br>");
        var a = void prompt("값을 입력하세요", "2");
        document.write("a = " + a + "<br>");
    </script>
</body>
</html>
```

prompt 함수를 호출하여 값을 입력받되 그 결과를 a 변수에 대입받아 출력했다. 두 번째는
prompt 함수 호출문을 void 연산자의 피연산자로 사용했다. void(prompt(...)) 식으로 피연
산자를 괄호안에 써도 상관없다. 실행 결과는 다음과 같다.

```
a = 2
a = undefined
```

prompt 함수는 사용자가 입력한 값을 리턴하는데 void 연산자의 피연산자로 사용되면 이 리턴값
을 무시하고 undefined로 평가된다. void 연산자는 실행 결과를 무시하기 위해 가끔 사용하는데
다음과 같은 경우이다.

```
<a href="javascript:void window.open('javascript.html');">목록 보기</a>
```

태그안에서 자바스크립트를 직접 사용할 때 실행 결과를 무효화함으로써 아무것도 출력하지 않도록 한다. 이런 특수한 경우 외에 일반적인 연산을 위해서는 거의 사용되지 않는다. 쉼표 연산자는 식을 왼쪽에서 오른쪽으로 순서대로 평가하고 제일 오른쪽 결과를 리턴한다.

**comma.html**

```
<!DOCTYPE html>
<html>
<head>
    <meta charset="utf-8">
    <title>comma</title>
</head>
<body>
    <script>
        var a, b, c;
        c = (a = 5, b = 6);
        document.write("a = " + a + ", b = " + b + ", c = " + c);
    </script>
</body>
</html>
```

a, b, c 변수에 값을 대입했다.

```
a = 5, b = 6, c = 6
```

c에 값을 대입할 때 a와 b에 대한 대입문을 쉼표 연산자로 구분하면 제일 오른쪽의 b에 대한 대입 결과가 c에 대입된다. 물론 평범한 대입문에 굳이 이런 구문을 사용할 필요는 없으며 원하는 순서대로 대입하는 것이 훨씬 더 쉽다. 쉼표 연산자는 for 루프에서 2개의 제어 변수를 운영할 때 주로 사용한다.

JavaScript+jQuery 정복

## 3.4 우선 순위

연산자 우선 순위는 한 수식내에 여러 가지 연산자들이 섞여 있을 때 어떤 연산을 먼저 실행할 것
인지 순서를 정해 놓은 규칙이다. 명확하게 규정된 우선 순위에 따라 복잡한 수식이 순서대로 계산
된다. 다음 수식을 보자.

```
a = 1 + 2 * 3;
```

1과 2를 더한 3과 뒤쪽의 3을 곱하면 9가 될 것 같지만 이는 틀린 계산이다. 곱셈이 덧셈보다 우선
순위가 높기 때문에 2와 3이 먼저 곱해져 6이 되고 여기에 1이 더해져 7로 계산된다. 만약 덧셈을
먼저 하고 싶다면 괄호를 사용해야 한다. 괄호로 묶여진 식의 우선 순위가 높아진다. 다음 수식은
먼저 더한 후 곱하므로 9로 계산된다.

```
a = (1 + 2) * 3;
```

결합 순서는 같은 순위의 연산자가 있을 때 어느쪽에서부터 연산을 수행할 것인가를 지정한다. 다
음은 연쇄 대입문이다.

```
a = b = 3;
```

이 대입문에 의해 a와 b에 모두 3이 대입되는데 이는 = 연산자의 결합 순서가 오른쪽 우선이기 때
문이다. b = 3이 먼저 수행되고 그 결과인 3이 다시 a에 대입된다. 만약 a = b를 먼저 수행한다면
a는 b의 이전 값을 대입받으므로 3이 아닐 것이다. 자바스크립트 연산자의 우선 순위와 결합 순서
는 다음과 같다.

| 연산자 | 결합 순서 |
| --- | --- |
| . [] | |
| () | |
| ++ -- ! ~ + -(부호) delete typeof void | 오른쪽 |
| * / % | 왼쪽 |

| | |
|---|---|
| + -(사칙) | 왼쪽 |
| 《 》 》》 | 왼쪽 |
| 〈 〉 〈= 〉= in instanceof | 왼쪽 |
| == != === !== | 왼쪽 |
| & | 왼쪽 |
| ^ | 왼쪽 |
| \| | 왼쪽 |
| && | 왼쪽 |
| \|\| | 왼쪽 |
| ? : | 오른쪽 |
| 대입, 복합 대입 연산자 | 오른쪽 |
| , | 왼쪽 |

대부분 상식과 일치하므로 일부러 외울 필요는 없지만 가끔 연산 순위가 헷갈릴 경우가 있다. 이럴 때는 괄호를 사용하여 원하는 순위를 명시적으로 지정하는 것이 좋다. 다음은 간단한 퀴즈이다. 어떤 결과가 출력될지 맞춰 보자.

**priority.html**

```html
<!DOCTYPE html>
<html>
<head>
    <meta charset="utf-8">
    <title>priority</title>
</head>
<body>
    <script>
        var a = 2 + "3";
        var b = 1 + 2 + "3";
        document.write('2 + "3" = ' + a + "<br>");
        document.write('1 + 2 + "3" = ' + b + "<br>");
    </script>
</body>
</html>
```

J a v a S c r i p t + j Q u e r y  정복

숫자 2와 문자열 "3"을 더하면 연결되어 a는 "23"이 됨은 이미 연구해 보았다. 그렇다면 1 + 2 + "3"을 더한 b의 결과는 어떻게 될까. 피연산자 중에 문자열이 있으므로 "123"이 될 수도 있고 숫자끼리 먼저 더한 후 연결하여 "33"이 될 수도 있을 것 같다. 결과는 "33"이다.

```
2 + "3" = 23
1 + 2 + "3" = 33
```

왜냐하면 덧셈은 결합 순서가 왼쪽 우선이므로 다음과 같이 연산되기 때문이다.

```
(1 + 2) + "3"
```

1과 2가 수치형으로 먼저 더해져 3이 되고 이 3과 뒤쪽의 "3"이 연결되어 "33"이 된다. 결합 순서에 의해 이런 결과가 나온다. 그렇다면 다음 수식은 어떻게 연산될까?

```
1 + (2 + "3")
1 + "2" + 3
"1" + 2 + 3
```

모두 다 결과는 "123"이다. 괄호로 문자열을 먼저 연결하면 1 + "23"이 된 후 1도 문자열앞에 붙여지므로 "123"이 된다. 덧셈은 피연산자 중 하나만 문자열이어도 연결 동작을 하며 양쪽이 모두 숫자여야만 산술적으로 더한다.

여기서 알아본 연산자들 외에 instanceof, delete, in 등의 연산자도 있는데 객체와 관련된 연산자여서 지금은 연구해 보기 어렵다. 객체를 배운 후에 관련 부분에서 다시 소개하기로 한다.

# chapter 04

# 제어문

## section 01 조건문

## 1.1 if문

제어문은 프로그램의 흐름을 통제한다. 프로그램은 소스코드에 작성된 순서대로 위에서 아래로 물 흐르듯이 실행되는 것이 통상적이다. 그러나 흐름이 단순하면 조건에 따라 처리하거나 복잡한 작업을 수행할 수 없다. 제어문을 사용하면 일부 명령만 선택적으로 실행하거나 비슷한 명령을 반복적으로 수행할 수 있다.

조건문은 조건의 진위 여부에 따라 명령의 실행 여부를 선택한다. if문의 괄호안에 조건을 기술하는데 주로 변수값에 대한 비교 연산문을 작성하며 논리 연산자로 여러 가지 조건을 동시에 점검할 수도 있다. if문은 조건 평가식의 결과에 따라 이어지는 명령의 실행 여부를 결정한다. 가장 간단한 형태는 다음과 같다.

**if (조건) 명령;**

괄호안의 조건이 참이면 뒤쪽의 명령을 실행하고 거짓이면 명령을 무시한다. 조건식은 명령과 구분하기 위해 반드시 괄호로 감싸야 한다.

**ifcondition.html**

```
<!DOCTYPE html>
<html>
<head>
    <meta charset="utf-8">
    <title>ifcondition</title>
</head>
```

```
<body>
    <script>
        var num = prompt("숫자 하나를 입력하세요", 4);
        if (num % 2 == 0)
            document.write(num + "는 짝수입니다.");
    </script>
</body>
</html>
```

prompt 함수를 호출하여 대화상자로부터 값을 입력받았다. 사용자가 어떤 값을 입력할지 미리
알 수 없으므로 입력값을 비교하여 처리하는 조건문을 사용했다. 입력받은 값을 2로 나눈 나머지
가 0인지 점검하고 짝수이면 화면에 메시지를 출력한다. 디폴트값인 4를 그대로 받아들이면 짝수
라는 메시지가 출력되며 3이나 5로 바꾸면 명령은 무시되고 아무것도 출력되지 않는다.

if 조건에 걸리는 명령이 하나 뿐이라면 조건문 뒤에 명령을 바로 쓰면 되지만 조건에 따라 둘 이상
의 명령을 동시에 실행하려면 { } 괄호로 블록을 구성해야 한다. if문의 확장된 형태는 다음과 같다.
if (조건) { 명령들 } 이라고 외워 두면 된다.

```
if (조건) {
    명령;
    명령;
}
```

{ } 블록은 같이 실행되는 명령의 묶음을 정의한다. { } 블록안에는 얼마든지 많은 명령을 작성할 수 있으며 if 조건문의 평가 결과에 따라 전체 명령의 실행 여부가 결정된다. 짝수일 때 2개의 메시지를 출력하도록 수정해 보자.

```
block.html

<!DOCTYPE html>
<html>
<head>
    <meta charset="utf-8">
    <title>block</title>
</head>
<body>
    <script>
        var num = prompt("숫자 하나를 입력하세요", 4);
        if (num % 2 == 0) {
            document.write(num + "는 짝수입니다.");
            alert("짝수는 2로 나누어 떨어지는 수입니다.");
        }
    </script>
</body>
</html>
```

웹 페이지에 평가 결과를 출력하고 짝수에 대한 간단한 설명 메시지를 대화상자로도 표시한다. 4를 입력하면 짝수라는 메시지와 짝수에 대한 정의를 대화상자로 보여주는 2개의 명령이 동시에 실행된다. 3을 입력하면 두 명령이 모두 무시되어 아무것도 출력되지 않는다.

두 명령을 블록으로 묶어 놓았기 때문에 if 조건에 따라 메시지 출력문과 대화상자 출력문 전체가 실행되거나 무시된다. 만약 블록을 묶지 않으면 어떻게 되는지 예제를 수정해 보자. 코드는 같되 if 문 다음의 명령에 { } 괄호만 없앴다.

```
<!DOCTYPE html>
<html>
<head>
    <meta charset="utf-8">
    <title>noblock</title>
</head>
<body>
    <script>
        var num = prompt("숫자 하나를 입력하세요", 4);
        if (num % 2 == 0)
            document.write(num + "는 짝수입니다.");
            alert("짝수는 2로 나누어 떨어지는 수입니다.");
    </script>
</body>
</html>
```

4를 입력하면 정상적으로 실행되는 것처럼 보인다. 그러나 3을 입력하면 원하는 결과가 나타나지 않는다. 3은 짝수가 아니지만 짝수에 대한 설명이 출력된다. 왜냐하면 뒤쪽의 alert 출력문은 if문과 상관없는 별개의 명령이기 때문이다. 두 프로그램의 흐름을 순서도로 비교해 보자. 좀 고리타분해도 그림을 그려 보면 흐름이 명확하게 보인다.

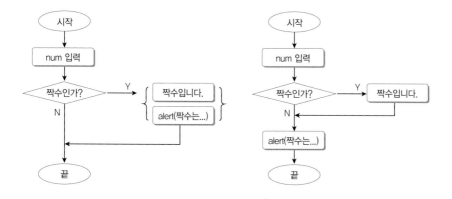

블록은 두 명령이 모두 if 조건에 걸리도록 해 준다. 들여쓰기 때문에 두 명령이 조건에 동시에 걸리는 것처럼 보이지만 if문은 document.write 출력문에서 이미 끝났고 alert문은 조건과는 상관없이 무조건 실행되는 별개의 명령이다. 들여쓰기를 제대로 써 보면 이 구조가 눈에 보인다.

```
if (num % 2 == 0)
    document.write(num + "는 짝수입니다.");
alert("짝수는 2로 나누어 떨어지는 수입니다.");
```

이런 실수를 방지하기 위해 설사 if문에 걸리는 명령이 하나밖에 없더라도 항상 블록을 구성할 것을 권장한다. 당장은 명령이 하나밖에 없더라도 코드란 언제든지 바뀔 수 있으므로 미리 대비를 해 두는 것이 좋다.

```
if (num % 2 == 0) {
    document.write(num + "는 짝수입니다.");
}
```

이렇게 {} 블록을 미리 구성해 놓으면 새로운 명령이 추가될 때 블록 안쪽에 코드를 안전하게 작성할 수 있다. {} 괄호에 의해 if문에 걸리는 명령의 범위가 명확하게 보인다. 다음은 if문의 좀 더 확장된 형태이며 if else문이라고 부른다.

```
if (조건) {
    명령1;
} else {
    명령2;
}
```

else절은 조건이 거짓일 때 실행할 명령을 지정한다. 단순 if문은 조건에 따라 명령 실행 여부를 결정하는데 비해 if else문은 조건에 따라 실행할 명령을 선택한다. 조건이 참이면 명령1을 실행하고 거짓이면 명령2를 실행하는 것이다. 단순 if문은 조건이 거짓이면 아예 없는 것으로 취급되지만 if else는 둘 중 하나의 명령은 반드시 실행된다. 짝수가 아닐 때 홀수라는 메시지를 출력해 보자.

```
<!DOCTYPE html>
<html>
<head>
    <meta charset="utf-8">
    <title>ifelse</title>
</head>
<body>
    <script>
        var num = prompt("숫자 하나를 입력하세요", 4);
        if (num % 2 == 0) {
            document.write(num + "는 짝수입니다.");
        } else {
            document.write(num + "는 홀수입니다.");
        }
    </script>
</body>
</html>
```

4를 입력하면 위쪽 블록의 명령이 실행되고 3을 입력하면 아래쪽 블록의 명령이 실행된다. 어떤 값을 입력하든지 둘 중 하나의 명령은 선택되는 것이다.

조건 진위에 따라 실행할 명령이 각각 하나씩밖에 없어 다음과 같이 {} 블록을 생략할 수도 있지만 차후의 확장을 위해 원칙대로 블록을 구성하는 것이 바람직하다.

```
if (num % 2 == 0) {
    document.write(num + "는 짝수입니다.");
else
    document.write(num + "는 홀수입니다.");
```

두 조건문의 흐름을 순서도로 비교해 보자. if문은 조건에 따라 명령을 실행할 것인가 아닌가만 결정하지만 if else문은 조건에 따라 어떤 명령을 실행할 것인가를 선택한다.

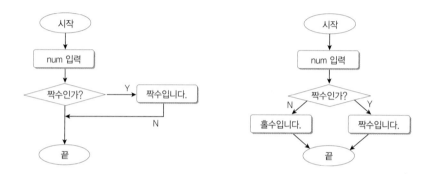

조건문안에 또 다른 조건문을 중첩해서 넣을 수도 있다. if문에 걸리는 명령이 또 다른 조건문일 수도 있으므로 명령문에서 다른 조건을 점검하는 것이 가능하다. if문도 하나의 명령문이므로 if든 else든 어디에나 올 수 있다. 다음 예제는 대화상자로부터 입력받은 수의 부호를 점검하는데 여러 가지 상황을 판별하기 위해 조건문을 중첩시켰다.

**ifelseif.html**

```
<!DOCTYPE html>
<html>
<head>
    <meta charset="utf-8">
    <title>ifelseif</title>
</head>
<body>
    <script>
        var num = prompt("숫자 하나를 입력하세요", 2);
        if (num == null) {
```

JavaScript+jQuery 정복

```
                    document.write("숫자를 입력해 주십시오.");
            } else {
                if (num > 0) {
                    document.write(num + "는 양수입니다.");
                } else if (num < 0) {
                    document.write(num + "는 음수입니다.");
                } else {
                    document.write(num + "은 틀림없이 0입니다.");
                }
            }
        </script>
    </body>
</html>
```

대화상자로부터 입력받은 값을 num에 대입했다. 가장 먼저 점검해야 할 조건은 사용자가 숫자를
제대로 입력했는가인데 취소 버튼을 누르면 null이 리턴된다. 이 경우는 숫자가 아니므로 부호를
점검할 필요 없이 다시 입력하라는 메시지를 출력한다. null이 아니라면 숫자가 입력된 것이므로
부호를 판별한다.

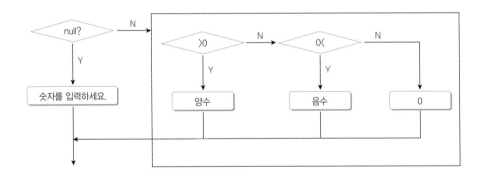

그래서 바깥쪽 if문의 else절 안에 부호를 판별하는 안쪽 if문이 중첩되어 있다. num이 0보다 더
크면 양수이고 아니면 음수이다. 두 가지 경우 외에도 0인 경우가 있으므로 제일 마지막에 else절
이 하나 더 있어야 한다. if else if else문을 사용했는데 if else를 자꾸 늘리면 4가지 이상의 경우
도 점검할 수 있다.

점검하고자 하는 조건이 여러 개라면 비교 연산문을 논리 연산자로 연결한다. 두 개의 변수값을 동시에 점검한다거나 범위를 점검할 때 논리 연산자를 종종 사용하며 앞 장의 논리 연산자편에서 예제를 이미 작성해 보았다.

# 1.2 switch문

switch문은 다중 선택문이다. 여러 가지 조건이 있고 각 조건마다 실행할 명령이 각각 다를 때 switch문을 사용한다.

```
switch (변수) {
case 값1 :
  명령1;
  break;
case 값2 :
  명령2;
  break;
default :
  명령;
  break;
}
```

switch문의 괄호안에 평가할 변수명을 넣고 이 변수의 값에 해당하는 case를 필요한만큼 작성한다. 변수값에 대응되는 case가 발견되면 case절의 명령이 실행되며 모든 case가 다 일치하지 않으면 default의 명령이 실행된다. default는 일치하는 case가 없을 때 실행할 명령을 기술하되 디폴트 처리가 불필요하면 생략한다.

case문에는 실행할 명령을 여러 개 나열할 수 있으며 break를 만날 때까지 계속 실행된다. break에 의해 명령의 끝을 명확히 판별할 수 있으므로 case문은 { }로 블록을 구성하지 않아도 상관없다. 다음 예제는 메뉴를 보여 주고 선택받은 값에 따라 적절한 메시지를 출력한다.

```
<!DOCTYPE html>
<html>
<head>
    <meta charset="utf-8">
    <title>switch</title>
</head>
<body>
    <script>
        var menu = prompt("통화는 1번, 문자는 2번, 영상통화는 3번", 1);
        switch (Number(menu)) {
            case 1:
                document.write("전화를 겁니다.");
                break;
            case 2:
                document.write("문자를 보냅니다.");
                break;
            case 3:
                document.write("영상 통화를 연결합니다.");
                break;
            default:
                document.write("잘못 입력하셨습니다.");
                break;
        }
    </script>
</body>
</html>
```

prompt 함수로 입력받은 menu 값은 문자열이므로 switch문에 사용하려면 Number 함수를 사용하여 숫자로 바꾸어야 한다. 아니면 case문의 각 값을 "1", "2", "3" 식으로 문자열 리터럴로 적어도 된다. switch문은 변수와 각 case의 값을 === 연산자로 비교하므로 타입과 값이 모두 일치해야 case가 선택된다.

1, 2, 3 각각에 대해 다른 명령을 실행했다. 만약 1, 2, 3 외의 숫자를 입력했다거나 숫자가 아닌 값을 입력하면 default가 선택되어 잘못된 입력이라는 것을 알려준다. 대화상자에서 취소 버튼을 누르면 null이 리턴되며 1, 2, 3과는 달라 잘못된 입력으로 간주된다. default 마저도 없다면 이때 는 switch문 전체가 무시된다.

switch문은 변수값을 비교하여 실행할 명령을 선택한다는 면에서 if문과 비슷하다. 다만 비교할 값이 여러 개라는 점이 다를 뿐이다. if else문을 계속 나열하면 switch문과 똑같은 문장을 만들 수 있다. 위 예제를 if else문으로 고치면 다음과 같다.

```
<script>
    var menu = prompt("통화는 1번, 문자는 2번, 영상통화는 3번", 1);
    if (Number(menu) === 1) {
        document.write("전화를 겁니다.");
    } else if (Number(menu) === 2) {
        document.write("문자를 보냅니다.");
    } else if (Number(menu) === 3) {
        document.write("영상 통화를 연결합니다.");
    } else {
        document.write("잘못 입력하셨습니다.");
    }
</script>
```

각 if문이 switch문의 case에 대응되며 제일 마지막의 else문은 default문에 해당한다. 효과는 같 지만 switch문에 비해 코드가 깔끔하지 못하고 case가 많아질수록 더 복잡해 보인다. 선택할 값 이 여러 개인 경우는 if else를 장황하게 나열하는 것보다 switch문을 사용하는 것이 바람직하다.

JavaScript+jQuery 정복

switch문의 제어 변수에 특별한 제약은 없다. 주로 수치형을 사용하지만 수식을 사용할 수도 있고 문자열 타입의 변수도 사용할 수 있다. 이때 case문의 리터럴은 제어 변수와 반드시 같은 타입이어야 한다. 제어 변수가 문자열이면 case문에도 문자열을 써야 제대로 선택된다. 다음은 음식 이름을 직접 입력받아 주문받은 음식에 따라 분기한다.

**switchstring.html**

```html
<!DOCTYPE html>
<html>
<head>
    <meta charset="utf-8">
    <title>switchstring</title>
</head>
<body>
    <script>
        var menu = prompt("먹고 싶은 음식을 입력하세요.", "짜장면");
        switch (menu) {
            case "짜장면":
                document.write("수타면으로 준비해 드리겠습니다.");
                break;
            case "짬뽕":
                document.write("시원한 홍합 짬뽕입니다.");
                break;
            case "탕수육":
                document.write("소고기 탕수육입니다.");
                break;
            default:
                document.write("군만두나 드세요.");
                break;
        }
    </script>
</body>
</html>
```

prompt 함수로 입력받은 menu가 문자열이므로 case의 리터럴도 문자열로 작성했다. switch문의 제어 변수와 case문의 리터럴이 === 연산자로 비교된다는 점을 상기해 보면 쉽게 이해될 것이다. case에 있는 것만 선택해야 하며 택도 없이 양장피나 팔보채를 시키면 default 조건이 선택되어 군만두를 먹게 된다.

switch문은 제어 변수와 case의 리터럴을 상등 비교하여 완전히 일치하는 조건을 찾아 실행한다. 그래서 값의 범위를 점검할 수는 없다. 부등 비교로 범위에 따라 분기하려면 switch문 대신 if else문을 사용해야 한다. 단, 대상값이 넓은 범위가 아닌 몇 개에 불과하다면 case문을 연결하여 사용할 수는 있다. 다음 예제는 각 요일에 따라 메시지를 출력한다.

**fallthrough.html**

```
<!DOCTYPE html>
<html>
<head>
    <meta charset="utf-8">
    <title>fallthrough</title>
</head>
<body>
    <script>
        var yoil = prompt("요일을 입력하세요", "월");
        switch (yoil) {
            case "월":
                document.write("일주일의 시작입니다.");
                break;
            case "화":
            case "수":
            case "목":
                document.write("열심히 일해야 할 때입니다.");
                break;
            case "금":
                document.write("불타는 금요일 보내세요.");
                break;
            case "토":
            case "일":
```

```
                document.write("편안한 주말 보내세요.");
                break;
        }
    </script>
</body>
</html>
```

---

선택된 case문은 break문을 만날 때까지 실행된다. 월요일은 하나의 명령 다음에 break가 있으
므로 이 명령만 실행하고 종료된다. 반면 화,수요일은 case만 있고 break가 없으므로 목요일의
명령이 실행된다. 마찬가지로 토, 일요일도 2개의 case를 묶어 하나의 명령을 실행한다. 연결된
case문을 if 조건문으로 바꾸면 두 비교 연산문을 || 논리 연산자로 연결한 것과 같다.

```
if (yoil === "토" || yoil === "일")
```

둘 중 하나의 값에 해당할 때 case 아래쪽의 명령이 실행된다. 두 조건이 하나의 명령을 공유하는
셈이다.

# 반복문

## 2.1 for 루프

반복이란 똑같거나 유사한 작업을 여러 번 처리하는 동작이다. 컴퓨터는 지능이 없지만 대신 똑같은 일을 지치지도 않고 초고속으로 처리하는 반복을 끝내주게 잘하는 특기를 가지고 있다. 일상 생활에서나 프로그램에서나 유사한 처리를 계속 반복할 경우가 굉장히 많다. 반복되는 작업을 루프(loop)라고 부른다.

자바스크립트에는 세 가지 형태의 반복문이 있다. 가장 기본적인 반복문은 일정 횟수 반복하는 for 문이다. 증감 방향이나 증감분을 임의로 선택할 수 있어 섬세한 루프 통제가 가능하며 응용의 여지도 많다. 형식이 유연해서 범용적으로 가장 많이 사용된다. 기본 형식은 다음과 같다. 반복되는 명령이 하나밖에 없더라도 항상 {} 블록을 구성하는 것이 좋다.

```
for(초기식;조건식;증감식) {
    명령;
}
```

루프에 들어가기 전에 초기식을 실행하여 제어 변수를 초기화하고 매 반복 단계마다 조건식을 평가하여 조건이 참인동안 명령을 반복한다. 한번 반복한 후에 증감식을 실행하며 이 과정을 조건이 거짓이 될 때까지 계속한다. 여러 가지 형태로 응용할 수 있지만 주로 제어 변수를 사용하여 반복 횟수와 주기를 조정한다. 다음 예제는 똑같은 문장을 5번 출력한다.

```
<!DOCTYPE html>
<html>
<head>
    <meta charset="utf-8">
    <title>forloop</title>
</head>
<body>
    <script>
        for (var i = 0; i < 5; i++) {
            document.write("좋은 아침입니다.<br>");
        }
    </script>
</body>
</html>
```

제어 변수 i를 0으로 초기화하고 i가 5보다 작은 동안 반복하며 매 반복마다 i를 1 증가시킨다. 루프의 제어 변수는 미리 선언해도 상관없지만 for문 내에서만 사용되므로 초기식에서 선언하는 것이 보통이다. i는 0에서 시작하여 1, 2, 3, 4까지 변하며 각 반복마다 document.write 함수로 문장을 출력한다. 총 반복 횟수는 5회이며 5개의 문장이 출력된다.

좋은 아침입니다.
좋은 아침입니다.
좋은 아침입니다.
좋은 아침입니다.
좋은 아침입니다.

만약 반복문이 없다면 다음과 같이 document.write 호출문을 다섯번 나열할 수밖에 없을 것이다. 이 얼마나 무식한 코드인가? 그나마 다섯번이면 나열할 만하지만 백번이나 천번이라면 그럴 수 없다. 루프는 제어 변수의 끝 조건만 바꾸면 반복 횟수를 쉽게 조절할 수 있어 얼마든지 반복할 수 있다.

```
<script>
    document.write("좋은 아침입니다.<br>");
    document.write("좋은 아침입니다.<br>");
    document.write("좋은 아침입니다.<br>");
    document.write("좋은 아침입니다.<br>");
    document.write("좋은 아침입니다.<br>");
</script>
```

위 코드에서 제어 변수는 반복 횟수를 세기 위해서만 사용하며 루프에서는 참조하지 않아 각 반복의 결과가 모두 같다. 반복이라고 해서 완전히 같은 명령만 여러 번 실행하는 것은 아니며 제어 변수를 참조하면 매 반복마다 약간씩 변화를 줄 수 있다. 다음 예제는 학생의 성적을 출석부 번호순으로 출력한다.

**forloop2.html**

```
<!DOCTYPE html>
<html>
<head>
    <meta charset="utf-8">
    <title>forloop2</title>
</head>
<body>
    <script>
        var arScore = [88, 78, 96, 54, 23];
        for (var st = 0; st < 5; st++) {
            document.write(st + "번째 학생의 성적 : " + arScore[st] + "<br>");
        }
    </script>
</body>
</html>
```

arScore 배열에 학생 번호를 첨자로 하여 성적이 저장되어 있다. 루프에서 제어 변수 st를 0~4까지 반복시키며 arScore[st]를 읽으면 배열에 저장된 성적이 순서대로 출력된다.

```
0번째 학생의 성적 : 88
1번째 학생의 성적 : 78
2번째 학생의 성적 : 96
3번째 학생의 성적 : 54
4번째 학생의 성적 : 23
```

제어 변수를 루프 내부에서 참조하므로 출력문이 모두 다르다. 똑같은 명령이라도 제어 변수에 따라 출력문과 참조하는 대상이 달라지기 때문이다. 이 루프를 풀어 쓰면 다음 다섯 개의 명령을 순서대로 실행하는 것과 같다.

```
document.write(0 + "번째 학생의 성적 : " + arScore[0] + "<br>");
document.write(1 + "번째 학생의 성적 : " + arScore[1] + "<br>");
document.write(2 + "번째 학생의 성적 : " + arScore[2] + "<br>");
document.write(3 + "번째 학생의 성적 : " + arScore[3] + "<br>");
document.write(4 + "번째 학생의 성적 : " + arScore[4] + "<br>");
```

매 반복문마다 출력문 선두의 st값이 다르고 출력하는 배열 요소가 다르다. 만약 배열 크기가 60이라도 제어 변수의 끝값을 60으로 조정하기만 하면 똑같은 코드로 전체 성적을 덤프할 수 있다. 다음은 좀 더 실용적인 반복의 예를 보자.

**forloop3.html**

```
<!DOCTYPE html>
<html>
<head>
    <meta charset="utf-8">
    <title>forloop3</title>
</head>
<body>
    <script>
        var sum = 0;
        for (var i = 1; i <= 100; i++) {
            sum = sum + i;
        }
```

```
        document.write("1~100까지의 합 = " + sum);
    </script>
</body>
</html>
```

---

1~100까지 정수의 합계를 구하는 전형적인 반복 예제이다. 누적 합계를 저장할 sum은 미리 0으로 초기화해 놓는다. 제어 변수 i는 초기식에서 1이 되고 100 이하인 동안 1씩 증가하면서 변한다. 즉 1, 2, 3, .... 100까지 100번 반복하는 것이다. 명령에서는 sum에 i값을 계속 누적하며 이 동작이 100번 반복된다. 루프를 마친 후 sum값을 출력했다.

```
1~100까지의 합 = 5050
```

for 루프가 얼마나 유연한지 알아보기 위해 몇 가지 변형을 가해 보자. 초기식에서 i의 시작값을 조정하거나 조건식에서 i의 상한값을 변경하면 합계의 범위를 바꿀 수 있다.

```
for (var i = 1; i <= 500; i++)          // 1 ~ 500까지의 합계
for (var i = 100; i <= 1000; i++)       // 100 ~ 1000까지의 합계
```

제어 변수를 통상 1씩 증가시키는 경우가 보통이지만 증감식을 조정하면 감소하는 루프를 만들 수도 있고 일정한 수만큼 건너뛰면서 반복할 수도 있다. 역방향으로 순회하는 루프를 만들려면 초기값이 조건식의 끝값보다 더 커야 한다.

```
for (var i = 100; i > 0; i--)           // 100 ~ 1까지 반복
for (var i = 1; i <= 100; i += 2)       // 1 ~ 100까지 모든 홀수의 합계
```

정수 단위 뿐만 아니라 실수 단위로 섬세하게 증감할 수도 있다. for문을 구성하는 세 문장을 자유자재로 작성할 수 있어 유연성이 아주 뛰어나다. 다음 예제는 루프를 활용하여 arScore 배열에 저장된 모든 성적을 읽어 총점과 평균을 구한다.

JavaScript+jQuery 정복

```
<!DOCTYPE html>
<html>
<head>
    <meta charset="utf-8">
    <title>forloop4</title>
</head>
<body>
    <script>
        var arScore = [88, 78, 96, 54, 23];
        var sum = 0;
        for (var st = 0; st < arScore.length; st++) {
            sum += arScore[st];
        }
        document.write("총점 : " + sum + ", 평균 : " + sum/arScore.length);
    </script>
</body>
</html>
```

합계를 구하는 논리는 앞 예제와 똑같되 대상이 정수가 아니라 arScore 배열에 저장된 점수라는
점이 다르다. 제어 변수 st를 0에서 시작하여 배열 길이만큼 반복하면서 arScore[st]를 읽어 누적
시키면 총점이 구해진다. 배열의 길이는 length 속성으로 실시간으로 조사했으며 평균은 총점을
학생수로 나누어 구한다.

총점 : 339, 평균 : 67.8

배열 크기가 아무리 커져도 반복문은 더 수정할 필요가 없다. 학생이 천명, 만명이 있어도 반복 횟
수만 달라질 뿐 알고리즘이 달라지는 것은 아니다. 기본 for문 외에도 배열이나 객체를 순회하는
for in 문도 있는데 배열을 배운 후에 알아 보자.

## 2.2 while 루프

while문은 if문과 형태가 비슷하지만 명령을 한번만 실행하는 것이 아니라 조건이 만족하는 동안 계속 실행한다는 점이 다르다. for문 보다는 기본 형식이 단순하다.

```
while (조건) {
   명령;
}
```

괄호안의 조건이 참인 동안 명령을 계속 수행한다. 루프의 명령안에는 조건의 진위 여부를 바꿀 수 있는 명령이 있어야 하며 그렇지 않으면 조건이 바뀌지 않으므로 무한히 반복할 것이다. for문은 루프 반복 횟수가 미리 정해진 경우에 주로 사용하는데 비해 while문은 조건에 따라 횟수가 가변적인 경우에 적합하다.

---
**while.html**
---

```html
<!DOCTYPE html>
<html>
<head>
    <meta charset="utf-8">
    <title>while</title>
</head>
<body>
    <script>
        var size = 1024;
        var upload = 0;
        while (upload <= size) {
            upload += 200;
            document.write(upload + "M 업로드중....<br>");
        }
        document.write("업로드를 완료하였습니다");
    </script>
</body>
</html>
```

이 예제는 파일을 업로드하는 흉내를 낸다. 업로드한 분량만큼 upload 변수를 증가시키며 매 업로드시마다 현재 상황을 화면에 출력한다. 물론 가짜로 흉내만 내는 것이라 진짜 업로드는 하지 않는다. 실제 프로젝트라면 네트워크 관련 코드가 작성되고 업로드 과정은 프로그래스바로 예쁘게 출력할 것이다.

이 과정을 파일 크기인 size 분량이 될 때까지 반복한다. 코드에서는 한번에 200M씩 업로드하는 것으로 가정했지만 사실 서버가 한번에 얼마만큼 받아줄지는 알 수 없다. 대용량을 업로드할 때는 네트워크 사정에 따라 조금씩 나누어서 보낸다. 한번에 얼마만큼이든 업로드는 조금씩 진행되며 총 1024만큼 업로드되면 루프를 탈출한다.

```
200M 업로드중....
400M 업로드중....
600M 업로드중....
800M 업로드중....
1000M 업로드중....
1200M 업로드중....
업로드를 완료하였습니다
```

업로드할 파일 크기는 미리 알 수 있지만 몇 번 업로드해야 할지 반복 횟수는 미리 알 수 없다. 이런 경우에는 for 반복문보다는 while 반복문이 더 적합하다. 정해진 횟수만큼 반복하는 것이 아니라 다 업로드할 때까지 반복하는 것이다. 루프 중간에 upload값을 변경하는 코드는 반드시 있어야 한다. 이 값이 바뀌지 않으면 조건이 항상 false여서 루프를 탈출할 수 없다.

while문과 for문은 구조만 조금 다를 뿐 명령을 반복한다는 면에서는 기능이 같다. for문에서 초기식과 증감식이 빠지고 조건식만 남은 것이 while문이다. for문을 while문 형태로 다음과 같이 바꿀 수도 있으며 for문이 사실 이런 순서대로 실행된다. 실행 순서를 이렇게 풀어 놓고 보면 for문의 동작을 더 잘 이해할 수 있다.

```
초기식;
while(조건식) {
        명령;
        증감식;
}
```

각 식을 여기 저기 흘어 놓는 것에 비해 for문이 좀 더 정형화된 형식을 가진다. 어쨌거나 명령을 반복한다는 기능은 같으므로 서로 대체할 수도 있다. 다음 예제는 while 루프로 1~100까지 합계를 구한다. for문의 초기식, 증감식이 어디로 이동했는지 잘 살펴 보자.

whilesum.html

```
<!DOCTYPE html>
<html>
<head>
    <meta charset="utf-8">
    <title>whilesum</title>
</head>
<body>
    <script>
        var sum = 0;
        var i = 1;
        while (i <= 100) {
            sum = sum + i;
            i++;
        }
        document.write("1~100까지의 합 = " + sum);
    </script>
</body>
</html>
```

루프에 들어가기 전에 제어 변수 i를 1로 초기화해 놓고 조건식에는 i가 100이하인 동안 반복하도록 해 놓는다. 루프에서는 sum에 i를 누적시키고 i를 1증가시킨다. i가 계속 증가하면서 sum에 누적되며 i가 100을 넘는 순간 조건식이 거짓이 되므로 루프를 탈출한다.

이 코드에서 i++이 생략되면 while 루프의 조건인 i <= 100은 언제까지나 참이어서 루프를 탈출할 수 없을 것이다. 그래서 while 루프의 내부에는 조건식의 평가 결과에 영향을 주는 명령이 반드시 포함되어야 한다. while문으로 for문을 대체할 수 있는 것과 마찬가지로 for문도 while문을 대체할 수 있다. 업로드 예제를 for문으로 다시 작성해 보았다.

```
<script>
    var size = 1024;
    for (var upload = 0;upload <= size;  ) {
        upload += 200;
        document.write(upload + "M 업로드중....<br>");
    }
    document.write("업로드를 완료하였습니다");
</script>
```

초기식과 조건식이 어디로 이동했는지 잘 관찰해 보자. for문에는 증감식을 비워 두고 upload를 루프내부에 두었는데 이 경우는 일단 업로드를 한 후 경과를 출력해야 하기 때문이다. for문의 증 감식은 항상 명령 다음에 실행된다. 다음은 또 다른 형태의 반복문이다.

**do {**
        **명령;**
**} while (조건);**

조건이 참인 동안 명령을 계속 실행한다는 면에서 while 루프와 비슷하지만 조건을 나중에 점검한 다는 점이 다르다. while문을 선평가 후실행문이라고 하고 do while문을 선실행 후평가문이라고 한다. while 문은 미리 조건을 점검하므로 처음부터 조건이 거짓이면 루프가 한번도 실행되지 않 을 수도 있지만 do while문은 일단 덮어 놓고 먼저 실행한 후 조건을 보므로 최소한 한번은 실행 된다.

---

**dowhile.html**

```
<!DOCTYPE html>
<html>
<head>
    <meta charset="utf-8">
    <title>dowhile</title>
</head>
<body>
    <script>
        var sum = 0;
```

```
        var num;
        do {
            num = prompt("숫자를 입력하세요(끝낼 때는 0)", "2");
            sum += Number(num);
        } while (num != 0);
        document.write("입력한 모든 숫자의 합 = " + sum);
    </script>
  </body>
</html>
```

이 예제는 사용자가 입력한 모든 숫자의 합계를 더하며 사용자가 0을 입력하면 종료된다. 대화상자에 2, 3, 4를 각각 입력하면 9가 출력된다. 제일 마지막에 0을 입력해야 대화상자가 닫히고 합계가 출력된다.

일단은 입력을 받아야 0인지 판단할 수 있으므로 무조건 한 번은 입력받아야 한다. 그래서 선실행 후평가 반복문이 필요하다. do while 문은 다른 두 루프에 비해 상대적으로 사용 빈도가 높지 않다.

## 2.3 다중 루프

반복문안에 임의의 명령이 올 수 있는데 그것이 또 반복문인 경우가 있다. 반복하는 특정한 일을 또 반복하는 것인데 프로그래밍에서는 아주 흔하게 일어난다. 반복문이 중첩되는 이런 형태를 다중 루프라고 한다. 다음은 for 루프 안에 또 다른 for 루프가 있는 이중 루프의 예이다.

JavaScript+jQuery 정복

```
<!DOCTYPE html>
<html>
<head>
    <meta charset="utf-8">
    <title>nestloop</title>
</head>
<body>
    <script>
        for (var st = 0; st < 4; st++) {
            for (var sub = 0; sub < 3; sub++) {
                document.write(st + "번째 학생의 " + sub + " 과목의 성적 출력<br>");
            }
            document.write("<br>");
        }
    </script>
</body>
</html>
```

학생이 4명 있고 각 학생당 3과목씩 시험을 보았을 때 모든 학생의 모든 성적을 출력하는 예제이다. 각 학생에 대해 각 과목을 반복해야 하므로 루프가 중첩된다. 총 반복 횟수는 학생수와 과목수를 곱한 12회이다.

중첩된 루프는 바깥쪽 루프의 제어 변수가 한번 바뀔 때 안쪽 루프의 제어 변수가 처음부터 끝까지 다시 순회한다. st 제어 변수는 학생의 번호이며 sub 제어 변수는 과목 번호인데 각 st값에 대해 sub는 0, 1, 2를 처음부터 다시 반복한다. 번호를 바꿔 가며 출력하는 흉내만 내 보았는데 이차 배열에 성적이 저장되어 있다면 성적을 진짜 출력할 수도 있다.

```
0번째 학생의 0 과목의 성적 출력
0번째 학생의 1 과목의 성적 출력
0번째 학생의 2 과목의 성적 출력

1번째 학생의 0 과목의 성적 출력
```

1번째 학생의 1 과목의 성적 출력

1번째 학생의 2 과목의 성적 출력


2번째 학생의 0 과목의 성적 출력

2번째 학생의 1 과목의 성적 출력

2번째 학생의 2 과목의 성적 출력


3번째 학생의 0 과목의 성적 출력

3번째 학생의 1 과목의 성적 출력

3번째 학생의 2 과목의 성적 출력

루프가 2개 겹쳐 있으므로 2중 루프이다. 루프의 중첩은 아주 흔한 일이다. 만약 이런 성적표를 1 반~8반까지 다 출력해야 한다면 3중 루프가 되고 또 1학년~3학년까지 전교생의 성적을 출력한다 면 4중 루프가 될 것이다. 2중 루프의 가장 전형적인 예는 구구단이다.

**gugudan.html**

```
<!DOCTYPE html>
<html>
<head>
    <meta charset="utf-8">
    <title>gugudan</title>
</head>
<body>
    <script>
        for (var i = 1; i <= 9; i++) {
            for (var j = 1; j <= 9; j++) {
                document.write(i + " * " + j + " = " + i*j + "<br>");
            }
            document.write("<br>");
        }
    </script>
</body>
</html>
```

1단에서 9단까지 있고 각 단에 대해 1~9까지 곱한 결과를 출력해야 하므로 이중 루프이다. 바깥쪽 제어 변수인 i가 1~9까지 순회하는 단이며 각 단에 대해 안쪽 제어 변수인 j가 다시 1~9까지 순회하면서 i * j의 값을 출력한다. 각 단 사이에 〈br〉 태그를 삽입하여 한줄씩 여백을 띄웠다. 실행하면 길다란 구구단이 출력되는데 너무 길어서 스크롤해야 한다.

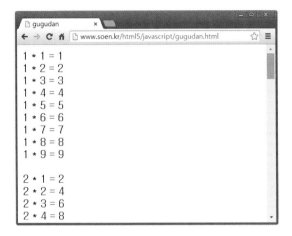

다음 예제는 이중 루프를 사용하여 * 문자로 삼각형 모양을 그린다. 이중 루프 설명을 위한 전형적인 실습 예제이다.

**triangle_html**

```
<!DOCTYPE html>
<html>
<head>
    <meta charset="utf-8">
    <title>triangle</title>
</head>
<body>
    <script>
        for (var y = 1; y < 10; y++) {
            for (var x = 0; x < y; x++) {
                document.write("*");
            }
            document.write("<br>");
```

```
            }
        </script>
    </body>
</html>
```

---

* 문자를 여러 번 출력하기를 계속 반복함으로써 삼각형 모양이 그려진다. 어째서 이런 모양이 나
오는지 분석해 보아라. 안쪽 루프의 조건문에서 바깥쪽 제어 변수를 참조한다는 것을 주의깊게 보
아야 한다. 처음에는 *를 하나만, 다음에는 2개, 다음에는 3개 출력하는 식으로 횟수를 늘려 삼각
형을 그린다.

```
*
**
***
****
*****
******
*******
********
*********
```

반복문의 제어 변수는 보통 하나만 사용한다. 그러나 때로는 2개의 값이 나란히 변하면서 반복되
는 경우도 있다. 이때는 초기식과 증감식에 콤마 연산자를 사용하여 각 변수의 값을 따로 관리한
다. 콤마 연산자는 두 식을 차례대로 실행하고 제일 오른쪽 식의 결과를 리턴한다. 주로 for 루프의
초기식과 증감식에 2개의 명령을 구겨넣을 때 사용하는데 여기에는 { } 블록을 사용할 수 없기 때
문이다. 다음 예제를 보자.

**twocontrol.html**

```
<!DOCTYPE html>
<html>
<head>
    <meta charset="utf-8">
    <title>twocontrol</title>
```

```
  </head>
  <body>
    <script>
      for (var i = 0, j = 5; i < 5; i++, j += 2) {
        document.write("i = " + i + ", j = " + j + "<br>");
      }
    </script>
  </body>
</html>
```

i는 0부터 시작해서 5까지 1씩 증가한다. j는 5부터 시작해서 2씩 증가한다. 두 제어 변수는 범위도 다르고 증감분도 다르다. 루프 내부에서 두 값이 어떻게 바뀌는지 출력했다.

```
i = 0, j = 5
i = 1, j = 7
i = 2, j = 9
i = 3, j = 11
i = 4, j = 13
```

똑같은 예제를 while 루프로 만들어 보면 이 예제의 동작 방식이 더 잘 이해될 것이다. 초기식과 증감식이 각각 2개씩 있는 것이다.

**twocontrol2.html**

```
<!DOCTYPE html>
<html>
<head>
  <meta charset="utf-8">
  <title>twocontrol2</title>
</head>
<body>
  <script>
    var i = 0, j = 5;
    while (i < 5) {
```

```
            document.write("i = " + i + ", j = " + j + "<br>");
            i++;
            j+=2;
        }
    </script>
  </body>
</html>
```

오해하지 말 것은 이 예제는 제어 변수가 2개일 뿐이지 루프가 중첩되어 있는 것은 아니라는 점이
다. 두 변수가 각각 따로 변화하면서 하나의 루프를 진행할 뿐 다중 루프는 아니다.

## 2.4 점프문

반복문의 반복 여부는 조건문에 의해 결정된다. for문은 제어 변수가 지정한 횟수만큼 반복하고
while 문은 조건이 참인동안 반복한다. 미리 정한 조건 외에 루프 내부에서 반복 계속 여부를 인
위적으로 조정하고 싶을 때는 점프문을 사용한다. 점프문은 특정한 위치로 제어를 강제로 옮기는
명령이다.

break는 반복을 중지하고 루프를 즉시 탈출하며 switch문에서 case를 종료할 때도 사용된다. 루
프 중간에서 특정 조건이 되었을 때 탈출하고 싶다면 break 명령을 사용한다. 특정 조건일 때만
탈출하므로 보통 if문과 함께 사용되며 if문에 탈출 조건을 명시하면 이 조건이 될 때 루프를 강제
종료한다.

---
**break.html**
---

```
<!DOCTYPE html>
<html>
<head>
    <meta charset="utf-8">
    <title>break</title>
</head>
```

J a v a S c r i p t + j Q u e r y  정복

```
<body>
    <script>
        var arScore = [88, 78, 96, -54, 23];
        for (var st = 0; st < 5; st++) {
            if (arScore[st] < 0 || arScore[st] > 100) break;
            document.write(st + "번째 학생의 성적 : " + arScore[st] + "<br>");
        }
    </script>
</body>
</html>
```

제어 변수는 0~4까지 다섯 번 반복하는 것으로 되어 있지만 루프 내부에서 점수가 음수이거나 100 초과이면 break로 루프를 강제 종료했다. 샘플 데이터에서 3번 학생의 성적이 −54로 잘못 입력되어 있다. 그래서 2번째 학생까지만 성적이 출력된다.

```
0번째 학생의 성적 : 88
1번째 학생의 성적 : 78
2번째 학생의 성적 : 96
```

루프를 돌던 중에 더 이상 루프를 돌 필요가 없어졌다거나 에러로 인해 계속 실행할 수 없는 상황이 되었을 때 break 명령을 사용한다. 이 예제의 경우 성적은 반드시 0~100 사이여야 하는데 잘못된 데이터가 발견되었으므로 더 이상의 처리를 하는 것은 무의미하다. 그래서 성적을 출력하다 말고 처리를 중단해 버렸다. 상황이 좀 억지스럽지만 실제 프로젝트에서는 예기치 않은 에러로 중단해야 하는 경우가 종종 있다.

continue 명령은 루프의 나머지 뒷부분을 무시하고 선두로 돌아가 증감식을 실행하고 조건을 다시 점검하여 계속 여부를 판단한다. 반복하는 중에 루프를 한번 건너 뛰고 싶을 때 continue 명령을 사용한다. 다음 예제를 보자.

```
<!DOCTYPE html>
<html>
<head>
    <meta charset="utf-8">
    <title>continue</title>
</head>
<body>
    <script>
        var arScore = [88, 78, 96, null, 23];
        for (var st = 0; st < 5; st++) {
            if (arScore[st]  == null) continue;
            document.write(st + "번째 학생의 성적 : " + arScore[st] + "<br>");
        }
    </script>
</body>
</html>
```

성적이 null일 때 continue 명령으로 루프 선두로 돌아 가도록 했다. 여기서 null값은 성적 데이터가 존재하지 않는다는 의미의 특이값으로 정의된 것이다. 예를 들어 3번 학생이 시험을 보지 않았다거나 전학을 가 버린 경우라고 할 수 있다. 뒤쪽의 출력문을 무시하고 루프 선두로 돌아갔으므로 3번 학생의 성적은 출력하지 않는다. 그러나 루프를 완전히 벗어난 것은 아니므로 뒤쪽의 4번 학생 성적은 제대로 출력된다.

```
0번째 학생의 성적 : 88
1번째 학생의 성적 : 78
2번째 학생의 성적 : 96
4번째 학생의 성적 : 23
```

이처럼 특정 조건일 때의 처리를 한번 건너뛰고 싶을 때 사용하는 명령이 continue이다. break는 루프를 완전히 벗어나 종료하는 것이고 continue는 현재 제어 변수값에 대해서만 처리를 생략하고 루프는 계속 실행하는 것이다.

break문 다음에 레이블을 명시하면 특정 위치로 점프할 수 있다. 이 문법은 다중 루프를 한꺼번에 벗어날 때 아주 유용하다. break는 원래 자신이 속한 제일 안쪽 루프만 탈출하지만 레이블이 지정되어 있으면 지정한 블록을 한꺼번에 탈출한다. 다음 예제를 보자.

**breaklabel.html**

```html
<!DOCTYPE html>
<html>
<head>
    <meta charset="utf-8">
    <title>breaklabel</title>
</head>
<body>
    <script>
        for (var i = 0; i < 3; i++) {
            for (var j = 0; j < 5; j++) {
                document.write("i = " + i + ", j = " + j + "<br>");
                if (i == 1 && j == 2) break;
            }
            document.write("<br>");
        }
    </script>
</body>
</html>
```

바깥쪽의 i 루프는 0~3까지 반복되고 안쪽의 j 루프는 0~5까지 반복되므로 총 15회 반복된다. 그러나 루프 내부에서 i가 1이고 j가 2일 때 탈출하도록 했으므로 1,3과 1,4는 반복에서 제외된다. 실행 결과는 다음과 같다.

```
i = 0, j = 0
i = 0, j = 1
i = 0, j = 2
i = 0, j = 3
i = 0, j = 4
```

```
i = 1, j = 0
i = 1, j = 1
i = 1, j = 2

i = 2, j = 0
i = 2, j = 1
i = 2, j = 2
i = 2, j = 3
i = 2, j = 4
```

이때 break문은 안쪽의 j 루프만 탈출할 뿐이며 바깥쪽의 i 루프는 계속 실행중이다. 그래서 i가 2
인 경우는 계속 출력된다. 만약 i가 1, j가 2일 때 전체 루프를 탈출하고 싶다면 다음과 같이 한다.

**breaklabel2.html**

```html
<!DOCTYPE html>
<html>
<head>
    <meta charset="utf-8">
    <title>breaklabel2</title>
</head>
<body>
    <script>
        iloop:
        for (var i = 0; i < 3; i++) {
            jloop:
            for (var j = 0; j < 5; j++) {
                document.write("i = " + i + ", j = " + j + "<br>");
                if (i == 1 && j == 2) break iloop;
            }
            document.write("<br>");
        }
    </script>
</body>
</html>
```

JavaScript+jQuery 정복

레이블은 코드의 한 지점에 대해 이름을 붙이는 역할을 한다. 임의의 명칭으로 이름을 붙이고 뒤에 콜론을 붙인다. i 루프가 시작되는 곳에 iloop라는 레이블을 붙이고 j 루프가 시작되는 곳에 jloop라는 레이블을 붙여 두었다. 이 상태에서 break문에 iloop를 지정하면 iloop를 통째로 탈출한다.

```
i = 0, j = 0
i = 0, j = 1
i = 0, j = 2
i = 0, j = 3
i = 0, j = 4

i = 1, j = 0
i = 1, j = 1
i = 1, j = 2
```

i가 1, j가 2인 경우 레이블이 붙은 iloop 블록의 끝으로 이동하여 2개의 루프를 한방에 탈출했다. 이런 기능이 없는 다른 언어에서는 별도의 탈출 변수를 사용해야 하나 자바스크립트의 break는 한번에 특정 루프를 탈출할 수 있어 편리하다. 그러나 아무리 레이블을 쓴다 하더라도 함수 내부에서만 점프할 수 있으며 외부의 다른 함수로 점프할 수는 없다.

break 뿐만 아니라 continue 명령도 뒤쪽에 레이블을 명시함으로써 어느 루프의 선두로 돌아갈 것인가를 지정할 수 있다. continue 명령 자체가 자주 사용되지 않으므로 break 레이블에 비해서는 사용 빈도가 떨어진다.

## 2.5 무한 루프

무한 루프는 형태상으로 무한히 반복하도록 되어 있는 루프이다. 무한 루프가 되기 위해서는 계속 조건이 항상 true이면 되는데 주로 다음 두 가지 형태로 무한 루프를 만든다. for문의 조건식이 생략되면 항상 true로 평가되며 while문의 계속 조건을 true로 지정해도 무한히 반복되는 루프가 된다.

```
for (;;) { }
while (true) { }
```

그런데 진짜 무한히 반복해 버리면 컴퓨터가 다운되는 것과 같으므로 루프 중간에서 적당한 때에
탈출해야 한다. 그래서 무한 루프 내부에는 break 명령이 필수적이다. 즉, 무한 루프는 조건문 자
체에 종료 조건을 명시하지 않고 루프 내부에서 자체적으로 탈출을 결정하는 루프이다.

---

**infinite.html**

```
<!DOCTYPE html>
<html>
<head>
    <meta charset="utf-8">
    <title>infinite</title>
</head>
<body>
    <script>
        var grade;
        for (;;) {
            grade = Number(prompt("학년을 입력하세요(1~6).", "1"));
            if (grade >= 1 && grade <= 6) break;
            alert("잘못 입력하셨습니다. 다시 입력해 주세요");
        }
        document.write(grade + "학년을 입력했습니다.");
    </script>
</body>
</html>
```

---

이 예제는 대화상자를 통해 학년을 입력받는다. 학년은 1~6까지가 유효한 값이므로 범위 내의 값
을 입력했으면 다음 처리를 계속 할 수 있다. 그러나 사용자가 7이나 −2 같은 잘못된 값을 입력하
면 친절한 에러 메시지를 출력하고 다시 입력할 것을 정중히 요구한다.

사용자가 몇 번 실수할지, 언제 정확한 값을 입력할지는 알 수 없다. 그래서 형태상으로 무한 루프를 구성하고 제대로 입력할 때까지 무한히 반복하는 것이다. 어디까지나 형식적인 무한 루프일 뿐이며 사용자가 처음에 값을 제대로 입력하면 더 이상 반복하지 않는다. 다음 예제는 사용자가 입력한 두 수의 최소 공배수를 찾는다.

**mincommon.html**

```
<!DOCTYPE html>
<html>
<head>
    <meta charset="utf-8">
    <title>mincommon</title>
</head>
<body>
    <script>
        var num1 = Number(prompt("첫 번째 숫자를 입력하세요.", "6"));
        var num2 = Number(prompt("두 번째 숫자를 입력하세요.", "8"));

        var common = 1;
        for (;;) {
            if (common % num1 == 0 && common % num2 == 0) {
                break;
            }
            common++;
        }
        document.write("최소 공배수 = " + common);
```

```
        </script>
    </body>
</html>
```

임의의 두 정수에 대한 최소 공배수는 반드시 존재하지만 언제 발견될지 미리 예측할 수 없다. 사용자가 입력한 두 수로 동시에 나누어 떨어지는 가장 작은 수를 찾되 끝낼 시점을 알 수 없으므로 형식상 무한 루프를 구성하고 중간에 발견되면 탈출하는 식이다.

디폴트로 입력된 6과 8에 대해서는 24를 찾아 준다. 12와 16을 입력하면 48을 찾을 것이다. 어떤 수를 입력하더라도 찾을 때까지 루프를 돌기 때문에 언젠가는 찾겠지만 루프를 몇 번 실행할지 미리 결정할 수 없다. 그래서 조건문에 탈출 조건을 명시할 수 없으며 무한 루프를 구성한 후 조건이 되면 알아서 탈출하는 것이다.

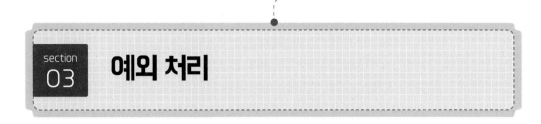

# 예외 처리

## 3.1 예외 처리

예외란 실행중에 발생하는 비정상적인 상황을 의미하며 문법이 잘못된 에러와는 다르다. 오타나 탈자 등의 에러는 작성 시점에 미리 알 수 있으므로 모두 수정한 후 실행하는 것이 원칙이다. 이에 비해 예외는 코드를 제대로 작성했지만 예기치 못한 외부적인 상황으로 인해 원하는대로 동작하지 않는 것이다. 다음 예제를 보자.

exception.html

```
<!DOCTYPE html>
<html>
<head>
    <meta charset="utf-8">
    <title>exception</title>
</head>
<body>
    <script>
        document.write("실행을 시작합니다.<br>");
        document.message("메시지입니다.<br>");
        document.write("실행을 완료하였습니다.<br>");
    </script>
</body>
</html>
```

3개의 메서드를 연속적으로 호출했는데 첫 번째 호출만 제대로 실행되며 두 번째 이후의 호출은 예외로 인해 무시된다. document 객체에는 message라는 메서드가 없어 호출 불가하며 이럴 경우 브라우저는 별도의 에러 메시지를 출력하지 않고 해당 문장 이후를 조용히 무시하고 리턴해 버린다. 세 번째 문장은 아무 문제가 없지만 앞쪽에서 이미 예외가 발생했으므로 실행될 기회가 없다.

그렇다면 document 객체에 message라는 메서드가 정말로 없을까? 이 예제는 예외 상황을 만들어 내기 위해 존재하지 않는 메서드를 의도적으로 호출했지만 브라우저마다 지원되는 메서드가 다른 경우는 아주 흔하므로 실제로는 메서드가 존재할 가능성도 있다. 한쪽 브라우저에는 실존하는 메서드여서 사용했지만 다른 브라우저에는 아직 구현되지 않아서 예외가 발생하는 경우가 왕왕 있다.

또 표준으로 채택된 메서드라도 구형 브라우저는 아직 이 메서드를 모르기 때문에 예외가 발생하며 최신 브라우저라 하더라도 이름이나 구현이 조금씩 다른 경우가 아직까지는 꽤 많이 있다. 이 문제는 여러 가지 방법으로 처리할 수 있는데 가장 간단한 방법은 조건문으로 브라우저의 종류를 판별하여 분기하는 것이다.

```
if (IE이면) {
    // IE가 지원하는 메서드 호출
} else {
    // 넷스케이프가 지원하는 메서드 호출
}
```

이런 코드는 과거에 많이 사용했는데 브라우저가 2개밖에 없을 때는 꽤나 쓸만했다. IE가 아니라면 넷스케이프였던 것이다. 그러나 이제는 브라우저 종류가 너무 많아졌고 같은 브라우저라도 버전이나 플랫폼에 따라서 많은 차이가 발생하기도 한다. 그래서 요즘은 브라우저를 구별하는 것보다 해당 기능이 진짜 존재하는지 점검하는 방법을 더 권장한다. 어떤 브라우저이든간에 해당 기능이 제공되는지 점검한 후 사용하면 안전하다.

JavaScript+jQuery 정복

```
<!DOCTYPE html>
<html>
<head>
    <meta charset="utf-8">
    <title>ifexception</title>
</head>
<body>
    <script>
        document.write("실행을 시작합니다.<br>");
        if (document.message) {
            document.message("메시지입니다.<br>");
        }
        document.write("실행을 완료하였습니다.<br>");
    </script>
</body>
</html>
```

두 번째 문장을 실행하기 전에 document.message 메서드가 null인지 점검하는 조건문을 작성했다. 이 메서드가 없다면 조건식은 false가 되며 따라서 있지도 않은 메서드를 호출하지 않을 것이다. 만약 다른 대체 방법이 있다면 else문에 작성해 넣을 수도 있다.

메서드를 호출할 때마다 if문을 작성하는 것이 번거롭다면 논리 연산자의 쇼트 서키트 기능을 활용하여 다음과 같이 한 줄로 작성할 수도 있다.

```
document.message && document.message("메시지입니다.<br>");
```

메서드 이름과 호출문을 && 연산자로 연결하면 메서드가 존재할 경우에만 호출한다. 조건에 따라 두 번째 문장은 안전하게 무시되며 세 번째 문장은 정상 실행된다. 물론 이 메서드가 진짜 존재하는 브라우저에서는 아무 문제없이 두 번째 문장도 잘 실행될 것이다.

## 3.2 예외 구문

조건문을 사용하는 방법보다 더 공식화된 방법은 예외 처리 구문을 사용하는 것이다. 예외 처리 구문의 형식은 다음과 같다.

```
try {
        명령;
} catch(exception) {
        예외 발생시의 명령
} finally {
        정리 코드
}
```

예외가 발생할 가능성이 있는 명령을 try 블록으로 감싼다. 이 명령을 실행하다가 예외가 발생하면 그냥 리턴하지 않고 catch 블록으로 점프하여 예외를 처리할 기회를 제공한다. 물론 아무 문제가 없다면 catch 블록은 건너 뛴다. catch 블록에 예외를 처리하는 코드를 작성하여 개발자나 사용자에게 예외를 적극적으로 알릴 수 있으며 문제를 해결할 수도 있다.

finally 블록에는 예외와 상관없이 무조건 실행되어야 할 명령을 작성한다. 주로 자원 정리 코드를 작성하는데 try 구문에서 특정 자원을 할당한 경우 예외 발생 여부와 상관없이 finally 블록의 호출이 보장되므로 자원을 안전하게 해제할 수 있다. 자바스크립트에서는 모든 것이 페이지 내부에서 할당 및 해제되므로 정리 코드까지 작성할 경우는 그리 많지 않다. 앞에서 조건문으로 작성한 예제를 예외 구문으로 수정해 보자.

J a v a S c r i p t + j Q u e r y  정복

```
<!DOCTYPE html>
<html>
<head>
    <meta charset="utf-8">
    <title>trycatch</title>
</head>
<body>
    <script>
        document.write("실행을 시작합니다.<br>");
        try {
            document.message("메시지입니다.<br>");
        } catch(exception) {
            alert("예외가 발생했습니다.");
        }
        document.write("실행을 완료하였습니다.<br>");
    </script>
</body>
</html>
```

document.message 호출문을 try 블록으로 감쌌다. 이 메서드가 존재하면 아무 문제없이 실행 될 것이고 그렇지 않다면 예외가 발생하여 catch 블록으로 점프하여 예외를 처리한다. 예제에서는 대화상자를 열어 예외가 발생했음을 적극적으로 알린다.

개발자는 이 대화상자를 보고 어떤 문제가 있는지 바로 알 수 있으며 예외 객체를 점검해 보고 문제를 수정할 것이다. 또는 대체적인 다른 메서드를 호출함으로써 문제를 회피할 수도 있다. 예외가 발생하더라도 정상 처리되었으므로 마지막의 document.write도 이상없이 실행된다.

설사 catch 블록을 비워 두더라도 예외는 잡히며 정상 처리된 것으로 간주된다. 이렇게 보면 try 블록은 조건문과 별 차이가 없는 것처럼 보인다. 그러나 조건문은 해당 함수 내에서 발생할 가능성이 있는 예외만 점검하지만 예외 처리는 깊은 호출 스택에서도 잘 동작한다. 즉, 메서드 호출중에 메서드 내부에서 발생하는 예외까지도 잡아낼 수 있다. 그래서 언제 발생할지 모르는 모든 예외에 대처할 수 있으며 조건문으로는 발견할 수 없는 골치 아픈 문제까지도 사전에 적발해낸다.


## 3.3 예외 객체

예외 발생시 catch 블록으로 예외 객체 exception이 전달된다. 이 객체에는 예외와 관련된 다음과 같은 정보가 들어 있다.

| 속성 | 설명 |
| --- | --- |
| name | 예외의 이름 |
| message | 예외에 대한 짧은 메시지 |
| description | 예외에 대한 긴 설명 |

이 객체를 점검해 보면 단순히 예외가 발생했다는 사실 뿐만 아니라 어떤 예외가 왜 발생했는지 상세히 알 수 있다. 예외 객체의 정보를 alert 대화상자로 덤프해 보자.

**exceptionobject.html**

```
<!DOCTYPE html>
<html>
<head>
    <meta charset="utf-8">
    <title>exceptionobject</title>
```

```
    </head>
    <body>
        <script>
            document.write("실행을 시작합니다.<br>");
            try {
                document.message("메시지입니다.<br>");
            } catch(exception) {
                alert("이름 : " + exception.name +
                    "\n메시지 : " + exception.message +
                    "\n설명 : " + exception.description);
            }
            document.write("실행을 완료하였습니다.<br>");
        </script>
    </body>
</html>
```

document 객체에 message라는 메서드가 정의되어 있지 않다는 상세한 원인이 출력된다. 개발자는 이 정보를 덤프해 봄으로써 예외의 원인을 알 수 있으며 예외의 종류에 따라 다른 해결책을 모색할 수 있다.

사실 자바스크립트는 고작 한 페이지의 동작을 처리하는 간단한 언어이기 때문에 자바나 C++처럼 대규모의 복잡한 구조를 가지지 않는다. 코드가 단순하기 때문에 클라이언트 코드에서 예외 처리 구문까지 동원하는 경우는 그리 많지 않다.

그러나 라이브러리를 작성한다면 문제가 달라진다. 라이브러리는 임의의 브라우저에서 사용될 뿐만 아니라 어떤 개발자가 어떤 목적으로 사용할지 알 수 없다. 활용 범위가 광범위하고 때로는 미숙한 개발자가 사용할 수도 있기 때문에 발생 가능한 모든 예외에 대해 적절하게 잘 대응하여 안정성을 최대한 높여야 한다.

라이브러리는 예외를 처리할 뿐만 아니라 특정한 조건이 만족되지 않을 경우 예외를 던져 개발자에게 실수를 알리기도 한다. 예외를 강제로 발생시킬 때는 throw 구문을 사용한다. 다음은 아주 간단한 라이브러리의 예이다.

**throw.html**

```html
<!DOCTYPE html>
<html>
<head>
    <meta charset="utf-8">
    <title>throw</title>
</head>
<body>
    <script>
        // 라이브러리 내부
        function func() {
            if (true) throw "예외가 발생했습니다";
        }

        // 라이브러리 사용
        try {
            func();
        } catch(exception) {
            alert("이름 : " + exception.name +
                "\n메시지 : " + exception.message +
                "\n설명 : " + exception.description);
        }
        document.write("실행을 완료하였습니다.<br>");
    </script>
</body>
</html>
```

JavaScript+jQuery 정복

라이브러리는 func라는 함수를 제공하며 이 함수 내부에서 모종의 처리를 하되 실행을 계속할 수 없는 문제가 발생하면 throw 구문으로 예외를 던진다. 코드에서는 편의상 if (true)로 항상 예외를 던지도록 했는데 사용자가 잘못된 인수를 전달했다거나 외부적인 요인으로 인해 처리를 계속할 수 없는 상황이 발생했을 때의 조건이라고 생각하자.

클라이언트 측에서는 라이브러리의 func() 함수 호출문을 try 블록으로 싸 둔다. 그러면 이 함수 실행중에 예외가 발생하더라도 예외를 잡아 처리할 수 있다. 제일 마지막 줄의 document.write 호출문은 예외 여부에 상관없이 항상 정상 실행된다.

# chapter 05
# 함수

# 함수의 형식

section 01

## 1.1 함수의 정의

함수는 자주 사용되는 코드에 대해 이름을 붙여 정의한 객체이다. 특정 작업을 처리하는 코드를 함수로 정의해 두면 필요할 때 간편하게 호출할 수 있어 편리하다. 함수 하나가 기능 하나를 담당하며 각각의 함수들이 모여 완성된 프로그램이 된다. 함수는 프로그램을 구성하는 기본적인 모듈이며 다른 언어에서는 서브루틴 또는 프로시저라고도 부른다.

함수는 호출하기 전에 정의되어야 한다. 미리 정의해 놓아야 필요할 때 언제든지 호출할 수 있으며 코드의 여러 부분에서 공유하므로 〈head〉 태그안에 작성하는 것이 일반적이다. 그러나 〈body〉태그에 작성해도 별 상관은 없으며 이 책의 예제는 코드를 한 곳에 모으기 위해 가급적이면 〈body〉 태그 안에 모든 것을 작성한다. 함수를 선언하는 기본 형식은 다음과 같다.

```
function 함수명(인수목록) {
    본체
}
```

함수 선언문은 키워드 function으로 시작한다. 함수의 이름은 일종의 명칭이므로 명칭 규칙에 맞게 붙일 수 있다. 어떤 작업을 하는지 상징적으로 표현할 수 있는 직관적인 이름을 붙인다. 함수는 주로 동작을 처리하므로 동사로 시작하는 이름을 붙이거나 또는 동사와 목적어의 조합으로 이름을 붙이는 것이 좋다.

함수명 다음에는 괄호와 인수 목록을 적는다. 인수는 함수에게 작업거리를 전달하는 값이다. 필요한 개수만큼 인수를 나열하되 인수가 여러 개이면 콤마로 끊어서 구분하며 없으면 생략하고 빈 괄호만 적는다. {} 블록안의 본체에서 함수의 기능을 구현한다. 전달받은 인수를 참조하여 작업을 처리하며 리턴값이 있을 때는 return문으로 넘긴다. 함수를 호출할 때는 다음 형식을 사용한다.

**함수명(인수목록);**

함수의 이름을 적고 괄호안에 작업거리인 인수를 전달한다. 설사 인수가 없더라도 함수 호출임을 명확히 하기 위해 빈 괄호는 반드시 붙여야 한다. 다음은 인수로 전달된 두 개의 값을 더해 리턴하는 간단한 함수의 예이다.

**function.html**

```
<!DOCTYPE html>
<html>
<head>
    <meta charset="utf-8">
    <title>function</title>
</head>
<body>
    <script>
        function add(a, b) {
            return a + b;
        }
        document.write("2 + 3 = " + add(2, 3) + "<br>");
        document.write("java + script = " + add("java", "script") + "<br>");
    </script>
</body>
</html>
```

두 값을 더하므로 add라는 이름을 주었고 더할 대상을 인수 a와 b로 전달받았다. 본체에서는 a와 b를 더하여 그 결과를 호출원으로 리턴한다. 호출원에서는 두 값을 더할 필요가 있을 때 두 개의 인수와 함께 add 함수를 호출하면 된다. 정수와 문자열을 각각 전달해 보았다.

```
2 + 3 = 5
java + script = javascript
```

숫자는 수학적으로 더해지고 문자열은 연결한 결과를 리턴한다. 함수 선언과 호출의 순서를 바꾸어도 상관없다.

```
<script>
    document.write("2 + 3 = " + add(2, 3) + "<br>");
    document.write("java + script = " + add("java", "script") + "<br>");
    function add(a, b) {
        return a + b;
    }
</script>
```

자바스크립트는 실행하기 전에 함수 목록을 먼저 파악하여 뒤쪽에 선언된 함수를 앞쪽으로 옮겨준다. 그래서 함수가 호출부보다 더 뒤쪽에 있어도 실행에는 문제가 없다. 하지만 사람이 코드를 읽을 때 선언하지도 않은 함수가 갑자기 등장하면 읽기 불편하다. 사람은 위에서부터 아래로 코드를 읽는 것에 익숙하므로 가급적이면 사용하기 전에 선언하는 것이 좋다.

add 함수는 선언 형식을 위한 실습 예제일 뿐 극단적으로 단순해서 실용성은 없다. 함수를 호출하는 대신 그냥 2+3을 직접 연산하는 것이 더 간편하다. 좀 더 실용성이 높은 함수를 만들어 보자. 다음 예제는 1~n까지의 합계를 구해 리턴하는 sum 함수를 정의한다.

**sum.html**

```
<!DOCTYPE html>
<html>
<head>
    <meta charset="utf-8">
    <title>sum</title>
</head>
<body>
    <script>
        function sum(n) {
            var s = 0;
            for (var i = 1; i <= n; i++) {
                s += i;
            }
            return s;
        }
        document.write("1~100 = " + sum(100) + "<br>");
```

　　　　　　　　　　　JavaScript+jQuery 정복

```
            document.write("1~200 = " + sum(200) + "<br>");
        </script>
    </body>
</html>
```

합계를 구하므로 sum이라는 이름을 붙였고 어디까지 합계를 구할 것인지 n인수로 상한값을 전달받았다. 본체에서는 앞장에서 실습한대로 n까지 루프를 돌며 s에 i값을 계속 누적시켜 1~n까지의 누적 합계를 구해 그 결과를 리턴한다.

함수를 정의해 두었으므로 누적 합계가 필요할 때마다 매번 루프를 돌 필요 없이 sum 함수를 호출하고 인수로 끝값만 전달하면 된다. sum(100), sum(200)이라고 호출하는 즉시 100까지의 누적합, 200까지의 누적합이 척척 구해진다.

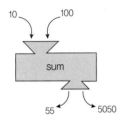

아무리 복잡한 동작이라도 함수로 한번만 잘 정의해 두면 여러 번 호출해 사용할 수 있어 함수는 반복을 제거하는 효과가 있다. 또 함수는 복잡한 기능중 일부를 분리하여 모듈화하는 역할을 한다. 함수는 특정 기능을 담당하는 부품이며 호출이라는 과정을 통해 이런 부품들을 조립함으로써 큰 프로그램을 완성하는 식이다.

문법이 간단해서 함수를 정의하고 호출하는 것은 무척 쉬운 편이다. 그러나 함수를 제대로 사용하기는 정말 어렵다. 한가지 일만 전문적으로 하도록 설계해야 하며 재사용 가능하도록 범용적으로 작성해야 한다. 함수를 제대로 활용하는 것은 프로그래밍의 기본이면서도 생각보다 훨씬 더 어려운 고급 기술이다. 엄청난 경험과 시행 착오를 필요로 한다.

# 1.2 인수

인수는 호출원에서 함수로 전달되는 작업거리이다. 호출원은 인수를 통해 함수에게 작업 지시를 내리며 함수는 전달받은 인수를 참조하여 요청을 처리한다. add 함수는 두 개의 인수 a와 b를 받아 두 값을 더하는 동작을 하고 sum 함수는 n을 받아 1부터 n까지의 정수 합계를 구한다. 인수에 따라 함수의 구체적인 동작이 달라진다.

함수 선언문에서 값을 받아 들이는 인수를 형식 인수라고 하며 함수를 호출하는 곳에서 전달하는 값을 실인수라고 한다. add 함수의 선언문에 있는 a, b가 형식 인수이며 호출원에서 실제로 넘기는 값인 2, 3은 실인수이다.

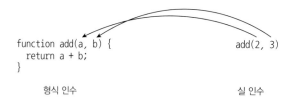

```
function add(a, b) {              add(2, 3)
  return a + b;
}
        형식 인수                    실 인수
```

호출 과정에서 실인수값이 순서대로 형식 인수로 대입되어 함수 본체에서 사용한다. add(2, 3)으로 호출하면 함수 실행중에 a는 2가 되고 b는 3이 된다. 인수가 없는 함수는 인수 목록을 비워 두며 호출할 때도 빈 괄호만 적는다.

**noargument.html**

```html
<!DOCTYPE html>
<html>
<head>
    <meta charset="utf-8">
    <title>noargument</title>
</head>
<body>
    <script>
        function hello() {
            document.write("안녕하세요. <br>");
            document.write("좋은 아침입니다. <br>");
```

```
        }
        hello();
        hello();
    </script>
</body>
</html>
```

---

인수가 있는 함수는 전달받은 인수에 따라 실행 결과가 달라진다. sum(50)과 sum(100)이 리턴하는 값이 다르다. 그러나 인수가 없는 함수는 실행 결과가 항상 같다. 호출원에서는 단순히 호출만 할 뿐 작업에 필요한 별도의 정보가 없으며 그래서 항상 똑같은 동작만 한다. 예제에서 hello 함수를 두 번 호출했는데 인수로 변화를 줄 수 없으므로 실행 결과는 완전히 같다. 똑같은 문자열이 두 번 출력될 뿐이다.

안녕하세요.
좋은 아침입니다.
안녕하세요.
좋은 아침입니다.

자바스크립트의 변수는 타입이 없으며 인수도 마찬가지이다. 따라서 임의 타입의 실인수를 전달할 수 있으며 함수는 호출원이 준 값을 적당히 변환하여 사용한다. add 함수의 인수 a, b로는 숫자도 전달할 수 있고 문자열도 전달할 수 있으며 어떤 타입의 인수인가에 따라 동작이 약간 달라질 뿐이다.

함수의 본체에는 어떤 타입의 인수가 전달되더라도 동작할 수 있는 유효한 구문을 작성해야 하며 호출하는 쪽에서는 함수의 의미에 맞는 타입을 넘겨야 한다. 그렇지 않으면 인수가 대입되는 과정이나 동작하는 과정에서 에러가 발생할 것이다. add 함수의 경우 본체에서 수행하는 + 연산자는 숫자나 문자열에 대해 잘 동작한다. 그러나 배열이나 객체를 add 함수로 전달하면 제대로 동작하지 않을 것이다.

인수의 타입뿐만 아니라 개수에도 제약이 없다. 대개의 경우는 함수 선언문의 형식 인수 개수에 맞게 실인수를 전달하지만 개수가 맞지 않더라도 에러는 발생하지 않는다. 실인수가 남으면 무시되며 모자라는 형식 인수는 undefined인 상태가 된다. add 함수의 인수를 바꿔 가며 호출해 보자.

```
<!DOCTYPE html>
<html>
<head>
    <meta charset="utf-8">
    <title>extraargument</title>
</head>
<body>
    <script>
        function add(a, b) {
            return a + b;
        }
        document.write(add(2, 3) + "<br>");
        document.write(add(2, 3, 4) + "<br>");
        document.write(add(2) + "<br>");
    </script>
</body>
</html>
```

add 함수는 두 개의 인수를 받아들이므로 add(2, 3) 호출문은 지극히 정상적으로 잘 동작한다. 인수를 3개나 1개로 바꿔서 호출한 결과는 다음과 같다.

```
5
5
NaN
```

add(2, 3, 4)처럼 인수를 3개 전달해도 정상 동작한다. 앞쪽 2개의 실인수가 형식 인수 a와 b로 전달되며 세 번째 실인수 4는 그냥 무시된다. 하나가 남지만 동작에는 아무 문제가 없다. 인수를 하나만 전달하면 a에는 2가 정상적으로 대입되지만 실인수가 없는 b에는 undefined가 대입된다. 숫자와 undefined를 더할 수는 없으므로 리턴되는 값은 NaN이다. 원하는 결과가 아닐지라도 최소한 에러는 발생하지 않았으며 연산 규칙대로 정상 동작한다.

웬만하면 에러를 출력하지 않고 던져준대로 최대한 맞춰서 실행하는 것이 자바스크립트의 특징이

JavaScript+jQuery 정복

다. 기존 언어에 익숙한 사람에게는 인수의 개수를 점검하지 않는 것이 이상해 보이겠지만 이런 특성도 잘 활용하면 실용적으로 써 먹을 데가 많다. 다음 예제는 함수 내부에서 필요한 인수가 전달되지 않았을 때 적절한 디폴트를 취한다.

**defaultargument.html**

```
<!DOCTYPE html>
<html>
<head>
    <meta charset="utf-8">
    <title>defaultargument</title>
</head>
<body>
    <script>
        function sum(n) {
            if (n == undefined) n = 100;
            var s = 0;
            for (var i = 0; i <= n; i++) {
                s += i;
            }
            return s;
        }
        document.write("1~10 = " + sum(10) + "<br>");
        document.write("1~100 = " + sum() + "<br>");
    </script>
</body>
</html>
```

sum 함수는 합계를 더할 상한값을 인수 n으로 전달받는데 이 값이 전달되지 않았을 경우 n을 100으로 가정한다. 함수 선두에서 n이 undefined일 때 100을 대입하여 호출원이 작업거리를 주지 않을 때 알아서 디폴트를 취하는 것이다. 물론 호출원이 값을 전달하면 디폴트 대신 전달한 값이 사용된다. sum(10)을 호출하면 n은 10이 되지만 인수없이 sum()이라고 호출하면 n은 100이 된다.

```
1~10 = 55
1~100 = 5050
```

꼭 변경하고 싶은 값만 전달하면 나머지 생략된 인수는 함수가 내부적으로 무난한 디폴트를 적용한다. 이런 특성을 잘 활용하면 호출원에서 모든 인수를 일일이 다 전달할 필요가 없다. 디폴트 인수 기법은 호출부를 간략하게 작성하면서도 필요할 때는 원하는 값을 전달할 수 있어 꽤 편리하다.

C++에는 디폴트 인수 기법이 아예 기본 문법에 정의되어 있다. 웬만해서는 잘 바뀌지 않는 인수에 대해 함수 선언부에서 디폴트를 정해 놓고 사용자는 꼭 바꾸고 싶은 인수만 전달하는 식이다. 여러 개의 인수가 있을 때 생략 가능한 인수는 가급적이면 뒤쪽에 두어야 한다. 앞쪽에 있는 인수를 생략하려면 빈 콤마를 써야 하므로 보기에 좋지 않다.

자바스크립트의 함수는 명시적인 형식 인수외에 암시적으로 arguments라는 인수의 배열을 전달받는다. arguments는 호출원에서 전달한 모든 인수의 목록을 가지는 일종의 배열이다. length 속성으로 실인수의 개수를 알 수 있으며 첨자로 각 실인수를 읽는다. 이 배열을 사용하면 가변 인수를 받아들이는 함수를 제작할 수 있다.

**arguments.html**

```html
<!DOCTYPE html>
<html>
<head>
    <meta charset="utf-8">
    <title>arguments</title>
</head>
<body>
    <script>
        function total() {
            var s = 0;
            for (var i = 0; i < arguments.length; i++) {
                s += arguments[i];
            }
            return s;
        }
```

```
            document.write(total(2, 5, 3) + "<br>");
            document.write(total(1, 5, 8, 8, 12, 14) + "<br>");
        </script>
    </body>
</html>
```

이 예제의 total 함수는 형식 인수가 없는 것으로 되어 있지만 암시적 인수 배열인 arguments를 참조하여 전달된 모든 실인수의 합을 계산하여 리턴한다. 인수 배열의 처음부터 length 직전까지 루프를 돌며 arguments[i]를 읽어 누적시키면 전달된 모든 인수의 합을 구할 수 있다. 호출원에서는 total의 인수 목록에 합계를 구하고 싶은 정수들을 콤마로 구분하여 나열한다. 개수가 몇개든 상관없다.

```
10
48
```

예제에서는 단순한 for 루프를 사용하여 인수 배열을 순회했는데 for in문을 활용하면 배열 전체를 더 쉽게 순회할 수 있다.

**for (var i in arguments) { }**

arguments를 통해 모든 실인수를 읽을 수 있으므로 인수의 개수나 타입에 따라 다르게 동작하는 함수를 쉽게 만들 수 있다. 예를 들어 숫자 타입인 경우, 문자열 타입인 경우, 배열인 경우 각각 별도의 동작을 할 수 있으며 실제로 이렇게 동작하는 표준 함수도 있다. total 함수는 문자열을 전달할 경우 연결하는 동작을 하는데 그러기 위해서는 한가지 추가 코드가 더 필요하다.

**arguments2.html**

```
<!DOCTYPE html>
<html>
<head>
    <meta charset="utf-8">
    <title>arguments2</title>
```

```
    </head>
    <body>
        <script>
            function total() {
                var s = 0;
                if (typeof(arguments[0]) == "string") {
                    s = "";
                }
                for (var i = 0; i < arguments.length; i++) {
                    s += arguments[i];
                }
                return s;
            }
            document.write(total(1, 2, 3) + "<br>");
            document.write(total("니들이", " 게맛을", " 알어?") + "<br>");
        </script>
    </body>
</html>
```

어차피 + 연산자로 더하므로 숫자나 문자열이나 잘 더해지고 연결된다. 그러나 문자열일 경우 누적 변수 s는 0이 아니라 빈 문자열로 초기화해야 한다. 인수의 타입을 typeof 연산자로 판별하여 첫 번째 인수가 문자열이면 s를 ""로 초기화했다.

6
니들이 게맛을 알어?

설사 전달되는 타입에 따라 동작이 달라지더라도 기능이 완전히 다른 것은 바람직하지 않으며 논리적으로는 같은 동작이어야 한다. 함수 이름이 total이라면 어떤 타입에 대해서든 총합을 구해서 리턴해야 한다. total 함수가 문자열을 모조리 연결해서 리턴하는 것은 합계를 구한다는 논리적 의미에 부합된다.

# 1.3 인수 전달 방식

정수, 문자열, 진위형 같은 기본형은 값으로(call by value) 전달된다. 실인수의 값이 형식 인수로 대입되어 사본이 전달되는 것이다. 그래서 함수 내부에서 아무리 형식 인수의 값을 바꾸어도 원본인 실인수값에는 아무런 영향을 미치지 못한다.

반면 객체는 참조로(call by reference) 전달된다. 실인수 자체가 전달되는 것이어서 함수에서 값을 변경하면 호출원의 실인수값도 같이 바뀐다. 다음 예제로 확인해 보자. 기본형의 대표격인 숫자와 참조형의 대표격인 배열을 함수로 전달하고 함수에서는 인수의 값을 변경한다.

**callby_html**

```
<!DOCTYPE html>
<html>
<head>
    <meta charset="utf-8">
    <title>callby</title>
</head>
<body>
    <script>
        function byvalue(a) {
            a = 9999;
        }
        function byref(a) {
            a[0] = 9999;
        }

        var int = 1000;
        var ar = [1000, 2000, 3000];

        document.write("int = " + int + ", ar[0] = " + ar[0] + "<br>");
        byvalue(int);
        byref(ar);
        document.write("int = " + int + ", ar[0] = " + ar[0] + "<br>");
```

```
    </script>
  </body>
</html>
```

---

정수 int를 1000으로 초기화하고 배열 ar의 첫 번째 요소도 1000으로 초기화하여 원본값을 먼저
출력했다. 그리고 byvalue와 byref 함수를 각각 호출하여 정수와 ar을 전달했다. 두 함수 모두 전
달받은 값을 9999로 변경한다. 함수 호출 후에 두 값이 어떻게 바뀌었는지 관찰해 보자. 정수는 호
출 후에도 원래값이 유지되지만 객체인 배열은 함수에서 바꾼대로 돌아온다.

```
int = 1000, ar[0] = 1000
int = 1000, ar[0] = 9999
```

단순값은 사본일 뿐이므로 함수 내부에서 아무리 이 값을 지지고 볶고 해도 실인수에는 아무런 영
향을 줄 수 없다. 만약 함수가 값을 바꾸어 돌려 주기를 바란다면 배열에 넣어서 전달해야 한다.


# 1.4 리턴값

함수는 실행한 결과를 호출원으로 리턴한다. 함수의 선언 형식에는 리턴에 대한 명확한 지정이 따
로 없지만 기본적으로 모든 함수는 결과값을 리턴할 수 있다. 함수가 값을 리턴할 때는 return 명
령을 사용한다.

**return 값;**

return 키워드 다음에 리턴할 값을 적는다. 앞서 작성한 add 함수와 sum 함수는 덧셈의 결과와
총합을 리턴했다. 함수의 리턴값은 호출원에서 함수 자체의 값으로 평가된다. 함수 자체가 값을 가
지므로 함수 호출문을 수식내에서 자유롭게 사용할 수 있다.

```
<!DOCTYPE html>
<html>
<head>
    <meta charset="utf-8">
    <title>return</title>
</head>
<body>
    <script>
        function add(a, b) {
            return a + b;
        }
        var c = 7 - add(2, 3);
        document.write(c);
    </script>
</body>
</html>
```

add(2, 3) 호출문을 하나의 값처럼 수식내에서 사용했다. c는 7 - 5로 계산되며 2가 대입될 것이다. 결과값을 생략하고 return문만 적을 수도 있다.

```
return;
```

이 명령을 만나면 함수는 실행을 즉시 종료하고 호출원으로 복귀한다. 함수 중간에서 리턴하면 이후의 모든 문장은 실행되지 않는다. 중간에서 리턴하는 경우는 주로 에러가 발생한 경우이며 그래서 통상 조건문과 함께 사용된다.

```
<!DOCTYPE html>
<html>
<head>
    <meta charset="utf-8">
```

```
    <title>return2</title>
  </head>
  <body>
    <script>
      function sum(n) {
          if (n < 0) return;
          var s = 0;
          for (var i = 0; i <= n; i++) {
              s += i;
          }
          return s;
      }
      document.write("1~100 = " + sum(100) + "<br>");
      document.write("1~5 = " + sum(-5) + "<br>");
    </script>
  </body>
</html>
```

sum 함수는 1~n까지의 합계를 구하는데 n이 음수이면 말이 안된다. 이럴 때는 더 이상 합을 계산할 수 없거나 계산할 필요가 없으므로 그냥 리턴해 버렸다. 함수에 retrun 명령이 없거나 리턴값 없이 return 명령을 단독으로 사용하면 이때는 함수가 undefined값을 리턴하는 것으로 가정한다.

```
1~100 = 5050
1~5 = undefined
```

임의의 결과값이든 undefined이든 어쨌건간에 자바스크립트의 함수는 리턴값이 항상 있는 셈이다. undefined를 리턴하는 함수는 확정된 값이 아니므로 수식에 사용해서는 안된다.

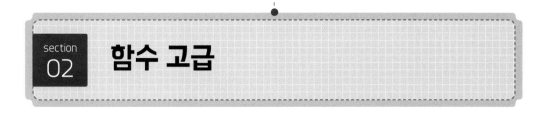

# 함수 고급

## 2.1 내부 함수

선언해 놓은 함수는 누구든지 호출할 수 있으며 함수에서 다른 함수를 호출하는 것도 가능하다. sum 함수는 누적 합계를 구하기 위해 내부적으로 덧셈 연산을 하는데 이 기능은 add 함수에 이미 작성되어 있다. 그래서 sum이 직접 덧셈할 필요 없이 add 함수에게 이 작업을 분담시킬 수 있다.

nestfunction.html

```
<!DOCTYPE html>
<html>
<head>
    <meta charset="utf-8">
    <title>nestfunction</title>
</head>
<body>
    <script>
        function add(a, b) {
            return a + b;
        }
        function sum(n) {
            var s = 0;
            for (var i = 0; i <= n; i++) {
                s = add(s, i);
            }
            return s;
        }
```

```
            document.write("1~100 = " + sum(100) + "<br>");
        </script>
    </body>
</html>
```

sum 함수 내부에서 s와 i를 더하기 위해 add 함수를 호출한다. add 함수가 하는 일이 워낙 단순해서 함수를 호출하는 것보다 s += i 연산문이 훨씬 더 간편하지만 add의 동작이 아주 복잡하다거나 여러 번 호출된다면 sum에 이 코드를 중복시키는 것보다 별도의 함수로 분리하는 것이 구조적으로 바람직하다.

메인에서 sum을 호출해 누적 합계를 계산하고 sum은 add를 호출해 덧셈 연산을 분담시킨다. 함수는 전문적인 하나의 작업만 담당하고 호출에 의해 각각의 기능을 조립해 사용하는 식이다. 이 호출 관계의 깊이에 제약이 없어 add에서 또 다른 함수를 호출할 수도 있다. 함수끼리 호출 계층을 구성하는데 실제 프로젝트에서는 호출 단계가 굉장히 깊어지기도 한다.

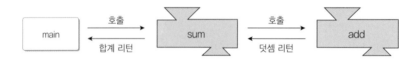

실행해 보면 누적합이 잘 계산되며 동작에는 아무 이상이 없다. 그런데 만약 이 코드를 누군가에게 준다거나 다른 프로젝트에 재사용한다고 해 보자. sum 함수만 주어서는 제대로 동작하지 않으며 sum이 호출하는 add 함수도 같이 복사해야 한다. 만약 add가 또 다른 누군가를 호출한다면 이 함수 또한 마찬가지이다.

sum 함수가 동작하는데 필요한 일체의 모든 것을 다 복사해야 한다. 또 해당 프로젝트에 add 함수가 이미 있다면 명칭 충돌이 발생할 수도 있다. 함수의 이름은 자유 자재로 붙일 수 있고 워낙 일반적인 단어를 사용하기 때문에 명칭이 중복될 가능성은 늘 있다. 이런 문제를 해결하려면 sum 함수 안에 add 함수를 아예 내장시켜 버리면 된다.

JavaScript+jQuery 정복

```
  ┌ function add(a, b) {              function sum(n) {
  │     return a + b;                     function add(a, b) {
  │ }                                         return a + b;
  │                                       }
  │ function sum(n) {          ⇒         var s = 0;
  └→  var s = 0;                         for(var i = 0; i <= n; i++) {
      for(var i = 0; i <= n; i++) {          s = add(s, i);
          s = add(s, i);                 }
      }                                  return s;
      return s;                      }
  }
```

다른 함수 안에 정의되는 함수를 내부 함수 또는 중첩 함수라고 한다. 지역 변수의 개념에 대응되
는 지역 함수인 셈이다. 함수가 동작에 필요한 모든 기능을 내부에 자체적으로 포함하는 것이다.
예제를 다음과 같이 수정해 보자.

**nestfunction2.html**

```html
<!DOCTYPE html>
<html>
<head>
    <meta charset="utf-8">
    <title>nestfunction2</title>
</head>
<body>
    <script>
        function sum(n) {
            function add(a, b) {
                return a + b;
            }
            var s = 0;
            for (var i = 0; i <= n; i++) {
                s = add(s, i);
            }
            return s;
        }
        document.write("1~100 = " + sum(100) + "<br>");
        document.write("2 + 3 = " + add(2, 3) + "<br>");              // 에러
```

```
        </script>
    </body>
</html>
```

sum 함수 내부에 필요한 모든 것이 내장되어 있으므로 어느 프로젝트든지 이 함수만 복사하면 누적 합계 기능을 손쉽게 재활용할 수 있다. 외부에 add라는 다른 이름의 함수가 이미 있어도 지역과 전역간에는 명칭이 충돌하지 않으므로 아무런 문제가 없다.

내부 함수의 개수에는 제한이 없다. 필요한 기능을 가진 함수를 내부에 둠으로써 이름 충돌을 방지하고 함수 자체가 완벽해지므로 재사용이 용이하다. 짧은 함수에서는 굳이 내부 함수까지나 둘 필요가 없지만 아주 거대한 함수를 작성할 때는 기능을 내부 함수로 분할함으로써 반복을 제거하고 좋은 구조를 만들 수 있는 이점이 있다.

내부 함수는 그 함수를 포함한 함수 내부에서만 사용할 수 있다. 마지막줄에 작성된 add 함수 호출문은 에러이며 무시된다. 밖에서는 sum 함수 안에 있는 add 함수가 보이지 않으며 호출할 수도 없다. 범위가 함수 내부로 국한되기 때문에 명칭 충돌이 발생하지 않는 것이다.

내부 함수의 본체에서는 자신이 포함된 외부 함수의 모든 지역 변수를 자유롭게 참조할 수 있다. 지역 함수와 지역 변수는 형제 관계이며 생존 기간이 같기 때문이다. 그러나 반대로 외부 함수는 내부 함수의 지역 변수를 읽을 수 없다. 개념적인 예제로 확인해 보자.

**nestfunction3.html**

```
<!DOCTYPE html>
<html>
<head>
    <meta charset="utf-8">
    <title>nestfunction3</title>
</head>
<body>
    <script>
        function outer() {
            var outvalue = 5678;
            function inner() {
```

```
                var invalue = 1234;
                document.write("outvalue = " + outvalue + "<br>");
            }
            inner();
            document.write("invalue = " + invalue + "<br>");          // 에러
        }
        outer();
    </script>
</body>
</html>
```

outer 함수는 outvalue 지역 변수를 가지고 inner 함수는 invalue 지역 변수를 가진다. 이 상태
에서 서로의 변수를 출력했다. inner에서 출력하는 outvalue는 제대로 출력되지만 outer에서 출
력하는 invalue는 에러 처리된다.

```
    outvalue = 5678
```

invalue는 inner 함수의 지역 변수이며 함수가 리턴되면 사라진다. 존재하지도 않는 변수를 출력
할 수는 없다. outvalue는 inner가 실행중인 동안에는 항상 존재하므로 inner에서 읽을 수도 있
고 변경할 수도 있다.

## 2.2 익명 함수

자바스크립트에서는 함수도 하나의 데이터 타입이며 일종의 객체이다. 함수에 이름을 주고 선언할
수도 있지만 변수에 값을 대입하듯이 정의할 수도 있다. 변수를 선언할 때 = 다음에 리터럴을 초기
값으로 지정하듯이 함수도 함수 리터럴로 초기화한다. 함수 리터럴의 형식은 다음과 같다.

**function (인수목록) { 본체 }**

함수를 선언하는 문법에 비해 함수의 이름이 없다는 점이 다르다. function 키워드 다음에 인수 목록과 본체가 온다. 정수 리터럴은 1234, 문자열 리터럴은 "String" 식으로 간단히 표기하는데 비해 함수 리터럴은 인수 목록과 본체 코드가 들어가므로 좀 길다. 그러나 하나의 구체적인 값을 표현하는 리터럴이라는 면에서는 동일하다.

이렇게 정의한 함수 리터럴은 이름이 없으므로 익명 함수라고 한다. 익명 함수는 칭할 수 있는 이름이 없으므로 리터럴만 정의해서는 호출할 수 없다. 숫자나 문자열도 이후에 사용하려면 이름을 주고 변수에 대입받아야 하는 것과 마찬가지로 함수 리터럴도 호출을 위해서는 변수에 대입해야 한다. add 함수를 익명 함수 형식으로 정의해 보자.

**funcliteral.html**

```
<!DOCTYPE html>
<html>
<head>
    <meta charset="utf-8">
    <title>funcliteral</title>
</head>
<body>
    <script>
        var add = function(a, b) {
            return a + b;
        };
        document.write("2 + 3 = " + add(2, 3));
    </script>
</body>
</html>
```

두 값을 더하는 익명 함수 리터럴을 정의하고 이 함수를 add 라는 변수에 대입했다. 함수 선언문이 아니라 변수 대입문이므로 끝에 세미콜론이 있어야 한다. var a = 3; 끝에 세미콜론이 필요한 이유와 같다. 개행되었으므로 세미콜론을 생략해도 무방하지만 대입문이므로 원칙적으로 필요하다. 이후 이 함수는 add 변수를 통해 호출할 수 있다.

JavaScript+jQuery 정복

```
2 + 3 = 5
```

실행 결과는 add 함수를 호출하는 것과 같다. 선언적으로 함수를 정의하는 것과 변수에 함수 리터럴을 대입하는 두 가지 형식을 비교해 보자.

```
function add(a, b) { return a + b; }
var add = function(a, b) { return a + b; };
```

언뜻 보기에는 함수의 이름이 어디에 작성되는가만 다르다. 그러나 많은 차이점이 있다. 먼저 선언 위치와 호출 시점의 관계가 다르다.

**funcliteral2.html**

```
<!DOCTYPE html>
<html>
<head>
    <meta charset="utf-8">
    <title>funcliteral2</title>
</head>
<body>
    <script>
        document.write("2 + 3 = " + add1(2, 3) + "<br>");
        document.write("4 + 5 = " + add2(4, 5) + "<br>");                    // 에러

        function add1(a, b) { return a + b; }
        var add2 = function(a, b) { return a + b; };
    </script>
</body>
</html>
```

add1은 선언적 함수이고 add2는 익명 함수를 대입받은 변수이다. 같은 이름을 쓸 수는 없으므로 뒤쪽에 숫자를 붙여 구분했다. 보다시피 함수를 정의하는 코드가 더 뒤쪽에 있고 호출부가 앞쪽에 있다.

자바스크립트는 페이지를 로드할 때 선언된 함수를 미리 읽어 해석해 놓는다. 그래서 정의부와 호출부의 순서가 바뀌어도 상관없다. add1 정의부가 add1 호출부보다 더 뒤쪽에 있지만 아무 문제 없이 잘 실행된다. 함수이기 때문이다. 그러나 익명 함수를 대입받는 변수에는 이런 규칙이 적용되지 않으므로 반드시 호출전에 정의가 먼저 와야 한다.

```
2 + 3 = 5
```

add1 호출문은 잘 처리되지만 add2 호출문은 에러로 처리되어 무시되며 아무것도 출력되지 않았다. add2를 호출하는 시점에는 add2 변수에 아직 아무것도 대입되지 않은 상태이며 add2라는 변수 자체도 아직 존재하지 않는다. add2 변수 정의문을 스크립트의 앞쪽으로 옮기면 잘 실행된다.

리터럴은 이름이 없어도 수식 내에서 바로 사용할 수 있다. 수치값 1234나 문자열 "korea"를 변수에 대입하지 않고도 수식내에 바로 쓸 수 있듯이 함수 리터럴도 별도의 변수에 대입할 필요 없이 수식 내에서 사용할 수 있다.

**funcliteral3.html**

```
<!DOCTYPE html>
<html>
<head>
    <meta charset="utf-8">
    <title>funcliteral3</title>
</head>
<body>
    <script>
        document.write("2 + 3 = " + function(a, b) { return a + b; }(2, 3));
    </script>
</body>
</html>
```

수식 내에서 함수 리터럴을 정의하고 바로 호출했다. function(a, b) { return a + b; }는 두 인수를 받아 덧셈을 하는 함수 리터럴을 정의한 것이고 뒤쪽의 (2, 3)은 이 익명 함수에게 실인수 2와 3을 전달하여 호출한다는 뜻이다.

```
function(a, b) { return a + b; }(2, 3)
```
　　　　　　함수 리터럴　　　　　　　　　호출

호출 결과는 5로 리턴되며 이 값이 수식 내에서 앞쪽 문자열과 연결되어 결과가 출력된다. 익명 함수를 정의하면서 뒤쪽에 괄호와 인수 목록을 전달함으로써 호출할 수는 있다. 그러나 정의와 동시에 딱 한 번만 호출할 수 있을 뿐 이름이 없으므로 두 번 호출할 수는 없다. 다시 정의하지 않는 한 칭할 방법이 없기 때문이다. 익명 함수를 계속 호출하려면 변수에 대입해 놓아야 한다.

익명 함수를 변수에 저장하면 값으로 저장된다. 숫자형 변수에 123이라는 정수를 저장하듯이 함수형 변수에 두 값을 더하는 함수 리터럴을 저장하는 것이다. 변수에 저장된 값은 얼마든지 다른 변수로 복사 및 전달할 수 있다. 다음 예제는 변수끼리 함수를 대입받는 예를 보여 준다.

**assignfunc.html**

```html
<!DOCTYPE html>
<html>
<head>
    <meta charset="utf-8">
    <title>assignfunc</title>
</head>
<body>
    <script>
        var add = function(a, b) {
            return a + b;
        }
        var plus = add;
        document.write("2 + 3 = " + plus(2, 3));
    </script>
</body>
</html>
```

add 변수에 함수 리터럴을 저장해 놓고 이 값을 plus라는 다른 변수에 대입했다. 함수를 가리키는 사본 변수를 하나 더 만든 것이다. 이후 add로 호출하나 plus로 호출하나 실행되는 코드는 동일하다. 이 코드는 개념적으로 다음 코드와 같다.

```
var a = 5;
var b = a;
```

a를 읽으나 b를 읽으나 둘 다 5이다. 이 예를 통해서 함수도 숫자나 문자열과 똑같은 값이라는 것을 알 수 있다. 이 점을 활용하면 함수를 다른 함수의 인수로 전달할 수도 있다. 인수 전달이란 실인수를 형식 인수에 대입하는 동작이며 인수의 타입에 제약이 없으므로 함수도 인수로 전달 가능하다.

**funcargument.html**

```html
<!DOCTYPE html>
<html>
<head>
    <meta charset="utf-8">
    <title>funcargument</title>
</head>
<body>
    <script>
        var add = function(a, b) {
            return a + b;
        }
        var multi = function(a, b) {
            return a * b;
        }
        function calc(a, b, f) {
            return f(a, b);
        }
        document.write("2 + 3 = " + calc(2, 3, add) +"<br>");
        document.write("2 * 3 = " + calc(2, 3, multi) +"<br>");
    </script>
</body>
</html>
```

JavaScript+jQuery 정복

두 값을 더하는 함수 리터럴을 add 변수에 대입하고 두 값을 곱하는 함수 리터럴을 multi 변수에 대입해 두었다. calc 함수는 두 개의 피연산자와, 피연산자로 무엇을 할 것인가를 지정하는 함수를 인수로 받아들인다. 세 번째 인수로 전달받은 f 함수에게 앞쪽 두 개의 피연산자 a, b를 전달하여 f(a, b)를 호출하고 그 결과를 리턴한다. 실행 결과는 다음과 같다.

```
2 + 3 = 5
2 * 3 = 6
```

calc 함수는 f 함수에게 a, b를 전달하여 연산을 지시하는 중계 역할을 한다. 세 번째 인수로 add 를 전달하면 덧셈을 하고 multi를 전달하면 곱셈을 한다. 2개의 피연산자를 취하기만 한다면 subtract나 divide 등의 어떤 함수라도 calc에게 전달할 수 있다. 인수는 함수가 실행할 작업거리 를 전달하는 도구이며 값을 전달함으로써 작업의 재료를 제공할 뿐만 아니라 또 다른 함수를 전달 함으로써 동작 방식까지도 지시할 수 있다.

왜 이런 복잡한 코드를 써야 하는지 당장은 잘 이해가 되지 않겠지만 콜백 함수에서는 이 기능이 필수적이다. 함수가 모든 것을 다 결정할 수 없을 때 사용자가 일부 동작을 직접 지시하기 위해 함 수에게 함수를 전달한다. 차후 배열을 정렬할 때 실용적인 사용예를 보게 될 것이다.


# 2.3 클로저

클로저는 변수의 유효 범위를 확장하는 자바스크립트의 고유한 기능이다. 다른 언어에는 없는 기능 이어서 다소 어려우며 가장 헷갈리는 부분이다. 예제를 하나씩 만들어 보면서 클로저가 왜 필요하고 어떻게 동작하는지 연구해 보자. 다음 예제는 내부 함수에서 외부 함수의 변수를 읽어 출력한다.

**closure.html**

```
<!DOCTYPE html>
<html>
<head>
    <meta charset="utf-8">
    <title>closure</title>
```

```
    </head>
    <body>
        <script>
            function outer() {
                var value = 1234;
                function inner() {
                    document.write("value = " + value + "<br>");
                }
                inner();
            }
            outer();
        </script>
    </body>
</html>
```

value는 outer 함수의 지역 변수로 선언되었다. outer의 내부 함수인 inner에서 value값을 읽어 출력했는데 아무 문제없이 잘 출력된다. 관련 내용은 내부 함수편에서 이미 상세히 연구해 본 바 있다.

```
value = 1234
```

지역 함수 inner가 실행중인 동안에는 outer 함수도 실행중이어서 value 변수가 아직 남아 있기 때문이다. 그렇다면 다음 예제는 어떨까 실행해 보자.

**closure2.html**

```
<!DOCTYPE html>
<html>
<head>
    <meta charset="utf-8">
    <title>closure2</title>
</head>
<body>
    <script>
```

J a v a S c r i p t + j Q u e r y  정복

```
        function outer() {
            var value = 1234;
        }
        outer();
        document.write("value = " + value + "<br>");
    </script>
</body>
</html>
```

outer의 지역 변수를 외부에서 읽었는데 이 예제는 제대로 실행되지 않으며 아무것도 출력되지 않
는다. outer 함수를 호출할 때 value라는 지역 변수가 생성되고 1234로 초기화되지만 이 변수는
outer가 리턴할 때 사라진다. 지역 변수의 생존 범위는 함수 내부로 국한되며 따라서 외부에서는
value 지역 변수를 읽을 수 없다.

상기의 두 예제는 지극히 상식적으로 동작하며 이해하는 데 아무런 무리가 없다. 그러나 다음 예제
부터는 좀 복잡해진다. 함수도 하나의 값이므로 다른 변수에 대입할 수 있고 인수로도 전달할 수
있다. 그러므로 함수를 리턴하는 것도 가능하다. 다음 예제는 외부 함수가 내부 함수를 리턴한다.

**closure3_html**

```
<!DOCTYPE html>
<html>
<head>
    <meta charset="utf-8">
    <title>closure3</title>
</head>
<body>
    <script>
        function outer() {
            var value = 1234;
            function inner() {
                document.write("value = " + value + "<br>");
            }
            return inner;
```

```
          }
          var outin = outer();
          outin();
      </script>
   </body>
</html>
```

outer 함수는 지역 변수 value를 출력하는 내부 함수 inner를 선언하여 이 함수를 리턴했다. 호출부에서는 outer가 리턴하는 함수를 outin이라는 변수에 대입받았으며 outin을 통해 inner 함수를 간접적으로 호출하였다. inner에서 value를 읽을 수 있고 inner를 outin이 대입받았으므로 outin을 통해 value를 출력할 수 있다. 실행해 보면 잘 동작한다.

```
value = 1234
```

그렇다면 이 실행 결과가 과연 정상적인 것인지 잘 생각해 보자. inner 내부 함수는 리턴되어 outin 변수에 대입되었지만 출력 대상인 value는 outer의 지역 변수이므로 outer 함수가 종료되면 사라진다. 즉, 변수의 존재 자체가 없어지는 것이다. 그러나 막상 실행해 보면 outer가 리턴한 후에도 value값이 잘 보존되며 제대로 출력되었다. 존재하지도 않는 변수를 어떻게 참조할 수 있다는 말인가?

이것이 바로 클로저이다. 클로저는 한마디 문장화해서 설명하기 어려운 개념이다. 쉽게 설명하자면 외부에서 계속 필요로 하는 지역 변수를 파괴하지 않고 남겨두는 것이라고 할 수 있다. 스크립트 실행기는 지역 변수를 참조하는 함수가 외부에서 호출될 수 있다는 것을 인식하고 이 함수가 존재하는 한은 지역 변수를 없애지 않는다.

outer 함수가 리턴하더라도 value 지역 변수를 참조하는 inner 지역 함수를 대입받은 outin이 아직 남아 있다. outin을 통해 inner를 언제든지 호출할 수 있으며 이 호출이 정상적으로 실행되기 위해서는 outer 함수를 종료해서는 안된다. outin이 남아 있는 한 inner가 실행되기 위한 환경이 유지되어야 하는 것이다. 따라서 실제로는 value 변수가 아직 남아 있으며 클로저에 의해 지역 변수의 생명이 연장된다.

JavaScript+jQuery 정복

```
function outer() {
  var value = 1234;
  function inner() {
    document.write("value = " + value + "<br>");
  }
  return inner;
}
var outin = outer();
outin();
```

내부 함수에서
지역 변수를 참조한다.

그 내부 함수에 대한 참조를
외부에서 가지고 있다.

이 시점에서 outer가 아직 종료되어서는 안된다.

클로저의 실제 정의는 훨씬 더 복잡하다. 함수가 동작하기 위해 필요한 지역 변수를 포괄한 함수 실행 환경을 클로저라고 한다. 위 예제에서 outer 전체가 하나의 클로저이며 이 클로저 안에서는 value 변수가 생명을 계속 유지한다. 그래서 value는 outer 함수에 소속된다기 보다는 outer 클로저에 소속된다고 할 수 있다.

C나 자바 같은 스택 기반의 언어에서는 함수 호출시마다 물리적인 스택 프레임이 생겼다가 사라지기 때문에 이런 것이 불가능하다. 함수가 리턴하는 즉시 함수의 실행 환경이 실제로 정리되어 버린다. 그러나 자바스크립트는 인터프리터이기 때문에 이런 것이 가능하다. 실행기가 죽지 않고 남겨 두겠다고 결심하면 그렇게 할 수 있는 것이다.

이런 복잡한 문법이 필요한 이유는 이벤트 핸들러를 등록할 때 핸들러에서 지역 변수를 자유롭게 참조할 수 있어야 하기 때문이다. 함수 내부에서 이벤트 핸들러를 등록할 때 함수의 지역 변수를 이벤트 핸들러에서 사용하는 경우가 종종 있다.

```
function outer() {
    var value;
    이벤트 등록(function() {
        value 사용;
    });
}
```

이벤트 핸들러는 특정한 이벤트에 대해 하나씩 등록하는 것이므로 딱히 이름을 줄 필요가 없으며 그래서 익명 함수로 등록하는 것이 보통이다. 위 코드의 outer 함수는 이벤트 핸들러를 등록하는 것이지 지금 당장 핸들러를 호출하는 것은 아니다. 핸들러는 이벤트가 발생할 때 비로소 호출되며 실제 이벤트가 발생했을 때는 등록 함수인 outer가 이미 종료되었을 것이다.

이렇게 되면 핸들러에서 value를 안전하게 참조할 수 없다. 핸들러가 제대로 동작하려면 클로저가 남아 있어야 한다. 실행기는 outer 함수에서 미래에 호출될 수도 있는 핸들러가 등록되었음을 인식하고 지역 변수의 생명을 연장시켜 이벤트 발생시에도 핸들러에서 value를 참조할 수 있도록 한다. 다음은 실제 예인데 아직 이벤트를 배우지 않아 좀 어려워 보일 수도 있다. 이벤트까지 배운 후에 다시 클로저를 연구해 보자.

**closure4.html**

```html
<!DOCTYPE html>
<html>
<head>
    <meta charset="utf-8">
    <title>closure4</title>
</head>
<body>
    <script>
        function outcount() {
            var count = 0;

            setInterval(function() {
                count++;
                document.write(count + "초 지났습니다." + "<br>");
            }, 1000);
        }
        outcount();
    </script>
</body>
</html>
```

outcount 함수에서 지역 변수 count를 0으로 초기화했다. setInterval 함수는 1초에 한번 주기적으로 실행될 타이머 핸들러를 익명으로 등록한다. 이 핸들러에서 매 주기마다 count를 1씩 증가시키고 그 값을 출력한다. 초당 한번씩 타이머가 호출되어 카운트값이 출력된다.

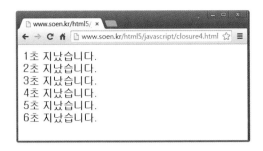

보다시피 count 지역 변수의 값이 잘 보존됨을 알 수 있다. 이것이 바로 클로저이다. count 변수를 사용하는 주체는 핸들러이지만 그렇다고 count를 핸들러의 지역 변수로 선언해 버리면 핸들러 호출시마다 0으로 리셋되어 버리므로 카운트의 역할을 할 수 없다. 핸들러 범위보다는 더 바깥에 이 변수가 존재해야 한다.

count 변수를 전역으로 선언하는 것은 일단은 가능한 방법이기는 하다. 그러나 바람직하지는 않다. 자바스크립트는 여러 가지 사건을 처리하기 위해 다량의 핸들러를 등록하는데 매 등록시마다 관련 변수를 전역으로 선언할 수는 없는 노릇이다. 그래서 클로저라는 장치를 통해 핸들러가 사용할 지역 변수의 생명을 전역과 유사하게 만들어 준다. 앞으로 이벤트 핸들러를 작성할 때 클로저를 종종 사용하게 될 것이다.

이 외에도 클로저는 여러 가지 용도로 사용된다. 함수를 찍어내는 템플릿 역할을 하기도 하고 중요한 정보를 숨기는 캡슐화의 수단이 되기도 한다. 이런 고급 기법은 난이도에 비해 실용성이 떨어지므로 기회가 될 때 따로 소개하기로 한다.


# 2.4 동적 함수

선언적 함수나 익명 함수나 function 키워드로 만드는 함수는 모두 코드 작성 시점에 본체의 내용이 확정되는 정적 함수이다. HTML 문서나 스크립트 파일에 선언적으로 미리 정의해 놓은 것이며 페이지가 로드될 때 딱 한번만 해석해 두고 호출할 때마다 재사용된다.

이에 비해 동적 함수는 문서를 작성할 때가 아닌 실행중에 생성된다. 동적 함수를 생성하는 기본 형식은 다음과 같다. 함수도 일종의 객체이므로 생성자로 만든다. 다음 장에서 상세히 배우겠지만 객체는 new 연산자로 생성하며 함수의 생성자는 Function으로 정의되어 있다. 첫 글자가 대문자임을 유의하자.

> var 변수 = new Function("인수1", "인수2", .... "본체");

인수 목록과 함수의 본체를 문자열 형태로 정의하여 생성자의 인수로 전달한다. 인수의 개수는 가변적이며 필요한만큼 얼마든지 나열할 수 있다. 본체 코드는 항상 제일 마지막에 오며 동작을 정의하므로 길이가 꽤 길 것이다. 본체에는 ; 으로 구분하여 명령문을 작성하고 {} 괄호로 감쌀 필요는 없다. 이렇게 만든 함수 객체를 별도의 변수에 대입받아 놓고 이후 변수로부터 함수를 호출한다.

```
dynamicfunc.html
```

```html
<!DOCTYPE html>
<html>
<head>
    <meta charset="utf-8">
    <title>dynamicfunc</title>
</head>
<body>
    <script>
        var add = new Function("a", "b", "return a + b;");
        document.write("2 + 3 = " + add(2, 3) +"<br>");
    </script>
</body>
</html>
```

앞에서 정적으로 만들었던 add 함수를 동적으로 생성했다. 인수 a와 b를 받아들이고 그 합을 리턴하는 본체 코드를 정의한다. 동적 함수도 그 자체는 이름이 없으므로 일종의 익명 함수이다. 위 코드에서 new Function()문에 의해 만들어진 함수는 인수목록과 본체는 가지지만 이름이 없다. 이 함수 객체를 대입받는 add 변수가 이름을 가질 뿐이며 이후 add로 호출한다.

동적 함수는 매번 새로 생성되며 함수의 본체도 매번 달라질 수 있다. 본체가 코드로 기술되는 것이 아니라 문자열로 기술되므로 내용을 언제든지 바꿀 수 있는 것이다. 위 예에서는 "return a + b;"라는 문자열 리터럴로 함수의 본체를 정의했지만 원한다면 사용자가 함수의 본체를 선택하거나 직접 입력할 수도 있다.

**dynamicfunc2_html**

```
<!DOCTYPE html>
<html>
<head>
    <meta charset="utf-8">
    <title>dynamicfunc2</title>
</head>
<body>
    <script>
        var body;
        if (confirm("더할래, 곱할래") == true) {
            body = "return a + b;";
        } else {
            body = "return a * b;";
        }
        var add = new Function("a", "b", body);
        document.write("result = " + add(2, 3) +"<br>");
    </script>
</body>
</html>
```

대화상자로 사용자에게 간단한 질문을 한 후 응답 결과에 따라 함수의 본체를 선택한다. 확인 버튼을 누르면 두 값을 더하는 코드를 작성하고 취소 버튼을 누르면 두 값을 곱하는 코드를 작성하여 body 문자열 변수에 저장해 둔다. 그리고 Function 생성자의 인수로 body를 전달하여 선택된 본체로 함수를 만든다.

실행중에 조건에 따라 함수의 본체를 다르게 작성한 것이다. 심지어는 prompt 함수로 사용자에게
원하는 코드를 직접 입력하라고 부탁할 수도 있다. 물론 사용자가 정확한 코드를 입력해야만 제대
로 동작할 것이다. 이 기법을 잘 응용하면 대량의 함수를 서버의 데이터베이스에 저장해 두고 필요
할 때 함수로 만든 후 실행하는 것도 가능하다.


## 2.5 재귀 호출

재귀 호출은 함수가 자기 자신을 다시 호출하는 특수한 형태이다. 물론 무한히 호출해서는 안되며
적당한 때에 탈출하는 장치가 있어야 한다. 재귀 호출은 스택이라는 기억 장소의 특성에 의해 지원
되며 그래서 자바나 C 같은 스택 기반의 언어는 재귀 호출을 기본적으로 지원한다. 자바스크립트
도 계통이 유사해서 재귀 호출을 사용할 수 있다. 재귀 호출의 전형적인 사용예는 계승이다.

**recursive.html**

```
<!DOCTYPE html>
<html>
<head>
    <meta charset="utf-8">
    <title>recursive</title>
</head>
<body>
    <script>
        function fact(n) {
            if (n == 1) {
```

　　　　　　　　J a v a S c r i p t + j Q u e r y 　정복

```
                return 1;
            } else {
                return n * fact(n-1);
            }
        }
        document.write("5! = " + fact(5) + "<br>");
    </script>
</body>
</html>
```

계승 n!은 1~n까지 모든 정수의 곱으로 정의된다. n!은 n * (n−1)!과 같으며 큰 문제를 좀 더 잘게 분할하여 점점 해결해 나가는 방식(divide and conquer)을 사용한다. fact 함수는 계승수 n을 입력받아 n * fact(n−1)을 다시 호출하되 이 과정을 n이 1이 될때까지 반복한다.

```
5! = 120
```

재귀 호출은 동작 절차가 복잡하고 느려서 스크립트 언어에서는 잘 사용되지 않는다. 그러나 특수한 문제를 풀 때는 여러 모로 실용성이 높은 함수 작성 기법이다. 특히 트리 같은 복잡한 계층 구조를 다룰 때 아주 유용하다. 하지만 메모리 사용량이 많고 코드를 잘못 작성하면 무한 루프에 빠질 위험이 있다. 고급 기법이므로 꼭 필요할 때만 주의깊게 사용해야 한다.

모든 함수에게 암시적으로 전달되는 인수 배열인 arguments는 두 개의 추가 속성을 가진다. caller 속성은 이 함수를 호출한 함수이며 callee 속성은 호출을 당한 함수 자신이다. 대개의 경우 함수는 이름으로 참조할 수 있지만 이름이 없는 익명 함수는 callee 속성으로 참조해야 한다. 앞의 재귀 호출 함수를 익명으로 작성하려면 callee 속성이 꼭 필요하다.

**callee.html**

```
<!DOCTYPE html>
<html>
<head>
    <meta charset="utf-8">
    <title>callee</title>
```

```
    </head>
    <body>
        <script>
            document.write("5! = " + function(n) {
                if (n == 1) {
                    return 1;
                } else {
                    return n * arguments.callee(n-1);
                }
            }(5) + "<br>");
        </script>
    </body>
</html>
```

fact라는 함수를 없애 버리고 익명으로 선언하여 수식내에 정의했다. 이때 익명 함수가 자기 자신을 다시 호출하기 위해 arguments의 callee 속성을 참조한다. 이런 특수한 경우 외에는 잘 사용되지 않는다.

# 내장 함수

## 3.1 타입 변환

자바스크립트는 누구나 자주 사용하는 기능에 대해 몇 가지 전역 함수를 제공한다. 언어가 제공하는 기능이므로 사용법만 잘 익혀 두면 필요할 때 언제든지 써 먹을 수 있다. 다음 세 함수는 임의 타입의 값을 기본형으로 변환하는데 앞에서 이미 소개한 바 있다.

> Number(value)
> String(value)
> Boolean(value)

String이나 Boolean은 사실상 거의 사용되지 않으며 문자열을 숫자 타입으로 변환하는 Number 함수는 종종 사용된다. 인수만 전달하면 되어 간편하지만 기능적으로 완벽하지는 않다. 이에 비해 다음 두 함수는 좀 더 전문적인 고급 변환 기능을 제공한다.

> parseInt(value, radix)
> parseFloat(value)

Number 함수는 문자열 안에 정확하게 숫자만 있어야 제대로 변환하며 "42세" 식으로 숫자가 아닌 문자가 단 하나라도 있으면 NaN을 리턴하고 항복해 버린다. 이에 비해 parseInt, parseFloat는 해석 가능한 문자까지는 최대한 변환해 준다. "korea"처럼 첫 글자부터 숫자가 아니라면, 즉 변환할 숫자가 하나도 없다면 이때는 어쩔 수 없이 NaN을 리턴한다.

```html
<!DOCTYPE html>
<html>
<head>
    <meta charset="utf-8">
    <title>parseint</title>
</head>
<body>
    <script>
        document.write('Number("1234") : ' + Number("1234") + "<br>");
        document.write('Number("12개") : ' + Number("12개") + "<br>");
        document.write('parseInt("12개") : ' + parseInt("12개") + "<br>");
        document.write('Number("3.1415") : ' + Number("3.1415") + "<br>");
        document.write('Number("3.14원주율") : ' + Number("3.14원주율") + "<br>");
        document.write('parseFloat("3.14원주율") : ' + parseFloat("3.14원주율") + "<br>");
    </script>
</body>
</html>
```

문자열에 저장된 여러 가지 형태의 수치값을 숫자형으로 변환해 보았다. 함수 호출문과 변환 결과를 모두 출력해 놓았으므로 코드는 볼 필요 없이 실행 결과만 살펴 보면 된다.

```
Number("1234") : 1234
Number("12개") : NaN
parseInt("12개") : 12
Number("3.1415") : 3.1415
Number("3.14원주율") : NaN
parseFloat("3.14원주율") : 3.14
```

Number("1234")는 모두 숫자이므로 자연스럽게 잘 변환된다. 그러나 Number("12개")는 숫자 다음에 "개"라는 문자가 포함되어 있어 변환하다 말고 포기해 버리며 NaN을 리턴한다. 조금이라도 구미에 맞지 않으면 작업을 거부해 버리며 무책임하다. 실수의 경우도 소수점은 인식하지만 뒤쪽에 여분의 문자가 더 있으면 변환되지 않는다.

이에 비해 parseInt, parseFloat 함수는 최대한 가능한 부분까지 변환해 준다는 점이 다르다. "1320원", "120Kg" 따위로 뒤에 단위나 구두점이 있더라도 숫자 부분만 쏙 골라낼 정도로 책임감이 강하고 친절하다. 문자열을 구성하는 모든 문자가 숫자임이 확실하다면 Number로 간편하게 변환할 수 있고 뒤에 다른 문자가 있을 가능성이 있다면 parseInt 함수로 변환해야 한다.

문자열내의 진법은 Number 함수나 parseInt함수가 모양새를 보고 자동으로 판별한다. 0x로 시작하면 16진수이고 0으로 시작하면 8진수이고 그렇지 않으면 10진수이다. Number 함수에 비해 parseInt 함수는 두 번째 radix인수로 진법을 강제 지정하는 것도 지원한다. 진법은 2~36까지 지정할 수 있다. 알파벳이 26자이므로 아라비아 숫자 10개와 합쳐 총 36진법까지 쓸 수 있다.

**parseintradix.html**

```
<!DOCTYPE html>
<html>
<head>
    <meta charset="utf-8">
    <title>parseintradix</title>
</head>
<body>
    <script>
        var hex = "0x1a"
        document.write("0x1a = " + parseInt(hex, 16) + "<br>");
        document.write("0x1a = " + parseInt(hex) + "<br>");
        document.write("0x1a = " + Number(hex) + "<br>");

        var decimal = "12"
        document.write("12(10) = " + parseInt(decimal, 10) + "<br>");
        document.write("12(16) = " + parseInt(decimal, 16) + "<br>");
    </script>
</body>
</html>
```

문자열안에 16진수와 10진수를 각각 넣어 두고 변환하여 출력했다.

```
0x1a = 26
0x1a = 26
0x1a = 26
12(10) = 12
12(16) = 18
```

문자열 "0x1a"를 16진수로 해석하여 십진수 26을 리턴한다. 이 경우는 문자열 선두에 0x라는 16 진수 표식이 있고 또 숫자값에도 a라는 16진수가 사용되었으므로 진법 지정을 생략하더라도 16진 수라는 것을 알 수 있다. Number 함수도 진법은 잘 추론한다.

그러나 "12"의 경우 10진수로 해석하면 12이지만 16진수로 해석하면 18이 된다. 이때는 parseInt 의 두 번째 인수가 지정하는 진법을 참고하여 변환한다. 진법을 생략하면 1과 2가 모두 10진수의 숫자이므로 10진수로 해석되지만 16진수로 명시하면 지시대로 16진수로 인식한다. 별 실용성은 없지만 두 번째 인수에 6이나 19를 주어 6진법이나 19진법으로 해석할 수도 있다.

문자열 형태의 숫자는 진법을 지정하여 변환할 수 있다. 그렇다면 반대로 숫자값을 원하는 진법의 문자열로 변환할 때는 어떻게 할까? 자바스크립트는 숫자 타입의 변수는 무조건 10진수로 출력하 도록 되어 있는데 꼭 다른 진법으로 출력하려면 toString 메서드의 괄호안에 원하는 진법을 지정 한다.

**tostringradix.html**

```html
<!DOCTYPE html>
<html>
<head>
    <meta charset="utf-8">
    <title>tostringradix</title>
</head>
<body>
    <script>
        var hex = 0x1a;

        document.write("hex = " + hex + "<br>");
        document.write("hex = " + hex.toString(16) + "<br>");
```

JavaScript+jQuery 정복

```
            document.write("hex = " + hex.toString(2) + "<br>");
        </script>
    </body>
</html>
```

hex 변수는 숫자 0x1a로 초기화되었으며 이 값은 10진수로 26이다. 0x1a라는 16진 리터럴은 십진수 26의 다른 표현일 뿐이며 값 자체가 다른 것은 아니다. 따라서 hex를 그냥 출력하면 십진수로 26이 된다. 만약 hex를 16진수 형태로 출력하고 싶다면 toString(16) 메서드를 호출하여 16진수 형태의 문자열로 바꾸어야 한다. 원한다면 이진수로도 출력할 수 있다.

```
hex = 26
hex = 1a
hex = 11010
```

진법을 지정한다고 해서 0x 접두어가 자동으로 붙는 것은 아니므로 필요하다면 직접 붙여야 한다. hex 선언문을 var hex = 26; 으로 바꿔도 결과는 같다. 10진수 26이나 16진수 0x1a나 같은 수이므로 초기식을 어떻게 표현하든지 hex가 가지는 값은 같을 수밖에 없다. toString은 똑같은 수를 어떤 진법의 문자열로 바꿀 것인가를 지정하는 것이지 값 자체를 바꾸는 것은 아니다.

## 3.2 값의 상태 점검

다음 두 함수는 값의 유한성과 유효성을 점검한다. 함수의 이름이 의미하듯이 Infinity인지 NaN인지를 검사하는 것이다.

> isFinite(value)
> isNaN(value)

isFinite는 숫자가 유한한 값인지 점검하므로 무한대를 조사하려면 이 함수가 false를 리턴하는지 점검해야 한다.

```
<!DOCTYPE html>
<html>
<head>
    <meta charset="utf-8">
    <title>isfinite</title>
</head>
<body>
    <script>
        var a = 2 / 0;
        if (isFinite(a) == false) {
            document.write("무한대값입니다." + "<br>");
        }

        var b = 0 / 0;
        if (isNaN(b)) {
            document.write("올바른 숫자가 아닙니다." + "<br>");
        }
    </script>
</body>
</html>
```

이 예제는 0으로 나눔으로써 고의적으로 무한대의 값과 잘못된 값을 만든 후 두 함수로 점검해 보았다.

무한대값입니다.
올바른 숫자가 아닙니다.

무한대를 나타내는 상수 Infinity가 정의되어 있으므로 a가 무한대인지 보려면 isFinite 함수를 호출하는 대신 다음과 같이 상수와 직접 비교해도 될 것이다.

```
if (a == Infinity) {
```

당장은 이 비교식이 동작하지만 a가 음의 무한대인 경우에는 거짓이 된다. 위쪽 연산문을 2/0이 아닌 −2/0으로 수정하면 음의 무한대인 −Infinity가 되어 버리므로 조건문은 거짓이 되어 버린다. 음양 양쪽으로 점검하는 것이 번거롭기 때문에 상수를 직접 비교하는 것보다는 isFinite 함수를 호출하는 것이 더 편리하다.

올바른 숫자가 아니라는 의미의 NaN도 상수가 정의되어 있다. 그래서 b의 유효성을 점검하는 조건문을 다음과 같이 수정해도 말이 될 것처럼 보이지만 실제로 코드를 만들어 테스트해 보면 이 조건문은 항상 거짓으로 평가된다.

```
if (b == NaN) {
```

b가 NaN인 것은 맞지만 NaN과 비교해도 참이라는 결과가 나오지 않아 직관적이지 못하다. 더이상한 것은 다음과 같이 상수끼리 비교해도 거짓이라는 점이다. 좌우변이 완전히 똑같지만 비교 연산자는 다른 것으로 평가하는데 일반적인 상식으로는 도저히 이해하기 힘든 현상이다.

```
if (NaN == NaN) {
```

왜 이런 결과가 나오는지는 수학적으로 생각해 봐야 한다. NaN은 잘못된 숫자를 의미하는 특이값이지 특정한 숫자가 아니다. 에러 상태도 어떤 에러인가에 따라 여러 가지 종류가 있으므로 NaN끼리라도 완전히 같은 상태라고 확정할 수 없다. 그래서 수학적으로 NaN은 비교해서는 안되는 대상으로 정의되어 있으며 NaN을 숫자처럼 취급하는 것 자체가 반칙이다. 그래서 어떤 수가 NaN인지를 조사하는 isNaN이라는 함수가 별도로 제공되는 것이다.


## 3.3 인코딩

인코딩이란 문자열을 표기 가능한 부호 형태로 변환하는 것이다. 인터넷 URL에는 사용할 수 있는 문자에 제약이 있어 한글이나 특수 기호를 포함할 수 없다. 이런 문자를 주소에 포함시키려면 인코딩해야 한다. 예를 들어 네이버에서 "소녀시대"를 검색하면 검색식이 다음과 같이 인코딩된다. URL에 한글을 쓸 수 없기 때문에 한글을 16진수 형태로 부호화하는 것이다.

```
query=%EC%86%8C%EB%85%80%EC%8B%9C%EB%8C%80
```

인터넷 주소 표기는 주로 utf-8을 사용하는데 한글 한글자는 3자리의 16진수가 되며 각 숫자를 %기호 다음에 16진수로 표기한다. 한글 뿐만 아니라 :이나 /, &, ? 등의 특수 기호도 주소창에 바로 쓸 수 없으므로 인코딩해야 한다. 인코딩한 문자열을 원래 문자열로 되돌리는 것을 디코딩이라고 한다. 서버는 이 주소에서 16진수를 추출하여 다시 "소녀시대"라는 문자열을 디코딩할 것이다.

웹 페이지는 수시로 웹 서버와 자료를 주고 받으며 인터넷으로 통신할 때는 인코딩, 디코딩할 일이 아주 흔하다. 그래서 자바스크립트는 인코딩, 디코딩 함수를 전역으로 제공하며 다음 세 벌의 함수가 준비되어 있다.

| 함수 | 설명 |
|------|------|
| escape(string)<br>unescape(string) | * @ - _ + . / 를 제외한 모든 특수 문자를 인코딩한다. |
| encodeURI(uri)<br>decodeURI(uri) | . / ? : @ & = + $ # 을 제외한 모든 특수 문자를 인코딩한다. |
| encodeURIComponent(uri)<br>decodeURIComponent(uri) | 거의 대부분의 특수 문자를 인코딩한다. 알파벳과 숫자 정도만 원래대로 남는다. UTF-8로 인코딩된다. |

인코딩할 대상 문자에 따라 사용할 메서드가 약간씩 다르다. 최초 특수문자만 인코딩했으나 요구가 복잡해지면서 점점 더 많은 문자를 인코딩하도록 확장되었다. 가장 많은 문자를 인코딩하는 encodeURIComponent 함수를 사용하면 별 문제가 없다. 다음 예제로 특수한 문자열을 인코딩 및 디코딩해 보자.

**encode.html**

```
<!DOCTYPE html>
<html>
<head>
    <meta charset="utf-8">
    <title>encode</title>
</head>
<body>
```

JavaScript+jQuery 정복

```
<script>
    var s = "소/녀:시@대";
    document.write("원본 = " + s + "<br>");
    var e = encodeURIComponent(s);
    document.write("인코딩 = " + e + "<br>");
    var u = decodeURIComponent(e);
    document.write("디코딩 = " + u + "<br>");
</script>
</body>
</html>
```

한글과 특수 기호를 적당히 섞은 "소/녀:시@대"라는 문자열이 있다고 하자. 이 문자열을 웹 주소로 바로 전달할 수는 없으므로 인코딩해야 한다. 원본 및 인코딩, 디코딩한 중간 결과를 출력했다.

```
원본 = 소/녀:시@대
인코딩 = %EC%86%8C%2F%EB%85%80%3A%EC%8B%9C%40%EB%8C%80
디코딩 = 소/녀:시@대
```

인코딩된 값을 보면 한글은 3자리의 16진수로 인코딩되고 /나 : 같은 기호는 1자리의 16진수로 인코딩되어 굉장히 길다. 이 값을 디코딩하면 원래 문자열이 복원된다. escape나 encodeURI 함수로 인코딩해도 원래 문자열을 추출해 낼 수는 있다. 그러나 /나 @ 같은 기호가 제대로 인코딩되지 않아 주소에는 쓸 수 없다. 어떤 목적으로 인코딩하는가에 따라 인코딩 수준을 잘 결정해야 한다.

## 3.4 eval

eval 함수는 문자열로 된 자바스크립트 코드를 해석하여 실행한다. a+b 같은 표현식이면 계산 결과를 리턴하며 함수 호출 같은 명령식이면 해당 명령을 실행한다.

eval(string)

string 인수로 자바스크립트 코드를 작성하여 전달하면 자바스크립트 해석기가 이 코드를 해석하여 실행한다. 코드가 코드를 실행하는 셈인데 실행 파일을 만들어 내는 컴파일러가 아니라 실행중에 코드를 순서대로 해석하는 인터프리터이기 때문에 이런 동작이 가능하다.

**eval.html**

```
<!DOCTYPE html>
<html>
<head>
    <meta charset="utf-8">
    <title>eval</title>
</head>
<body>
    <script>
        eval("var a=2, b=3;document.write(a + b, '<br>')");
        document.write("a = " + a);
    </script>
</body>
</html>
```

eval 함수의 인수로 코드 문자열을 전달했다. 문자열 내의 코드는 변수 a와 b를 선언 및 초기화하고 두 변수의 합을 출력하는 간단한 동작을 한다. 코드 자체가 큰 따옴표안에 있으므로 코드 내에서 문자열 리터럴을 표기할 때는 작은 따옴표를 사용해야 한다. 자바스크립트는 이 코드를 해석하여 실행하며 두 변수의 합인 5를 출력하고 개행까지 한다.

eval 함수가 재미있는 것은 인수로 전달된 코드에서 선언한 변수가 외부에서도 유효하다는 점이다. eval 함수 실행중에 a 변수를 선언하고 2로 초기화했는데 a는 eval이 리턴한 후에도 계속 존재하며 값을 유지한다. 과연 그런지 리턴 후에 a값을 출력해 보았다.

```
5
a = 2
```

문자열로 선언 및 초기화한 a 변수가 계속 유효함을 알 수 있다. 변수뿐만 아니라 eval 안에서 함수를 정의하고 외부에서 그 함수를 호출할 수도 있다.

```
<!DOCTYPE html>
<html>
<head>
    <meta charset="utf-8">
    <title>eval2</title>
</head>
<body>
    <script>
        eval("function add(a, b) { return a + b; }");
        document.write("2 + 3 = " + add(2, 3));
    </script>
</body>
</html>
```

문자열 안에서 add 함수를 정의했으며 외부에서 add 함수를 호출했다. 마치 정적으로 선언한 함수처럼 add 함수도 잘 호출된다. eval 함수는 코드가 또 다른 코드를 정의한다는 면에서 참 재미있는 기능이다. 이런 식이라면 사용자로부터 코드를 입력받아 실행하는 것도 가능하며 외부에서 주어진 문자열을 실행할 수도 있다.

그러다 보니 보안상으로 심각한 문제가 발생할 가능성이 있다. 또 이중으로 코드를 해석해야 하므로 실행 속도도 느리며 문제 발생시 문자열 내의 코드는 디버깅하기도 어렵다. 이런 저런 이유로 eval 함수는 사용을 권장하지 않는 편이다.

# chapter 06
# 객체

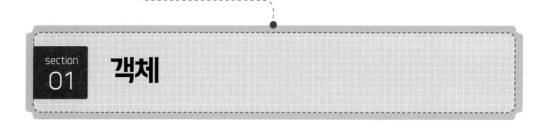

# 객체

## 1.1 객체의 선언

자바스크립트를 흔히 객체 기반 언어라고 한다. 자바스크립트의 언어적 특징을 어떻게 평가할 것인가는 학자에 따라 다소 논란이 있는 부분인데 형식성이 좀 떨어지지만 객체를 정의하고 사용할수는 있다. 그러나 언어 차원에서 상속이나 다형성은 지원하지 않으며 연산자 오버로딩 같은 고급기능도 제공하지 않는다. 완전한 객체 지향 언어는 아니며 전통적인 언어에 비해 한 수준 낮다.

객체는 여러 가지 자료를 모아서 정의하는 복합 타입이다. 실세계의 사물을 표현하는데 필요한 속성과 동작을 하나의 범주로 묶은 것이며 여러 변수의 집합이라는 면에서 C 언어의 구조체와 유사하다. 자바스크립트의 기능 대부분이 객체를 통해 제공되므로 객체를 잘 이해해야 한다. 객체는 다음 4가지로 분류된다.

- **내장 객체** : 언어가 제공하므로 브라우저에 상관없이 사용법이 일정하다.
- **BOM 객체** : 브라우저에 내장된 객체이다.
- **DOM 객체** : 문서의 구조를 읽기 위한 객체이다.
- **사용자 정의 객체** : 사용자가 필요에 따라 정의하는 객체이다.

누가 정의하고 제공하는 기능인가에 따라 특성이나 일관성이 조금씩 차이가 있다. 언어나 브라우저가 제공하는 객체는 언제든지 레퍼런스를 통해 사용법을 참조할 수 있으므로 너무 상세하게 알필요는 없으며 대충의 용도만 파악해 두고 필요할 때 찾아 보면 된다. 객체를 이해하려면 직접 만들어 봐야 하므로 사용자 정의 객체부터 연구해 보자. 객체를 선언하는 형식은 다음과 같다.

```
var 이름 = { 멤버1 : 값1, 멤버2 : 값2, .... };
```

객체 리터럴은 {} 괄호안에 멤버의 이름과 값을 나열하여 정의한다. 멤버와 초기값 사이에는 콜론 (:)으로 구분하고 멤버끼리는 콤마(,)로 구분한다. 멤버=값 형식으로 대입 연산자를 쓰는 것이 아니라 멤버:값 형식으로 콜론을 쓴다는 것을 유의하자. 멤버의 수가 많을 때는 멤버 하나당 한줄에 기입하는데 각 멤버 정의문은 세미콜론이 아니라 콤마로 끝난다.

```
var 이름 = {
    멤버1 : 값1,
    멤버2 : 값2,
    ....
};
```

마지막 멤버 다음에는 굳이 콤마를 찍을 필요가 없지만 멤버 정의문의 일관성을 위해 여분의 콤마를 두어도 상관없다. 멤버를 첨삭하거나 순서를 바꿀 때 마지막 줄에 콤마가 있으면 편집하기 쉽기 때문에 이를 허용한다. {} 괄호로 정의한 객체 리터럴을 변수에 대입하여 초기화하며 변수 초기화문이므로 전체 문장은 세미콜론으로 끝난다. 다음 예제는 사람을 표현하는 객체 human을 정의한다.

**humanobject_html**

```
<!DOCTYPE html>
<html>
<head>
    <meta charset="utf-8">
    <title>humanobject</title>
</head>
<body>
    <script>
        var human = {
            name: "김상형",
            age: 29
        };

        document.write("name = " + human.name + "<br>");
        document.write("age = " + human.age + "<br>");
    </script>
```

```
    </body>
    </html>
```

사람 한명의 신상을 표현하기 위해 이름과 나이를 멤버로 가지는 human 객체를 정의했다. 이름 멤버는 name, 나이 멤버는 age로 이름을 붙였고 적당한 초기값을 준 후 이 객체를 human 변수로 대입받았다. 객체를 구성하는 각 멤버는 타입이 달라도 상관없다. 객체 정의 후 멤버의 값을 출력해 보았다.

```
    name = 김상형
    age = 29
```

human 객체는 이름과 나이 멤버로 사람 한명의 기본적인 신상 정보를 표현한다. 이름과 나이를 별도의 변수로 만들 필요없이 human 변수 하나로 사람 한명에 대한 정보를 통합하여 저장한다. 이외에도 성별, 혈액형, 키, 몸무게, 전화번호, 주소 등 얼마든지 복잡한 정보를 더 포함할 수 있다. 필요한 만큼 자유롭게 멤버를 늘릴 수 있되 단 각 멤버의 이름이 중복되어서는 안된다. 다음 예제는 강아지를 객체로 정의한다.

**dogobject.html**

```html
<!DOCTYPE html>
<html>
<head>
    <meta charset="utf-8">
    <title>dogobject</title>
</head>
<body>
    <script>
        var dog = {
            type: "치와와",
            weight: 2,
            male: true
        };
```

```
            document.write("종류 = " + dog.type + "<br>");
            document.write("무게 = " + dog.weight + "<br>");
            document.write("숫컷 = " + dog.male + "<br>");
        </script>
    </body>
</html>
```

dog 객체는 품종, 몸무게, 성별 등 개에 대한 여러 가지 정보를 하나의 변수에 모은 것이다. 각 멤버의 값을 출력해 보았다.

```
종류 = 치와와
무게 = 2
숫컷 = true
```

같은 방식으로 자동차, 컴퓨터, 냉장고 등 실생활의 모든 사물을 객체로 정의할 수 있다. 물론 각각의 객체는 대상을 잘 표현할 수 있는 적절한 멤버를 가져야 한다. 이런 객체를 먼저 만들고 객체를 조립하여 프로그램을 완성하는 방식을 객체 지향식이라고 한다.


# 1.2 멤버의 참조

객체에 속한 멤버를 참조할 때는 다른 언어와 마찬가지로 . 연산자를 사용하되 [ ] 연산자를 사용할 수도 있다.

```
객체.멤버        // 예 human.name
객체["멤버"]     // 예 human["name"]
```

human.name 표현식은 human 객체의 name 속성을 의미하며 곧 사람의 이름이라는 뜻이다. [ ] 괄호로 멤버를 참조할 때는 멤버의 이름을 문자열 형태로 밝힌다. 다음 예제는 [ ] 연산자로 human의 name과 age 멤버를 읽어 출력한다.

```
<!DOCTYPE html>
<html>
<head>
    <meta charset="utf-8">
    <title>accessmember</title>
</head>
<body>
    <script>
        var human = {
            name: "김상형",
            age: 29
        };

        document.write("name = " + human["name"] + "<br>");
        document.write("age = " + human["age"] + "<br>");
        document.write("name = " + human[name] + "<br>");
    </script>
</body>
</html>
```

[ ] 괄호 안에는 멤버 이름을 문자열 형태로 적어야 하므로 따옴표가 반드시 필요하다. human[name]이라고 읽으면 name을 문자열 변수로 인식하여 name에 저장된 문자열 값과 같은 멤버를 찾는다. name이라는 문자열 변수가 없으므로 undefined로 읽혀진다.

```
name = 김상형
age = 29
name = undefined
```

멤버도 객체에 소속되어 있다 뿐이지 일종의 변수이므로 명칭 규칙에 맞게 이름을 붙여야 한다. 그러나 문자열 형태로 이름을 붙이면 규칙에 상관없이 아무 이름이나 붙일 수 있다. 한글이나 특수 기호는 물론이고 공백도 넣을 수 있으며 심지어는 for, while 같은 키워드도 가능하다. 대신 이렇게 붙인 이름은 [ ] 연산자로만 읽을 수 있으며 . 연산자로는 참조할 수 없다.

```
<!DOCTYPE html>
<html>
<head>
    <meta charset="utf-8">
    <title>membername</title>
</head>
<body>
    <script>
        var human = {
            "남들이 뭐라고 부르나": "김상형",
            "how old#": 29
        };

        document.write("name = " + human["남들이 뭐라고 부르나"] + "<br>");
        document.write("age = " + human["how old#"] + "<br>");
    </script>
</body>
</html>
```

human 객체의 멤버 이름을 요상하게 붙여 보았다. 중간에 공백도 들어가고 특수 문자도 있지만 따옴표 안에 들어 있으므로 아무 문제가 없다. 그러나 명칭 규칙에 맞지 않아 어디까지가 멤버 이름인지 명확하게 구분할 수 없으므로 . 연산자는 쓸 수 없다. 다음 표현식이 말이 안됨은 굳이 설명하지 않아도 알 수 있을 것이다.

human.남들이 뭐라고 부르나

객체는 멤버의 이름을 키로 하여 멤버의 값을 찾는 해시이며 사전이라고도 부른다. 멤버를 원소로 가지는 일종의 연관 배열이다. 사실 자바스크립트에서는 객체와 배열의 구조가 비슷하며 둘 다 이형 변수의 집합이다. 멤버 이름은 내부적으로 문자열 형태로 저장된다. 그래서 실행중에 멤버 이름을 문자열로 조립하여 사용할 수도 있다.

```html
<!DOCTYPE html>
<html>
<head>
    <meta charset="utf-8">
    <title>runtimename</title>
</head>
<body>
    <script>
        var human = {
            name: "김상형",
            age: 29,
            score1: 99,
            score2: 88,
            score3: 82
        };

        for (var i = 1; i <= 3; i++) {
            document.write(i  + "학년 성적 = " + human["score" + i] + "점<br>");
        }
    </script>
</body>
</html>
```

human 객체의 1, 2, 3학년 성적을 score1, score2, score3 세 개의 멤버에 저장했다. 멤버의 이름이 비슷하므로 루프를 돌리며 실행중에 멤버 이름을 조립한다. i 루프를 1~3까지 돌리며 [ ] 연산자 내부에서 "score" + i 구문으로 멤버 이름을 조립하여 멤버를 참조했다.

```
1학년 성적 = 99점
2학년 성적 = 88점
3학년 성적 = 82점
```

자바스크립트의 유연성을 잘 보여주는 예제라고 할 수 있는데 컴파일 언어에서는 실행중에 명칭을 조립하여 사용하는 것이 불가능하다. 이 기법을 사용하면 주식 시황이나 환율 정보처럼 실행중에 저장할 대상이 결정되는 동적인 정보도 멤버로 저장할 수 있다.

객체의 내부 구조가 해시이므로 [ ] 괄호로 멤버를 읽는 것이 오히려 원칙적이지만 괄호와 따옴표를 일일이 써야 하므로 입력하기 불편하며 읽기에도 간결하지 못하다. 가급적이면 멤버의 이름은 명칭 규칙에 맞춰 짧게 붙이고 . 연산자로 읽는 것이 편리하다.

# 1.3 with

객체의 멤버를 참조할 때마다 멤버앞에 객체 이름을 일일이 붙이기 귀찮다. human.name, human.age처럼 앞에 일일이 human.이 따라 다녀야 한다. 앞쪽 객체가 짧을 때는 별 일이 아니지만 human[depart][number] 처럼 거대한 배열에서 한 요소를 액세스할 때는 상당히 불편하다. 이럴 때는 다음 구문으로 멤버를 간편하게 읽을 수 있다.

```
with(객체) {
        멤버1 = ...
        멤버2 = ...
}
```

with문의 괄호안에 객체명을 미리 밝혀 놓으면 { } 블록안에서 객체명없이도 멤버를 자유롭게 읽을 수 있다. with문은 { } 블록안의 멤버명앞에 객체. 을 붙여 주는 역할을 하며 파스칼의 영향을 받은 문법이다.

**with.html**

```
<!DOCTYPE html>
<html>
<head>
    <meta charset="utf-8">
    <title>with</title>
```

```
    </head>
    <body>
        <script>
            var human = {
                name: "김상형",
                age: 29
            };

            with(human) {
                document.write("name = " + name + "<br>");
                document.write("age = " + age + "<br>");
            }
        </script>
    </body>
</html>
```

출력문을 with(human) 블록으로 둘러쌌으므로 이 블록안에서는 객체 이름을 생략하고 name, age 식으로 간편하게 멤버를 참조할 수 있다. 멤버가 고작 두 개 뿐이라서 이 경우는 별 실용성을 느낄 수 없지만 객체명이 길거나 멤버 참조문이 많을 때는 with문이 편리하다.

그러나 with문은 원래 긴 참조문을 억지로 짧게 줄인 것이다 보니 부작용이 있다. 객체의 멤버명과 동일한 이름의 외부 변수가 있을 때 with 블록에서는 멤버를 우선적으로 참조하기 때문에 외부 변수를 읽지 못한다.

**with2.html**

```
<!DOCTYPE html>
<html>
<head>
    <meta charset="utf-8">
    <title>with2</title>
</head>
<body>
    <script>
```

JavaScript+jQuery 정복

```
        var human = {
            name: "김상형",
            age: 29
        };

        var name = "이순신";
        with(human) {
            document.write("name = " + name + "<br>");
            document.write("age = " + age + "<br>");
        }
    </script>
</body>
</html>
```

객체 바깥쪽에 name이라는 별도의 변수가 선언되어 있으며 "이순신"으로 초기화했다. with 블록을 쓰지 않았다면 name 표현식은 이 변수를 읽을 것이고 human.name은 human 객체의 name 멤버를 읽을 것이다. 그러나 with 블록에서 그냥 name이라고 칭하면 어떤 것을 말하는지 애매해진다. 사람이 코드를 읽을 때도 블록안의 name이 어떤 값을 읽을지 직관적이지 않아 불편하다.

with 블록에서는 멤버를 우선적으로 참조하므로 그냥 name이라고 해서는 블록 외부의 name 변수를 읽을 수 없다. 정 읽으려면 최상위 객체인 window를 참조하여 window.name, 또는 this.name으로 소속을 밝혀 읽을 수 있지만 이런 규칙을 외우는 것 자체가 피곤하다. 그래서 웬만한 경우에는 with문을 쓰는 것보다는 그냥 객체.멤버 식으로 소속을 밝히는 것이 더 안전하다.

꼭 필요할 때가 있지만 여러 가지 부작용이 있기 때문에 사용을 권장하지 않으며 ES5의 엄격 모드에서 with문을 사용하면 에러로 처리한다. 표준이 금지한다는 것은 별로 좋은 문법이 아니라는 반증이다. 객체 표현문이 정 길어서 불편하다면 차라리 짧은 이름으로 사본 변수를 선언한 후 사본을 통해 참조하는 방법도 쓸만하다.

```html
<!DOCTYPE html>
<html>
<head>
    <meta charset="utf-8">
    <title>shortcopy</title>
</head>
<body>
    <script>
        var human = {
            name: "김상형",
            age: 29
        };

        var h = human;
        document.write("name = " + h.name + "<br>");
        document.write("age = " + h.age + "<br>");
    </script>
</body>
</html>
```

human이라는 긴 명칭에 대해 h라는 짧은 별명을 붙이고 이후 h.name, h.age로 참조한다. 객체끼리의 대입은 단순한 별명을 만드는 것이어서 속도나 메모리의 낭비도 거의 없다. 복잡한 with 구문보다는 이 방법이 훨씬 더 이해하기 쉽고 코드도 간결하다. 과거에 있었던 문법이어서 소개는 하지만 앞으로는 사용하지 않는 것이 좋다.

## 1.4 값과 참조

원시형 변수끼리 대입하면 단순히 값만 복사된다. 그래서 대입받은 변수를 어떻게 바꾸더라도 원본은 영향을 받지 않는다. 다음 예를 보자.

```
var a = 3;
var b = a;
b = 101092;
```

a의 값을 b가 대입받았다. 대입하는 시점에서는 a와 b 모두 3일 것이다. 이 상태에서 b를 어떻게 쪼물딱거리더라도 a의 원본값에는 영향을 주지 못한다. 값만 복사되었을 뿐이지 a와 b는 별도의 메모리에 저장된 완전히 다른 변수이기 때문이다.

그러나 객체의 경우는 다르다. 객체끼리 대입하면 객체의 모든 멤버를 복사하여 사본을 만드는 것이 아니라 똑같은 객체를 가리키는 다른 변수 하나가 더 생성된다. 따라서 대입받은 객체를 변경하면 원본도 영향을 받는다. 다음 예제로 확인해 보자.

**objectref.html**

```
<!DOCTYPE html>
<html>
<head>
    <meta charset="utf-8">
    <title>objectref</title>
</head>
<body>
    <script>
        var human = {
            name: "김상형",
            age: 29
        };

        var kim = human;
```

```
        kim.name = "김태희";

        document.write("name = " + human.name + "<br>");
        document.write("age = " + human.age + "<br>");
    </script>
</body>
</html>
```

human 객체를 생성하고 이 객체를 kim이 대입받았다. 이렇게 되면 두 변수가 같은 객체를 참조하며 이름만 다를 뿐 실제 가리키는 대상은 같다.

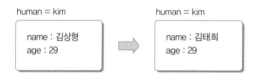

따라서 kim의 속성을 변경하면 human의 값도 같이 바뀐다. kim의 이름을 바꾼 후 human의 속성값을 출력했다.

```
name = 김태희
age = 29
```

human의 이름도 바뀌어 있음을 알 수 있다. kim도 물론 같이 바뀌었을 것이다. 이런 특성은 객체를 함수의 인수로 전달할 때도 똑같이 나타나는데 함수 호출중에 인수를 전달하는 것은 실인수에서 형식 인수로의 대입이기 때문이다. 다음 예제로 확인해 보자.

**objectargument_html**

```
<!DOCTYPE html>
<html>
<head>
    <meta charset="utf-8">
    <title>objectargument</title>
```

```
    </head>
    <body>
        <script>
            var human = {
                name: "김상형",
                age: 29
            };

            function changeName(h) {
                h.name = "김태희";
            }
            changeName(human);

            document.write("name = " + human.name + "<br>");
            document.write("age = " + human.age + "<br>");
        </script>
    </body>
</html>
```

changeName 함수로 human 객체를 전달하면 형식 인수 h도 human 객체를 가리키므로 h를 변경하면 실인수인 human의 값도 바뀐다. 반면 원시형 변수의 형식 인수는 복사본이기 때문에 실인수를 변경할 수 없다.

## 1.5 메서드

변수의 타입에 제한이 없듯이 객체의 멤버도 임의의 타입을 가질 수 있다. 숫자형, 문자열형, 진위형 같은 원시형은 물론이고 객체형도 가능하다. 객체가 다른 객체를 포함하여 중첩하는 것이다. 다음 예제는 human 객체안에 주소 정보를 가지는 address 객체를 포함한다.

```
<!DOCTYPE html>
<html>
<head>
    <meta charset="utf-8">
    <title>nestobject</title>
</head>
<body>
    <script>
        var human = {
            name: "김상형",
            age: 29,
            address : {
                city : "하남시",
                dong : "덕풍동",
                bunji : 638
            }
        };

        document.write("이름 = " + human.name + ", 나이 = " + human.age + "<br>");
        document.write("주소 = " + human.address.city + " " +
            human.address.dong + " " +
            human.address.bunji + "<br>");
    </script>
</body>
</html>
```

주소는 시, 동, 번지 등의 여러 가지 세부 요소로 구성되므로 이런 정보를 가지는 별도의 객체로 구성했다. 포함된 객체를 참조할 때는 . 연산자를 두 번 연거푸 사용한다. human.address.city는 human 객체의 멤버인 address 객체의 멤버인 city 멤버값을 의미한다.

```
이름 = 김상형, 나이 = 29
주소 = 하남시 덕풍동 638
```

객체에 포함될 수 있는 마지막 타입은 함수이다. 함수도 하나의 타입이므로 객체의 멤버가 될 수 있다. 객체에 포함된 함수를 특별히 메서드(Method)라고 부른다. 이에 비해 함수가 아닌 일반 데이터 멤버는 속성(Property)이라고 부른다. 즉, 객체는 속성과 메서드로 구성된다. 속성은 객체의 특성을 정의하고 메서드는 객체의 동작을 정의한다. human 객체에 스스로의 정보를 출력하는 메서드를 추가해 보자.

intro.html

```
<!DOCTYPE html>
<html>
<head>
    <meta charset="utf-8">
    <title>intro</title>
</head>
<body>
    <script>
        var human = {
            name: "김상형",
            age: 29,
            intro: function() {
                document.write("name = " + this.name + "<br>");
                document.write("age = " + this.age + "<br>");
            }
        };

        human.intro();
    </script>
</body>
</html>
```

intro라는 이름의 함수를 객체안에 포함시켰다. intro: 다음에 동작을 정의하는 함수 리터럴을 작성한다. 함수의 본체가 길어서 그렇지 일반 원시형 멤버와 정의하는 방법은 같다. 메서드에서 객체의 멤버를 참조할 때는 this 키워드를 사용하는데 this는 메서드가 속해있는 객체 자신을 가리킨다. intro 메서드는 this의 name 속성과 age 속성을 읽어 화면으로 출력한다.

메서드가 객체 안에 있으므로 this를 생략해도 될 것 같지만 자바스크립트는 객체 내부의 멤버를 참조한다는 것을 분명히 하기 위해 this의 생략을 허용하지 않는다. this가 빠지면 전역 변수를 참조하므로 반드시 this.name, this.age 식으로 자신의 멤버를 읽어야 한다. C나 자바의 메서드에서 this는 옵션이지만 자바스크립트에서는 필수이다.

객체가 스스로의 정보를 출력하는 동작을 메서드로 포함하고 있으므로 외부에서 이 동작이 필요할 때 메서드만 호출하면 된다. human.intro() 메서드를 호출하면 객체의 정보가 화면으로 출력된다. 함수를 호출하는 것이므로 뒤에 괄호가 반드시 있어야 하며 인수가 있다면 물론 전달해야 한다. 다음은 dog 객체에 동작을 추가해 보자.

**eatsleep.html**

```
<!DOCTYPE html>
<html>
<head>
    <meta charset="utf-8">
    <title>eatsleep</title>
</head>
<body>
    <script>
        var dog = {
            type: "치와와",
            weight: 2,
            male: true,
            eat: function() {
                document.write("할짝 할짝.<br>");
            },
            sleep: function() {
                document.write("쿨~쿨~<br>");
            },
        };

        dog.eat();
        dog.sleep();
    </script>
```

```
    </body>
</html>
```

개는 먹기도 하고 자기도 하므로 이 동작을 메서드로 구현했다. 문자열만 출력하여 가짜로 흉내를
내 보았지만 그래픽 환경이라면 실제 강아지 흉내를 낼 수도 있다.

```
할짝 할짝.
쿨~쿨~
```

메서드가 객체에 포함되어 있으므로 함수 리터럴의 끝이 세미콜론이 아니라 콤마임을 주의하자.
객체 멤버간은 콤마로 구분하므로 eat 메서드의 닫는 } 괄호 다음에는 반드시 콤마가 와야 한다. 콤
마를 빼 먹거나 세미콜론으로 끝내면 안된다.


# 1.6 동적 속성 편집

객체의 멤버는 실행중에도 얼마든지 추가 및 삭제할 수 있다. C나 자바처럼 타입이 엄격하고 컴파
일 타임에 모든 것이 결정되는 언어에서 실행중에 객체의 멤버를 편집한다는 것은 상상이 가지 않
는 기능이다. 그러나 자바스크립트는 인터프리터이며 객체의 내부가 키와 값의 쌍을 개수의 제약
없이 저장하는 해시로 되어 있으므로 실행중 조작이 가능하다.

특별한 문법이 따로 있는 것은 아니다. 새로운 속성이 필요할 때 단순히 새로운 속성에 값을 대입
하기만 하면 즉시 새로 생성된다. 속성을 삭제할 때는 delete 명령 다음에 삭제할 속성을 지정한
다. delete 속성; 식으로 쓸 수도 있고 delete(속성); 식의 함수 호출문 형태로 쓸 수도 있다. 단,
상속받은 속성은 삭제할 수 없으며 객체의 고유한 속성만 삭제할 수 있다.

```html
<!DOCTYPE html>
<html>
<head>
    <meta charset="utf-8">
    <title>editmember</title>
</head>
<body>
    <script>
        var human = {
            name: "김상형",
            age: 29
        };

        human.salary = 520;
        delete human.age;

        document.write(human.name + "의 월급 : " + human.salary + "<br>");
        document.write(human.name + "의 나이 : " + human.age + "<br>");
    </script>
</body>
</html>
```

지금까지 실습 예제로 사용했던 것과 마찬가지로 name과 age 속성을 가지는 human 객체를 정의했다. 이 상태에서 salary 속성을 추가했는데 별다른 제약없이 마치 salary라는 속성이 원래 있었던 것처럼 태연하게 값을 대입하기만 하면 속성이 새로 추가된다. 그리고 delete 연산자로 age 속성은 삭제했는데 delete(human.age); 형식으로 괄호를 써도 상관없다.

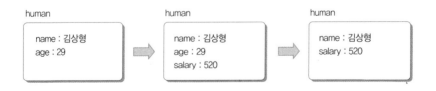

JavaScript+jQuery 정복

실행중에 human의 내부 멤버가 동적으로 편집된다. 개수에 상관없이 얼마든지 많은 멤버를 추가할 수 있다. 실행 결과는 다음과 같다.

```
김상형의 월급 : 520
김상형의 나이 : undefined
```

salary 속성이 잘 추가되었으며 age 속성은 삭제되었으므로 undefined로 출력된다. 속성뿐만 아니라 메서드도 실행중에 얼마든지 추가, 삭제할 수 있다. 이런 식이다 보니 처음부터 멤버를 미리 선언할 필요없이 빈 객체를 만든 후 멤버를 천천히 추가해도 무방하다.

```
var human = { };
human.name = "김상형";
human.age = 29;
```

빈 객체의 리터럴 표현은 { }이다. 얼마든지 자유롭게 첨삭할 수 있지만 실행중에 객체를 자주 변경하면 아무래도 성능에는 불리할 것이다. 필요한 속성이나 메서드는 가급적 미리 포함시켜 두는 것이 바람직하며 불가피할 경우에만 실행중에 편집하는 것이 좋다.

실행중에 멤버를 자유롭게 넣었다 뺐다 할 수 있으므로 특정 멤버가 객체에 항상 존재하는지 확신할 수 없다. 처음에 선언했더라도 중간에 언제든지 멤버를 제거할 수 있기 때문이다. 그래서 멤버의 실제 존재 여부를 조사하는 in 연산자가 제공된다.

### "멤버" in 객체

멤버는 문자열 형태로 정의되므로 이름을 따옴표로 감싸는 것이 원칙이다. 해당 멤버가 객체에 있으면 true를 리턴하고 그렇지 않으면 false를 리턴한다.

```
inoperator.html
```

```
<!DOCTYPE html>
<html>
<head>
    <meta charset="utf-8">
```

```
            <title>inoperator</title>
    </head>
    <body>
        <script>
            var human = {
                name: "김상형",
                age: 29
            };

            if ("age" in human) {
                document.write("나이 정보가 있습니다.<br>");
            }
            if ("salary" in human) {
                document.write("월급 정보가 있습니다.<br>");
            }
        </script>
    </body>
    </html>
```

name과 age를 멤버로 가지는 human 객체를 정의한 후 in 연산자로 age와 salary 멤버가 있는지 조사했다. 나이 정보만 있는 것으로 조사된다. 물론 조사하기 전에 멤버를 편집했다면 결과는 달라질 수도 있다.

나이 정보가 있습니다.

in 연산자는 배열의 첨자가 존재하는지도 조사할 수 있는데 첨자는 정수이므로 따옴표를 생략하고 정수를 바로 사용해도 무방하다. 물론 따옴표를 감싸도 상관없다. 기억하기 귀찮으면 in 연산자의 앞쪽 피연산자는 무조건 따옴표로 감싼다고 알아 두면 된다.

```
<!DOCTYPE html>
<html>
<head>
    <meta charset="utf-8">
    <title>inoperator2</title>
</head>
<body>
    <script>
        var ar = [1, 2, 3];
        delete(ar[1]);

        if (0 in ar) {
            document.write("0번째 요소가 있습니다.<br>");
        }
        if (1 in ar) {
            document.write("1번째 요소가 있습니다.<br>");
        }
    </script>
</body>
</html>
```

크기 3의 배열을 선언한 후 1번째 요소를 제거했다. 이 상태에서 0번과 1번 요소가 남아 있는지 in 연산자로 조사해 보았다. 0번 요소만 있으며 1번 요소는 삭제되어 없는 것으로 보고된다.

0번째 요소가 있습니다.

차후 다시 배우겠지만 배열도 첨자를 해시키로 사용하는 일종의 객체이다. 첨자가 반드시 연속적일 필요는 없으며 중간에 이빨이 빠진 형태가 될 수도 있어 in 연산자로 해당 첨자가 있는지 조사할 필요가 있다.

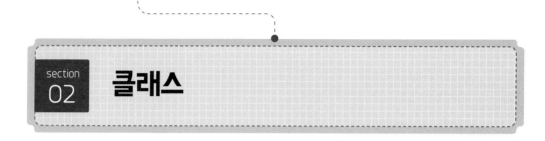

# 클래스

## 2.1 생성자

human은 하나의 객체 변수로서 한 사람의 신상에 대한 정보만 가진다. 이런 객체가 하나 더 필요하다면 human2 객체를 다시 정의해야 하며 여러 개 필요하면 똑같은 멤버를 가지는 human3, human4도 각각 따로 만들어야 한다.

```
var human1 = { name: "김상형", age: 29 };
var human2 = { name: "권성직", age: 45 };
var human3 = { name: "문종민", age: 42 };
var human4 = { name: "이미성", age: 44 };
```

매번 이런 식으로 객체를 만들어야 한다면 너무 비효율적이다. 멤버가 둘 뿐이고 멤버 이름이 간략해서 짧아 보이지만 매번 name:뭐, age:뭐 식으로 멤버의 이름과 값을 나열해야 한다. 객체의 구조를 미리 정의해 놓고 멤버의 초기값만 전달하면 훨씬 더 편리할 것이다.

그래서 객체를 생성하는 특별한 함수가 제공되는데 그것이 바로 생성자이다. 생성자는 일반 함수에 비해 객체를 만드는 특별한 일을 하므로 첫 글자를 대문자로 써서 구분하는 것이 관행이다. human 객체의 생성자는 Human으로 이름을 붙인다. 생성자로부터 객체를 생성할 때는 new 키워드를 사용한다.

```
<!DOCTYPE html>
<html>
<head>
    <meta charset="utf-8">
    <title>constructor</title>
</head>
<body>
    <script>
        function Human(name, age) {
            this.name = name;
            this.age = age;
            this.intro =  function() {
                document.write("name = " + this.name + "<br>");
                document.write("age = " + this.age + "<br>");
            };
        }

        var kim = new Human("김상형", 29);
        var lee = new Human("이승우", 42);
        kim.intro();
        lee.intro();
    </script>
</body>
</html>
```

Human 생성자는 name과 age를 인수로 전달받아 객체의 name과 age 속성에 대입한다. 객체를 생성하는 곳에서 전달한 초기값대로 객체를 찍어내는 것이다. 멤버 참조문앞에 키워드 this가 있음을 유의하자. this.name은 지금 이 생성자를 호출한 객체, 즉 지금 만들어지고 있는 객체의 name 속성을 의미하며 name은 생성자로 전달된 인수를 의미한다.

하나의 생성자로 여러 개의 객체를 찍어낼 수 있으므로 객체간의 구분을 위해 반드시 this 키워드로 멤버를 액세스해야 한다. 생성자는 객체별로 다른 기억 장소를 할당하며 각 객체의 기억 장소에 접근하기 위해 this 키워드가 필요하다. kim의 name과 lee의 name이 따로 저장되어야 하므로 생성자에서 멤버에 값을 대입할 때는 반드시 this 키워드로 자신의 멤버임을 표시한다.

두 속성값을 출력하는 intro 메서드도 정의했다. 메서드도 객체에 소속되므로 this 키워드를 붙여야 하며 메서드 안에서 멤버를 읽을 때도 this 키워드가 필요하다. 생성자를 정의해 놓으면 객체를 얼마든지 쉽게 만들 수 있다. 멤버의 이름은 적을 필요가 없으며 생성자의 인수로 멤버값만 죽 나열하면 된다. 예제에서는 2개만 생성했는데 얼마든지 많은 객체를 생성자로 척척 찍어낼 수 있다.

new 연산자로 Human 생성자를 호출하고 그 리턴값을 객체 변수로 대입받는다. new 연산자는 객체를 위한 공간을 만드는 역할을 하므로 생성자를 호출할 때는 반드시 new 연산자를 사용해야 한다. new 연산자에 의해 this가 생성되고 생성자는 this를 통해 자신의 멤버를 참조한다.

```
name = 김상형
age = 29
name = 이승우
age = 42
```

생성자는 객체를 찍어내는 틀 역할을 하며 다른 언어의 클래스와 유사한 개념이라고 할 수 있다. 한번만 잘 정의해 놓으면 속성이 다른 객체를 얼마든지 쉽게 만들 수 있다. 물론 기능적으로 유사하다는 것이지 클래스와 정확하게 같지는 않다.

## 2.2 프로토타입

생성자로 찍어낸 객체는 각자의 속성을 저장하기 위한 고유의 메모리를 할당받는다. kim과 lee의 이름과 나이 속성은 각자 다른 값을 가지므로 별도의 장소에 따로 저장해야 한다. 그러나 동작을 정의하는 메서드는 객체에 상관없이 내용이 같으므로 똑같은 메서드를 객체가 개별적으로 가질 필요는 없다. 그래봐야 메모리만 더 잡아 먹으며 객체가 많아지면 낭비가 더 심해질 것이다.

kim

```
name : 김상형
age : 29
intro : function() {
  write(...);
  write(...);
}
```

lee

```
name : 이승우
age : 40
intro : function() {
  write(...);
  write(...);
}
```

객체별로 속성은 각자 가지지만 메서드는 공유하는 것이 이상적이다. 사람에 따라 이름이나 나이가 달라지더라도 소개하는 방법이 달라지는 것은 아니다. 같은 생성자로부터 만들어진 객체들이 공유하는 저장 장소를 프로토타입이라고 하며 메서드는 보통 여기에 저장한다. 생성자 함수는 prototype이라는 암시적인 객체를 가지는데 여기에 메서드를 정의한다. 수정된 예제는 다음과 같다.

**prototype.html**

```
<!DOCTYPE html>
<html>
<head>
    <meta charset="utf-8">
    <title>prototype</title>
</head>
<body>
    <script>
        function Human(name, age) {
            this.name = name;
            this.age = age;
        }
        Human.prototype.intro = function() {
            document.write("name = " + this.name + "<br>");
            document.write("age = " + this.age + "<br>");
        };

        var kim = new Human("김상형", 29);
```

```
            var lee = new Human("이승우", 40);
            kim.intro();
            lee.intro();
        </script>
    </body>
</html>
```

intro 함수를 정의하는 부분이 Human 생성자에서 Human.prototype으로 바뀌었다. 실행 결과
는 동일하지만 객체가 메서드를 공유하므로 메모리를 훨씬 더 절약할 수 있다. Human 생성자로
부터 몇 개의 객체를 만들든지 intro 메서드는 프로토타입에 딱 하나만 있다. 프로토타입에 정의된
메서드는 생성자로부터 만들어진 모든 객체가 공유하며 누구나 호출할 수 있다.

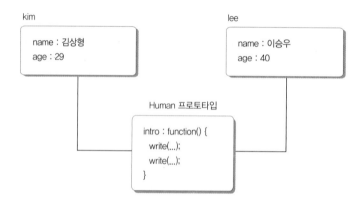

원칙적으로 생성자는 객체별로 달라지는 속성값만 저장하고 모든 객체가 공유하는 메서드는 프로
토타입에 정의해야 한다. 자바스크립트는 다른 객체 지향 언어와는 달리 클래스의 개념이 없는 대
신 프로토타입을 기반으로 한다.


# 2.3 instanceof 연산자

instanceof 연산자는 객체가 특정한 타입인지 점검한다. 사용 형식은 다음과 같다.

JavaScript+jQuery 정복

**O instanceof T**

두 개의 피연산자를 취하며 좌변은 조사할 객체이고 우변은 생성자 함수이다. 객체 O가 T 생성자로부터 만들어진 것이면 true를 리턴하고 그렇지 않으면 false를 리턴한다. 더 정확하게는 객체 O가 T.prototype을 상속했는지 점검한다. 다음 예제를 보자.

**instanceof.html**

```
<!DOCTYPE html>
<html>
<head>
    <meta charset="utf-8">
    <title>instanceof</title>
</head>
<body>
    <script>
        function Human(name, age) {
            this.name = name;
            this.age = age;
        }

        function Dog(type, weight, male) {
            this.type = type;
            this.weight = weight;
            this.male = male;
        }

        var kim = new Human("김상형", 29);
        if (kim instanceof Human) {
            document.write("kim은 사람입니다.<br>");
        }

        var happy = new Dog("시츄", 900, false);
        if (happy instanceof Human) {
            document.write("happy는 사람입니다.<br>");
```

```
        }
    </script>
</body>
</html>
```

Human 생성자로부터 kim 객체를 생성하고 Dog 생성자로부터 happy 객체를 생성했다. 이 상태에서 instanceof 연산자로 kim과 haapy가 Human 객체인지 조사해 보았다. kim은 사람이지만 happy는 사람이 아니다.

```
kim은 사람입니다.
```

instanceof 연산자는 상위 클래스도 인식한다. 상속 단계를 밟아 위로 올라가면서 상위 클래스의 프로토타입을 점검해 보고 상위 프로토타입 체인에서 일치하는 생성자 함수를 발견하면 true를 리턴한다. Human이나 Dog나 다 Object로부터 상속받으므로 다음 두 조건문은 모두 참이다.

```
kim instanceof Object
happy instanceof Object
```

사람도 물건이고 해피도 물건이기 때문이다. 사실 자바스크립트의 모든 것은 객체이므로 우변이 Object이면 항상 true라고 할 수 있다. instanceof 연산자 외에도 constructor 속성값으로 생성자 함수를 점검하는 방법이 있지만 둘 다 완벽하지는 않다. 타입이 워낙 느슨한 언어여서 모든 경우에 맞는 완벽한 타입 점검 방법이 없다.

# chapter 07

# 원시 객체

# 원시 타입 객체

## 1.1 Object

자바스크립트는 누구나 자주 사용하는 일반적인 기능을 객체로 제공한다. 언어가 자체적으로 제공하는 일종의 라이브러리인 셈이어서 사용법만 잘 익혀서 써 먹으면 된다. 양이 많으므로 일일이 외울 필요는 없으며 필요할 때 레퍼런스를 참조하여 사용하도록 하자.

Object는 자바스크립트의 루트 객체이며 모든 객체는 Object로부터 파생된다. 그 자체는 별 기능이 없지만 객체가 가져야 할 가장 일반적인 기능을 정의한다. 모든 객체는 Object의 후손이므로 Object의 멤버는 모든 객체가 공유한다. 주요 멤버는 다음과 같다.

| 멤버 | 설명 |
|---|---|
| constructor | 객체를 만든 생성자에 대한 참조이다. |
| toString() | 객체를 문자열로 표현한다. |
| toLocaleString() | 지역화된 문자열을 반환한다. |
| valueOf() | 원시값을 추출한다. |
| hasOwnProperty(p) | 상속받지 않은 고유의 속성이 있는지 조사한다. |
| isPrototypeOf(p) | 특정 프로토타입의 객체인지 조사한다. |
| propertyIsEnumerable(p) | 속성이 존재하는지, for in으로 열거할 수 있는지 조사한다. |

constructor 하나만 속성이고 나머지는 모두 메서드이다. 생성자는 다음 두 가지 형태로 사용되는데 인수 개수만 다르므로 사실은 함수 하나라고 할 수 있다.

**Object( )**
**Object(value)**

JavaScript+jQuery 정복

인수가 없으면 빈 객체를 생성하고 value를 전달하면 이 값을 감싸는 래퍼 객체를 생성한다. 객체를 생성할 때는 new 연산자를 사용하는 것이 원칙이지만 Object의 경우는 예외적으로 new 없이 호출해도 객체를 생성한다.

**newoperator.html**

```html
<!DOCTYPE html>
<html>
<head>
    <meta charset="utf-8">
    <title>newoperator</title>
</head>
<body>
    <script>
        var a = new Object();
        var b = new Object(1234);
        var c = new Object("문자열");

        document.write("타입 = " + typeof(a) + ", 값 = " + a + "<br>");
        document.write("타입 = " + typeof(b) + ", 값 = " + b + "<br>");
        document.write("타입 = " + typeof(c) + ", 값 = " + c + "<br>");
    </script>
</body>
</html>
```

세 개의 객체를 생성하고 타입과 그 값을 출력했다. 어떤 초기값을 사용했건 Object 생성자로부터 생성되었으므로 typeof 연산자는 모두 object 타입으로 조사한다.

```
타입 = object, 값 = [object Object]
타입 = object, 값 = 1234
타입 = object, 값 = 문자열
```

객체를 출력하면 toString 메서드가 자동으로 호출되어 문자열 형태로 변환된다. 숫자나 문자열을 래핑한 객체는 그 값을 출력하지만 빈 객체는 [object 클래스명] 식으로 설명적이지 못한 문자열을 리턴한다. Object의 파생 클래스인 원시형은 자신의 값을 출력한다.

**primitivestring.html**

```html
<!DOCTYPE html>
<html>
<head>
    <meta charset="utf-8">
    <title>primitivestring</title>
</head>
<body>
    <script>
        var a = 1234;
        var s = "문자열";
        var b = false;
        var human = {
            name: "김상형",
            age: 29
        };

        document.write("a    = " + a.toString() + "<br>");
        document.write("s    = " + s.toString() + "<br>");
        document.write("b    = " + b.toString() + "<br>");
        document.write("human  = " + human.toString() + "<br>");
    </script>
</body>
</html>
```

기본형은 자신의 값을 문자열 형태로 변환하여 리턴한다. 문자열과 연결하면 toString이 자동으로 호출되므로 변수명을 바로 사용해도 상관없다. 숫자는 자동으로 문자열로 바뀌며 문자열은 굳이 toString을 호출하지 않아도 그 자체가 문자열이다. 객체의 경우는 상세한 정보를 출력하지 않고 그냥 object라고만 나온다.

```
a = 1234
s = 문자열
b = false
human = [object Object]
```

모든 객체는 Object로부터 파생되므로 Object의 기본 toString 메서드를 그대로 상속받으며 toString 메서드 자체는 별다른 정보가 없어 [object] 라는 형식으로 출력한다. human 객체는 이 출력만으로 내용을 알기 어려우므로 toString 메서드를 재정의하여 객체에 대한 상세한 설명을 붙이는 것이 좋다.

**objectstring.html**

```html
<!DOCTYPE html>
<html>
<head>
    <meta charset="utf-8">
    <title>objectstring</title>
</head>
<body>
    <script>
        var human = {
            name: "김상형",
            age: 29,
            toString : function() {
                return "name : " + this.name + ", age : " + this.age;
            }
        };

        document.write("human   = " + human.toString() + "<br>");
    </script>
</body>
</html>
```

human 객체 안에 toString 메서드를 정의하고 이름과 나이를 출력했다. toString 메서드를 정의해 놓기만 하면 객체를 문자열로 바꾸고 싶을 때 자동으로 호출되므로 이 경우도 toString()을 일부러 호출할 필요없이 human을 바로 출력해도 상관없다.

```
human = name : 김상형, age : 29
```

toString 메서드를 재정의해 두었으므로 human을 출력하면 이름과 나이 정보를 문자열로 조립하여 출력한다. 객체를 덤프해 보는 것만으로 내부 정보를 한눈에 알아 볼 수 있으며 이 정보는 디버깅에도 아주 유용하게 사용된다. 예제 작성의 편의상 객체에 함수를 바로 작성했는데 생성자를 정의했다면 메서드는 프로토타입에 작성하는 것이 원칙적이다.

**objectstring2.html**

```html
<!DOCTYPE html>
<html>
<head>
    <meta charset="utf-8">
    <title>objectstring2</title>
</head>
<body>
    <script>
        function Human(name, age) {
            this.name = name;
            this.age = age;
        }
        Human.prototype.toString = function() {
            return "name : " + this.name + ", age : " + this.age;
        }

        var human = new Human("김상형", 29);
        document.write("human   = " + human + "<br>");
    </script>
</body>
</html>
```

toString 메서드를 Human.prototype에 정의했으므로 Human 생성자로부터 생성되는 모든 객체가 이 메서드를 공유한다. valueOf 메서드는 객체의 기본값을 조사한다. 숫자, 문자열, 진위형 등의 기본값을 래핑한 경우 원래값을 알아내는 것이다. 기본값이 없으면 객체 자신이 다시 리턴된다.

```
<!DOCTYPE html>
<html>
<head>
    <meta charset="utf-8">
    <title>valueof</title>
</head>
<body>
    <script>
        var a = new Object(1000);
        var b = a.valueOf();
        var c = 2000 + a.valueOf();

        document.write("타입 = " + typeof(a) + ", 값 = " + a + "<br>");
        document.write("타입 = " + typeof(b) + ", 값 = " + b + "<br>");
        document.write("타입 = " + typeof(c) + ", 값 = " + c + "<br>");
    </script>
</body>
</html>
```

a는 숫자값 1000을 래핑한 Object 객체이다. b는 a.valueOf( )를 호출하여 a의 원래값을 추출하여 대입받았으므로 number 타입의 숫자가 된다. 이 값은 숫자이므로 다른 숫자와 바로 연산할 수 있다. c에 2000이라는 숫자 리터럴과 a.valueOf( )를 더했는데 3000으로 잘 계산되며 숫자끼리 더했으므로 c는 number 타입이다.

그러나 실제로는 valueOf를 호출하지 않고 2000+a로 바로 연산해도 상관없다. 원래값을 추출할 필요가 있을 때 valueOf를 자동으로 호출하도록 되어 있다. 그래서 valueOf를 직접적으로 호출해야 하는 경우는 거의 없다. 세 변수의 타입과 값을 덤프해 보자.

```
타입 = object, 값 = 1000
타입 = number, 값 = 1000
타입 = number, 값 = 3000
```

Object의 나머지 메서드는 Object 자체를 위한 것이 아니고 파생 클래스에서 호출하기 위해 제공되는 것이다. 파생 클래스를 연구해 보고 관련 부분에서 다시 알아 보도록 하자.


# 1.2 Number

Number는 숫자형을 표현하는 객체이다. 지금까지 숫자형 변수를 많이 사용해 왔는데 이 변수의 타입이 바로 Number형이다. 원시형은 보통 리터럴로 초기화하여 선언하지만 new 연산자로 Number형 객체를 생성함으로써 선언할 수도 있다.

**numberobject.html**

```html
<!DOCTYPE html>
<html>
<head>
    <meta charset="utf-8">
    <title>numberobject</title>
</head>
<body>
    <script>
        var a = 1234;
        var b = new Number(1234);
        var c = new Number("1234");
        var d = Number("1234");

        document.write("타입 = " + typeof(a) + ", 값 = " + a + "<br>");
        document.write("타입 = " + typeof(b) + ", 값 = " + b + "<br>");
        document.write("타입 = " + typeof(c) + ", 값 = " + c + "<br>");
        document.write("타입 = " + typeof(d) + ", 값 = " + d + "<br>");
```

```
    </script>
  </body>
  </html>
```

a 변수는 초기값에 1234라는 리터럴을 대입했으므로 Number형 객체가 된다. b 변수는 new Number(1234)로 생성자를 호출하여 똑같은 값을 가지지만 타입이 object라는 점이 다르다. 숫자가 아닌 문자열값을 숫자 형태로 변환할 때는 Number 생성자를 사용하거나 Number 함수를 사용한다. c 변수는 new 연산자로 생성자를 호출하여 객체가 되며 d 변수는 new 연산자 없이 Number 함수를 호출하여 숫자형이 된다.

```
타입 = number, 값 = 1234
타입 = object, 값 = 1234
타입 = object, 값 = 1234
타입 = number, 값 = 1234
```

Number 생성자와 Number 전역 함수는 자격은 다르지만 이름이 같고 어쨌거나 숫자형 변수를 만들어 낸다는 면에서 용도도 비슷하다. 사실 굳이 구분할 필요도 없고 원시형을 생성자로 만들 이유도 없다. 웬만하면 숫자 리터럴로 초기화하되 숫자가 아닌 다른 타입으로부터 초기화할 때 Number 함수 정도만 사용하면 된다. Number 객체의 속성은 다음과 같다.

| 상수 | 설명 |
| --- | --- |
| MAX_VALUE | 표현 가능한 최대수 |
| MIN_VALUE | 표현 가능한 최소수. 0에 가장 가까운 수 |
| POSITIVE_INFINITY | 양의 무한대 |
| NEGATIVE_INFINITY | 음의 무한대 |
| NaN | 숫자가 아니라는 뜻이며 일반적으로 에러를 의미한다. |

언어가 지원하는 수치값의 범위를 명시하거나 특이값을 표현하는 상수들이다.

```
<!DOCTYPE html>
<html>
<head>
    <meta charset="utf-8">
    <title>numberconst</title>
</head>
<body>
    <script>
        document.write("최대수 : " + Number.MAX_VALUE + "<br>");
        document.write("최소수 : " + Number.MIN_VALUE + "<br>");
        document.write("+무한대 : " + Number.POSITIVE_INFINITY + "<br>");
        document.write("-무한대 : " + Number.NEGATIVE_INFINITY + "<br>");
        document.write("NaN : " + Number.NaN + "<br>");
    </script>
</body>
</html>
```

Number 객체의 상수값을 화면으로 출력했다. 실제값은 실행 환경에 따라 달라질 수 있는데 일상적인 연산에는 부족하지 않은 수준이다.

```
최대수 : 1.7976931348623157e+308
최소수 : 5e-324
+무한대 : Infinity
-무한대 : -Infinity
NaN : NaN
```

최대 표현수가 무려 10의 308승이나 되는데 천문학에서조차 가늠하기 힘든 무지막지한 값이다. 물론 해상도가 이렇게 높다는 것은 아니며 지수 표기식으로 이 정도 수까지 표현할 수 있다는 의미이다. 상기의 속성은 Number 객체에 정의된 것이 아니라 Number 생성자에 정의된 것이므로 변수로 참조할 수는 없다.

```
var a = 1234;
document.write("최소수 : " + a.MIN_VALUE + "<br>");
```

MIN_VALUE 상수는 Number 소속이지 a 객체 소속이 아니므로 이대로 출력하면 undefined가
출력된다. 객체별로 다른 값을 가지는 속성이 아니라 값이 고정된 클래스 소속의 정적 상수로 이해
하면 된다. 다음 메서드는 숫자를 문자열로 변환하되 숫자를 표기할 방법과 정확도를 지정한다.

| 메서드 | 설명 |
|---|---|
| toExponential(x) | 부동 소수점 형식으로 변환한다. x는 10진수로 소수점 이하 몇자리까지 표현할 것인가를 지정한다. 0~20까지의 자리수를 지정할 수 있으며 생략시 최대한 많은 자리수를 표현한다. |
| toFixed(x) | 고정 소수점 형식으로 변환한다. x의 의미는 위와 같되 생략시 0이 적용되어 정수부만 표현한다. |
| toPrecision(x) | 지정한 유효숫자까지 변환한다. x는 총 자리수이며 생략시 변환하지 않고 그대로 출력한다. |

정수는 단순해서 출력하는 방법에 별 다른 형식이 없다. 반면 실수는 부동 소수점과 고정 소수점
표기법이 있고 소수점 이하 얼마까지 정확하게 표현할 것인가를 지정하는 유효자리수의 개념이 있
다. 정확한 값이 항상 좋은 것은 아니다. 반 평균이 82.1346789765라면 이렇게 다 쓸 필요없이
대충 82.13까지만 표시하는 것이 오히려 더 편리하다. 상기의 메서드는 숫자를 이런 식으로 보기
좋게 포맷팅한다.

**tofixed.html**

```
<!DOCTYPE html>
<html>
<head>
    <meta charset="utf-8">
    <title>tofixed</title>
</head>
<body>
    <script>
        var a = 31415.9265358979;
        document.write("단순 출력 : " + a + "<br>");

        document.write("부동 소수점() : " + a.toExponential() + "<br>");
```

```
                document.write("부동 소수점(3) : " + a.toExponential(3) + "<br>");
                document.write("부동 소수점(5) : " + a.toExponential(6) + "<br>");

                document.write("고정 소수점() : " + a.toFixed() + "<br>");
                document.write("고정 소수점(3) : " + a.toFixed(3) + "<br>");
                document.write("고정 소수점(5) : " + a.toFixed(5) + "<br>");

                document.write("유효자리수() : " + a.toPrecision() + "<br>");
                document.write("유효자리수(3) : " + a.toPrecision(3) + "<br>");
                document.write("유효자리수(5) : " + a.toPrecision(5) + "<br>");
        </script>
    </body>
</html>
```

좀 복잡한 실수값 하나를 정의했다. 이 값을 그대로 출력하면 물론 자기값대로 나온다. 변환 메서드를 사용하면 적당히 원하는 형태로 포맷팅할 수 있다.

```
단순 출력 : 31415.9265358979
부동 소수점() : 3.14159265358979e+4
부동 소수점(3) : 3.142e+4
부동 소수점(5) : 3.141593e+4
고정 소수점() : 31416
고정 소수점(3) : 31415.927
고정 소수점(5) : 31415.92654
유효자리수() : 31415.9265358979
유효자리수(3) : 3.14e+4
유효자리수(5) : 31416
```

값 자체는 거의 같지만 호출하는 메서드와 유효자리수에 따라 출력되는 형태가 달라진다. 메서드에 따라 실수 표기 방식과 자리수를 소수점 이하로 지정할 것인지 총 자리수로 지정할 것인지가 다르다. 부동 소수점 형태는 아주 큰 값이나 작은 값도 표현할 수 있지만 사람이 읽기에는 불편하므로 가급적이면 고정 소수점 형태로 소수점 이하를 적당히 잘라 출력하는 것이 좋다. 대개의 경우 toFixed(2) 정도로 소수점 2자리 정도면 실수를 표현하는 데 가장 무난하다.

JavaScript+jQuery 정복

# 1.3 String

String은 문자열을 표현하는 객체이다. new 연산자로 생성해도 되지만 보통은 문자열 리터럴로 초기화하는 것이 훨씬 더 간편하다. 다음 두 구문은 동일하다.

```
var s = new String("문자열");
var s = "문자열";
```

속성은 문자열의 길이를 나타내는 length 하나밖에 없다. 유니코드에 기반하므로 한글이나 한자도 하나의 문자로 취급되며 length 속성은 차지한 메모리 길이가 아니라 문자의 개수를 의미한다. 배열과 달리 문자열의 길이는 읽기 전용이며 강제로 값을 변경할 수는 없다.

**stringobject.html**

```
<!DOCTYPE html>
<html>
<head>
    <meta charset="utf-8">
    <title>stringobject</title>
</head>
<body>
    <script>
        var a = "korea";
        var b = "한국 1234";

        document.write("a의 길이 = " + a.length + "<br>");
        document.write("b의 길이 = " + b.length + "<br>");
    </script>
</body>
</html>
```

a와 b를 두 가지 방법으로 생성하고 length 속성으로 길이를 조사했다. 한글이나 공백도 하나의 문자로 계산된다.

```
a의 길이 = 5
b의 길이 = 7
```

원시형이지만 문자열을 조작할 일이 많기 때문에 숫자를 표현하는 Number에 비해 메서드가 훨씬 더 다양하게 제공된다. 양이 굉장히 많으므로 객체의 일반적인 특성을 익힌 후에 다음 장에서 따로 정리하기로 한다.

# 1.4 Boolean

Boolean은 진위형을 표현하는 객체이다. 워낙 단순한 타입이어서 별도의 속성이나 메서드가 없다. Object로부터 상속받은 toString, valueOf 등의 기본적인 메서드가 있지만 이조차도 직접 호출하는 경우가 거의 없다. 생성자의 인수로 true나 false로 초기값을 지정하되 굳이 Boolean 생성자를 호출할 필요 없이 그냥 var a = true; 라고 선언하는 것이 보편적이다.

Boolean 생성자는 다른 타입의 값을 진위형으로 바꿀 때 사용한다. 인수로 진위형 리터럴이 아닌 값을 주면 내부 규칙에 따라 진위형으로 변환한다. 0, "", null, undefined, NaN 등만 false이며 나머지는 모두 true로 평가된다.

```
var a = new Boolean(true);              // true
var b = new Boolean(1);                 // true
var c = new Boolean(0);                 // false
var d = new Boolean("문자열");           // true
var e = new Boolean(null);              // false
```

new 연산자 없이 Boolean 함수를 사용해도 변환 결과는 같다. 다만 Boolean 생성자는 Object 타입을 반환하는데 비해 Boolean 함수는 boolean 타입을 반환한다는 것만 다르다.

# 1.5 래퍼 객체

자바스크립트에서 모든 것은 객체이며 원시값도 생성자로 생성하면 Object 타입의 객체로 생성
된다.

```
wrapper.html
```

```html
<!DOCTYPE html>
<html>
<head>
    <meta charset="utf-8">
    <title>wrapper</title>
</head>
<body>
    <script>
        var a = new String("korea");
        var b = "korea";

        document.write("타입 = " + typeof(a) + ", 값 = " + a + ", 길이 = " + a.length + "<br>");
        document.write("타입 = " + typeof(b) + ", 값 = " + b + ", 길이 = " + b.length + "<br>");
        document.write("korea".length + "<br>");
    </script>
</body>
</html>
```

a는 생성자로 생성했고 b는 값으로 초기화한 원시형 변수이다. 둘 다 "korea"라는 같은 값을 가지
지만 a는 object 타입인데 비해 b는 string 타입이다.

```
타입 = object, 값 = korea, 길이 = 5
타입 = string, 값 = korea, 길이 = 5
5
```

a나 b나 모두 문자열이므로 length 속성을 사용할 수 있으며 String에 정의된 메서드를 호출할 수 있다. 둘 다 length 속성을 통해 문자열의 길이가 5라는 것을 조사했다. 리터럴로 초기화한 원시형 변수라도 메서드를 호출하면 자바스크립트가 이 원시형 변수를 감싸는 래퍼 객체를 만들어준다.

따라서 b.length 호출문도 정상적으로 잘 처리된다. 심지어 문자열 리터럴인 "korea"도 length 속성을 사용하여 길이를 조사할 수 있다. 리터럴에 대해 메서드를 호출하면 임시 래퍼 객체를 생성하고 이 래퍼 객체의 메서드를 호출한다. 자바스크립트는 언제든지 객체가 필요한 상황이면 알아서 래퍼를 생성하므로 원시형이나 리터럴도 객체처럼 사용하면 된다.

그래서 객체와 원시형은 거의 차이가 없어 보이며 실제로도 사용상에는 별 차이가 없다. 그러나 아주 사소한 몇 가지 차이가 있다. 우선 타입이 다르다. 그래서 a와 b를 비교할 경우 ==로 비교할 때와 ===로 비교할 때의 결과가 다르다.

---

**threeequal.html**

```
<!DOCTYPE html>
<html>
<head>
    <meta charset="utf-8">
    <title>threeequal</title>
</head>
<body>
    <script>
        var a = new String("korea");
        var b = "korea";

        document.write("== 비교 : " + (a == b) + "<br>");
        document.write("=== 비교 : " + (a === b) + "<br>");
    </script>
</body>
</html>
```

---

객체로 생성한 a와 원시형 변수로 선언한 b를 두 개의 연산자로 비교해 보았다. 두 변수 모두 "korea"라는 문자열을 가진다.

```
== 비교 : true
=== 비교 : false
```

== 연산자는 타입을 무시하고 값만 비교하므로 a와 b를 같다고 평가한다. 반면 === 연산자
는 값과 타입을 모두 점검하기 때문에 a와 b가 다르다고 평가한다. a는 Object 타입이지만 b는
String 타입이기 때문이다. 생성 방법을 무시하고 같은 종류의 타입인지 정확하게 알아 내려면
constructor 속성을 비교한다.

**constructorcompare.html**

```html
<!DOCTYPE html>
<html>
<head>
    <meta charset="utf-8">
    <title>constructorcompare</title>
</head>
<body>
    <script>
        var a = new String("korea");
        var b = "korea";

        if (typeof(a) == typeof(b)) {
            document.write("타입이 같다");
        }
        if (a.constructor == b.constructor) {
            document.write("생성자가 같다");
        }
    </script>
</body>
</html>
```

생성 방법이 다르므로 typeof 연산자로 비교한 a와 b의 타입은 다른 것으로 평가된다. 그러나
new 연산자로 생성되었건 리터럴로 생성되었건 둘 다 String 생성자를 거치므로 생성자는 같은
것으로 조사된다. 실행 결과는 다음과 같다.

또 객체와 원시형은 속성의 추가 가능성이 다르다. 다음 예제로 이를 연구해 보자.

---

**addproperty.html**

```html
<!DOCTYPE html>
<html>
<head>
    <meta charset="utf-8">
    <title>addproperty</title>
</head>
<body>
    <script>
        var a = new String("korea");
        var b = "korea";

        a.capital = "서울";
        b.capital = "서울";

        document.write("a의 수도 = " + a.capital + "<br>");
        document.write("b의 수도 = " + b.capital + "<br>");
    </script>
</body>
</html>
```

---

앞 장에서 연구해 봤다시피 객체에는 속성을 언제든지 추가할 수 있다. a 객체에 capital이라는 이름의 속성을 새로 추가했다. 그러나 임시 객체에는 속성을 추가해도 무시 당한다. b에도 capital이라는 속성을 추가했지만 막상 출력해 보면 undefined로 나타난다.

```
a의 수도 = 서울
b의 수도 = undefined
```

　　　　　　　　　　　　　　　　　JavaScript+jQuery 정복

사실 b에 대해서도 속성 추가는 발생한다. 그러나 속성이 추가된 대상이 b 자체가 아니라 b를 둘러싼 임시 래퍼 객체이기 때문에 추가된 속성이 계속 유지되지 않는다. 래퍼는 어디까지나 임시적으로 감싸는 것이므로 사용된 후 즉시 사라지며 그래서 추가된 속성도 같이 사라져 버리는 것이다.

꼭 따지자면 문법적으로 이런 차이가 있다는 것이지 원시형 변수에 속성을 추가할 일이 거의 없으므로 그다지 중요한 차이는 아니다. Number나 Boolean 원시형도 마찬가지 규칙이 적용된다. 만약 정 원시형에 멤버를 추가하려면 생성자의 프로토타입에 추가해야 한다.

# 속성 설명자

## 2.1 속성의 추가

HTML5와 함께 소개된 ES5 버전에서 Object에 다수의 정적 메서드가 추가되었다. 객체의 속성을 추가, 삭제, 편집, 열거하는 등 주로 객체를 관리하는 역할을 한다. 최종 사용자용이라기보다는 라이브러리 설계를 위해 도입된 것이므로 당장 알아야 하는 것은 아니다. 그러나 ES5 버전의 새로운 기능이고 앞으로의 발전 방향을 볼 수 있으므로 순서대로 학습해 보자.

| 메서드 | 설명 |
|---|---|
| create | 프로토타입과 속성을 사용해 객체를 생성한다. |
| defineProperty | 속성를 추가한다. |
| defineProperties | 여러 개의 속성을 생성한다. |
| freeze | 읽기 전용으로 설정한다. |
| isFrozen | 읽기 전용인지 조사한다. |
| seal | 속성의 추가 및 삭제를 금지한다. |
| isSealed | 잠긴 상태인지 조사한다. |
| preventExtensions | 새 속성 추가를 금지한다. |
| isExtensible | 새 속성을 추가할 수 있는지 조사한다. |
| getOwnPropertyDescriptor | 속성의 옵션을 조사한다. |
| getOwnPropertyNames | 속성의 이름 배열을 조사한다. 열거할 수 없는 속성도 조사된다. |
| getPrototypeOf | 프로토타입 객체를 조사한다. |
| keys | 열거 가능한 속성의 이름 배열을 조사한다. |

자바스크립트는 원래 실행중에도 객체의 속성을 동적으로 편집할 수 있다. 앞에서 알아 봤다시피 특별한 문법이 있는 것도 아니고 객체를 정의한 후에 그냥 새로운 멤버에 값을 대입하면 추가되며 delete 연산자로 속성을 제거한다. 다시 한번 더 복습해 보자.

```
adddelmember.html
```

```html
<!DOCTYPE html>
<html>
<head>
    <meta charset="utf-8">
    <title>adddelmember</title>
</head>
<body>
    <script>
        var human = {
            name: "김상형",
            age: 29
        };
        human.salary = 520;

        human.salary = 650;
        for (var i in human) {
            document.write(human[i] + "<br>");
        }
    </script>
</body>
</html>
```

최초 human 객체는 name과 age 두 개의 속성을 가지는 것으로 선언했다. 객체를 정의한 후 기존에 없던 salary 속성을 520으로 초기화함으로써 새로운 속성을 추가했다. 실행중에 추가한 속성도 기존 속성과 똑같은 자격을 가지며 자유롭게 읽고 쓸 수 있다. salary 속성을 다시 650으로 변경하고 for in문으로 human 객체의 속성을 열거했다.

김상형
29
650

그러나 이렇게 추가한 속성은 아무나 들여다 볼 수 있고 별다른 제약없이 자유롭게 수정할 수 있어서 규칙이 방만하다. 객체는 최종 사용자가 신경쓰지 말아야 할 부분은 적당히 숨김으로써 부주의하게 건드리지 않도록 스스로를 방어해야 한다. 또 내부적으로만 사용되는 속성은 아예 밖으로 드러내지 말아야 안전성을 높일 수 있다.

## 2.2 속성 설명자

ES5에 새로 추가된 메서드는 속성을 이전 방식보다 더 안전하게 관리할 수 있는 방법을 제공한다. 객체에 속성을 추가할 때는 다음 정적 메서드를 호출한다. 객체로부터 호출하는 것이 아니라 Object로부터 호출되는 일종의 전역 함수이다.

**Object.defineProperty(객체, 속성, 설명자)**

첫 번째 인수로 대상 객체를 전달하며 두 번째 인수는 추가 또는 수정할 속성의 이름이다. 세 번째 인수는 속성 설명자(Property Descriptor)이며 속성의 특성을 규정한다. 말이 좀 꼬이는 감이 있는데 이른바 속성의 속성인 셈이다.

속성 설명자는 속성이 어떠한 특성을 가지는지 정의하는 옵션들로 구성된 객체이다. 단순한 대입문으로 새로운 속성을 추가하는 방식에 비해 속성에 대한 상세한 옵션을 지정할 수 있다는 점이 다르다. 옵션의 종류는 다음과 같다.

| 옵션 | 설명 |
|------|------|
| value | 속성의 초기값 |
| writable | 값을 변경할 수 있다. |
| enumerable | for in문으로 열거 가능하다. |

| configurable | 옵션값을 중간에 변경할 수 있다. |
|---|---|
| get | 값을 읽는 게터 함수 |
| set | 값을 변경하는 세터 함수 |

각 옵션으로 속성의 초기값, 읽기 전용 여부, 열거 가능 여부 등을 지정한다. 모든 옵션을 다 밝
힐 필요는 없으며 꼭 필요한 것만 지정하되 생략된 옵션은 false, undefined 등의 디폴트가 적
용된다. 새로운 방식으로 human 객체에 salary 속성을 추가해 보자. 앞 예제의 속성 대입문이
defineProperty 호출문으로 바뀌었다.

**defineproperty.html**

```
<!DOCTYPE html>
<html>
<head>
    <meta charset="utf-8">
    <title>defineproperty</title>
</head>
<body>
    <script>
        var human = {
            name: "김상형",
            age: 29
        };

        Object.defineProperty(human, "salary", {
            value : 520,
            enumerable:false,
            writable:false,
        });

        human.salary = 650;
        for (var i in human) {
            document.write(human[i] + "<br>");
        }
```

```
        document.write("--------<br>");
        document.write(human.salary + "<br>");
    </script>
</body>
</html>
```

human 객체를 정의한 후 salary 속성을 추가하되 속성 설명자 객체를 통해 속성의 옵션을 지정했다. 초기값은 520이며 열거는 불가능하게 했고 쓰기는 금지시켰다. 함수의 인수 목록에 복잡한 객체 리터럴이 있어 보기 어렵다면 객체를 따로 변수로 정의하는 식으로 코드를 풀어서 보면 좀 쉬워 보일 것이다.

```
var pd = {
    value : 520,
    enumerable:false,
    writable:false,
};
Object.defineProperty(human, "salary", pd);
```

salary 속성은 읽기 전용의 성질을 가지므로 이후 650을 대입하는 문장은 무시된다. for in문으로 객체를 열거해도 salary 속성은 열거 금지로 추가되었으므로 순회되지 않는다. 그래서 외부에서는 열거를 통해 salary 속성이 존재하는지 알 수 없다. 물론 그렇다고 해서 salary 속성이 없는 것은 아니므로 human.salary 표현식으로 멤버를 직접 읽을 수는 있다.

```
김상형
29
--------
520
```

이미 있는 속성에 대해 defineProperty 메서드를 호출하면 속성의 옵션을 변경한다. 속성의 옵션을 변경하려면 해당 속성의 configurable 옵션이 true여야 한다. configurable 옵션은 속성의 다른 옵션을 임의대로 편집할 수 있는지를 지정한다.

JavaScript+jQuery 정복

```
<!DOCTYPE html>
<html>
<head>
    <meta charset="utf-8">
    <title>configurable</title>
</head>
<body>
    <script>
        var human = {
            name: "김상형",
            age: 29
        };

        Object.defineProperty(human, "salary", {
            value : 520,
            enumerable:false,
            configurable:true,
        });

        // 1차 열거
        for (var i in human) {
            document.write(human[i] + "<br>");
        }

        // 옵션 변경
        Object.defineProperty(human, "salary", {
            enumerable:true,
        });
        document.write("-------<br>");

        // 2차 열거
        for (var i in human) {
            document.write(human[i] + "<br>");
        }
```

```
        </script>
    </body>
</html>
```

salary 속성을 추가할 때 enumerable 속성을 false로 지정하여 열거되지 않도록 했다. 중간에 옵션을 바꿀 예정이므로 configurable 속성은 반드시 true로 지정해야 한다. 이 상태에서 human 객체를 열거해 보면 salary 속성은 나타나지 않으며 이름과 나이만 출력된다.

다시 defineProperty 함수를 호출하여 salary 속성의 enumerable 속성을 true로 변경하여 열거를 허락했다. 지정한 옵션만 변경되며 나머지 옵션은 원래값을 유지한다. 옵션을 변경한 후 다시 human 객체를 열거하면 이번에는 salary 속성이 잘 출력된다.

```
김상형
29
--------
김상형
29
520
```

실행중에 속성의 옵션을 편집할 수 있는 이유는 configurable 속성이 true로 지정되어 있기 때문이다. configurable 속성은 최초 추가할 때 한번만 지정할 수 있다. salary 속성의 configurable 옵션에 false를 대입하면 다른 옵션을 변경할 때 다음 에러가 발생한다.

```
Uncaught TypeError: Cannot redefine property: salary
```

defineProperties 함수는 defineProperty 함수의 복수형 버전이며 여러 개의 속성을 한꺼번에 추가 또는 편집한다. 속성의 이름을 키로 지정하고 이 속성에 대한 설명자 객체를 값으로 하는 설명자의 집합을 인수로 전달한다.

```
Object.defineProperties(객체, {
    속성1 : { 옵션객체 },
    속성2 : { 옵션객체 },
});
```

JavaScript+jQuery 정복

한꺼번에 복수 개의 속성을 추가하다 보니 함수의 형태가 복잡하다. 속성 집합 객체안에 속성 설명자 객체가 중첩되어 있다. 다음 예제는 월급과 직급 속성을 같이 추가한다.

```html
<!DOCTYPE html>
<html>
<head>
    <meta charset="utf-8">
    <title>defineproperties</title>
</head>
<body>
    <script>
        var human = {
            name: "김상형",
            age: 29
        };

        Object.defineProperties(human, {
            title : {
                value : "차장",
                enumerable:true,
            },
            salary : {
                value : 680,
                enumerable:true,
            },
        });

        for (var i in human) {
            document.write(human[i] + "<br>");
        }
    </script>
</body>
</html>
```

직급 속성을 추가하고 차장으로 초기화했으며 월급은 직급에 맞게 조금 높게 책정했다. 두 속성 모두 열거 가능한 옵션을 주었으므로 for in문으로 열거 가능하다.

```
김상형
29
차장
680
```

객체가 중첩되어 복잡해 보이지만 defineProperty 함수를 여러 번 호출할 것을 하나로 합쳐 놓은 것 뿐이다. 이 함수 자체는 잘 사용되지 않는 편이지만 이 함수가 요구하는 옵션 집합은 객체 생성 함수인 create에서 한꺼번에 속성을 등록하기 위해 종종 사용한다.


# 2.3 액세서

value 옵션으로 초기값을 지정하면 외부에서 이 값을 자유롭게 읽고 쓸 수 있으며 이렇게 되면 잘 못된 값이 대입되어 객체 상태가 무효해질 수 있다. 정적으로 선언된 일반 멤버도 마찬가지로 액세스에 제한이 없어 아무 값이라도 대입할 수 있다. 그러다 보니 고의든 실수든 객체의 무결성이 깨질 위험이 있다.

```
human.age = 250;
human.age = -6;
```

사람은 아무리 오래 살아도 120살을 넘기기 어렵다. 이론적으로 132살이 한계라고 한다. 그런데 age에 250이 대입되었다는 것은 논리적으로 뭔가 잘못 대입되었다는 뜻이다. 백번 양보해서 기적적으로 250살까지 산 사람이 있다고 하자. 그렇다고 하더라도 −6 같은 음수는 명백히 잘못된 것이다. 이런 잘못된 코드에 대해 객체가 스스로 방어할 방법이 필요하다.

속성값 자체는 숨겨 두고 get, set 옵션에 액세서 함수를 작성하고 엄격한 규칙을 설정하여 잘못된 값이 대입되는 것을 방지할 수 있다. 액세서를 사용하면 함수 내부에서 값을 통제하므로 value 옵션과 함께 사용할 수 없으며 액세스 가능성도 get, set 함수가 결정하므로 writable 옵션도 의미가 없다. 속성 설명자의 get, set 옵션과 value, writable 옵션은 상호 배타적이어서 동시에 사용할 수 없다.

```
accessor.html
```

```html
<!DOCTYPE html>
<html>
<head>
    <meta charset="utf-8">
    <title>accessor</title>
</head>
<body>
    <script>
        var human = {
            name: "김상형",
            age: 29
        };

        var $salary;
        Object.defineProperty(human, "salary", {
            enumerable:true,
            get : function() {
                return $salary;
            },
            set : function(value) {
                if (value > 0) {
                 $salary = value;
                }
            },
        });

        human.salary = 520;
        human.salary = -200;
        for (var i in human) {
            document.write(human[i] + "<br>");
```

```
            }
        </script>
    </body>
</html>
```

salary라는 이름으로 속성을 추가하되 이 속성에 대해서는 value 옵션이 없다. 대신 get, set 액세서 함수에서 월급값을 계산하거나 변경한다. 외부에 $salary라는 변수를 두고 여기에 월급을 저장하며 get 함수는 이 값을 대신 읽어 준다. set 함수는 인수로 전달된 값이 양수인지 판별하여 유효한 값일 때만 $salary 변수를 변경한다. 월급이 음수일 수 없다는 규칙을 적용하는 것이다.

외부에서 human.salary에 값을 대입하면 set 메서드가 자동으로 호출되며 이때 대입문의 우변값이 set 메서드의 인수로 전달된다. 520을 대입하면 set 함수에 의해 $salary에 이 값이 대입된다. set 함수 내부에서 조건을 점검하고 있으므로 -200의 무효한 값을 대입하면 거부된다. 속성값을 읽을 때는 자동으로 get 함수가 호출되며 이 함수에서 $salary 값을 대신 읽어 준다. 열거 가능한 속성이므로 for in문으로 열거하여 값을 들여다 볼 수 있다.

```
    김상형
    29
    520
```

이 예제에서 $salary 변수는 일종의 숨김 변수이며 외부로 공개하지 않을 명칭은 관행적으로 $를 앞에 붙인다. 물론 어디까지나 관행일 뿐이므로 _salary나 hiddenSalary로 이름을 붙여도 상관없다. 예제 작성의 편의상 숨김 변수를 사용했는데 이 값은 DB에 있을 수도 있고 다른 속성의 조합일 수도 있다. 예를 들어 폭과 높이 멤버를 곱해서 넓이 속성을 리턴할 수 있으며 네트워크에서 실시간으로 구한 값일 수도 있다.

메서드이므로 속성값을 읽고 쓰는 임의의 코드를 작성할 수 있으며 읽을 때 값을 변경할 수도 있다. 예를 들어 카운터값이라면 읽을 때마다 자동으로 1씩 증가하게 만드는 것도 가능하다. 어쨌건 간에 get, set 함수에서는 값을 만들어 내든지 유효한 값만 받아들이든지 하여 외부에서 원하는 속성을 제공해야 한다. get, set 메서드가 반드시 쌍으로 존재할 필요는 없다. get만 있고 set이 없으면 읽기 전용 속성이 되고 별로 그럴 경우는 없지만 set만 있으면 쓰기 전용 속성이 되기도 한다.

앞 예제는 ES5에서 공식적으로 지원하는 새로운 방법이며 이전에는 좀 다른 방법으로 액세서를 작성했다. ES5의 액세서는 동적으로 추가되는 속성에 대해서만 액세서를 지정할 수 있는데 비해 이전의 문법은 선언적으로 액세서를 지정한다.

> **get 이름 { return 내부값; }**
> **set 이름(인수) { 내부값=인수; }**

특별한 메서드이기 때문에 function 키워드 대신 get, set 키워드를 사용한다. 또 다른 멤버는 이름과 값 사이에 : 을 쓰지만 액세서는 : 을 쓰지 않고 바로 함수의 본체가 온다. 액세서 속성을 읽으면 get 메서드가 호출되며 액세서 속성에 값을 대입하면 대입 연산자의 우변에 있는 값을 set 메서드의 인수로 전달한다.

get 메서드는 내부적으로 계산된 속성값을 리턴하며 값을 돌려 주어야 하므로 반드시 return문이 있어야 한다. set 메서드는 인수로 전달받은 값을 내부의 멤버에 대입한다. 이때 무조건 저장하지 않고 일정한 조건을 점검하여 조건이 맞을 때만 저장하면 객체의 무결성을 지킬 수 있다. human 객체의 age 속성을 액세서로 보호해 보자.

**accessor2.html**

```
<!DOCTYPE html>
<html>
<head>
    <meta charset="utf-8">
    <title>accessor2</title>
</head>
<body>
    <script>
        var human = {
            name: "김상형",
            $age: 29,
            get age() { return this.$age; },
            set age(newage) {
                if (newage > 0 && newage < 130) {
                    this.$age = newage;
```

```
                }
            },
            intro: function() {
                document.write("name = " + this.name + "<br>");
                document.write("age = " + this.age + "<br>");
            }
        };

        human.age = 250;
        human.intro();
        human.age = 19;
        human.intro();
    </script>
</body>
</html>
```

실제 나이값을 가지는 age 멤버는 $age로 이름을 변경하여 숨겨 두었다. 이 속성을 외부에서 직접 읽고 쓰는 대신 age 액세서 속성을 대신 사용한다. get 메서드는 숨겨진 $age를 그냥 리턴하지만 set 메서드는 조건을 점검해 보고 타당할 때만 값을 변경한다. 외부에서 age에 250을 대입하지만 이 값은 1~130까지의 범위 조건에 합당하지 않으므로 무시당한다. 25나 19를 대입하면 잘 변경된다.

```
name = 김상형
age = 29
name = 김상형
age = 19
```

이렇게 숨겨도 외부에서 $age 숨김 변수의 존재를 안다면 human.$age = 250; 대입문으로 엉뚱한 값을 대입할 수 있다. $age도 멤버이며 문법적으로 숨겨진 것은 아니기 때문이다. 이 외에 클로저를 이용하여 생성자의 지역 변수를 숨기는 방법도 있다.

## 2.4 객체 생성

객체는 보통 리터럴로 생성한다. 원시형은 물론이고 함수도 리터럴로 표현할 수 있고 객체도 { } 괄
호안에 멤버를 나열하는 리터럴 표현식이 있어 변수 선언이 쉽다. 그러나 리터럴에는 속성의 이름
과 초기값만 밝힐 수 있을 뿐 설명자를 적용할 수 없다. 그래서 리터럴의 속성은 모두 읽고 쓰기 가
능하며 열거도 가능한 상태로 생성된다. 속성의 옵션까지 지정하려면 create 메서드를 호출한다.

**Object.create(원본객체, 설명자집합)**

create 메서드는 객체를 새로 생성할 뿐만 아니라 원본 객체의 사본을 복사하여 상속받기도 한다.
새로운 객체를 만들 때는 첫 번째 인수로 빈 객체인 { } 리터럴을 전달한다. 설명자 집합은 추가할
속성의 이름과 옵션 객체를 가지며 defineProperties 함수의 두 번째 인수와 구조가 같다. 실제로
create 함수는 객체를 생성한 후에 내부적으로 defineProperties 함수를 호출한다. 원본에서 추
가할 속성이 없다면 설명자 집합은 생략 가능하다.

**createmethod.html**

```
<!DOCTYPE html>
<html>
<head>
    <meta charset="utf-8">
    <title>createmethod</title>
</head>
<body>
    <script>
        var human = Object.create({}, {
            name : {
                value : "김상형",
                enumerable:true,
            },
            age : {
                value : 29,
            },
```

```
        });

        for (var i in human) {
            document.write(human[i] + "<br>");
        }
    </script>
</body>
</html>
```

지금까지 실습에 계속 사용해 왔던 human 객체를 생성하되 리터럴이 아닌 create 함수로 생성했다. name과 age 속성을 추가하고 value 옵션에 초기값을 주되 name만 열거 가능하도록 했으며 age는 열거 가능 속성을 주지 않았다. for in문으로 열거하면 name 속성만 출력된다.

김상형

리터럴 표현식으로 생성하는 것에 비해 create 함수는 각 속성에 대해 상세한 옵션을 적용할 수 있다는 점이 다르다. 위 예제는 name 속성에 열거 가능 옵션만 주었으므로 name이나 age나 둘 다 읽기만 가능하며 값을 변경할 수 없다. 속성을 제대로 정의하려면 더 많은 옵션을 주어야 한다.

create 함수의 또 다른 기능은 원본 객체를 지정하여 일종의 상속 기법을 구현하는 것이다. 첫 번째 인수로 원본 객체를 지정하면 원본의 모든 속성을 복사한 후 새로운 속성을 더 추가한다. 다음 예제는 human 객체로부터 staff 객체를 상속한다. 직원도 일종의 사람이며 이름과 나이를 가지므로 human으로부터 상속받는 것이 합당하다.

**inherit.html**

```
<!DOCTYPE html>
<html>
<head>
    <meta charset="utf-8">
    <title>inherit</title>
</head>
<body>
```

J a v a S c r i p t + j Q u e r y  정복

```
<script>
    var human = Object.create({}, {
        name : {
            value : "김상형",
            enumerable:true,
        },
        age : {
            value : 29,
            enumerable:true,
        },
    });

    var staff = Object.create(human, {
        salary : {
            value : 680,
            enumerable:true,
        },
        title : {
            value : "차장",
        },
    });

    for (var i in staff) {
        document.write(staff[i] + "<br>");
    }
    document.write("--------<br>");
    document.write(Object.getOwnPropertyNames(staff) + "<br>");
    document.write(Object.keys(staff) + "<br>");
</script>
</body>
</html>
```

human 객체를 먼저 정의하고 human 객체로부터 staff을 상속받았다. create 함수의 첫 번째 인
수로 human을 전달하면 이 객체가 가진 name, age 속성을 staff이 그대로 상속받는다. 여기에

두 번째 인수로 속성 집합을 전달하여 salary와 title 속성을 더 추가했다. 직원은 일반적인 사람에 비해 직급과 월급이라는 추가 속성을 가진다. title 속성을 제외하고는 모두 열거 가능하다. for in 문은 이름, 나이, 월급을 출력하며 직급 속성은 제외한다.

```
680
김상형
29
--------
salary,title
salary
```

보다시피 for in문은 상속받은 속성도 순회하며 staff.name, staff.age 등의 상속받은 멤버도 직접적으로 사용할 수 있다. 반면 getOwnPropertyNames 함수와 keys 함수는 상속받은 것은 빼고 자신의 고유한 멤버만 배열로 조사하되 전자는 모든 속성을 조사하고 후자는 열거 가능한 속성만 나열한다는 점이 다르다.

상속은 이미 만들어 놓은 클래스를 재활용하는 기법으로서 부모 객체의 멤버를 자식 객체에 복사해서 수동으로 추가하는 방법에 비해 자동화된 기법이다. 그러나 자바스크립트의 상속은 C++이나 자바 같은 정통 객체 지향 언어에 비해서는 기능이 떨어지며 상속 문법도 언어 차원에서 명확하게 정해져 있지 않다. 기존 객체의 멤버를 재활용할 수만 있다면 모두 상속이라고 할 수 있으며 다음 예제도 일종의 상속 기법이다.

```
inherit2.html
```

```html
<!DOCTYPE html>
<html>
<head>
    <meta charset="utf-8">
    <title>inherit2</title>
</head>
<body>
    <script>
        function Human(name, age) {
```

```
            this.name = name;
            this.age = age;
        }
        Human.prototype.intro = function() {
            document.write("name = " + this.name + "<br>");
            document.write("age = " + this.age + "<br>");
        };


        function Student(name, age, major) {
            this.parent= Human;
            this.parent(name, age);
            this.major = major;
        }
        Student.prototype = Human.prototype;


        Student.prototype.intro = function() {
            document.write("name = " + this.name + "<br>");
            document.write("age = " + this.age + "<br>");
            document.write("major = " + this.major + "<br>");
        };


        Student.prototype.study = function() {
            document.write("공자왈 맹자왈<br>");
        };


        var kim = new Human("김상형", 29);
        kim.intro();

        var lee = new Student("이승우", 42, "경영학");
        lee.intro();
        lee.study();
    </script>
  </body>
</html>
```

이 예제는 Human으로부터 Student를 파생한다. 사람에 비해 학생은 전공이라는 속성을 추가로 가지며 공부하는 동작도 할 수 있다. Student 생성자에서 parent 속성에 Human 생성자를 대입하고 parent를 호출하여 name과 age를 초기화한다. 부모의 생성자를 호출하는 식으로 부모의 멤버를 상속받는 것이다. 그리고 자신의 고유 멤버인 major 속성도 초기화한다.

프로토타입도 부모의 것으로 대입받고 intro 메서드는 전공을 출력하도록 재정의했으며 study 메서드는 새로 추가했다. 학생은 사람에 비해 공부하는 동작을 더 할 수 있다. 사람과 학생 객체를 만든 후 intro 메서드와 study 메서드를 호출했다.

```
name = 김상형
age = 29
major = undefined
name = 이승우
age = 42
major = 경영학
공자왈 맹자왈
```

Student에 name과 age 속성이 재활용되었음을 알 수 있다. Student와 Human의 프로토타입이 같기 때문에 human 객체로부터 intro를 호출해도 Student의 intro가 호출된다. 호출 객체를 구별하여 지능적으로 동작하는 다형성이 지원되지 않는다는 뜻이다.


## 2.5 캡슐화

◇◇◇◇◇◇◇◇◇◇◇◇◇◇◇◇◇◇◇◇◇◇◇◇◇◇◇◇◇◇◇◇◇◇◇◇◇◇◇◇◇◇◇◇◇◇◇◇◇◇◇◇◇◇◇◇◇◇◇◇◇◇◇◇◇

ES5에 새로 추가된 나머지 메서드는 객체의 임의적인 확장과 수정을 금지하거나 그 상태를 조사하는 기능을 제공한다. 사용자의 부주의한 조작을 금지함으로써 객체의 안정성을 높이는 정보 은폐 또는 캡슐화 기능이라고 할 수 있다. 다음 예제는 preventExtensions 메서드로 속성의 추가를 금지한다.

```
<!DOCTYPE html>
<html>
<head>
    <meta charset="utf-8">
    <title>capsual</title>
</head>
<body>
    <script>
        var human = {
            name: "김상형",
            age: 29
        };

        Object.preventExtensions(human);

        human.salary = 345;
        for (var i in human) {
            document.write(human[i] + "<br>");
        }
    </script>
</body>
</html>
```

human 객체를 정의한 후 salary 속성을 추가했는데 그 전에 preventExtensions를 호출하여 확
장을 금지했으므로 salary 속성은 추가되지 않으며 무시당한다. human 객체를 열거해 보면 이름
과 나이만 있을 뿐 월급 속성이 없다.

김상형
29

속성 추가를 일단 금지하면 다시 허가할 수 있는 방법이 없다. 만약 다시 허가할 수 있는 방법이 있
다면 외부에서 이 객체의 확장 여부를 마음대로 조작한 후 속성을 추가할 수 있으므로 금지하는 의

미가 없어져 버린다. 라이브러리 제작자가 확장하지 말고 이 모습 그대로 사용할 것을 강제해 놓았다면 사용자는 그대로 따르는 수밖에 없다.

다만 isExtensible 함수로 확장이 금지되어 있는지 조사는 할 수 있다. 비슷한 방식으로 seal 함수는 속성의 삭제를 금지하며 freeze 함수는 속성의 삭제는 물론이고 수정까지 금지하며 isSealed, isFrozen 함수는 각 상태인지 조사한다.

**freeze.html**

```html
<!DOCTYPE html>
<html>
<head>
    <meta charset="utf-8">
    <title>freeze</title>
</head>
<body>
    <script>
        var human = {
            name: "김상형",
            age: 29
        };

        Object.freeze(human);

        delete human.age;
        human.name = "장동건";

        for (var i in human) {
            document.write(human[i] + "<br>");
        }
    </script>
</body>
</html>
```

human 객체를 정의한 후 freeze 함수로 객체를 완전히 얼려 버렸다. 나이 멤버를 제거하고 이름을 다른 값으로 바꿨지만 열거해 보면 최초 초기화한 값이 그대로 유지됨을 알 수 있다. 물론 freeze 호출을 빼면 잘 삭제되고 잘 바뀐다.

그렇다면 이런 명시적인 금지 조치가 꼭 필요할까? 확장이나 수정이 바람직하지 않다면 알아서 하지 않으면 될텐데 굳이 상태를 바꿔 강제로 못하게 할 필요가 있을까? 이런 조치가 필요한 이유는 라이브러리의 최종 사용자는 숙련도가 떨어져 고의든 실수든 부주의하게 객체를 훼손할 수 있기 때문이다.

라이브러리 작성자가 완성된 형태를 만든 후 적당한 수준에서 객체를 잠궈 버리는 것이 더 안전하다. 결국 이런 잠금 기능은 라이브러리 제작자에게나 필요한 것이지 최종 사용자 입장에서는 꼭 필요한 기능이 아닌 셈이다. 최종 개발자는 이런 것이 있다는 정도만 알아 둬도 실제 개발하는데 별 무리가 없다.

# chapter 08

# 배열

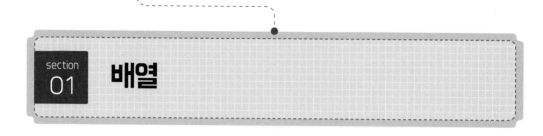

# 배열

## 1.1 배열의 선언

배열은 대량의 자료를 하나의 이름으로 모아 놓은 집합적인 객체이다. 배열은 개별 변수에 비해 루프를 돌리며 반복적인 처리가 가능하다는 이점이 있다. 또 배열에 모든 정보가 모여 있으므로 저장하거나 전달하기도 편리하다. 배열의 생성자는 다음 세가지 형식으로 사용되며 인수의 개수에 따라 동작이 달라진다.

| 생성자 | 설명 |
|---|---|
| Array() | 빈 배열을 만든다. |
| Array(n) | 크기가 n인 배열을 만든다. |
| Array(a,b,c,d....) | 인수로 전달된 요소를 가지는 배열을 만든다. |

빈 배열로 생성할 수도 있고 미리 필요한 크기를 지정할 수도 있으며 배열의 요소를 전달하여 초기화할 수도 있다. 생성자를 호출하는 대신 [ ] 괄호안에 요소를 콤마로 구분한 배열 리터럴을 대입하는 방법도 있다. 다음 선언문은 다섯 개의 정수 요소를 가지는 배열 ar을 선언한다.

```
var ar = [1, 2, 5, 9, 15];
```

초기값이 있는 경우는 생성자보다 리터럴을 지정하는 것이 훨씬 간편하며 코드를 읽기도 쉽다. 리터럴 표현식으로 [ ] 괄호만 적음으로써 빈 배열을 표현할 수 있고 어차피 배열의 크기는 동적으로 늘어나는 것이어서 초기 크기도 별 의미가 없다. 그래서 배열의 생성자는 사실 거의 사용되지 않으며 대개의 경우는 리터럴로 초기화한다.

배열 요소를 참조할 때는 [ ] 괄호안에 읽고자하는 요소의 첨자를 적는다. 배열의 길이는 length 속성으로 조사한다. 배열의 첨자는 32비트 정수이며 최대 40억개의 요소를 가지며 0부터 시작하므로 마지막 첨자는 length보다 하나 더 작다. for 루프로 0부터 length−1까지 순회하면 배열의 모든 요소를 읽을 수 있다. 다음 예제는 숫자값 5개를 가지는 배열을 정의하고 for 루프로 순회하며 모든 요소를 출력한다.

**intarray.html**

```html
<!DOCTYPE html>
<html>
<head>
    <meta charset="utf-8">
    <title>intarray</title>
</head>
<body>
    <script>
        var ar = [1, 2, 5, 9, 15];
        //var ar = new Array(1, 2, 5, 9, 15);
        for (var i = 0; i < ar.length; i++) {
            document.write("ar[" + i + "] =" + ar[i] + "<br>");
        }
    </script>
</body>
</html>
```

[ ] 괄호안에 다섯 개의 정수를 나열하여 간편하게 배열 리터럴로 초기화했다. 아래쪽에 주석 처리된 생성자 호출문을 사용해도 결과는 같지만 표현식이 길어서 불편하다. 배열을 초기화한 후 0부터 length 직전까지 루프를 돌며 ar[i] 요소를 읽어 보았다.

```
ar[0] =1
ar[1] =2
ar[2] =5
ar[3] =9
ar[4] =15
```

배열 리터럴에 다섯 개의 정수가 있으므로 배열의 length 속성은 5로 조사된다. 루프는 0부터 시작해서 5 직전까지인 4까지 순회하며 ar[0]~ar[4]까지의 요소를 출력한다. 배열 요소의 타입에는 별 제한이 없어 어떤 정보든지 저장할 수 있다. 다음은 문자열을 요소로 가지는 배열을 정의한다.

**arraylength.html**

```
<!DOCTYPE html>
<html>
<head>
    <meta charset="utf-8">
    <title>arraylength</title>
</head>
<body>
    <script>
        var ar = ["태연", "유리", "윤아", "써니"];
        for (var i = 0; i < ar.length; i++) {
            document.write("ar[" + i + "] =" + ar[i] + "<br>");
        }
    </script>
</body>
</html>
```

[ ] 괄호안에 문자열 리터럴을 나열하면 된다. 배열 요소의 타입이 다를 뿐 앞 예제와 사실상 똑같은 방식이다. 루프를 돌며 배열을 덤프했다.

```
ar[0] =태연
ar[1] =유리
ar[2] =윤아
ar[3] =써니
```

문자열 뿐만 아니라 복잡한 객체가 포함될 수 있고 다른 배열도 요소로 저장할 수 있어 배열 하나만으로도 거대한 정보를 표현할 수 있다.

## 1.2 배열의 특성

원론적인 배열의 정의는 동종 타입 변수의 정적인 집합이다. 숫자끼리 모으거나 문자열끼리 모아 일정한 개수의 배열을 구성하는 것이 원칙적이다. 배열은 어느 언어에나 있는 흔한 자료 구조로서 속도나 메모리 효율이 탁월해 사용 빈도가 높다. 다른 언어에 대한 경험이 있다면 배열을 활용하는 방법에 대해서는 이미 익숙할 것이다.

그러나 자바스크립트의 배열은 다른 언어에 비해 아주 독특한 특징을 가지며 전통적인 배열과는 상당히 다른 구조를 가진다. 기존 언어의 배열에 익숙한 사람들에게는 심히 당황스러울 정도다. 어떤 특징을 가지는지 하나씩 연구해 보자.

① 다른 타입의 정보를 하나의 배열에 섞어서 저장할 수 있다. 배열은 원래 같은 타입의 정보를 저장하는 자료 구조이지만 자바스크립트는 타입의 개념이 없기 때문에 다른 타입의 정보를 하나의 배열에 섞어서 저장할 수 있다.

**arraymix.html**

```
<!DOCTYPE html>
<html>
<head>
    <meta charset="utf-8">
    <title>arraymix</title>
</head>
<body>
    <script>
        var ar = [1234, "문자열", true, { name:"김상형", age:29 }];
        for (var i = 0; i < ar.length; i++) {
            document.write("ar[" + i + "] =" + ar[i] + "<br>");
        }
    </script>
</body>
</html>
```

ar 배열에 대입되는 [ ] 괄호안의 초기값을 보면 숫자, 문자열, 진위형, 객체 등이 포함되어 있다.
아무 타입의 값이라도 한 배열에 아무 문제없이 잘 저장된다. 루프를 돌며 각 요소를 출력하면 타입에 맞게 출력된다.

```
ar[0] =1234
ar[1] =문자열
ar[2] =true
ar[3] =[object Object]
```

배열은 원래 동종 타입의 집합이지만 자바스크립트의 배열은 그냥 변수의 집합일 뿐이어서 전통적인 배열과는 차이가 있다. 뭔가 변칙적인 것 같지만 따지고 보면 그렇지도 않다. 배열은 객체의 집합이며 객체가 숫자, 문자열, 함수까지 포괄하기 때문에 서로 다른 타입을 가질 수 있는 것처럼 보이는 것이다. 결국 자바스크립트의 배열도 객체라는 동종 타입의 집합이라고 할 수 있다.

② 배열의 크기는 가변적이며 실행중에도 필요한 만큼 신축적으로 늘어난다. 배열 크기를 미리 밝힐 필요가 없으며 배열 크기보다 더 큰 첨자도 언제든지 사용할 수 있다.

**dynamiclength.html**

```
<!DOCTYPE html>
<html>
<head>
    <meta charset="utf-8">
    <title>dynamiclength</title>
</head>
<body>
    <script>
        var ar = [0, 1, 2, 3];
        ar[6] = 6;
        for (var i = 0; i < ar.length; i++) {
            document.write("ar[" + i + "] =" + ar[i] + "<br>");
        }
        document.write("ar[" + 100 + "] =" + ar[100] + "<br>");
    </script>
```

JavaScript+jQuery 정복

```
</body>
</html>
```

ar 배열은 4개의 숫자 리터럴로 초기화되었다. 초기화 시점에서 length는 4이며 마지막 요소는
ar[3]이다. 이 상태에서 ar[6]에 값을 대입하면 이때 ar[6]이 생성되며 이때 length 속성도 같이 증
가한다. 중간의 ar[4], ar[5]는 빈 채로 같이 생성된다. 과연 그런지 배열을 덤프해 보자.

```
ar[0] =0
ar[1] =1
ar[2] =2
ar[3] =3
ar[4] =undefined
ar[5] =undefined
ar[6] =6
ar[100] =undefined
```

3번째 요소까지는 초기값에서 지정한 대로 잘 출력된다. 4, 5번 요소는 빈 것으로 나타나며 6번에
는 초기화 후에 대입한 값이 저장되어 있다. 존재하지 않는 첨자에 값을 저장하면 그때 해당 요소
가 만들어지며 배열 길이도 자동으로 늘어난다. 없는 첨자의 값을 읽더라도 에러는 발생하지 않으
며 undefined가 리턴된다. 예제에서 있지도 않은 ar[100]을 읽었는데 undefined가 출력되었다.
이런 식이다 보니 배열 범위 초과(out of bound) 에러는 발생하지 않는다.

③ 배열의 첨자가 꼭 연속적일 필요는 없으며 중간에 이빨이 빠진 형태로도 배열을 만들 수 있다.
초기화할 때부터 빈 요소를 포함시키려면 undefined로 명시하거나 아니면 빈 콤마를 적어 두면
된다. 4, 5번은 건너 뛰고 6번 요소를 만들려면 다음과 같이 한다.

**sparsearray.html**

```
<!DOCTYPE html>
<html>
<head>
    <meta charset="utf-8">
    <title>sparsearray</title>
```

```
</head>
<body>
   <script>
      var ar = [0, 1, 2, 3,,,6];
      for (var i = 0; i < ar.length; i++) {
         document.write("ar[" + i + "] =" + ar[i] + "<br>");
      }
   </script>
</body>
</html>
```

비워 두고 싶은 요소 개수만큼 콤마를 찍으면 된다. 빈 콤마 자리는 undefined로 채워지며 빈 자리까지 계산하여 length 길이가 초기화된다.

```
ar[0] =0
ar[1] =1
ar[2] =2
ar[3] =3
ar[4] =undefined
ar[5] =undefined
ar[6] =6
```

실행중에 언제든지 undefined 자리에 값을 대입하여 이 요소를 활용할 수도 있다. 자리를 비워둠으로써 장래에 필요한 요소를 미리 확보해 놓는 것이다.

④ 실행중에 배열의 요소를 삭제할 수도 있다. 객체의 멤버를 삭제할 때와 마찬가지로 delete 연산자를 사용한다.

**deleteitem.html**

```
<!DOCTYPE html>
<html>
<head>
   <meta charset="utf-8">
```

JavaScript+jQuery 정복

```
        <title>deleteitem</title>
    </head>
    <body>
        <script>
            var ar = [0, 1, 2, 3];
            delete ar[2];
            for (var i = 0; i < ar.length; i++) {
                document.write("ar[" + i + "] =" + ar[i] + "<br>");
            }
        </script>
    </body>
</html>
```

크기 4의 배열로 초기화된 ar 배열에 대해 2번째 요소를 삭제했다. delete(ar[2]) 처럼 함수 형태로 호출해도 상관없다. 이 상태에서 배열을 덤프해 보면 2번째 요소는 undefined로 출력된다.

```
ar[0] =0
ar[1] =1
ar[2] =undefined
ar[3] =3
```

delete로 배열의 요소를 지우는 것은 해당 요소에 undefined를 대입하는 것과 같다. ar[2]가 없어진다고 해서 ar[3]이 한칸 앞으로 이동하는 것은 아니며 length는 원래 값을 유지한다. 중간의 하나를 완전히 들어 내고 뒤쪽 요소를 앞쪽으로 이동시키려면 splice라는 메서드를 사용해야 한다.

⑤ 배열의 길이값인 length 속성을 직접 변경할 수 있다. 문자열의 length 속성은 읽기 전용인데 비해 배열의 length 속성은 쓰기도 가능하다. length를 현재 크기보다 더 큰 값으로 변경하면 뒤쪽에 undefined로 초기화된 요소가 추가되며 더 작은 값으로 변경하면 length보다 더 뒤쪽의 요소는 삭제된다.

```
<!DOCTYPE html>
<html>
<head>
    <meta charset="utf-8">
    <title>changelength</title>
</head>
<body>
    <script>
        var ar = [0, 1];
        ar.length = 5;
        for (var i = 0; i < ar.length; i++) {
            document.write("ar[" + i + "] =" + ar[i] + "<br>");
        }
        document.write("--------<br>");

        var ar= [0, 1, 2, 3, 4, 5, 6, 7];
        ar.length = 3;
        for (var i = 0; i < ar.length; i++) {
            document.write("ar[" + i + "] =" + ar[i] + "<br>");
        }
    </script>
</body>
</html>
```

크기 2의 배열을 초기화한 후 length 속성을 5로 변경하면 뒤쪽에 세 개의 요소가 추가된다. 크기 8인 배열의 길이를 3으로 강제로 변경하면 앞쪽 3개의 요소만 빼고 나머지는 삭제된다.

```
ar[0] =0
ar[1] =1
ar[2] =undefined
ar[3] =undefined
ar[4] =undefined
```

```
--------
ar[0] =0
ar[1] =1
ar[2] =2
```

length 속성은 배열 요소를 추가, 제거할 때 자동으로 크기가 조정되며 보통은 읽기만 한다. 그러나 미리 공간을 확보해 놓고 싶다거나 뒤쪽의 요소를 한꺼번에 제거하고 싶을 때는 length 속성을 직접 조작하기도 한다. length에 0을 대입하면 배열을 완전히 비우고 깔끔하게 초기화한다.

⑥ 배열의 첨자는 루프를 돌리기 위해 통상 정수를 사용하지만 반드시 그래야 하는 것은 아니다. 배열은 첨자를 키로 하여 값을 저장하는 해시로 구현된 객체이다. 그래서 첨자는 값을 찾기 위한 키일 뿐이며 구분만 된다면 모든 타입을 다 사용할 수 있다. 사정이 이러하다 보니 첨자로 실수나 음수는 물론이고 문자열 형태도 사용할 수 있다.

**stringindex.html**

```
<!DOCTYPE html>
<html>
<head>
    <meta charset="utf-8">
    <title>stringindex</title>
</head>
<body>
    <script>
        var ar = [0, 1, 2, 3];
        document.write("ar[1] = " + ar[1] + "<br>");

        ar["korea"]=4;
        document.write('ar["korea"] = ' + ar["korea"] + "<br>");
        document.write('ar.korea = ' + ar.korea + "<br>");

        ar[-3.14]=5;
        document.write("ar[3.14] = " + ar["-3.14"] + "<br>");
    </script>
</body>
</html>
```

ar은 4개의 숫자 요소로 평이하게 초기화되었으며 이 상태에서 ar[1]을 읽으면 1을 키로 한 값을 찾으므로 당연히 1이 읽혀진다. 이후 정수가 아닌 첨자로 값을 저장해 보았으며 잘 저장되었는지 읽어 보기도 했다. 이 예제는 다른 언어의 배열에 익숙한 사람에게는 적잖이 당황스러운 결과를 보여 준다.

```
ar[1] = 1
ar["korea"] = 4
ar.korea = 4
ar[3.14] = 5
```

ar["korea"]라는 형태로 문자열을 첨자로 사용했다. 이 코드에 의해 배열 내부에 korea라는 속성이 생성되고 이 속성을 키로 하는 값에 4가 저장된다. 첨자가 문자열이므로 [ ] 괄호안의 첨자도 문자열 형태로 주어 ar["korea"] 요렇게 읽어야 한다. 또는 객체의 속성을 읽는 문법대로 ar.korea로 읽을 수도 있다. ar.korea라는 표현에서 알 수 있다시피 배열은 일종의 객체이고 첨자는 객체의 속성이다.

그러나 ar[korea]라고 읽을 수는 없다. 이 표현식은 korea를 다른 변수로 인식하여 korea값을 첨자로 사용하는데 korea라는 변수가 선언되어 있지 않으므로 undefined이며 따라서 배열 요소를 제대로 읽을 수 있다. 다음 코드는 korea가 2이므로 ar[2]를 읽는 것과 같다.

```
var korea = 2;
document.write("ar[korea] = " + ar[korea] + "<br>");
```

심지어 실수나 음수도 첨자로 사용할 수 있다. 어쨌든 요소끼리 구분 가능한 키이면 아무 타입의 값이라도 상관없다. -3.14를 첨자로 사용하면 "-3.14"라는 이름으로 배열의 속성을 생성하고 이 속성을 키로 하는 값에 5를 대입한다. 읽을 때는 ar[-3.14] 또는 ar["-3.14"] 로 읽는다. -3.14는 적법한 명칭은 아니므로 ar.-3.14로는 읽을 수 없으며 반드시 [ ] 괄호를 사용해야 한다.

| 키 | 값 |
|---|---|
| 0 | 0 |
| 1 | 1 |
| 2 | 2 |
| 3 | 3 |
| korea | 4 |
| −3.14 | 5 |

이 예제를 통해 자바스크립트 배열의 내부 구조를 짐작할 수 있는데 배열도 일종의 객체이며 첨자는 배열의 속성일 뿐이다. 배열에 저장되는 값뿐만 아니라 요소를 찾는 키도 임의의 타입을 사용할 수 있다. 문자열이나 실수도 첨자로 사용할 수 있지만 특별한 경우가 아니라면 가급적이면 정수를 사용하는 것이 좋다. 첨자가 정수여야 배열로 루프를 돌릴 수 있으며 그래야 반복 처리가 용이한 배열의 이점을 누릴 수 있고 속도도 제대로 나온다.

정 문자열을 키로 사용하여 값을 저장하고 싶다면 배열보다는 객체를 사용하는 것이 바람직하다. 사실 자바스크립트에서 배열과 객체는 거의 비슷해서 서로 대체도 가능한 관계이지만 배열은 일련의 정보에 번호를 붙여 저장하는 용도로 사용하는 것이 이상적이다.

# 1.3 배열의 순회

특정 시점에서 배열은 크기가 정해져 있으므로 모든 요소를 읽을 때 반복 횟수가 일정하다. 그래서 주로 for문으로 배열을 순회한다. for문은 다음 형식으로도 사용되며 배열의 요소나 객체의 속성을 순회한다.

```
for (var 변수 in 배열) {
    명령;
}
```

for in문의 제어 변수는 배열의 첨자나 객체의 속성을 순서대로 순회하며 루프에서는 제어 변수를 참조하여 실제값을 읽는다. 다음 예제는 배열에 저장된 학생의 성적을 화면으로 출력한다.

```
<!DOCTYPE html>
<html>
<head>
    <meta charset="utf-8">
    <title>forin</title>
</head>
<body>
    <script>
        var arScore = [88, 78, 96, 54, 23];
        for (var st in arScore) {
            document.write(st + "번째 학생의 성적 : " + arScore[st] + "<br>");


        }
    </script>
</body>
</html>
```

arScore 배열은 0~4까지의 첨자를 가진다. for in문으로 이 배열을 순회하면 제어 변수 st는 0~4 까지의 값을 순회하며 루프에서는 st 변수로 순서값을 출력하고 arScore[st]로 각 학생의 성적을 읽는다. 배열의 첫 첨자부터 마지막 첨자까지 한바퀴 도는 것이다.

```
0번째 학생의 성적 : 88
1번째 학생의 성적 : 78
2번째 학생의 성적 : 96
3번째 학생의 성적 : 54
4번째 학생의 성적 : 23
```

for in문에서 주의할 것은 제어 변수가 요소의 값을 읽는 것이 아니라 요소의 첨자를 읽는다는 점 이다. st는 학생의 성적이 아니라 학생의 번호이므로 실제값을 읽을 때는 arScore[st]로 요소를 읽 어야 한다. 이 구문은 형태적으로 다음 구문과 유사하다.

```
for (변수 = 0; 변수 < 배열.length; 변수++) {
    명령;
}
```

배열의 첫 첨자인 0부터 시작해서 length 직전까지 루프를 돌면 결국 모든 요소를 다 읽을 수 있다. 루프를 다음과 같이 수정해도 결과는 같다.

```
<script>
    var arScore = [88, 78, 96, 54, 23];
    for (var st = 0; st < arScore.length; st++) {
        document.write(st + "번째 학생의 성적 : " + arScore[st] + "<br>");

    }
</script>
```

그러나 배열의 첨자가 연속적이지 않거나 정수가 아닌 경우는 두 문장의 결과가 다르다. 다음 예제로 테스트해 보자.

**forin2.html**

```
<!DOCTYPE html>
<html>
<head>
    <meta charset="utf-8">
    <title>forin2</title>
</head>
<body>
    <script>
        var arScore = [88, 78, 96, 54, 23];
        delete(arScore[2]);
        arScore["반장"] = 100;
        for (var st in arScore) {
            document.write(st + "번째 학생의 성적 : " + arScore[st] + "<br>");
```

```
        }
        document.write("--------<br>");
        for (var st = 0; st < arScore.length; st++) {
            document.write(st + "번째 학생의 성적 : " + arScore[st] + "<br>");


        }
    </script>
</body>
</html>
```

arScore 배열을 다섯 개의 정수로 초기화한 후 2번 요소의 값을 삭제하고 "반장"이라는 키에 값을 저장했다. 이 상태에서 for in문과 단순 for문으로 배열을 순회해 보았다.

```
0번째 학생의 성적 : 88
1번째 학생의 성적 : 78
3번째 학생의 성적 : 54
4번째 학생의 성적 : 23
반장번째 학생의 성적 : 100
--------
0번째 학생의 성적 : 88
1번째 학생의 성적 : 78
2번째 학생의 성적 : undefined
3번째 학생의 성적 : 54
4번째 학생의 성적 : 23
```

for in으로 순회하면 undefined 요소를 건너 뛰고 0, 1, 3, 4만 순회하며 정수가 아닌 키도 같이 순회한다. 반면 직접 루프를 돌면 삭제된 2번도 순회하며 정수가 아닌 키는 읽지 못한다. for문은 배열 길이만큼 값을 단순히 증가시키며 순회하는 것이고 for in문은 존재하는 첨자나 속성에 대해서만 순회한다는 차이점이 있다. 배열이나 객체를 순회할 때는 for in문이 더 편리하고 완벽하다.

# 1.4 배열의 배열

배열 요소의 타입에는 특별한 제한이 없어 숫자나 문자열이나 자유롭게 저장할 수 있다. 뿐만 아니라 배열도 하나의 타입이므로 배열 요소가 될 수 있다. 즉 배열안에 배열을 중첩시키는 것이다.

**nestarray.html**

```html
<!DOCTYPE html>
<html>
<head>
    <meta charset="utf-8">
    <title>nestarray</title>
</head>
<body>
    <script>
        var ar = [[0, 1, 2, 3], [4, 5, 6], [7, 8]];
        for (var i = 0; i < ar.length; i++) {
            for (var j = 0; j < ar[i].length; j++) {
                document.write("ar[" + i + "][" + j +"] =" + ar[i][j] + "<br>");
            }
            document.write("<br>");
        }
    </script>
</body>
</html>
```

ar 배열의 초기값에 또 다른 배열을 중첩시켰다. ar 배열의 요소는 배열이며 하위 배열의 요소는 숫자값이다. 최종 요소인 숫자를 읽으려면 [ ] 괄호를 두 번 연속으로 사용해야 한다. ar[1][2]는 1번째 배열의 2번째 요소라는 뜻이다.

```
ar[0][0] =0
ar[0][1] =1
ar[0][2] =2
```

```
ar[0][3]  =3

ar[1][0]  =4
ar[1][1]  =5
ar[1][2]  =6

ar[2][0]  =7
ar[2][1]  =8
```

이런 식으로 구현된 자료 구조를 배열의 배열이라고 하며 다차원 배열과는 약간 다르다. 다차원 배열은 직사각형 형태이며 하위 배열의 크기가 모두 같은데 비해 배열의 배열은 요소로 포함된 하위 배열의 길이가 각각 다를 수 있다.

배열의 배열 　　　　　　　다차원 배열

위 예제에서 ar의 요소인 ar[0], ar[1], ar[2] 배열은 길이가 4, 3, 2로 서로 다르다. 위 예제의 배열 선언문은 다음과 같이 풀어 쓸 수 있다.

```
var ar = [];
ar[0] = [0, 1, 2, 3];
ar[1] = [4, 5, 6];
ar[2] = [7, 8];
```

빈 배열 ar을 먼저 선언한 후 각 배열 요소에 길이가 다른 하위 배열을 대입한 것이다. 꼭 필요한만큼만 메모리를 사용하므로 공간 효율이 좋으며 하위 배열의 타입이나 길이를 마음대로 정할 수 있어 융통성이 높다. 그러나 최종 요소를 읽기 위해 하위 배열을 먼저 찾고 요소를 다시 찾아야 하므로 액세스 속도는 느리다.

　　　　　　　　　　　J a v a S c r i p t + j Q u e r y 　정복

반면 다차원 배열은 모든 하위 배열의 길이가 일치해야 하며 그래서 가장 긴 배열의 길이에 맞춘다. 공간 효율은 떨어지지만 하위 배열의 크기가 일정해서 단순한 곱셈으로 요소를 빠르게 찾을 수 있으므로 속도는 월등히 빠르다. 둘 다 일장 일단이 있는데 자바스크립트는 배열의 배열 형태로 다차원 배열을 구현한다. 필요하다면 3차, 4차 배열도 얼마든지 만들 수 있다.

# 1.5 유사 배열

유사 배열은 Array 생성자로부터 만들어진 것은 아니지만 배열과 유사한 방식으로 사용할 수 있는 객체이다. 이른바 짝퉁 배열쯤 된다고 할 수 있다. 일련의 정수로 된 속성을 가지며 정수를 첨자처럼 사용하여 루프를 돌릴 수 있다. 다음 예를 보자.

**arraylike.html**

```
<!DOCTYPE html>
<html>
<head>
    <meta charset="utf-8">
    <title>arraylike</title>
</head>
<body>
    <script>
        var human = {
            name: "김상형",
            age: 29
        };
        human[0] = 87;
        human[1] = 79;
        human[2] = 92;
        human.length = 3;

        for (var i = 0; i < human.length; i++) {
            document.write("human[" + i + "] =" + human[i] + "<br>");
```

```
        }
        document.write("--------<br>");
        for (var i in human) {
            document.write("human[" + i + "] =" + human[i] + "<br>");
        }
    </script>
</body>
</html>
```

이 예제에서 human은 속성을 가지는 객체로 선언되었다. 객체는 실행중에 속성을 추가할 수 있으며 속성값의 타입에는 제한이 없다. 그래서 일련의 정수로 속성을 추가할 수 있으며 이렇게 되면 배열처럼 [ ] 연산자로 첨자를 사용하여 객체를 순회할 수 있다. 위 예제는 human에 0, 1, 2 세 개의 속성을 추가하고 각 속성의 값에 숫자를 대입하였다. 과목 번호에 대한 점수라고 가정하자.

"0", "1", "2"라는 이름의 속성을 추가한 것이며 실제로 문자열 형태로 속성을 적어도 잘 동작한다. 단, 진짜 배열은 아니므로 length 속성이 없으며 요소를 추가한다고 해서 length 속성이 자동으로 늘어나지는 않는다. 그래서 length 속성을 만들고 이 속성에 요소의 개수를 직접 대입하고 이후에도 요소가 늘어나면 수동으로 관리해야 한다.

이렇게 객체에 정수 속성을 정의해 두면 배열과 똑같은 방법으로 루프를 돌며 요소를 읽을 수 있다. 배열과 똑같은 방법으로 for 루프를 돌면서 객체에 저장된 점수값을 읽어 덤프하였다. 제어 변수로 정수만 사용했으므로 점수값만 정확하게 출력된다. 그러나 for in문으로 순회해 보면 점수값뿐만 아니라 객체의 고유 속성과 length 속성까지도 덤프된다.

```
human[0] =87
human[1] =79
human[2] =92
--------
human[0] =87
human[1] =79
human[2] =92
human[name] =김상형
human[age] =29
human[length] =3
```

이렇게 배열처럼 쓸 수 있는 객체를 유사 배열이라고 한다. 유사 배열의 대표적인 예는 함수의 암시적 인수로 전달되는 arguments이다. arguments는 문법적으로 객체이지만 length 속성으로 인수의 개수를 조사하고 첨자를 사용해 인수의 목록을 읽어낼 수 있다.

다음 예제는 객체를 이용한 연관 배열이다. 일종의 맵인데 키와 값의 쌍을 객체에 저장한다. Array로도 연관 배열을 만들 수 있지만 정수 첨자가 아닌 문자열 첨자를 사용하므로 Array 대신 Object로 작성하는 것이 일반적이다.

**dictionary.html**

```
<!DOCTYPE html>
<html>
<head>
    <meta charset="utf-8">
    <title>dictionary</title>
</head>
<body>
    <script>
        var cap = new Object();
        cap["한국"] = "서울";
        cap["미국"] = "워싱턴";
        cap["일본"] = "독교";
        cap["영국"] = "런던";
        cap["프랑스"] = "파리";

        document.write("영국의 수도는 " + cap["영국"] + "입니다.<br>");
    </script>
</body>
</html>
```

빈 객체 cap을 선언한 후 나라 이름을 키로 하고 수도를 값으로 하여 정보를 저장했다. 연관 배열에 키와 값의 쌍을 저장해 놓으면 개수가 아무리 많아도 키로부터 값을 신속하게 찾을 수 있다. 그래서 연관 배열을 사전이라고도 부른다.

영국의 수도는 런던입니다.

배열과 객체의 경계가 분명하지 않기 때문에 배열이 객체의 특성을 보이기도 하고 객체가 배열처럼 사용되기도 한다. 좀 이상하게 들리겠지만 배열은 객체이고 객체는 유사 배열이다. 군이 포함 관계를 따지자면 객체가 더 큰 개념이어서 객체 안에 배열이 포함되지만 원한다면 객체도 배열처럼 사용할 수 있다.

section
02

# 배열의 메서드

## 2.1 Array 메서드

배열의 가장 기본적인 동작은 [ ] 연산자로 요소를 읽고 쓰는 것이다. 이 외에도 삽입, 삭제, 검색, 정렬 등 배열 자체를 관리하는 여러 가지 메서드가 Array 객체에 준비되어 있다.

| 메서드 | 설명 |
|--------|------|
| indexOf(item, start) | 배열에서 요소를 찾아 위치를 리턴한다. |
| lastIndexOf(item, start) | 역순으로 요소를 찾아 위치를 리턴한다. |
| push(a,b,c,....) | 배열 끝에 요소를 추가한다. |
| pop() | 마지막 요소를 제거하고 리턴한다. |
| shift() | 배열 처음의 원소를 제거하고 리턴한다. |
| unshift(a,b,c,....) | 배열 처음에 요소를 추가한다. |
| reverse() | 배열을 거꾸로 뒤집는다. |
| sort(sortfunction) | 배열을 정렬한다. 인수로 값을 비교하는 함수를 지정할 수 있으며 생략시 사전순으로 정렬된다. |
| slice(start, end) | start~end 범위의 요소를 따로 떼어내어 새로운 배열을 만든다. |
| splice(index,n,a, b, c, ...) | 배열 일부를 수정한다. 일정 범위를 삭제하고 새로운 요소를 삽입한다. |
| concat(a,b,c,....) | 여러 개의 배열을 합친다. |
| join(deli) | 배열 요소를 하나의 문자열로 합친다. 구분자를 지정할 수 있으며 생략시 콤마로 구분한다. |

배열과 String의 메서드는 비슷한데 사실 문자열도 문자를 요소로 하는 일종의 배열이어서 비슷할 수밖에 없다. 그러나 String의 메서드는 문자열을 직접 변경하지 않는데 비해 Array의 메서드중 일부는 배열을 직접 변경한다는 차이점이 있다.

333

쉬운 메서드부터 순서대로 실습해 보자. join 메서드는 배열의 모든 요소를 합쳐 하나의 문자열로 만든다. 인수로 요소간에 삽입할 구분자를 지정하는데 생략하면 콤마를 사용한다.

**join.html**

```
<!DOCTYPE html>
<html>
<head>
    <meta charset="utf-8">
    <title>join</title>
</head>
<body>
    <script>
        var ar = [0, 1, 2, 3];
        document.write("ar = " + ar.join() + "<br>");
        document.write("ar = " + ar.join(", ") + "<br>");
        document.write("ar = " + ar.join(" -> ") + "<br>");
        document.write("ar = " + ar.toString() + "<br>");
        document.write("ar = " + ar + "<br>");
    </script>
</body>
</html>
```

루프를 돌지 않아도 join 메서드만 호출하면 배열을 쉽게 덤프해볼 수 있어서 편리하다. 구분자를 바꿔가며 여러 가지 형식으로 덤프해 보았다.

```
ar = 0,1,2,3
ar = 0, 1, 2, 3
ar = 0 -> 1 -> 2 -> 3
ar = 0,1,2,3
ar = 0,1,2,3
```

인수 없이 호출하면 콤마를 구분자로 사용하되 공백이 없어 갑갑해 보인다. 구분자로 콤마와 공백을 같이 지정하면 요소끼리 적당히 떨어져 보기 편하고 시원스럽다. 길이에 상관없이 임의의 문자

JavaScript+jQuery 정복

열을 구분자로 사용할 수 있다. 세 번째 줄은 "-〉" 문자열을 구분자로 지정하여 요소 사이에 화살
표를 삽입했다.

단순히 배열을 출력해 볼 목적이라면 굳이 join 메서드를 쓸 필요없이 toString 메서드를 사용하
는 것이 더 편리하다. toString은 join 메서드와 마찬가지로 요소 사이에 콤마를 넣어 모든 요소를
덤프한다. 수식 내에서라면 그냥 배열명만 사용해도 toString이 자동으로 호출된다. 그래서 배열
을 덤프하는 가장 쉬운 방법은 배열명 자체를 출력하는 것이다.

reverse 메서드는 요소의 순서를 반대로 뒤집어 역순으로 만든다. 마지막 요소가 제일 처음으로
이동하고 첫 번째 요소가 제일 마지막으로 간다.

**reverse.html**

```html
<!DOCTYPE html>
<html>
<head>
    <meta charset="utf-8">
    <title>reverse</title>
</head>
<body>
    <script>
        var ar = [0, 1, 2, 3];
        document.write("ar = " + ar + "<br>");
        ar.reverse();
        document.write("ar = " + ar + "<br>");
    </script>
</body>
</html>
```

세 개의 정수를 가지는 배열을 선언한 후 덤프하고 reverse 메서드로 순서를 뒤집은 후 다시 덤프
해 보았다.

```
ar = 0,1,2,3
ar = 3,2,1,0
```

배열의 요소를 검색할 때는 indexOf, lastIndexOf 메서드를 사용한다. indexOf 메서드는 앞쪽에서부터 찾는데 비해 lastIndexOf 메서드는 뒤쪽에서부터 찾는다는 점이 다르다. 발견된 요소의 첨자를 리턴하며 발견되지 않을 경우 −1을 리턴한다.

**indexof.html**

```html
<!DOCTYPE html>
<html>
<head>
    <meta charset="utf-8">
    <title>indexof</title>
</head>
<body>
    <script>
        var ar = ["태연", "유리", "윤아", "써니", "수영", "유리", "서현", "효연"];
        document.write("ar = " + ar + "<br>");

        var sunny = ar.indexOf("써니");
        document.write("써니는 " + sunny + "번째에 있다. <br>");

        var yuri = ar.indexOf("유리");
        document.write("유리는 " + yuri + "번째에 있다. <br>");
        var yuri = ar.lastIndexOf("유리");
        document.write("유리는 뒤에서 " + yuri + "번째에 있다. <br>");

        var suji = ar.indexOf("수지");
        if (suji == -1) {
            document.write("수지는 소녀시대가 아니다.<br>");
        }
    </script>
</body>
</html>
```

J a v a S c r i p t + j Q u e r y  정복

ar 배열에 소녀시대 멤버의 이름을 저장해 놓고 여러 멤버를 검색해 보았다. 검색 방향에 따라 결과가 달라짐을 보이기 위해 유리는 두 번 포함시켰다.

```
ar = 태연,유리,윤아,써니,수영,유리,서현,효연
써니는 3번째에 있다.
유리는 1번째에 있다.
유리는 뒤에서 5번째에 있다.
수지는 소녀시대가 아니다.
```

indexOf("써니")로 검색하면 3번째에 있다는 것을 알 수 있다. 배열 첨자는 0부터 시작하므로 3번째가 네 번째 자리이다. 유리는 앞뒤에 모두 있는데 어느 방향에서 찾는가에 따라 검색되는 요소가 달라진다.

수지는 예쁘게 생겼지만 소녀시대에 포함되지 않으며 그래서 검색 결과 -1이 리턴된다. 원칙대로라면 검색할 때마다 리턴값이 -1인지 점검해 보고 검색 성공 여부에 따라 분기해야 하지만 상수 배열이라 결과가 너무 뻔해 생략했다.

## 2.2 추가 및 삭제

push 메서드는 배열의 마지막에 새로운 요소를 추가한다. 여러 개의 값을 인수로 전달하여 한 꺼번에 추가할 수도 있다. 추가후에 배열의 length 속성이 늘어나며 변경된 길이값이 리턴된다. pop 메서드는 반대로 마지막 요소를 제거하고 제거된 요소를 리턴한다. 이 경우도 length 속성은 변하며 원래 길이보다 1 감소할 것이다.

```html
<!DOCTYPE html>
<html>
<head>
    <meta charset="utf-8">
    <title>pushpop</title>
</head>
<body>
    <script>
        var ar = [0, 1, 2, 3];
        document.write("ar = " + ar + "<br>");
        ar.push(100, 200);
        document.write("ar = " + ar + "<br>");
        ar.push(300);
        document.write("ar = " + ar + "<br>");
        ar.pop();
        document.write("ar = " + ar + "<br>");
    </script>
</body>
</html>
```

4개의 요소로 초기화된 ar 배열에 100과 200을 한꺼번에 추가해 보고 300은 따로 추가했다. 두 번에 나누어서 추가했는데 push(100, 200, 300)으로 일괄 추가해도 효과는 같다. pop 메서드는 제일 마지막에 추가된 300을 제거한다. 각 단계마다 배열을 덤프해 보았다.

```
ar = 0,1,2,3
ar = 0,1,2,3,100,200
ar = 0,1,2,3,100,200,300
ar = 0,1,2,3,100,200
```

push, pop은 원래 LIFO(Last In First Out) 방식의 스택 자료 구조에서 사용하는 용어이며 스택에 값을 넣고 빼는 동작을 의미한다. 이 두 메서드를 사용하면 배열을 스택처럼 활용할 수 있으며 임시적인 값을 잠시 저장할 때 아주 유용한 자료 구조이다.

push, pop은 배열의 끝부분에서 추가, 제거하는데 비해 shift, unshift는 배열의 앞쪽에서 삽입 및 삭제를 수행한다. unshift는 앞쪽에 요소들을 추가하고 shift는 제일 처음 요소를 삭제한다. 값을 바꾸는 변경이 아니라 새로운 요소를 삽입하고 기존 요소를 삭제하는 것이므로 뒤쪽의 요소는 밀리거나 당겨진다. 둘 다 length 속성은 바뀐다.

**shiftunshift.html**

```
<!DOCTYPE html>
<html>
<head>
    <meta charset="utf-8">
    <title>shiftunshift</title>
</head>
<body>
    <script>
        var ar = [0, 1, 2, 3];
        document.write("ar = " + ar + "<br>");
        ar.unshift(100, 200);
        document.write("ar = " + ar + "<br>");
        ar.unshift(300);
        document.write("ar = " + ar + "<br>");
        ar.shift();
        document.write("ar = " + ar + "<br>");
    </script>
</body>
</html>
```

앞 예제와 비슷한 방식으로 동작하되 추가 위치가 배열 선두라는 점만 다르다. 배열 앞쪽 요소를 삽입, 삭제하면서 단계별로 배열을 덤프했다.

```
ar = 0,1,2,3
ar = 100,200,0,1,2,3
ar = 300,100,200,0,1,2,3
ar = 100,200,0,1,2,3
```

unshift로 여러 개의 요소를 추가할 때는 인수 목록의 순서가 그대로 유지된다. unshift(100, 200)을 호출하면 100, 200이 앞쪽에 순서대로 삽입되며 unshift(100), unshift(200)을 따로 호출하는 것과는 순서가 다름을 유의해야 한다. 300은 따로 삽입한 후 다시 제거하였다.

splice 메서드는 가장 융통성이 높은 삽입, 삭제 메서드이며 특정 위치에서 원하는 개수만큼 삭제하고 또 새로운 요소를 삽입하기도 한다. 한꺼번에 여러 동작을 동시에 수행하다 보니 인수 구조가 복잡하고 사용 방법도 약간 어렵다.

**splice(index,howmany,item1,......,itemX)**

index는 삽입, 삭제가 일어날 위치를 지정하며 음수이면 배열 끝에서부터의 위치를 가리킨다. howmany 인수는 삭제할 개수이며 index 위치에서 이 개수만큼의 요소를 삭제한다. 삭제하지 않고 삽입만 하려면 howmany에 0을 전달한다. 세 번째 이후의 인수는 삽입할 요소를 지정하는데 원하는 개수만큼 적는다.

**splice.html**

```
<!DOCTYPE html>
<html>
<head>
    <meta charset="utf-8">
    <title>splice</title>
</head>
<body>
    <script>
        // 삽입만 하기
        var ar = [0, 1, 2, 3, 4, 5, 6, 7];
        ar.splice(2, 0, 10, 11, 12);
        document.write("ar = " + ar + "<br>");

        // 삭제만 하기
        var ar = [0, 1, 2, 3, 4, 5, 6, 7];
        ar.splice(2, 3);
        document.write("ar = " + ar + "<br>");
```

JavaScript+jQuery 정복

```
    // 삭제 후 삽입 하기
    var ar = [0, 1, 2, 3, 4, 5, 6, 7];
    ar.splice(2, 3, 10, 11);
    document.write("ar = " + ar + "<br>");
  </script>
</body>
</html>
```

0~7까지의 요소를 가지는 ar 배열을 여러 가지 방식으로 조작해 보았다. splice 메서드는 배열 자체를 변경하므로 매번 다시 초기화했다. 각 호출에 의해 배열이 어떻게 바뀌는지 잘 관찰해 보자.

```
ar = 0,1,10,11,12,2,3,4,5,6,7
ar = 0,1,5,6,7
ar = 0,1,10,11,5,6,7
```

첫 번째 호출은 2번째 위치에 10, 11, 12 세 요소를 삽입한다. 두 번째 인수 howmany가 0이므로 삭제는 하지 않는다. splice(2, 0, a, b, c)는 2번째 위치에서 지우지는 말고 a, b, c를 삽입하라는 뜻이다.

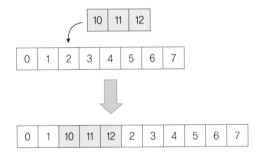

howmany 인수에 삭제할 개수를 주면 그 개수만큼 삭제한다. splice(2, 3)은 2번째 위치의 요소 3개를 삭제하라는 뜻이다. 원본 배열에서 2, 3, 4가 삭제된다. 세 번째 이후의 인수가 없으므로 삽입은 하지 않는다. 삭제한 요소들은 새로운 배열로 리턴된다.

삽입과 삭제를 동시에 할 수도 있다. splice(2, 3, a, b, c)는 2번째 위치에서 3개 지우고 뒤쪽의 a, b, c를 삽입하라는 뜻이다. 삭제 개수와 삽입 개수가 같으면 기존 요소를 다른 것으로 대체하는 것이되 꼭 두 개수가 일치할 필요는 없다. 3개를 지우고 2개만 삽입할 수도 있고 1개만 지우고 4개를 넣을 수도 있다.

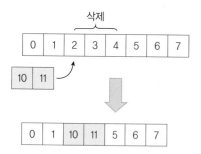

splice 메서드는 임의 위치에서 삽입과 삭제를 한번에 수행할 수 있고 대체도 가능하다는 점에서 유용하다. splice 하나만으로 push, pop, shift, unshift의 동작이 모두 가능하다. 그러나 함수는 한번에 하나만 해야 한다는 원칙에 어긋나며 인수 구조가 복잡해 사용법을 익히고 기억하기가 쉽지 않다. 차라리 두 번 나누어 호출하더라도 remove, insert 함수를 따로 제공하는 것이 더 좋지 않았을까 생각된다.

## 2.3 분리 및 합침

slice 메서드는 배열의 일부를 잘라 새로운 배열을 만든다. 시작 위치와 끝 위치를 알려 주면 이 범위의 요소만 추출하여 부분 배열을 만들어 리턴한다.

```
slice_html
```

```
<!DOCTYPE html>
<html>
<head>
    <meta charset="utf-8">
    <title>slice</title>
</head>
<body>
```

JavaScript+jQuery 정복

```
    <script>
        var ar = [0, 1, 2, 3, 4, 5, 6, 7];
        var subar = ar.slice(2, 5);
        document.write("ar = " + ar + "<br>");
        document.write("subar = " + subar + "<br>");
    </script>
</body>
</html>
```

크기 8의 ar 배열에서 2~5까지의 범위로 새 부분 배열을 만들었다. 범위를 다룰 때는 항상 끝 위치는 포함되지 않음을 유의하자. 2, 3, 4를 요소로 하는 부분 배열이 새로 생성되며 원본 배열에는 아무런 변화가 없다.

```
ar = 0,1,2,3,4,5,6,7
subar = 2,3,4
```

concat 메서드는 반대로 배열을 합쳐 하나로 만든다. 원본 배열과 인수로 전달한 배열은 그대로 두고 새로운 배열을 만들어 리턴한다. 한꺼번에 여러 개의 배열을 합칠 수도 있다.

**concat.html**

```
<!DOCTYPE html>
<html>
<head>
    <meta charset="utf-8">
    <title>concat</title>
</head>
<body>
    <script>
        var ar1 = [0, 1, 2];
        var ar2 = [3, 4, 5, 6, 7];
        var ar3 = ["수지", "아이유", "김태희"];
        var ar4= ar1.concat(ar2);
        document.write("ar4 = " + ar4 + "<br>");
```

```
        var ar5 = ar1.concat(ar2, ar3);
        document.write("ar5 = " + ar5 + "<br>");
    </script>
</body>
</html>
```

원본은 건드리지 않으므로 ar1, ar2, ar3은 병합 후에도 원래 상태를 유지한다. ar1과 ar2를 합쳐 ar4를 만들었다. 문자열이라면 ar4 = ar1 + ar2;로 더하겠지만 배열은 덧셈 연산자로 합칠 수 없으므로 concat이라는 별도의 메서드가 제공된다. ar5는 세 개의 배열을 순서대로 합친다.

```
ar4 = 0,1,2,3,4,5,6,7
ar5 = 0,1,2,3,4,5,6,7,수지,아이유,김태희
```

ar1.concat(ar2, ar3)로 호출했으므로 ar1이 제일 앞에 오고 이어서 ar2와 ar3의 요소가 합쳐진다. 만약 ar1.concat(ar3, ar2)로 호출하면 합쳐지는 순서가 바뀔 것이다.


## 2.4 정렬

sort 메서드는 배열의 요소를 크기순으로 재배열하여 정렬한다. 인수로 배열 요소를 비교하는 함수를 전달하되 생략하면 오름차순으로 정렬된다. 작은 값이 제일 앞에 오고 뒤로 갈수록 점점 큰 값이 배치되는 가장 일반적인 정렬 방법이다. 먼저 간단한 정렬 예제를 보자.

**sortarray.html**

```
<!DOCTYPE html>
<html>
<head>
    <meta charset="utf-8">
    <title>sortarray</title>
</head>
```

JavaScript+jQuery 정복

```
<body>
    <script>
        var score = [82, 96, 54, 76, 92, 99, 69, 88];
        document.write("before = " + score + "<br>");

        score.sort();
        document.write("after = " + score + "<br>");
    </script>
</body>
</html>
```

score 배열에 성적이 무작위로 들어 있다. 오름차순으로 가지런히 정렬하려면 sort 메서드를 호출한다. 정렬 결과는 별도의 배열로 작성되지 않으며 원본 배열 자체가 정렬된다. 정렬 전후의 요소 순서를 비교해 보자.

```
before = 82,96,54,76,92,99,69,88
after  = 54,69,76,82,88,92,96,99
```

성적이 오름차순으로 잘 정렬되었다. 정렬 순서를 바꾸거나 정렬 기준을 조정하고 싶으면 인접 요소를 비교하는 함수를 제공해야 한다. 비교 함수는 다음 형식으로 작성한다.

```
function compare(left, right) {
    return 비교결과;
}
```

비교 함수는 인수로 전달받은 left, right를 비교하여 두 값의 순위를 결정한다. left가 더 앞쪽이면 음수를 리턴하고 right가 더 앞쪽이면 양수를 리턴하며 두 값이 같으면 0을 리턴한다. 부호만 보므로 절대값은 중요하지 않다. 오름차순으로 정렬할 때는 left - right를 리턴하며 이 비교 방식이 디폴트이다. 디폴트와 다르게 정렬하려면 비교 함수를 직접 작성해야 한다. 다음 예제는 내림차순으로 정렬한다.

```
<!DOCTYPE html>
<html>
<head>
    <meta charset="utf-8">
    <title>sortcompare</title>
</head>
<body>
    <script>
        var score = [82, 96, 54, 76, 92, 99, 69, 88];
        document.write("before = " + score + "<br>");

        function compare(left, right) {
            return right - left;
        }
        score.sort(compare);
        document.write("after = " + score + "<br>");
    </script>
</body>
</html>
```

compare 함수는 right - left를 리턴하여 오름차순 정렬에 비해 반대 부호를 리턴한다. sort 메서드는 매 요소를 비교할 때마다 두 요소를 compare 함수로 전달하고 두 값을 비교한 결과를 참조하여 요소의 순서를 교환한다.

```
before = 82,96,54,76,92,99,69,88
after = 99,96,92,88,82,76,69,54
```

성적이 내림차순으로 잘 정렬되었다. 이 예제는 함수의 인수로 다른 함수를 전달하는 전형적인 예이며 함수 인수의 가장 실용적인 사용예이기도 하다. sort의 인수가 함수라는 것을 분명히 밝히기 위해 compare 함수를 먼저 정의하고 이 함수를 sort로 전달했는데 이름을 줄 필요없이 sort 메서드의 인수 목록에 함수 리터럴을 작성해도 상관없다.

JavaScript+jQuery 정복

```
score.sort(function (left, right) {
    return right - left;
});
```

어차피 비교 함수는 sort 내부에서만 사용하며 외부에서 호출할 일이 없으므로 굳이 이름을 줄 필요가 없다. 함수 호출부가 복잡해 보이지만 코드는 더 간단해서 주로 이 방법을 많이 사용한다. 내림차순 정렬 자체가 목적이라면 좀 더 간단한 방법도 있다. 오름차순으로 정렬한 후 reverse로 요소의 순서를 반대로 뒤집으면 된다.

**descending.html**

```
<!DOCTYPE html>
<html>
<head>
    <meta charset="utf-8">
    <title>descending</title>
</head>
<body>
    <script>
        var score = [82, 96, 54, 76, 92, 99, 69, 88];
        document.write("before = " + score + "<br>");

        score.sort();
        score.reverse();
        document.write("after = " + score + "<br>");
    </script>
</body>
</html>
```

정렬이란 오름차순 아니면 내림차순으로 하는 것이 보통이라 비교 함수를 전달하는 것보다 그냥 ascending 같은 진위형의 인수를 전달하면 더 간단할 것 같기도 하다. sort(true)는 오름차순으로 정렬하고 sort(false)는 내림차순으로 정렬한다면 외우기도 쉽고 쓰기도 쉽다.

그러나 이렇게 하지 않고 굳이 비교를 직접 하도록 되어 있는 이유는 자료의 형태가 우리가 상상하는 것보다 훨씬 더 다양해서 단순한 뺄셈만으로는 앞뒤 순서를 정하기 어렵기 때문이다. 또 같은 값을 가지는 자료에 대해서는 2차 정렬 기준을 지정한다든가 원본의 순서 유지 여부 등 여러 가지 고려할 사항도 많다. 다음 예를 보자.

**numbersort.html**

```html
<!DOCTYPE html>
<html>
<head>
    <meta charset="utf-8">
    <title>numbersort</title>
</head>
<body>
    <script>
        var score = [82, 96, 54, 76, 9, 100, 69, 88];
        document.write("before = " + score + "<br>");

        score.sort();
        document.write("after = " + score + "<br>");
    </script>
</body>
</html>
```

앞 예제와 비슷하지만 배열값 중 일부를 9와 100으로 바꾸었다. 기본 비교 함수는 알파벳순으로 정렬하므로 자리수가 다른 숫자는 예상과 다르게 정렬된다.

```
before = 82,96,54,76,9,100,69,88
after = 100,54,69,76,82,88,9,96
```

단순히 사전식으로 비교해 버리기 때문에 100이 가장 작은 것으로 평가되며 9가 88보다 더 큰 것으로 평가된다. sort 함수는 이 배열에 숫자가 들어 있는지, 어떤 식으로 비교해야 할지 정확히 판단할 수 없으며 그래서 가장 범용적인 타입인 문자열로 비교해 버린다. 이런 자료를 제대로 정렬하

JavaScript+jQuery 정복

려면 비교 함수로 전달되는 요소값이 숫자임을 명확히 해야 한다. 수정한 예제는 다음과 같다.

```
<!DOCTYPE html>
<html>
<head>
    <meta charset="utf-8">
    <title>numbersort2</title>
</head>
<body>
    <script>
        var score = [82, 96, 54, 76, 9, 100, 69, 88];
        document.write("before = " + score + "<br>");

        score.sort(function (left, right) {
            return left - right;
        });
        document.write("after = " + score + "<br>");
    </script>
</body>
</html>
```

비교 함수를 작성하고 두 숫자값의 차를 빼서 순서를 결정하면 숫자의 대소값에 따라 제대로 정렬된다. 설사 ar 배열의 요소가 "82" 같은 문자열이더라도 문자열끼리 빼면 숫자로 자동 변환되므로 이상없이 잘 정렬된다.

```
before = 82,96,54,76,9,100,69,88
after = 9,54,69,76,82,88,96,100
```

사전순으로 정렬하더라도 기본 정렬은 비교 방식이 너무 단순해서 현실 세계의 규칙과 일치하지 않는 부분이 많다.

```
<!DOCTYPE html>
<html>
<head>
    <meta charset="utf-8">
    <title>casesort</title>
</head>
<body>
    <script>
        var country = ["korea", "USA", "Japan", "China"];
        document.write("before = " + country + "<br>");

        country.sort();
        document.write("after = " + country + "<br>");
    </script>
</body>
</html>
```

국가 이름이 저장된 배열을 오름차순으로 정렬하였다. 알파벳순으로 정렬될 것 같지만 막상 결과를 출력해 보면 USA가 korea보다 더 앞쪽에 나타난다.

```
before = korea,USA,Japan,China
after = China,Japan,USA,korea
```

알파벳 U는 알파벳 k보다 더 뒤쪽이지만 대문자보다는 소문자가 코드표상에 더 앞쪽에 있기 때문이다. 대소문자 구분없이 알파벳순으로 정렬하려면 대소문자 구분을 무시해야 한다. 비교 함수를 만들어 모두 소문자나 모두 대문자로 바꾼 후 비교하면 대소문자 구분없이 알파벳순으로 정렬된다. 비교 함수가 좀 복잡해진다.

```
<!DOCTYPE html>
<html>
<head>
    <meta charset="utf-8">
    <title>casesort2</title>
</head>
<body>
    <script>
        var country = ["korea", "USA", "Japan", "China"];
        document.write("before = " + country + "<br>");

        country.sort(function (left, right) {
            var left2 = left.toLowerCase();
            var right2 = right.toLowerCase();
            if (left2 < right2) return -1;
            if (left2 > right2) return 1;
            return 0;
        });
        document.write("after = " + country + "<br>");
    </script>
</body>
</html>
```

인수로 전달받은 문자열을 모두 소문자로 바꾼다. 비교를 위해 임시적으로 바꾸는 것이므로 모두 대문자로 바꾸어도 결과는 마찬가지이다. 그리고 비교 연산자로 두 값을 비교한 후 1, −1, 0 중 하나를 리턴한다. 숫자의 경우는 단순히 뺄셈을 리턴하면 부호가 자연스럽게 결정되지만 문자열끼리는 뺄셈을 할 수 없으므로 비교 연산자로 대소 관계를 직접 비교해야 한다. 이제 제대로 정렬된다.

```
before = korea,USA,Japan,China
after = China,Japan,korea,USA
```

여기서 예를 들지는 않겠지만 복잡한 객체의 경우는 2차 정렬이라는 것도 있다. 이름, 주민번호, 전화번호 등으로 구성된 객체의 배열을 정렬할 때 이름이 같은 경우가 발생할 수 있다. 동명이인인 경우 주민번호를 비교해서 생일이 빠른 사람을 앞쪽에 배치하고 싶다면 두 속성을 같이 비교해야 한다. 1차키는 오름차순으로하고 2차키는 내림차순으로 정렬할 수도 있다.

현실 세계의 자료가 이렇게 복잡하고 형태가 다양하기 때문에 sort 메서드가 모든 정렬 규칙을 인수로 전달받기 어렵다. 그래서 sort는 비교의 순서나 자료의 재배치만 처리하고 요소의 전후 관계를 비교하는 것은 별도의 함수에게 맡기도록 되어 있다. 비교 함수에서 요소의 순서를 어떻게 정하는가에 따라 정렬 방식을 자유 자재로 통제할 수 있는 것이다.

# 2.5 순회 메서드

배열에 집합적인 값을 저장해 두면 루프로 반복적인 처리를 하기 수월하다. 배열이 아무리 커도 루프를 돌리기만 하면 배열의 모든 값을 순서대로 읽을 수 있다. 순회를 통해 배열을 덤프하기도 하고 모든 값을 일괄 수정하거나 총합, 평균 같은 통계치도 산출해 낸다. 다음 예제는 배열을 순회하며 저장된 모든 값의 총합을 구한다.

**foreach.html**

```
<!DOCTYPE html>
<html>
<head>
    <meta charset="utf-8">
    <title>foreach</title>
</head>
<body>
    <script>
        var score = [82, 96, 54, 76, 9, 100, 69, 88];
        var sum = 0;
        for (var i =0; i < score.length; i++) {
            sum += score[i];
```

JavaScript+jQuery 정복

```
        }
        document.write("sum  = " + sum + "<br>");
    </script>
</body>
</html>
```

score 배열에는 성적이 저장되어 있다. 총합 변수인 sum을 0으로 초기화해 놓고 배열의 처음부터
끝까지 순회하며 모든 성적을 sum에 누적하면 총점을 구할 수 있다.

```
sum = 574
```

for 루프는 배열 전체를 순회하며 특정 작업을 할 때 사용하는 가장 원론적인 방법이다. ES5에서
는 이 순회 방법을 좀 더 공식적으로 지원하는 forEach 메서드가 추가되었다. forEach 메서드는
배열을 순회하며 각 요소값에 대해 인수로 전달받은 함수를 호출한다. 이 함수는 다음 형태로 작성
한다.

**function(value, index, array)**

세 개의 인수를 취하는데 각각 요소의 값, 첨자, 배열 자체이다. 뒤쪽의 두 인수는 필요없을 경우
생략한다. 이 함수 내부에서 각 요소의 값을 받아 원하는 처리를 수행한다. forEach 메서드로 배
열의 총합을 구해 보자.

**foreach2.html**

```
<!DOCTYPE html>
<html>
<head>
    <meta charset="utf-8">
    <title>foreach2</title>
</head>
<body>
    <script>
        var score = [82, 96, 54, 76, 9, 100, 69, 88];
```

```
        var sum = 0;
        score.forEach(function(value) {
            sum += value;
        });
        document.write("sum  = " + sum + "<br>");
    </script>
  </body>
</html>
```

forEach로 전달할 함수는 여기서만 사용되므로 익명으로 작성했다. 함수의 인수로 전달된 value 를 sum에 계속 누적하면 총합이 구해진다. 루프를 도는 코드가 forEach 안에 들어 있어 배열을 순회하는 루프를 작성할 필요가 없다. for in문으로도 배열을 순회할 수 있으므로 다음 코드로도 총합을 구할 수 있다.

```
for (var i in score) {
    sum += score[i];
}
```

그러나 for in문은 배열의 첨자를 순회하는데 비해 forEach 메서드는 배열의 요소값을 직접 읽어 준다는 점이 다르다. score[i] 연산으로 요소값을 굳이 읽을 필요없이 인수로 전달된 value값을 바로 사용할 수 있어서 편리하다. 배열을 순회할 일이 워낙 많아 공식적인 순회 메서드를 제공하지만 함수를 작성해야 한다는 점에서 조금 번거로운 면도 있다.

forEach 메서드는 배열을 순회하며 요소를 읽기만 할 뿐 변경하지는 않는다. 이에 비해 map 메서드는 기존의 배열로부터 새로운 배열을 만든다. map의 인수로 전달되는 함수는 원본 배열의 요소값을 받아 새로운 값을 만들어 리턴하며 이 리턴값을 요소로 가지는 새로운 배열이 만들어진다. 다음 예제는 모든 점수값을 2배로 한 새 배열을 만든다.

```
<!DOCTYPE html>
<html>
<head>
    <meta charset="utf-8">
    <title>map</title>
</head>
<body>
    <script>
        var score = [82, 96, 54, 76, 9, 100, 69, 88];
        var score2 = score.map(function(value) {
            return value * 2;
        });
        document.write("score2  = " + score2 + "<br>");
    </script>
</body>
</html>
```

map 메서드의 인수로 전달되는 함수는 반드시 새 값을 리턴해야 한다. 기본 배열의 점수인 value
에 2를 곱한 값을 리턴했으므로 새로 만들어지는 배열의 모든 점수는 2배가 된다. 배열에 저장된
상품 가격을 모두 20% 할인가로 바꾼다거나 할 때 편리하다. map은 새로운 배열을 만들 뿐이지
원본 배열을 건드리지는 않는다.

```
score2 = 164,192,108,152,18,200,138,176
```

filter 메서드는 조건에 맞는 요소만 골라 새로운 부분 배열을 만든다. 사용 형식은 map과 비슷하
되 조건에 따라 진위형을 리턴한다는 점이 다르다. 다음 예제는 score 배열에서 점수가 80점 이상
인 요소만 추려낸다.

```
<!DOCTYPE html>
<html>
<head>
    <meta charset="utf-8">
    <title>filter</title>
</head>
<body>
    <script>
        var score = [82, 96, 54, 76, 9, 100, 69, 88];
        var score2 = score.filter(function(value) {
            return value >= 80;
        });
        document.write("score2  = " + score2 + "<br>");
    </script>
</body>
</html>
```

filter의 인수로 전달된 함수에서 value가 80 이상인 경우만 true를 리턴한다. filter는 각 요소에 대해 함수를 호출하여 true가 리턴되는 요소만으로 새로운 배열을 생성하여 리턴한다.

```
score2 = 82,96,100,88
```

이 외에 every, some, reduce, reduceRight 순회 메서드가 더 있는데 동작 방식은 비슷하다. 자주 사용되지 않으므로 소개만 해 두니 레퍼런스에서 찾아 연구해 보기 바란다.

# chapter 09
# 내장 객체

## section 01 String

## 1.1 검색

String 클래스는 문자열을 조작하는 수많은 메서드를 제공한다. 문자열은 임의의 자료를 표현 및 저장할 수 있는 범용적인 타입이고 워낙 많이 사용되므로 문자열 관리 메서드를 자유자재로 쓸 수 있어야 한다. 문자열은 문자의 배열 형태이므로 배열이 제공하는 메서드와 유사하다.

| 메서드 | 설명 |
|---|---|
| charAt(index) | index 위치의 문자를 구한다. index가 문자열의 범위를 벗어나면 빈 문자열이 리턴된다. |
| charCodeAt(index) | index 위치의 문자에 대한 유니코드를 구한다. |
| indexOf(searchvalue,start) | 부분 문자열의 위치를 검색한다. start는 검색 시작 위치이며 생략시 0이 적용되어 처음부터 검색한다. 없을 경우 −1을 리턴한다. |
| lastIndexOf(searchvalue,start) | 부분 문자열의 위치를 역방향에서 검색한다. start는 검색 시작 위치이며 생략시 문자열의 제일 끝이 적용된다. 없을 경우 −1을 리턴한다. |
| concat(s1, s2, …) | 여러 개의 문자열을 연결한다. + 연산자와 동일하다. |
| toLowerCase() | 소문자로 변환한다. |
| toUpperCase() | 대문자로 변환한다. |
| replace(searchvalue,newvalue) | 문자열을 대체한다. 정규식도 사용할 수 있다. |
| search(searchvalue) | 부분 문자열 또는 정규식을 검색하여 그 위치를 리턴한다. |
| match(regexp) | 정규식으로 검색하여 일치하는 결과를 배열로 리턴한다. 발견되지 않으면 null을 리턴한다. |
| substring(from, to) | 두 위치 사이의 부분 문자열을 추출한다. to를 생략하면 뒤쪽 모든 문자열을 추출한다. |
| slice(start,end) | start 위치에서 end 위치까지 부분 문자열을 추출한다. 음수로 끝에서부터의 위치를 지정할 수 있다. |

| | |
|---|---|
| substr(start,length) | start에서 시작하여 length 길이만큼 부분 문자열을 추출한다. 길이를 생략하면 뒤쪽 모든 문자열을 추출한다. |
| split(separator,limit) | 구분자로 구분된 문자열을 분리하여 배열로 리턴한다. limit는 최대 몇개까지 리턴할 것인가를 지정한다. |
| trim() | 앞 뒤의 공백을 제거한다. |

메서드 수가 많은데 쉬운 것부터 순서대로 실습해 보자. 다음 예제는 문자열에서 특정 문자를 검색하는 방법을 보여준다.

---

**charat.html**

```html
<!DOCTYPE html>
<html>
<head>
    <meta charset="utf-8">
    <title>charat</title>
</head>
<body>
    <script>
        var s = "우리나라 대한민국 좋은나라";
        document.write("charAt(2) = " + s.charAt(2) + "<br>");
        document.write("charCodeAt(2) = " + s.charCodeAt(2) + "<br>");
        document.write("indexOf('나라') = " + s.indexOf("나라") + "<br>");
        document.write("lastIndexOf('나라') = " + s.lastIndexOf("나라") + "<br>");
    </script>
</body>
</html>
```

---

charAt 메서드는 인수로 지정한 위치의 문자 하나를 찾는다. 인수는 0~length −1 범위여야 하며 범위를 벗어날 경우 빈 문자열을 리턴한다. charAt은 문자 하나를 찾지만 자바스크립트에는 문자 형이 따로 없으므로 길이가 1인 문자열을 리턴한다. 이에 비해 charCodeAt 메서드는 문자가 아닌 숫자형의 문자코드를 리턴하며 범위를 벗어나면 NaN이 리턴된다.

문자열은 문자의 배열이며 배열의 첨자는 항상 0부터 시작하므로 s.charAt(2)는 앞에서 세 번째 문자인 "나"자를 찾는다. 문자열 자체를 배열처럼 사용하여 s[2] 라고 간단히 표현할 수도 있으나 표준은 아니므로 가급적이면 charAt 메서드를 사용하는 것이 좋다. charCodeAt 메서드는 "나"자의 유니코드값인 45208 숫자를 리턴한다.

indexOf와 lastIndexOf는 문자열에서 부분 문자열의 위치를 검색하는데 검색을 시작하는 방향이 다르다. 문자열 내에 해당 단어가 하나밖에 없을 때는 어느 방향에서 찾든 차이가 없지만 같은 단어가 여러 번 나타날 때는 방향에 따라 검색 위치가 달라진다. 실행 결과는 다음과 같다.

```
charAt(2) = 나
charCodeAt(2) = 45208
indexOf('나라') = 2
lastIndexOf('나라') = 12
```

"나라"를 앞에서 찾으면 우리나라가 검색되지만 뒤에서부터 찾으면 좋은나라가 검색된다. 주의할 것은 lastIndexOf 메서드가 뒤쪽에서부터 검색을 하더라도 검색된 위치는 항상 앞에서부터의 첨자라는 점이다. 뒤에서부터 2번째라고 조사되는 것이 아니라 앞에서부터 12번째로 조사된다.

search 메서드는 indexOf와 거의 비슷한 검색을 하되 정규식을 사용할 수 있다는 점이 다르다. replace 메서드는 문자열에서 특정 단어를 찾아 다른 단어로 치환한다.

**search.html**

```
<!DOCTYPE html>
<html>
<head>
    <meta charset="utf-8">
    <title>search</title>
</head>
```

```
<body>
    <script>
        var s = "독도는 일본땅";
        document.write("s = " + s + "<br>");
        document.write("search = " + s.search("일본") + "<br>");
        document.write("replace = " + s.replace("일본", "한국") + "<br>");
    </script>
</body>
</html>
```

문자열 s에 말도 안되는 거짓말이 적혀 있다. search 메서드로 "일본"이라는 단어를 찾으면 이 단어가 4번째 위치에 있음을 알 수 있다. replace 메서드는 문자열내의 "일본"이라는 단어를 "한국"으로 대체하여 진실된 문장으로 바꾼다.

```
s = 독도는 일본땅
search = 4
replace = 독도는 한국땅
```

search 메서드와 정규식을 사용하면 단순한 일치 여부뿐만 아니라 위치나 반복 등의 규칙까지 고려하여 훨씬 더 복잡한 조건으로 검색할 수 있다. 그러나 검색을 위해 RegExp 객체를 생성해야 하며 검색 알고리즘이 복잡해 속도는 indexOf보다 느리다. 부분 문자열을 단순히 찾기만 한다면 indexOf 메서드가 훨씬 더 빠르다.


# 1.2 변경

toUpperCase, toLowerCase 메서드는 영문자를 전부 대문자로 또는 소문자로 변경한다. 한글이나 숫자는 대소문자의 구분이 없으므로 영향을 받지 않는다.

```
<!DOCTYPE html>
<html>
<head>
    <meta charset="utf-8">
    <title>tocase</title>
</head>
<body>
    <script>
        var s = "아름다운 Korea!";
        var u = s.toUpperCase();
        var l = s.toLowerCase();

        document.write("s = " + s + "<br>");
        document.write("toUpperCase() = " + u + "<br>");
        document.write("toLowerCase() = " + l + "<br>");
    </script>
</body>
</html>
```

"아름다운 Korea!"라는 s 문자열을 대문자와 소문자로 바꾸어 u와 l에 대입했다. 문자열내의 알파벳이 전부 대문자나 소문자로 바뀐다.

```
s = 아름다운 Korea!
toUpperCase() = 아름다운 KOREA!
toLowerCase() = 아름다운 korea!
```

원본 문자열인 s는 원래값을 유지한다. toUpperCase 메서드는 원본을 대문자로 변환한 새로운 문자열을 만들어 리턴하는 것이지 원본 자체를 바꾸는 것은 아니다. 만약 원본을 변경하려면 변경된 결과를 원본에 다시 대입해야 한다.

```
s = s.toUpperCase();
```

s의 문자열을 대문자로 바꾼 결과를 s에 다시 대입한 것이다. 요소를 직접 변경하는 배열 메서드와는 달리 모든 문자열 메서드는 원본을 읽기만 할 뿐 변경하지 않는다. 대소문자 변환 메서드를 이용하면 대소문자를 무시하고 두 문자열을 비교할 수 있다.

**casecompare.html**

```html
<!DOCTYPE html>
<html>
<head>
    <meta charset="utf-8">
    <title>casecompare</title>
</head>
<body>
    <script>
        var a = "JavaScript";
        var b = "JAVASCRIPT";

        if (a == b) {
            document.write("== 비교 : 두 문자열이 같다.<br>");
        }
        if (a.toUpperCase() == b.toUpperCase()) {
            document.write("대소문자 무시 비교 : 두 문자열이 같다.<br>");
        }
    </script>
</body>
</html>
```

a와 b 문자열은 철자는 같지만 대소문자 구성이 다르므로 == 연산자로 비교하면 다른 문자열이라고 판단한다. 대소문자 구분을 무시하고 비교하려면 둘 다 대문자로 바꾼 후 비교해야 한다. 물론 둘 다 소문자로 바꿔서 비교해도 마찬가지이다.

trim 메서드는 앞 뒤의 불필요한 공백을 제거한다. 대화상자를 통해 사용자가 직접 입력한 문자열이나 DB에서 읽은 문자열은 앞뒤로 여분의 공백이 있는 경우가 많은데 이런 공백을 제거하고 순수한 문자만 남긴다. 실무에서 굉장히 자주 사용하는 기능이지만 ES5 버전에서 다소 늦게 추가되었다.

```
<!DOCTYPE html>
<html>
<head>
    <meta charset="utf-8">
    <title>trim</title>
</head>
<body>
    <script>
        var s = "  우리나라 대한민국  ";
        var t = s.trim();

        document.write("s = " + s + ", 길이 = " + s.length + "<br>");
        document.write("t = " + t + ", 길이 = " + t.length + "<br>");
    </script>
</body>
</html>
```

원본 s 문자열에는 앞뒤로 2개씩의 공백이 있다. trim 메서드는 양쪽의 공백을 모두 제거한다. 문자열 중간에 있는 공백은 그대로 유지된다.

```
s =   우리나라 대한민국  , 길이 = 13
t = 우리나라 대한민국, 길이 = 9
```

trim 메서드도 원본은 그대로 유지하며 공백이 제거된 새로운 문자열을 만들어 리턴한다. 새로 만든 문자열이므로 길이도 원본과 다르다.

# 1.3 추출

추출 메서드는 전체 문자열에서 특정 부위만 잘라 새로운 문자열을 추출한다. 비슷 비슷한 3개의
메서드가 제공된다.

```
substring(start,end)
substr(start,length)
slice(start,end)
```

첫 번째 인수 start는 모두 시작 위치를 나타낸다. end는 끝 위치를 지정하되 범위의 원칙에 따라
end 위치는 제외된다. substring 메서드는 시작과 끝으로 범위를 지정하는데 비해 substr 메서드
는 시작과 길이를 지정한다는 면에서 다르다. substr은 표준이 아니므로 가급적 사용하지 않는 것
이 좋다. slice는 substring과 기능이 거의 비슷하되 위치에 음수값을 주어 뒤쪽에서부터 첨자를
지정할 수 있다는 점이 다르다.

**substring.html**

```html
<!DOCTYPE html>
<html>
<head>
    <meta charset="utf-8">
    <title>substring</title>
</head>
<body>
    <script>
        var s = "0123456789";
        document.write("substring = " + s.substring(3, 6) + "<br>");
        document.write("substr = " + s.substr(3, 6) + "<br>");
        document.write("slice = " + s.slice(3, 6) + "<br>");
        document.write("slice = " + s.slice(3, -2) + "<br>");
    </script>
</body>
</html>
```

위치값을 내용으로 가지는 s 문자열을 각 메서드로 추출해 보았다. 각 호출 결과 어떤 문자열이 추출되었는지 보자.

```
substring = 345
substr = 345678
slice = 345
slice = 34567
```

substring은 3번째부터 6번째 직전까지의 문자를 추출하고 substr은 3번째부터 6개의 문자를 추출한다. 인수의 형식만 다를 뿐 기능적으로는 같은 함수이다.

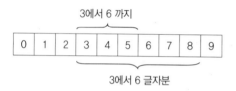

slice(3, 6)은 substring(3, 6)과 같다. slice(3, -2)는 3번째 문자에서 시작하여 끝에서부터 2번째 문자 직전까지 추출하라는 뜻이다. 중간의 길이가 가변적일 때는 끝쪽에서부터 첨자를 지정하여 추출하는 것이 편리하다.

**slicestring.html**

```html
<!DOCTYPE html>
<html>
<head>
    <meta charset="utf-8">
    <title>slicestring</title>
</head>
<body>
    <script>
        var music1 = "사랑과 우정 사이.mp3";
        var music2 = "오직 하나뿐인 그대.mp3";

        document.write("음악1 = " + music1.slice(0,-4) + "<br>");
```

```
            document.write("음악2 = " + music2.slice(0,-4) + "<br>");
        </script>
    </body>
</html>
```

music1, music2 변수에는 노래 파일 이름이 저장되어 있다. slice(0, −4) 호출문은 문자열 처음부터 끝에서 4번째까지, 그러니까 .mp3만 빼고 나머지 문자열을 추출하여 곡명만 빼낸다. 중간에 낀 곡명의 길이가 가변적이기 때문에 substring 메서드로는 이런 작업이 어렵다.

```
음악1 = 사랑과 우정 사이
음악2 = 오직 하나뿐인 그대
```

다음 메서드는 구분자를 사용하여 문자열을 분리한다.

**split(separator,limit)**

separator 인수는 구분자를 지정하며 보통 콤마나 공백 등을 사용한다. limit 인수는 최대 몇 개까지 추출해 낼 것인가를 지정하되 생략시 모든 문자열을 추출한다. 분리된 결과는 문자열의 배열 형태로 리턴된다.

**split.html**

```
<!DOCTYPE html>
<html>
<head>
    <meta charset="utf-8">
    <title>split</title>
</head>
<body>
    <script>
        var citys = "서울,부산,대전,광주";
        var parts = citys.split(",");
        for (var city in parts) {
```

```
            document.write("도시명 : " + parts[city] + "<br>");
        }
    </script>
</body>
</html>
```

citys 문자열에는 도시 이름이 콤마로 구분되어 나열되어 있다. 이 문자열에서 각 도시의 이름을 추출하려면 split(",") 메서드를 호출한다.

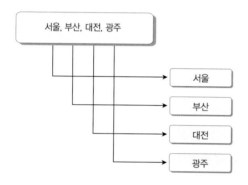

콤마로 구분된 모든 단어를 각각의 문자열로 만들어 배열로 리턴하므로 이 배열을 순회하면 개별 도시명을 얻을 수 있다.

```
도시명 : 서울
도시명 : 부산
도시명 : 대전
도시명 : 광주
```

정적 메서드인 fromCharCode는 일련의 유니코드 문자를 입력받아 문자열을 새로 만든다. String의 메서드이므로 객체로부터 호출할 수는 없고 반드시 String 타입으로 호출해야 한다.

J a v a S c r i p t + j Q u e r y  정복

```
<!DOCTYPE html>
<html>
<head>
    <meta charset="utf-8">
    <title>fromcharcode</title>
</head>
<body>
    <script>
        var s = String.fromCharCode(45824, 54620, 48124, 44397);
        document.write("s = " + s + "<br>");
        var t = "\ub300\ud55c\ubbfc\uad6d";
        document.write("t = " + t + "<br>");
    </script>
</body>
</html>
```

45824는 한글 "대"자의 유니코드값이다. 각 문자의 유니코드를 인수로 나열하면 이 문자들로 구성된 문자열을 리턴한다. 이 함수를 사용하는 대신 \u 다음에 16진수로 유니코드를 기술하는 방법도 가능하다.

```
s = 대한민국
t = 대한민국
```

키보드로 입력 가능한 문자를 굳이 이 방식으로 생성할 필요는 없다. 한자나 특수문자처럼 키보드로 입력하기 어려운 문자를 이 방식으로 생성한다.

# 1.4 태그 삽입

다음 메서드는 문자열 앞 뒤로 HTML 태그를 삽입하여 문자열에 서식을 부여한다. 메서드 이름이 HTML 태그와 유사해서 직관적이다.

| 메서드 | HTML 태그 | 설명 |
|---|---|---|
| big | big | 큰 글자 |
| small | small | 작은 글자 |
| bold | b | 굵게 |
| italics | i | 이탤릭 |
| fixed | tt | 타자체 |
| strike | strike | 관통선 |
| sub | sub | 아래첨자 |
| sup | sup | 위첨자 |
| fontcolor(색) | font color | 색상 지정 |
| fontsize(크기) | font size | 크기 지정 |
| link(주소) | a | 링크 설정 |

대표적으로 bold() 메서드는 문자열 앞뒤로 〈b〉~〈/b〉 태그를 삽입하여 브라우저에서 굵게 표시되도록 한다. 여러 개의 메서드를 연이어 호출하면 2개 이상의 속성을 한꺼번에 지정할 수도 있다. 예를 들어 bold().italics()라고 호출하면 굵은 이탤릭으로 출력된다.

**taginsert.html**

```
<!DOCTYPE html>
<html>
<head>
    <meta charset="utf-8">
    <title>taginsert</title>
</head>
<body>
    <script>
```

J a v a S c r i p t + j Q u e r y  정복

```
        var s = "글자의 속성";
        document.write("굵게 : " + s.bold() + "<br>");
        document.write("기울임 : " + s.italics() + "<br>");
        document.write("빨간색 : " + s.fontcolor("red") + "<br>");
        document.write("큰 글자 : " + s.fontsize("6") + "<br>");

        var soen = "SoEn으로 이동";
        var link = soen.link("http://www.soen.kr");
        document.write(link + "<br>");
        alert(link);
    </script>
  </body>
</html>
```

원본 s 문자열에 각종 서식을 추가하여 웹 페이지로 출력했다. 문자열 앞뒤로 태그가 삽입되므로 브라우저 화면에 태그의 속성이 그대로 적용된다.

실행중에 스크립트로 문서를 생성하므로 결과 페이지의 소스를 봐서는 알 수 없지만 각 메서드가 리턴한 문자열을 대화상자로 찍어 보면 문자열 앞뒤로 HTML 태그가 삽입됨을 알 수 있다. 확인을 위해 마지막의 link를 alert 함수로 출력해 보았다. 앞뒤로 〈a〉 태그가 있고 href 속성에 link 메서드로 전달한 주소가 기입되어 있다.

이상의 메서드를 사용하면 서식 있는 문자열을 쉽게 출력할 수 있지만 알다시피 상기의 HTML 태그는 더 이상 권장되지 않는 것들이므로 앞으로는 사용하지 않는 것이 좋다. 서식이 필요하면 CSS를 사용하는 것이 정석이다. 대부분의 브라우저가 상기 메서드를 아직 지원하고 실제로도 사용되고는 있지만 표준에는 제외되었다.

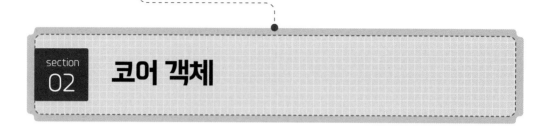

# 코어 객체

## 2.1 Math

Math 클래스는 수학적 계산과 관련된 여러 가지 기능을 제공한다. Math는 생성자가 없어 객체를 생성할 수 없으며 수학 관련 상수와 함수를 모아 놓은 단순한 네임스페이스일 뿐이다. 모든 멤버가 정적이므로 new 연산자로 객체를 생성할 필요없이 Math.member 식으로 바로 사용한다. 수학의 주요 상수를 속성으로 제공한다.

| 속성 | 설명 |
|---|---|
| PI | 원주율이다. |
| E | 오일러의 상수이다. |
| LN2 | 2의 자연 로그 |
| LN10 | 10의 자연 로그 |
| LOG2E | 2의 로그 |
| LOG10E | 10의 로그 |
| SQRT1_2 | 1/2의 제곱근 |
| SQRT2 | 2의 제곱근 |

상수이므로 전부 대문자로 되어 있다. 원주율이 필요하면 3.14 리터럴을 쓸 필요없이 Math.PI를 사용하면 정확한 값을 적용할 수 있다. 실제값이 어떻게 정의되어 있는지 출력해 보자.

```
<!DOCTYPE html>
<html>
<head>
    <meta charset="utf-8">
    <title>mathconst</title>
</head>
<body>
    <script>
        document.write("PI : " + Math.PI + "<br>");
        document.write("E : " + Math.E + "<br>");
        document.write("LN2 : " + Math.LN2 + "<br>");
        document.write("LN10 : " + Math.LN10 + "<br>");
        document.write("LOG2E : " + Math.LOG2E + "<br>");
        document.write("LOG10E : " + Math.LOG10E + "<br>");
        document.write("SQRT1_2 : " + Math.SQRT1_2 + "<br>");
        document.write("SQRT2 : " + Math.SQRT2 + "<br>");
    </script>
</body>
</html>
```

뭔가 복잡한 숫자들이 잔뜩 출력되는데 연산식에 이 값이 필요할 때 해당 상수를 사용한다. 각 상수의 정확한 의미는「수학의 정석」(홍성대 저)을 참고하기 바란다.

```
PI : 3.141592653589793
E : 2.718281828459045
LN2 : 0.6931471805599453
LN10 : 2.302585092994046
LOG2E : 1.4426950408889634
LOG10E : 0.4342944819032518
SQRT1_2 : 0.7071067811865476
SQRT2 : 1.4142135623730951
```

다음은 수학적 연산을 처리하는 메서드 목록이다. 수치값을 인수로 전달받아 수학적 연산을 한 후 결과 수치값을 리턴한다. 입력값을 계산하여 출력값 하나를 만들어 내는 원론적인 함수이며 웬만한 언어에는 다 존재하는 함수들이다.

| 메서드 | 설명 |
| --- | --- |
| abs(x) | 절대값 |
| sin(x), cos(x), tan(x) | 삼각함수. 각도는 라디안으로 지정한다. |
| asin(x), acos(x), atan(x), atan2(x) | 삼각함수의 역함수 |
| floor(x) | 직전 정수값. 수직선상의 왼쪽 값 |
| ceil(x) | 직후 정수값. 수직선상의 오른쪽 값 |
| round(x) | 반올림 |
| sqrt(x) | 제곱근 |
| log(x) | 로그 |
| exp(x) | 지수 |
| min(x,y,....), | 인수중에 작은 값을 리턴한다. |
| max(x,y....) | 인수중에 큰 값을 리턴한다. |
| pow(x,y) | 거듭승. x의 y승 |
| random() | 난수. 0~1사이의 난수를 리턴한다. |

수학 함수의 동작 자체는 사실 무척 간단하고 직관적이어서 이해하기 쉬운 편이다. 어떻게 적재적소에 잘 활용하느냐가 문제인데 몇 가지 전형적인 실용예를 들어 보자. 다음 예제는 0~90도까지 15도 단위로 삼각함수값을 출력한다. 인수로 라디안을 요구하므로 각도에 PI/180을 곱하여 라디안으로 바꾸어 전달해야 한다.

**mathfunc.html**

```
<!DOCTYPE html>
<html>
<head>
    <meta charset="utf-8">
    <title>mathfunc</title>
</head>
```

JavaScript+jQuery 정복

```
<body>
    <script>
        for(var d = 0; d <= 90; d += 15) {
            var r = d * Math.PI / 180;
            document.write(d + "(" + r.toFixed(2) + " rad) : " +
                "sin = " + Math.sin(r).toFixed(2) +
                ", cos = " + Math.cos(r).toFixed(2) +
                ", tan = " + Math.tan(r).toFixed(2) + "<br>");
        }
    </script>
</body>
</html>
```

결과가 너무 길게 나오므로 toFixed 함수를 사용하여 소수점 이하 2자리까지만 출력했다. 텍스트 환경에서는 별 볼게 없는데 그래픽 환경에 적용하면 부드러운 곡선을 그릴 수 있고 포물선 모양으로 물체를 움직일 수도 있다.

```
0(0.00 rad) : sin = 0.00, cos = 1.00, tan = 0.00
15(0.26 rad) : sin = 0.26, cos = 0.97, tan = 0.27
30(0.52 rad) : sin = 0.50, cos = 0.87, tan = 0.58
45(0.79 rad) : sin = 0.71, cos = 0.71, tan = 1.00
60(1.05 rad) : sin = 0.87, cos = 0.50, tan = 1.73
75(1.31 rad) : sin = 0.97, cos = 0.26, tan = 3.73
90(1.57 rad) : sin = 1.00, cos = 0.00, tan = 16331778728383844.00
```

min, max는 인수로 전달된 값 중 더 큰 값, 더 작은 값을 찾아내는데 조건문 대신 간편하게 사용할 수 있다. 다음 예제는 대화상자로 점수를 입력받되 사용자가 입력한 값을 0 ~ 100 사이의 범위에 강제로 맞춰 준다.

```
<!DOCTYPE html>
<html>
<head>
    <meta charset="utf-8">
    <title>minmax</title>
</head>
<body>
    <script>
        var value = Number(prompt("점수를 입력하세요.", "80"));
        value = Math.min(100, Math.max(value, 0));
        // if (value < 0) value = 0;
        // if (value > 100) value = 100;

        document.write("입력한 점수는 " + value + "입니다.<br>");
    </script>
</body>
</html>
```

주석 처리된 if 조건문으로 처리할 수도 있지만 min, max 함수를 사용하면 아주 간단하게 범위를 제한할 수 있다. 숫자값을 일정 범위로 제한할 때 많이 사용하는 공식이다.

**Math.min(최대값, Math.max(value, 최소값))**

절대값을 구하는 Math.abs도 잘 활용하면 코드를 아주 짧게 만든다. 임의의 주어진 두 값의 차를 구한다고 해 보자. 예를 들어 두 지점간의 거리라든가 두 상품의 가격차를 구하는 것이다. 차이는 간격이므로 부호가 없으며 큰 값에서 작은 값을 빼서 구한다. 코드는 다음과 같다.

JavaScript+jQuery 정복

```
<!DOCTYPE html>
<html>
<head>
    <meta charset="utf-8">
    <title>mathabs</title>
</head>
<body>
    <script>
        var a = 21;
        var b = 28;
        var c = 0;

        if (a > b) {
            c = a - b;
        } else {
            c= b - a;
        }
        document.write("두 값의 차이는 " + c + "입니다.");
    </script>
</body>
</html>
```

a와 b는 외부에서 주어진 값이라고 했을 때 누가 더 큰가에 따라 조건문을 따로 작성해야 한다. 결과는 7로 나타난다. 대소비교를 잘못하면 −7로 나타날 수도 있다. Math.abs 함수를 사용하면 코드가 훨씬 더 간단해진다.

```
<!DOCTYPE html>
<html>
<head>
    <meta charset="utf-8">
```

```
    <title>mathabs2</title>
  </head>
  <body>
    <script>
      var a = 21;
      var b = 28;
      document.write("두 값의 차이는 " + Math.abs(a-b) + "입니다.");
    </script>
  </body>
</html>
```

누가 더 큰가 점검할 필요없이 두 값을 뺄셈한 후 절대값을 취해 버리면 abs 함수 내부에서 부호를
제거해 준다. abs 호출문 하나로 값을 구할 수 있으므로 중간 변수를 둘 필요도 없고 수식 내에 바
로 사용할 수 있어 코드도 짧아진다.

두 값의 차이는 7입니다.

수학 함수 중 가장 실용적인 것은 난수를 구하는 random이다. random 메서드는 0 ~ 1 사이의
무작위값을 만들어 낸다. 일정 범위의 난수가 필요하면 곱하면 되고 정수가 필요하면 floor 메서드
로 소수값 이하를 잘라 버리고 직전 정수값을 구한다.

---

**mathrandom.html**

```
<!DOCTYPE html>
<html>
<head>
    <meta charset="utf-8">
    <title>mathrandom</title>
</head>
<body>
    <script>
        document.write("무작위 수 : " + Math.random() + "<br>");
        document.write("1~10 사이 : " + Math.floor(Math.random() * 10) + "<br>");
```

JavaScript+jQuery 정복

```
        </script>
    </body>
    </html>
```

F5를 눌러 새로 고침할 때마다 생성되는 수가 달라질 것이다. random 메서드가 만드는 난수는 실수여서 바로 사용하기는 어렵고 약간 가공을 해야 원하는 범위의 난수를 생성할 수 있다. 10을 곱하고 소수점 이하를 버리면 0~9 사이의 정수가 생성된다. 무작위하게 움직여야 하는 게임에서는 난수가 꼭 필요하다.

```
무작위 수 : 0.9111884627491236
1~10 사이 : 7
```

나머지 수학 함수도 사용 방법은 거의 비슷해서 인수로 값을 전달하면 계산된 결과가 리턴된다. 함수의 동작을 이해하는 것보다 각 함수가 계산해 내는 값의 의미에 맞게 어디다 잘 써 먹을 것인지 응용하는 것이 더 중요하다.

## 2.2 Date

Date는 시간과 날짜를 표현하는 객체이다. Date 하나로 시간까지 같이 표현하므로 Time이라는 객체는 따로 제공되지 않는다. 생성자는 인수의 타입에 따라 여러 가지 형태로 시간을 초기화한다. 인수가 없으면 현재 시간으로 초기화되며 시간 및 날짜 요소를 직접 지정할 수도 있다. 조사되는 시간은 UTC 시간이 아니라 항상 현지 시간이다.

```
new Date()
new Date(y,m,d,h,m,s,ms)
new Date(milliseconds);
new Date(dateString);
```

이 객체는 이 책의 첫 번째 예제에서 실행시마다 결과가 달라짐을 보이기 위해 사용해 본 적이 있다. 날짜 출력 형식이 우리나라 실정과는 맞지 않고 너무 길어서 불만인데 다음 메서드를 사용하면 원하는 요소를 추출해서 문자열을 입맛에 맞게 직접 조립할 수 있다.

| 메서드 | 설명 |
| --- | --- |
| getYear | 1970년 이후의 경과 년. 사용을 권장하지 않는다. |
| getFullYear | 4자리 년도 |
| getMonth | 월. 0이 1월이다. |
| getDate | 날짜 |
| getDay | 요일. 0이 일요일이다. |
| getHours | 시 |
| getMinutes | 분 |
| getSeconds | 초 |
| getMiliSeconds | 1/1000초 |
| getTime | 1970년 1월 1일 이후 경과 시간(1/1000초 단위). 이 형태의 시간을 에폭 타임이라고 한다. |
| setTime | 에폭 타임을 설정한다. |
| toString | 날짜를 문자열로 변환한다. 현지 시간을 사용하지만 형식이 지역화되지 않아 읽기는 불편하다. |
| toDateString | 날짜만 문자열로 변환한다. |
| toTimeString | 시간만 문자열로 변환한다. |
| toLocaleString | 지역화된 날짜와 시간을 출력한다. |
| toLocaleDateString | 지역화된 날짜를 출력한다. 한국에서는 년월일순으로 표시된다. |
| toLocaleTimeString | 지역화된 시간을 출력한다. 한국에서는 오전(후) h:m:s로 표시된다. |

메서드 이름이 워낙 설명적이어서 외우기는 쉽지만 각 메서드가 리턴하는 값의 의미에 대해서는 약간의 주의가 필요하다. 특히 월을 조사하는 getMonth 메서드는 0부터 시작하는 값을 리턴하므로 0이 1월임을 주의해야 한다. 다음 정적 메서드는 Date 생성자에 소속되는 정적 메서드이다.

| 메서드 | 설명 |
| --- | --- |
| now | 현재 에폭 타임을 구한다. |
| parse(s) | 문자열을 분석하여 에폭 타임을 구한다. |
| UTC(y,m,d,h,m,s,ms) | 국제 표준시의 에폭 타임을 구한다. |

이 외에 값을 변경하는 set 메서드도 있고 세계 표준시를 구하는 UTC 관련 메서드도 있다. UTC 관련 메서드는 getUTCDay, getUTCHour 등과 같이 이름에 UTC가 들어간다. 날짜를 문자열로 출력하는 방법은 여러 가지가 있다.

**datetostring.html**

```html
<!DOCTYPE html>
<html>
<head>
    <meta charset="utf-8">
    <title>datetostring</title>
</head>
<body>
    <script>
        var now = new Date();
        document.write("toString : " + now.toString() + "<br>");
        document.write("toLocaleDateString : " + now.toLocaleDateString() + "<br>");
        document.write("toLocaleTimeString : " + now.toLocaleTimeString() + "<br>");
        document.write("toLocaleString : " + now.toLocaleString() + "<br>");
    </script>
</body>
</html>
```

toString의 형식은 영문으로 되어 있고 불필요한 설명 문자열까지 포함되어 있어 너무 길고 복잡하다. toDateString이나 toTimeString은 날짜와 시간만 출력하지만 월일년 식으로 순서가 우리 실정과는 잘 맞지 않다. toLocale* 메서드는 실행중인 플랫폼에 따라 지역의 시간과 날짜 포맷으로 출력하므로 읽기 편리하다.

```
toString : Wed Jan 22 2014 02:45:31 GMT+0900 (대한민국 표준시)
toLocaleDateString : 2014년 1월 22일
toLocaleTimeString : 오전 2:45:31
toLocaleString : 2014년 1월 22일 오전 2:45:31
```

년월일시분초 형식으로 출력하는 toLocaleString 메서드의 결과가 제일 이상적이다. 이보다 더 자유롭게 출력하려면 시간 요소를 분리하여 직접 조립하면 된다. 다음 예제는 날짜와 시:분까지만 출력한다.

---

**dateformat.html**

```html
<!DOCTYPE html>
<html>
<head>
    <meta charset="utf-8">
    <title>dateformat</title>
</head>
<body>
    <script>
        var now = new Date();
        document.write("현재 시간은 " +
            now.getFullYear() + "년 " +
            (now.getMonth() + 1) + "월 " +
            now.getDate() + "일 " +
            now.getHours() + ":" +
            now.getMinutes() + "입니다."
            );
    </script>
</body>
</html>
```

---

년은 Y2K 문제 때문에 getYear 대신 getFullYear 메서드를 사용하는 것이 좋다. 월은 0이 1월이므로 숫자로 바꿀 때 반드시 1을 더해야 한다. 이런 식으로 날짜 요소를 직접 분리하여 사용하면 어떤 형태로든 포맷팅할 수 있다.

현재 시간은 2014년 6월 29일 2:11입니다.

시간은 년월일시분초로 구성된 복잡한 포맷이다. 요소가 나누어져 있어 출력하기에는 편리하지만 6차원 포맷인데다 각 자리수의 진법도 제각각이라 계산에는 무척 불편하다. 날짜끼리 계산할 때는 에폭 타임을 경유하는 것이 좋다. 에폭 타임은 1970년 1월 1일 자정을 기준으로 시간을 일차원화한 것이어서 증감이 용이하다. 다음 예제는 사흘 후의 날짜를 계산한다.

```
calcdate.html
```

```html
<!DOCTYPE html>
<html>
<head>
    <meta charset="utf-8">
    <title>calcdate</title>
</head>
<body>
    <script>
        var now = new Date();
        var epoch = now.getTime();
        epoch += (86400 * 1000 * 3);
        now.setTime(epoch);
        document.write("사흘 후는 " + now.toLocaleDateString() + "입니다.");
    </script>
</body>
</html>
```

사흘 후라고 해서 오늘 날짜에 3을 더한다고 바로 구할 수 있는 것은 아니며 자리올림을 잘 처리해야 한다. 31일 다음은 32일이 아니며 매월의 끝날이 언제인지, 2월달의 경우는 윤년까지 고려해야 하므로 예상보다 계산이 복잡하다. 이럴 때 일차원 포맷인 에폭 타임을 활용하면 간편하게 계산할 수 있다.

getTime 메서드로 에폭 타임을 구하고 여기에 3일을 더하면 된다. 일차원의 값이므로 자리 넘침을 고려할 필요가 없다. 에폭 타임의 단위가 1/1000초이며 하루는 86400초이므로 사흘은 무려 2억 5천만이 넘는다. 에폭 타임은 계산에는 유리하지만 사람이 읽기는 불편하므로 다시 날짜 포맷으로 바꿔야 한다. setTime 메서드로 에폭 타임을 전달하면 출력 가능한 날짜 포맷이 된다.

사흘 후는 2014년 7월 2일입니다.

에폭 타임을 사용하면 날짜간의 계산이 아주 쉽다. 다음 예제는 오늘이 태어난지 몇일째인지 조사한다.

---

**epochtime.html**

```
<!DOCTYPE html>
<html>
<head>
    <meta charset="utf-8">
    <title>epochtime</title>
</head>
<body>
    <script>
        var birth = new Date(1970,8,1);
        var now = new Date();
        var ellapse = (now.getTime() - birth.getTime()) / (86400 * 1000);
        document.write("오늘은 태어난지 " + Math.floor(ellapse) + "일 째입니다.");
    </script>
</body>
</html>
```

---

자신의 생일을 birth 변수에 대입하고 오늘 날짜를 now에 구해 놓는다. 두 날짜를 에폭 타임으로 변환하여 빼고 이 값을 하루로 나누면 태어난 후 몇일이 지났는지 알 수 있다.

오늘은 태어난지 16028일 째입니다.

엊그제 태어난 것 같은데 벌써 16000일 정도 살아가고 있다. birth 변수의 생일을 자신의 것으로 바꾸어 각자 계산해 보아라. 입력 양식을 사용하면 실행중에 임의의 날짜를 입력받아 경과일을 계산하도록 만들 수 있다. 이를 잘 응용하면 애인이랑 몇일 째 사귀고 있는지, 100일 파티를 언제 해야 하는지도 쉽게 계산할 수 있다.

JavaScript+jQuery 정복

## 2.3 RegExp

RegExp는 정규식 검색을 위한 패턴을 정의한다. 정규식(Regular Expression)은 복잡한 패턴으로 문자열을 정교하게 검색할 수 있을 뿐만 아니라 검색된 문자열을 다른 것으로 대체할 수도 있다. 가장 강력한 검색 방법이지만 예상외로 잘 활용되지 못하는 기능이다. 높은 난이도에 비해 실용적으로 사용할만한 경우가 그리 흔하지 않아서인 듯 하다. 생성자는 다음과 같다.

### RegExp(pattern,flag)

pattern 인수는 검색식 문자열이며 검색식 안에 검색 규칙을 지정하는 다양하고도 복잡한 지시어가 삽입된다. flag는 검색 및 대체 방법을 지정하는 일종의 옵션이다. 객체를 생성하는 대신 다음 방식으로 정규식 리터럴을 정의할 수도 있다.

### /pattern/flag

/ / 기호 사이에 패턴을 적고 뒤쪽에 플래그를 적는다. 언어 차원에서 인정하는 패턴 리터럴이므로 따옴표로 감싸지 않아도 상관없다. 리터럴은 수식내에서 바로 사용할 수 있으므로 객체를 만드는 것보다 훨씬 더 간편하게 사용할 수 있다.

정규식은 따로 배우고 실습해 봐야 감을 잡을 수 있을 정도로 복잡하고 활용예도 다양하다. 정규식만 다루는 전문적인 서적이 따로 출판될 정도로 고급 기술이다. 여기서는 검색식의 가장 기본적인 작성법만 간략하게 요약적으로 소개하기로 한다. 다음은 특정 문자 그룹을 정의하는 문법이다.

| 표현식 | 설명 |
|---|---|
| [abc] | [ ] 괄호안의 임의의 한 문자와 대응된다. |
| [^abc] | [^] 괄호안의 문자가 아닌 문자와 대응된다. |
| [0-9] | 임의의 숫자와 대응된다. |
| (a\|b) | 둘 중 하나의 문자와 대응된다. |
| \w, \W | 아스키 문자와 대응된다. [a-zA-Z0-9]와 같다. 대문자는 반대 조건이다. |
| \d, \D | 숫자와 대응된다. [0-9]와 같다. 대문자는 반대 조건이다. |
| \s, \S | 공백과 대응된다. 대문자는 반대 조건이다. |
| \b, \B | 단어의 시작이나 끝과 대응된다. |

[ ] 괄호안에 대응되는 문자의 집합을 나열한다. 예를들어 [김이박] 이라는 표현식은 김가, 이가, 박가를 찾으며 정가나 최가는 제외한다는 뜻이다. 앞에 ^ 문자가 있으면 그 외의 문자를 의미한다. [^김이박]은 김가, 이가, 박가를 제외한 나머지 성씨를 찾는다는 뜻이다.

문자만, 숫자만 검색할 때는 [ ] 괄호 대신 사용할 수 있는 \d, \w 등의 예약어가 정의되어 있으며 \D, \W 등과 같이 대문자로 적으면 반대로 문자가 아닌, 숫자가 아닌 글자를 찾는다. 검색식 다음에는 등장 횟수를 지정하여 반복되는 패턴을 찾는다.

| 표현식 | 설명 |
|---|---|
| {a, b} | a번 이상, b번 이하의 횟수 |
| {a,} | a번 이상 |
| {a} | 정확하게 a번 |
| ? | 0번 또는 한번. |
| + | 한번 이상 |
| * | 0번 이상 |

{ } 괄호안에 원하는 횟수를 지정하되 자주 사용하는 횟수에 대해서는 ?, +, * 기호가 정의되어 있다. 흔히 말하는 와일드 카드 문자라고 한다. 다음은 일치되는 문자열이 나타날 위치를 지정한다.

| 표현식 | 설명 |
|---|---|
| ^ | 문자열의 시작 부분에 나타난다. |
| $ | 문자열의 끝에 나타난다. |

아무런 기호가 없으면 임의의 위치에 나타나도 상관없지만 ^ 기호가 있으면 제일 처음 나타나는 경우만 해당되며 $ 기호가 있으면 제일 마지막에 나타나는 경우만 해당된다.

플래그는 검색 방식을 지정하며 다음 세 가지 종류가 있다. 생성자로 지정할 때는 두 번째 flag 인수로 전달하고 리터럴로 지정할 때는 뒤쪽 / 기호 다음에 지정한다. 플래그의 순서는 중요치 않으므로 ig로 적으나 gi로 적으나 똑같다.

| 플래그 | 설명 |
|---|---|
| i | 대소문자를 무시한다. |
| g | 일치하는 모든 경우를 다 찾는다. |
| m | 개행 문자가 있는 경우 ^와 $가 각 줄의 시작과 끝을 인식한다. |

검색 메서드는 다음 두 개가 있으며 인수로 검색 대상 문자열을 전달받는다.

**exec(string)**
**test(string)**

exec 메서드는 검색된 문자열을 리턴하며 일치하는 문자열이 없으면 null을 리턴한다. test 메서드는 검색된 문자열이 있는지만 진위형으로 리턴한다. 다음은 이해를 위한 간단한 예제이다.

**regexp_html**

```
<!DOCTYPE html>
<html>
<head>
    <meta charset="utf-8">
    <title>regexp</title>
</head>
<body>
    <script>
        var str = "test S123 s-45 s67M S-8m s-123M s-superTM";
        var reg = new RegExp("[sS]-[0-9]*T?M");
        var result = reg.exec(str);
        document.write(result + "<br>");
    </script>
</body>
</html>
```

str 문자열에 다양한 형태의 문자열을 써 놓고 이 중 조건에 맞는 문자열을 정규식으로 검색한다. 검색식이 굉장히 복잡해 보이는데 말로 표현하면 다음과 같다.

s나 S로 시작하고 - 다음에 숫자는 여러 개 와도 상관없으며 T는 있거나 없거나 상관없되 마지막은 반드시 M으로 끝나야 한다.

말로 표현해도 역시 복잡하다. exec 메서드는 str 문자열에서 "[sS]-[0-9]*T?M" 검색식에 맞는 문자열이 있는지 찾아낸다. str에는 이 조건에 맞는 문자열이 하나 있으므로 다음 문자열을 찾아 출력한다.

s-123M

이 문자열 외에 나머지 문자열은 모두 조건에 맞지 않다. str 문자열에서 s-123M을 잠시 제거하거나 다른 문자열로 바꾸면 조건에 맞는 문자열이 없으므로 null이 리턴된다. RegExp 객체를 생성하는 대신 검색 리터럴을 사용하면 좀 더 간편하다. 문자열이 아니라 검색 패턴 리터럴이므로 따옴표로 감쌀 필요가 없다.

**regliteral.html**

```
<!DOCTYPE html>
<html>
<head>
    <meta charset="utf-8">
    <title>regliteral</title>
</head>
<body>
    <script>
        var str = "test S123 s-45 s67M S-8m s-123M s-superTM";
        var reg = /[sS]-[0-9]*T?M/;
        var result = reg.exec(str);
        document.write(result + "<br>");
    </script>
</body>
</html>
```

String의 search, replace, match 메서드도 정규식을 인식한다. 인수로 RegExp 객체를 전달하면 정규식 검색을 수행한다.

**searchreg.html**

```
<!DOCTYPE html>
<html>
<head>
    <meta charset="utf-8">
    <title>searchreg</title>
</head>
<body>
    <script>
        var str = "test S123 s-45 s67M S-8m s-123M s-superTM";
        var result = str.search(/[sS]-[0-9]*T?M/);
        document.write(result + "<br>");
    </script>
</body>
</html>
```

search 메서드는 패턴에 맞는 문자열의 위치를 리턴하며 발견되지 않으면 −1을 리턴한다. 이 경우는 25가 리턴된다. 다음 예제는 패턴을 활용하여 주민 등록 번호가 유효한지 검사한다.

**testjumin.html**

```
<!DOCTYPE html>
<html>
<head>
    <meta charset="utf-8">
    <title>testjumin</title>
</head>
<body>
    <script>
        var str = "890629-1914920";
```

```
            var result = str.search(/[0-9]{6}-[1234][0-9]{6}/);
            if (result != -1) {
                document.write("유효한 주민 등록 번호입니다.");
            } else {
                document.write("주민 등록 번호가 올바르지 않습니다.");
            }
        </script>
    </body>
</html>
```

숫자 "여섯자리-일곱자리" 식으로 구성되어 있는지 보며 뒷자리의 첫 번째 숫자는 1~4 사이의 숫자여야 한다. 자리수가 맞지 않거나 성별 표시가 잘못되었으면 무효한 주민번호로 판별된다. 예제의 주민 번호는 정확하지만 조금만 편집해도 틀린 번호라고 나타날 것이다. [0-9]는 \d와 같으므로 다음과 같이 써도 된다.

```
/\d{6}-[1234]\d{6}/
```

물론 이 패턴도 예를 위해 대충 만든 것이라 정확하지는 않다. 881533-1876520 이런 주민 번호는 날짜 포맷상 맞지 않으며 제일 끝자리의 보안 번호도 일치 여부를 정확히 계산해 봐야 한다. 또 귀화한 사람에 대해서는 5, 6번 성별이 붙여지는 등의 우리가 잘 모르는 규칙도 있다.

더 정확한 검색을 위해서는 정규식이 이보다 훨씬 더 정교해져야 하며 더 복잡한 경우는 코드로 점검해야 하는 경우도 있다. 같은 방식으로 이메일이나 제품 코드의 유효성 점검에도 정규식이 많이 사용된다. 정규식만 잘 작성해도 여러 줄의 코드를 대신할 수 있다.

replace 메서드는 정규식으로 검색한 후 조건에 맞는 문자열을 다른 문자열로 대체한다. 최초 발견된 하나만 대체하지만 g 플래그를 사용하면 모든 문자열을 한꺼번에 다 바꿀 수도 있다.

**replaceexp.html**

```
<!DOCTYPE html>
<html>
<head>
    <meta charset="utf-8">
```

```
    <title>replaceexp</title>
</head>
<body>
    <script>
        var str = "내가 그린 기린 그림은 암 기린을 그린 기린 그림이다.";
        var result = str.replace( /기린\s/g, "코끼리 ");
        document.write(str + "<br>");
        document.write(result + "<br>");
    </script>
</body>
</html>
```

기린 단어 다음에 공백이 있는 검색식을 작성하고 g 플래그를 주어 일치되는 모든 경우를 다 찾도록 했다. 이 조건에 맞는 문자열을 찾아 죄다 "코끼리"로 바꾼다.

내가 그린 기린 그림은 암 기린을 그린 기린 그림이다.
내가 그린 코끼리 그림은 암 기린을 그린 코끼리 그림이다.

중간의 "기린을"은 기린 다음에 공백이 없으므로 패턴과 일치하지 않아 선택되지 않았다. 검색식의 \s를 제거하면 모든 기린이 다 코끼리로 바뀔 것이다. 검색식을 정교하게 작성하면 전체 문서를 다 뒤져 조건에 맞는 문자열만 정확하게 다른 것으로 대체할 수 있다.

replace의 두 번째 인수에는 대체 문자를 적용하여 발견된 문자를 대체 문자내에서 다시 참조한다. $&는 검색된 문자열 전체이며 그룹화된 검색을 할 때는 $1, $2, $3 식으로 각 부분을 칭할 수 있다. 다음 예제는 발견된 모든 문자열을 [ ] 괄호로 감싼다.

**replaceexp2.html**

```
<!DOCTYPE html>
<html>
<head>
    <meta charset="utf-8">
    <title>replaceexp2</title>
</head>
```

```
<body>
    <script>
        var count = 1;
        var str = "생각이란 생각할수록 생각이 나므로 생각하지 말아야 할 생각은 " +
            "생각하지 않으려고 하는 생각이 옳은 생각이라고 생각합니다.";
        var result = str.replace(/생각/g, "[$&]");
        document.write(str + "<br>");
        document.write("-----------<br>");
        document.write(result + "<br>");
    </script>
</body>
</html>
```

이 예제의 경우는 상수 문자열로 검색하므로 검색된 결과인 $&가 항상 "생각"이어서 "[생각]"으로
대체해도 결과는 마찬가지이다. 그러나 검색 조건이 복잡하면 매 검색마다 다른 문자열이 검색될
수도 있으므로 대체 문자열이 상수일 수 없으며 이때는 $& 대체 문자를 사용해야 한다. 실행 결과
는 다음과 같다.

생각이란 생각할수록 생각이 나므로 생각하지 말아야 할 생각은 생각하지 않으려고 하는 생각이 옳은 생각이
라고 생각합니다.
-----------
[생각]이란 [생각]할수록 [생각]이 나므로 [생각]하지 말아야 할 [생각]은 [생각]하지 않으려고 하는 [생각]
이 옳은 [생각]이라고 [생각]합니다.

replace 메서드의 두 번째 인수로 함수를 취하면 매 문자열이 검색될 때마다 이 함수가 호출되며
인수로 검색된 문자열이 전달된다. 함수 내부에서는 이 문자열을 마음대로 조작하여 다른 문자열
로 변경할 수 있다.

replaceexp3.html

```
<!DOCTYPE html>
<html>
<head>
    <meta charset="utf-8">
    <title>replaceexp3</title>
</head>
<body>
    <script>
        var count = 1;
        var str = "생각이란 생각할수록 생각이 나므로 생각하지 말아야 할 생각은 " +
            "생각하지 않으려고 하는 생각이 옳은 생각이라고 생각합니다."
        var result = str.replace(/생각/g, function(value) {
            return value + "(" + count++ + ")";
        });
        document.write(str + "<br>");
        document.write("-----------<br>");
        document.write(result + "<br>");
    </script>
</body>
</html>
```

문자열 검색 횟수를 1로 초기화하고 하나 발견될 때마다 카운트를 증가시켜 뒤에 덧붙였다. 조건에 따라 검색된 문자열을 자유 자재로 변경할 수 있다.

생각이란 생각할수록 생각이 나므로 생각하지 말아야 할 생각은 생각하지 않으려고 하는 생각이 옳은 생각이라고 생각합니다.
-----------
생각(1)이란 생각(2)할수록 생각(3)이 나므로 생각(4)하지 말아야 할 생각(5)은 생각(6)하지 않으려고 하는 생각(7)이 옳은 생각(8)이라고 생각(9)합니다.

여기서는 정규식의 간단한 사용예만 소개했는데 실제로는 이보다 훨씬 더 많은 표현식과 규칙이 있다. 복잡하고 난이도가 높은만큼 정규식 작성 방법을 잘 습득해 놓으면 정규식 하나만으로도 굉장히 많은 작업을 한번에 처리할 수 있다.

# 2.4 JSON

JSON은 객체를 JSON 형식으로 변환하거나 역변환한다. JSON은 자바스크립트의 객체 표기법으로서 원시값, 객체, 배열 등을 문자열 형태로 저장한다. 객체를 직렬화한다는 기능면에서 XML과 유사하지만 규칙이 단순해서 XML보다는 훨씬 가볍고 빠르다. 원래 자바스크립트에서 사용하는 포맷이지만 요즘은 XML 대체용으로 다른 분야에서도 많이 활용된다.

주된 기능은 객체를 문자열 형태로 직렬화하거나 문자열로부터 역직렬화하여 다시 객체를 복원해 내는 것이다. 각각 다음 메서드로 수행하며 정적 메서드이므로 객체를 생성할 필요없이 JSON 네임스페이스로부터 바로 호출한다.

> **stringify**(object, filter, indent)
> **parse**(string, reviver)

stringify 함수는 객체를 JSON 형태의 문자열로 변환하고 parse 함수는 문자열로 된 JSON을 객체로 역변환한다. 객체를 DB에 저장하거나 원거리로 전송할 때 JSON 포맷을 주로 사용하는데 저장하기전에 문자열로 만들고 받은 쪽에서는 문자열을 복원하여 다시 객체로 변환한다.

---

**jsonobject.html**

```
<!DOCTYPE html>
<html>
<head>
    <meta charset="utf-8">
    <title>jsonobject</title>
</head>
<body>
```

```
<script>
    var human = {
        name: "김상형",
        age: 29
    };
    var json = JSON.stringify(human);
    document.write(json + "</br />");

    var human2 = JSON.parse(json);
    document.write("name = " + human2.name + "<br>");
    document.write("age = " + human2.age + "<br>");
</script>
</body>
</html>
```

human 객체를 JSON 포맷으로 변환하고 이를 다시 복원하여 human2 객체로 만들었다. human2는 JSON 포맷을 거쳐 human 객체의 사본으로 생성된 것이다.

```
{"name":"김상형","age":29}
name = 김상형
age = 29
```

XML에 비해 복잡한 선언문이나 포맷 자체를 위한 여분의 정보가 없고 멤버 이름과 값만 나열되어 있다. 그래서 웬만한 객체는 짧은 문자열로 간단하게 표기 가능하며 길이가 짧기 때문에 전달 및 저장 속도가 빠르다는 이점이 있다. JSON에 대해서는 별도의 자료를 더 찾아보기 바란다.

## 2.5 Audio

Audio 객체는 사운드 재생을 캡슐화하며 HTML5의 멀티미디어 지원을 위해 도입된 객체이다. 아직은 표준이 아니지만 대부분의 브라우저는 Audio 객체를 지원하며 음악을 재생할 때 이 객체를 사용한다. 주요 속성은 다음과 같다.

| 속성 | 설명 |
|---|---|
| src | 재생할 파일 |
| volume | 볼륨 |
| currentTime | 현재 재생 위치. 초단위이다. |

생성자의 인수로 음악 파일명을 전달하면 재생을 준비하며 사운드가 준비되면 play(), pause() 메서드로 재생 및 정지한다. 다음 예제는 mp3 파일 하나를 재생한다.

---

**audioobject.html**

```html
<!DOCTYPE html>
<html>
<head>
    <meta charset="utf-8">
    <title>audioobject</title>
</head>
<body>
    <script>
        var audio = new Audio("saemaul.mp3");
        audio.play();
    </script>
</body>
</html>
```

---

saemaul.mp3라는 파일을 읽어 곧바로 재생을 시작했다. 물론 제대로 재생되려면 같은 디렉토리에 미디어 파일이 있어야 한다. 실제 프로젝트에서는 버튼을 클릭하거나 특정 사건이 발생했을 때 음악을 재생해야 할 것이다.

# chapter 10
# BOM

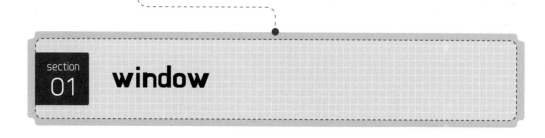

# window

## 1.1 window

BOM(Browser Object Model)은 브라우저나 운영체제의 여러 가지 정보를 읽거나 조작하는 기능을 제공한다. 언어가 자체적으로 제공하는 내장 객체는 다행스럽게도 통일되어 있지만 BOM 은 브라우저 제작사가 제공하는 것이어서 브라우저마다 약간씩 기능이 다르다.

표준안이 마련되고 있고 대부분의 브라우저가 표준을 준수하고 있지만 치열한 경쟁 상황으로 인해 완전히 통일되기는 어렵다. 그래서 최소한의 공통 기능만 사용하거나 jQuery 같은 고수준 라이브 러리를 사용하는 것이 좋다. BOM의 객체 계층 구조는 다음과 같다.

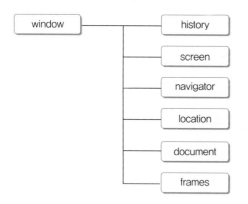

이 계층도에서 직선은 상속된다는 것이 아니라 포함되어 있다는 뜻이다. BOM의 최상위 객체 인 window는 곧 브라우저를 의미하며 웹 페이지 전체를 상징한다. window 안에 기능별로 history, screen 등의 세부 객체가 속성으로 포함되어 있다. 각 포함 객체는 부피가 크므로 하나 씩 천천히 배우기로 하고 우선은 window 객체 자체를 연구해 보자.

루트 객체인 window는 브라우저 실행과 동시에 자동으로 생성되므로 따로 만들 필요없이 언제든지 사용할 수 있다. 윈도우의 멤버를 사용하려면 window.으로 시작하는 것이 원칙적이지만 일일이 소속을 밝히기 귀찮으므로 window.은 생략 가능하다. 윈도우의 멤버에 대해서는 특별히 암시적으로 window.을 붙여준다. 대화상자를 열거나 문자열을 출력하는 메서드는 원래 다음과 같이 호출해야 한다.

```
window.alert(...)
window.document.write(...)
```

그러나 매번 이렇게 window. 을 붙이는 것이 너무 번거롭기 때문에 소속을 생략하면 window 소속인 것으로 간주한다. 그래서 window에 직접적으로 소속된 속성이나 메서드는 마치 전역처럼 사용할 수 있다. alert는 window에 소속된 메서드이지만 거의 전역처럼 사용되므로 함수라고 부른다. 사실 자바스크립트에서는 메서드와 함수의 구분조차도 애매한데 엄밀히 따지자면 모든 함수는 객체에 소속된 메서드이다. 객체가 아닌 단순 속성은 다음과 같다.

| 속성 | 설명 |
|---|---|
| name | 윈도우의 이름이다. |
| closed | 윈도우가 닫혔으면 true이다. |
| status | 상태란의 문자열을 조사 또는 변경한다. |
| defaultStatus | 상태란의 기본 문자열을 조사 또는 변경한다. |
| innerWidth , innerHeight | 내용 영역의 폭과 높이이다. |
| outerWidth, outerHeight | 툴바와 스크롤 바를 포함한 윈도우의 폭과 높이이다. |
| screenLeft, screenTop | 화면에 대한 윈도우의 좌표이다. |
| screenX, screenY | 화면에 대한 윈도우의 좌표이다. |
| pageXOffset, pageYOffset | 스크롤된 좌표이다. |
| length | frames 객체의 개수이다. |
| opener | 이 윈도우를 연 윈도우이다. |
| parent | 이 윈도우의 부모 윈도우이다. |
| self | 현재 윈도우를 리턴한다. |
| top | 최상위 브라우저 윈도우를 리턴한다. |

실용적으로 자주 사용할만한 속성만 도표로 정리했는데 window에는 이보다 훨씬 더 많은 속성이 포함되어 있다. for in문을 사용하여 객체를 순회하여 전체 속성을 덤프해 보자.

```
windowprop.html

<!DOCTYPE html>
<html>
<head>
    <meta charset="utf-8">
    <title>windowprop</title>
</head>
<body>
    <script>
        for (var key in window) {
            document.write(key + " = " + window[key] + "<br>");
        }
    </script>
</body>
</html>
```

for in문으로 window의 모든 키를 조사하고 각 키의 값을 출력해 보았다. 특정 객체의 속성 목록 전체를 보고 싶으면 이 예제처럼 덤프해 보면 된다.

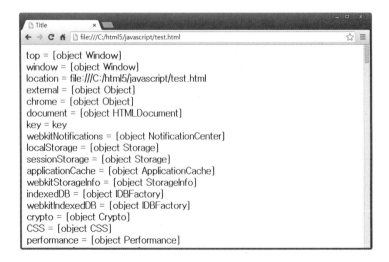

JavaScript+jQuery 정복

속성의 개수가 너무 많아서 스크롤해야만 전체 목록을 살펴 볼 수 있다. 전역 함수는 물론이고 이벤트 핸들러까지 모두 포함되어 있다. 실용적으로 사용할만한 주요 속성만 출력해 보자.

**windowprop2_html**

```
<!DOCTYPE html>
<html>
<head>
    <meta charset="utf-8">
    <title>windowprop2</title>
</head>
<body>
    <script>
        document.write("name = " + name + "<br>");
        document.write("closed = " + closed + "<br>");
        document.write("outer = " + outerWidth + " * " + outerHeight + "<br>");
        document.write("inner = " + innerWidth + " * " + innerHeight + "<br>");
        document.write("screen = " + screenLeft + " * " + screenTop + "<br>");
        status = "현재 상태";
    </script>
</body>
</html>
```

다음은 각각 크롬과 IE에서 실행한 것이다. 브라우저 관련 정보를 조사한 것이므로 출력 결과는 브라우저 윈도우의 현재 상황에 따라 달라진다. 브라우저 윈도우가 화면의 어디쯤에 있는지, 현재 크기는 얼마인지 등을 알 수 있다.

스크립트에서 참고할만한 정보는 사실 별로 없다. 왜냐하면 브라우저의 크기나 위치는 주어진 환경일 뿐이지 이 정보에 따라 코드의 동작이 달라져야 하는 경우가 많지 않기 때문이다. 설사 영향을 받는다 하더라도 HTML 레이아웃이나 CSS에서 알아서 적용하므로 코드에서는 이 값을 참조할 일이 드물다.

다음은 window의 메서드 목록이다. alert, confirm, prompt 등 지금까지 많이 사용했던 전역 함수도 window 소속이다. 복잡한 것은 다음 항에서 따로 상세하게 실습해 보기로 하고 윈도우를 관리하는 간단한 메서드만 도표로 정리하였다.

| 메서드 | 설명 |
|---|---|
| close() | 현재 윈도우를 닫는다. |
| blur() | 현재 윈도우의 포커스를 제거한다. |
| focus() | 현재 윈도우에 포커스를 준다. |
| moveTo(x,y) | 윈도우를 x, y 위치로 옮긴다. |
| moveBy(x,y) | 윈도우를 현재 위치에서 x, y만큼 이동한 상대적인 위치로 옮긴다. |
| resizeTo(width,height) | 윈도우의 크기를 변경한다. |
| resizeBy(width,height) | 현재 크기에서 width, height만큼 늘어난 상대적인 크기로 조정한다. |
| scrollTo(xpos,ypos) | xpos, ypos 위치로 스크롤한다. 스크롤 바가 보일 때만 동작한다. |
| scrollBy(xnum,ynum) | 현재 위치에서 xnum, ynum만큼 상대적인 위치로 스크롤한다. 스크롤 바가 보일 때만 동작한다. |
| print() | 윈도우의 내용물을 프린터로 인쇄한다. 인쇄 대화상자가 나타난다. |

이름 뒤에 To가 붙은 메서드는 절대적인 값을 사용하고 By가 붙은 메서드는 현재값에서 상대적인 값을 사용한다. 다음 예제는 버튼을 누를 때마다 moveBy 메서드를 호출하여 브라우저를 10픽셀 오른쪽으로 이동한다.

**moveby_html**

```
<!DOCTYPE html>
<html>
<head>
    <meta charset="utf-8">
    <title>moveby</title>
```

```
    </head>
    <body>
        <script>
            function test() {
                moveBy(10, 0);
            }
        </script>
        <input type="button" value="Test" onclick="test()" />
    </body>
</html>
```

이 예제의 동작 여부는 브라우저마다 다르다. 원칙적으로는 moveBy 메서드로 브라우저의 위치를 옮길 수 있지만 사용자의 허락없이 브라우저가 마음대로 이사를 다니는 것이 불편할 수도 있기 때문에 이를 금지하는 정책을 취하는 경우가 많다. 크롬은 보안상의 이유로 메인 브라우저는 이동할 수 없도록 되어 있으며 IE는 이동은 가능하되 그것도 단독탭일 때만 이동을 허락한다. 이 예에서 보다시피 BOM의 기능은 순전히 엿장수(=브라우저) 마음에 따라 달라진다.


## 1.2 창 관리

웹 서핑을 하다 보면 로그인이나 보안 관련 프로그램 설치 등을 위해 메인 창 위에 작은 팝업창이 나타나는 경우가 종종 있다. 브라우저에서 다음 메서드를 호출하여 또 다른 창을 여는 것이다. 4개의 인수가 있지만 모두 옵션이며 꼭 필요한 인수만 밝히면 된다.

**open(URL,name,specs,replace)**

URL은 새 창에 표시할 주소이다. 생략시에는 about:blank라는 빈 화면이 나타난다. name 인수는 새로 열리는 윈도우의 고유한 이름이며 부모나 다른 윈도우와 통신할 때 브라우저를 칭하기 위해 사용한다. _blank, _self 등의 예약어를 사용할 수도 있고 문자열 형태로 임의의 이름을 붙일 수도 있다. 차후 참조할 일이 없으면 굳이 이름을 주지 않아도 상관없다.

specs 인수는 새로 생성될 창의 특성을 지정하는 문자열이다. 여러 개의 속성을 콤마로 구분하여 지정할 수 있으며 생략한 속성에 대해서는 디폴트가 적용된다. 수치값의 단위는 픽셀이고 진위형 속성은 yes나 no로 지정한다. 브라우저에 따라 지원하는 속성이 다르며 지원하는 방식도 약간씩 차이가 있다.

| 속성 | 설명 | 디폴트 |
|------|------|--------|
| left, top | 윈도우의 좌상단 좌표 | |
| width, height | 내용 영역의 크기 | 100 |
| outerWidth, outerHeight | 윈도우의 크기 | 100 |
| dependent | 부모 종료시 같이 종료된다. | no |
| titlebar | 타이틀 바 표시 | yes |
| menubar | 메뉴 표시 | yes |
| toolbar | 툴바 표시 | yes |
| status | 상태란 표시 | yes |
| location | 주소줄 표시 | yes |
| scrollbars | 스크롤 바 표시 | yes |
| resizable | 크기 조정 가능 | yes |
| modal | 모달 | |
| minimizable | 최소화 버튼 표시 | |
| close | 닫기 버튼 표시 | yes |
| fullscreen | 전체 화면 모드로 열기 | no |

마지막 replace 인수는 히스토리의 현재 주소를 어떻게 관리할 것인가를 지정한다. 이 값이 true 이면 현재 주소를 대체하고 false이면 새로운 주소가 히스토리에 저장된다. 현재 주소를 대체할 것 인지 아니면 현재 주소 방문 흔적을 지우고 새로운 창으로 이동할 것인가를 결정하는 것이다.

다음 예제는 버튼을 클릭할 때 새로운 윈도우를 열고 구글로 이동한다. 사용자가 직접 창을 열도록 하기 위해 버튼 클릭 이벤트에서 윈도우를 열었다. 이벤트에 대해서는 다음에 자세히 배우되 일단 은 버튼의 onclick 속성에 호출할 메서드를 적는다고 알아 두자.

```
<!DOCTYPE html>
<html>
<head>
    <meta charset="utf-8">
    <title>openwindow</title>
</head>
<body>
    <script>
        function openChild() {
            window.open("http://www.google.com", "",
                "width=400,height=300,resizable=no");
        }
    </script>
    <input type="button" value="Open" onclick="openChild()" />
</body>
</html>
```

Open 버튼을 클릭하면 차일드 윈도우가 열리고 구글 홈 페이지를 연다. 첫 번째 인수로 구글 주소를 주고 이름은 지정하지 않았다. 세 번째 인수로 윈도우의 크기를 400 * 300으로 지정했으므로 이 크기대로 팝업 창이 열릴 것이다. 크기값을 생략하면 부모 브라우저와 같은 크기로 열리되 분리된 윈도우가 아니라 새로운 탭으로 열린다.

resizable 속성에 no를 대입하여 브라우저의 크기 조정은 금지시켰다. 속성을 어떻게 적용할 것인가와 생략된 속성은 어떤 값을 취할 것인가는 브라우저마다 조금씩 다르다. IE는 지시대로 크기 변경을 금지하지만 크롬과 파이어폭스는 resizable 속성을 무시한다. 또 크롬은 스크롤 바를 표시하지만 IE와 파이어폭스는 스크롤 바를 표시하지 않는다.

이렇듯 브라우저마다 윈도우에 적용하는 스타일이 조금씩 차이가 있어 일관된 결과를 만들기는 쉽지 않다. 심지어 같은 브라우저라도 버전에 따라 정책이 달라지기도 한다. open 메서드는 새로 생성된 창을 리턴하는데 이 값을 통해 차일드 윈도우를 원하는대로 제어할 수 있다.

openchild.html

```
<!DOCTYPE html>
<html>
<head>
    <meta charset="utf-8">
    <title>openchild</title>
</head>
<body>
    <script>
        var child;
        function openChild() {
            child = window.open("", "",     "width=400,height=300,resizable=no");
            child.document.write("<p>Child Window</p>");
            child.moveTo(100,100);
        }

        function moveChild() {
            child.moveBy(10,10);
            child.focus();
        }

        function closeChild() {
```

```
            child.close();
        }
    </script>
    <input type="button" value="Open" onclick="openChild()" />
    <input type="button" value="Move" onclick="moveChild()" />
    <input type="button" value="Close" onclick="closeChild()" />
</body>
</html>
```

open 메서드로 빈 창을 하나 열고 리턴값을 child 변수에 대입받았다. 이후 child 변수를 통해 새로 생성한 윈도우를 조작한다. 새 윈도우의 document.write 메서드를 호출하여 웹 페이지에 새로운 문단을 삽입했다. 차일드는 부모 바로 위에 겹쳐서 열리는데 보기 편하도록 위치를 화면상의 (100,100) 절대 좌표로 이동했다.

창을 연 후에 Move 버튼을 누르면 팝업 창을 현재 위치에서 오른쪽 아래로 10, 10만큼 이동시키고 사용자의 입력을 받을 수 있도록 포커스를 주었다. 부모가 팝업창에 대한 참조 변수를 가지고 있으므로 크기나 위치를 마음대로 조작할 수 있다. 버튼을 누를 때마다 조금씩 이동할 것이다. Close 버튼을 누르면 윈도우가 즉시 닫힌다.

팝업창은 원래 도움말이나 부가 정보, 로그인 입력 등을 위해 도입된 것이다. 현재 페이지를 그대로 유지하면서 잠시 별도의 페이지를 보여 줄 수 있다는 면에서 깔끔하고 실용적이다. 그러나 웹 서핑중에 별도의 창이 열리는 것은 사용자에게 굉장히 혼란스러울 뿐만 아니라 무분별한 광고에 악용되는 경우가 많다. 또 숨겨진 창을 만들어 놓고 그 안에서 모종의 나쁜 짓을 하는 보안상의 문제도 있다.

기술 자체는 문제가 없는데 좋지 않은 목적으로 활용됨으로써 사용자를 불편하게 하는 애물단지가 되어 버렸다. 그래서 요즘은 팝업창을 띄우는 대신 웬만하면 현재 페이지 안에서 모든 것을 자체 처리하는 추세이다. 어떤 브라우저는 팝업창을 아예 거부하며 위험하다는 경고창을 대신 표시하는 경우가 있어 팝업 차단 옵션을 꺼 주어야 한다. 그러나 사용자가 버튼 클릭 등으로 명시적으로 열었을 때는 옵션에 상관없이 팝업창이 잘 열린다.

# 1.3 타이머

타이머는 주기적으로 특정 코드를 실행함으로써 반복적인 작업을 처리하는 장치이다. window가 제공하는 메서드 중에 가장 실용적이고 자주 사용되는 기능으로서 여러 가지 용도로 응용 가능하다. 이미지를 주기적으로 교체하여 애니메이션을 실행할 수도 있고 서버의 상태를 계속 모니터링할 수도 있다. 타이머는 다음 두 함수로 설치하는데 인수 구조는 같다.

```
setInterval(code,millisec,lang)
setTimeout(code,millisec,lang)
```

code 인수에 매 주기마다 실행할 코드를 지정하되 주로 함수를 호출하며 이 함수에서 반복적으로 처리할 작업을 수행한다. millisec 인수는 함수를 호출할 주기를 지정하며 1/1000초 단위이다. lang은 스크립트 언어의 종류를 지정하되 현재는 자바스크립트만 남아 있으므로 거의 사용되지 않으며 보통 생략한다.

setInterval은 한번 호출해 놓으면 millisec 주기마다 함수를 반복적으로 계속 호출하는데 비해 setTimeout은 millisec 시간 후에 함수를 딱 한번만 호출한다. setInterval은 주기적인 타이머를 설치하고 setTimeout은 일회용 타이머를 설치한다. 두 함수 모두 타이머의 ID를 리턴한다. 타이머를 중지할 때는 다음 메서드로 타이머 ID를 전달한다.

```
clearInterval(id)
clearTimeout(id)
```

중간에 타이머를 제거하려면 설치할 때 리턴되는 ID를 별도의 변수에 반드시 저장해 두어야 한다. 다음 예제는 이 함수로 시계를 출력한다. 시계는 주기적으로 계속 갱신해야 하므로 setInterval 메서드가 더 적합하다.

```
<!DOCTYPE html>
<html>
<head>
    <meta charset="utf-8">
    <title>setinterval</title>
</head>
<body>
    <p id="nowtime">현재 시간</p>
    <script>
        function tick() {
            var nowtime=document.getElementById("nowtime");
            nowtime.innerHTML = (new Date()).toLocaleString();
        }
        var timer = setInterval("tick()", 1000);
        tick();
    </script>
</body>
</html>
```

setInterval 함수로 1초에 한번씩 tick 함수를 호출하도록 타이머를 등록했다. setInterval은 타이머 객체를 리턴하는데 이 값을 timer 변수로 받아 놓으며 이 후 clearInterval 함수로 이 객체를 전달하여 타이머 호출을 중지할 수 있다. 이 예제의 경우는 페이지를 닫을 때까지 계속 시계를 출력하므로 해제할 필요가 없으며 timer 변수는 사실상 사용되지 않는다.

tick 함수는 현재 시간을 조사하여 nowtime 문단에 계속 출력한다. getElementById 메서드로 문단을 찾고 이 문단의 innerHTML 속성에 원하는 문장을 대입하면 문단의 내용이 바뀐다. 1초 단위로 시간이 계속 변하며 지역화된 시간 문자열을 출력한다. 타이머를 등록하면 tick 함수가 1초 후에나 호출되어 시간 출력이 지연되므로 등록 직후에도 tick 함수를 호출하여 즉시 갱신하도록 했다.

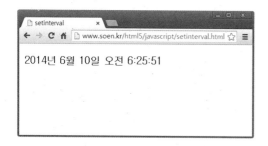

위 예제는 시간을 갱신하는 tick 함수를 정의하고 setInterval의 첫 번째 인수로 이 함수를 전달한다. tick 함수는 다른 용도로는 사용되지 않으므로 함수에 이름을 굳이 줄 필요가 없으며 setInterval 함수의 첫 번째 인수에 함수 리터럴을 바로 작성해도 상관없다.

또 타이머를 다시 참조하지 않으므로 변수에 대입할 필요가 없고 문단을 찾아 바로 수정할 수도 있다. 다음 예제는 비슷한 동작을 하되 코드를 약간 압축했다. 단, 함수에 이름이 없으므로 강제로 호출할 수 없어 1초간 기다려야 시간이 갱신된다는 약간의 차이점이 있다.

**setinterval2.html**

```
<!DOCTYPE html>
<html>
<head>
    <meta charset="utf-8">
    <title>setinterval2</title>
</head>
<body>
    <p id="nowtime">현재 시간</p>
    <script>
        setInterval(function() {
            document.getElementById("nowtime").innerHTML =
                (new Date()).toLocaleString();}, 1000);
    </script>
</body>
</html>
```

setTimeout 메서드는 딱 한번만 동작하는 일회성 타이머를 설치하며 주기적인 작업보다는 일정 시간 후로 작업을 연기하는 용도로 사용한다. 다음 예제는 3초간 대기한 후 특정한 작업을 실행한다.

---

**settimeout.html**

```html
<!DOCTYPE html>
<html>
<head>
    <meta charset="utf-8">
    <title>settimeout</title>
</head>
<body>
    <script>
        setTimeout(function() {
            var message=document.getElementById("message");
            message.innerHTML = "작업이 완료되었습니다.";
        }, 3000);
    </script>
    <p id="message">3초만 기다리세요.</p>
</body>
</html>
```

---

3초 후에 메시지를 출력하는 함수 리터럴을 작성하고 이 코드가 3초 후에 실행되도록 하였다. 최초 〈p〉 문단에 정적으로 작성된 문자열이 보이지만 3초간 기다리면 타이머에 의해 문단의 내용이 바뀐다. 타이머를 사용하지 않고 문단의 내용을 바로 변경하면 최초의 메시지를 보여줄 수가 없을 것이다. 이처럼 일정 시간 대기한 후에 특정 작업을 하고 싶을 때 setTimeout 함수를 사용한다.

setTimeout이 설치하는 타이머는 딱 한번만 호출되는 일회용이지만 자신이 타이머를 다시 설치하는 방식으로 주기적으로 실행할 수도 있다. 시계 예제를 setTimeout 함수로 다시 만들어 보자.

**settimeout2.html**

```
<!DOCTYPE html>
<html>
<head>
    <meta charset="utf-8">
    <title>settimeout2</title>
</head>
<body>
    <p id="nowtime">현재 시간</p>
    <script>
        function tick() {
            var nowtime=document.getElementById("nowtime");
            nowtime.innerHTML = (new Date()).toLocaleString();
            setTimeout("tick()", 1000);
        }
        var timer = setTimeout("tick()", 0);
    </script>
</body>
</html>
```

최초 설치할 때는 0초 후에 tick 함수를 호출하여 시간을 바로 갱신한다. tick 함수는 시간을 갱신한 후 다시 타이머를 설치하되 이때는 1초의 지연 시간을 두었다. 타이머에서 호출한 함수가 타이머를 다시 설치하므로 결국 이 타이머는 무한히 실행된다.

물론 조건에 따라 타이머를 재설정하지 않음으로써 원하는 때에 중지할 수 있고 다음 호출 주기를 함수 내에서 유동적으로 결정할 수도 있다. setInterval보다 약간 불편하지만 호출 주기나 계속 실행 여부를 타이머 함수 내부에서 결정할 수 있어 융통성이 더 높은 셈이다.

JavaScript+jQuery 정복

## 2.1 history

history 객체는 사용자가 방문했던 웹 사이트 목록을 저장하고 관리한다. 유사 배열이므로 length 속성으로 목록의 개수를 알 수 있으며 back, forward 메서드로 목록의 앞 뒤로 이동한다. go 메서드는 건너뛸 단계를 인수로 전달하여 현재 페이지에서 상대적인 위치로 여러 단계를 한번에 건너뛸 수 있다. go(-1)은 이전 페이지이고 go(1)은 다음 페이지이다. go(0)는 현재 페이지를 다시 읽어 새로 고침하는 효과가 있다.

사용자는 브라우저 툴바의 버튼으로 히스토리 목록 사이를 자유롭게 이동할 수 있으며 보통은 사용자가 알아서 이동하는 편이다. 코드에서 목록을 강제로 이동할 때는 history 객체의 이동 메서드를 호출한다. 다음 예제는 두 버튼의 클릭 이벤트에서 히스토리 객체의 back, forward 메서드를 호출하여 앞 뒤 페이지로 이동한다.

**history.html**

```
<!DOCTYPE html>
<html>
<head>
    <meta charset="utf-8">
    <title>history</title>
</head>
<body>
    <p>이전, 이후 페이지로 이동합니다.</p>
    <p><a href = "http://www.google.com">구글로 이동하기</a></p>
    <form>
```

```
            <input type="button" value="이전" onClick="history.back()">
            <input type="button" value="이후" onClick="history.forward()">
        </form>
    </body>
</html>
```

이 예제가 제대로 동작하기 위해서는 저장된 히스토리 목록이 있어야 한다. 네이버를 먼저 방문한 후 이 페이지를 열었다가 링크를 눌러 구글로 이동한 후 다시 툴바의 Back 버튼을 눌러 이 페이지로 돌아와 보자. 그러면 history 객체에는 세 사이트의 주소가 저장되어 있을 것이며 이 상태에서 이전, 이후 버튼을 눌러 네이버나 구글로 이동할 수 있다.

사용자가 정보를 잘못 입력했거나 이전 단계로 돌아가고 싶을 때 언제든지 이 메서드를 호출하여 이전, 이후 사이트로 갈 수 있다. history 객체에 사용자가 방문한 웹 사이트 목록이 완전히 저장되어 있지만 이 목록에 있는 주소를 조사하는 기능은 제공되지 않는다. 이 목록을 자유롭게 열람할 수 있다면 사용자가 어떤 사이트를 거쳐 여기에 온 것인지 낱낱이 알 수 있으므로 자칫하면 사생활이 심각하게 침해되는 보안상의 문제가 있기 때문이다.

## 2.2 location

인터넷 주소인 URL은 네트워크상의 자원에 대한 유일한 주소를 가르킨다. 하나의 긴 문자열이지만 다음과 같은 여러 부분으로 구성되어 있다.

| 속성 | 설명 |
|---|---|
| hash | 앵커 부분을 조사한다. |
| host | 호스트 이름과 포트를 조사한다. |
| hostname | 호스트 이름을 조사한다. |
| port | 포트 번호를 조사한다. |
| href | 전체 URL을 조사한다. |
| pathname | 경로를 조사한다. |
| protocol | 프로토콜을 조사한다. |
| search | 쿼리 부분을 조사한다. |

location 객체는 현재 방문중인 페이지 URL의 각 부분을 분리하는 역할을 하며 속성을 통해 프로토콜, 서버, 디렉토리, 포트 등의 값을 조사한다.

**location.html**

```
<!DOCTYPE html>
<html>
<head>
    <meta charset="utf-8">
    <title>location</title>
</head>
<body>
    <script>
        document.write("host = " + location.host + "<br>");
        document.write("protocol = " + location.protocol + "<br>");
        document.write("hostname = " + location.hostname + "<br>");
        document.write("port = " + location.port + "<br>");
        document.write("pathname = " + location.pathname + "<br>");
        document.write("hash = " + location.hash + "<br>");
        document.write("href = " + location.href + "<br>");
        document.write("search = " + location.search + "<br>");
    </script>
</body>
</html>
```

현재 페이지의 주소를 구성하는 각 부분을 분석하여 덤프했다. 실제 주소가 필요하므로 서버에 올려 놓은 상태에서 실행해야 결과가 제대로 나온다.

```
host = www.soen.kr
protocol = http:
hostname = www.soen.kr
port =
pathname = /html5/javascript/location.html
hash =
href = http://www.soen.kr/html5/javascript/location.html
search =
```

다른 주소로 이동하는 세 개의 메서드를 제공하는데 history 객체와 중복되는 기능이어서 사용 빈도는 그리 높지 않다.

**reload(forceGet)**
**assign(URL)**
**replace(newURL)**

reload 메서드는 현재 페이지를 다시 읽어 새로 고치되 forceGet 인수가 true이면 서버에서 페이지를 다시 읽어오고 false이면 캐시에서 읽는다. 생략시 디폴트는 false가 적용되어 가급적 네트워크 접속을 자재하지만 서버에서 실시간으로 제작되어 전송되는 페이지는 강제로 다시 읽어야 정확하다.

assign은 새로운 주소로 이동한다. replace도 새로운 주소로 이동하는 것은 같되 현재 문서를 대체하는 것이므로 이전 주소를 히스토리 목록에서 삭제한다는 점이 다르다. 따라서 replace한 후 Back 버튼을 눌러도 원래 페이지로 돌아가지 않는다.

JavaScript+jQuery 정복

# 2.3 screen

screen 객체는 사용자의 컴퓨터 화면에 대한 정보를 조사한다. 브라우저는 화면상에 표시되므로
자신이 거주하는 주변 환경에 능동적으로 반응해야 하며 그러기 위해서는 화면의 상세한 정보가
필요하다. 과거에는 지원 가능한 색상에 따라 다른 이미지를 보여 주는 기법을 사용하곤 했지만 요
즘은 트루컬러가 아닌 경우가 거의 없어 주로 크기값만 참조한다. screen 객체의 다음 속성으로
정보를 조사한다.

| 속성 | 설명 |
|---|---|
| width, height | 화면 크기 |
| availWidth, availHeight | 태스크 바를 제외한 화면 크기 |
| availLeft, availTop | 태스크 바를 제외한 화면 좌상단 좌표 |
| colorDepth, pixelDepth | 색상 비트 수. pixelDepth는 IE에서 지원하지 않는다. |

어떤 정보를 출력하는지 주요 속성을 덤프해 보자.

**screen.html**

```
<!DOCTYPE html>
<html>
<head>
    <meta charset="utf-8">
    <title>screen</title>
</head>
<body>
    <script>
        document.write("화면 폭 = " + screen.width + "<br>");
        document.write("화면 높이 = " + screen.height + "<br>");
        document.write("작업 영역 폭 = " + screen.availWidth + "<br>");
        document.write("작업 영역 높이 = " + screen.availHeight + "<br>");
        document.write("작업 영역 왼쪽 = " + screen.availLeft + "<br>");
        document.write("작업 영역 위쪽 = " + screen.availTop + "<br>");
        document.write("색상수 = " + screen.colorDepth + "<br>");
```

```
            document.write("색상깊이 = " + screen.pixelDepth + "<br>");
        </script>
    </body>
</html>
```

앞쪽에 상세한 설명을 붙여 두었으므로 실행 결과만 보면 된다. 실행중인 컴퓨터에 따라 출력 결과
는 달라진다. 고해상도 노트북에서 실행한 결과는 다음과 같다.

```
화면 폭 = 2880
화면 높이 = 1620
작업 영역 폭 = 2880
작업 영역 높이 = 1566
작업 영역 왼쪽 = 0
작업 영역 위쪽 = 0
색상수 = 24
색상깊이 = 24
```

screen 객체는 화면에 대한 정보를 일방적으로 제공할 뿐이며 화면을 변경할 수는 없으므로 메서
드는 제공하지 않는다. 다음 예제는 화면 크기의 절반만 한 팝업 창을 화면의 중앙에 연다.

**halfpopup.html**

```
<!DOCTYPE html>
<html>
<head>
    <meta charset="utf-8">
    <title>halfpopup</title>
</head>
<body>
    <script>
        var child;
        function openChild() {
            var spec = "width=" + screen.width / 2 +
                ",height=" + screen.height / 2 +
```

```
                    ",left=" + screen.width / 4 +
                    ",top=" + screen.height / 4;
            child = window.open("", "",      spec);
            child.document.write("<p>Child Window</p>");
        }
    </script>
    <input type="button" value="Open" onclick="openChild()" />
</body>
</html>
```

차일드 윈도우의 위치와 크기를 결정하려면 먼저 화면의 크기를 알아야 한다. 계산식이 조금 복잡해 보이지만 단순한 산수일 뿐이다. 폭과 높이는 화면의 절반으로 계산하고 좌상단은 1/4 지점으로 지정하면 된다. 실행해 보면 모니터 크기에 상관없이 정확하게 화면 중앙에 팝업 창이 열릴 것이다. 수식을 조금 변경하면 좌상단이나 우하단에 열 수도 있다.

잘 동작하지만 듀얼 모니터까지는 인식하지 않으므로 세컨드 모니터에서는 위치가 정확하지 않다는 문제가 있다. 브라우저가 멀티 모니터의 구성 정보까지 알아내기는 사실 어렵다. 방법이 전혀 없지는 않지만 코드에서 일일이 윈도우를 제어하기보다는 그냥 사용자가 제어하게 자연스럽게 내버려 두는 것이 바람직하다.


# 2.4 navigator

navigator 객체는 브라우저와 운영체제에 대한 정보를 제공한다. 브라우저의 종류는 무엇이고 실행중인 플랫폼이 무엇인지, 그외 주요 옵션이 어떻게 설정되어 있는지 조사한다. navigator라는 이름은 Netscape사가 만든 웹 브라우저의 제품명이며 초창기에는 navigator가 브라우저의 대명사였기 때문에 제품명이 객체 이름이 되었다.

최초 자바스크립트를 만든 회사에서 객체 이름을 이딴 식으로 붙이다 보니 다른 제작사들도 따라 할 수밖에 없었다. 그러나 이는 사실 이름을 잘못 붙인 대표적인 예라고 할 수 있는데 고유 명사보다는 browser 같은 일반 명사로 이름을 정하는 것이 합당하다. 요즘은 모바일 장비도 있으므로 더 정확하게는 useragent라는 명칭이 가장 어울린다. 주요 속성은 다음과 같다.

| 속성 | 설명 |
|------|------|
| appName | 브라우저의 이름이다. |
| appCodeName | 브라우저의 코드 이름이다. 브라우저의 계통이라고 할 수 있다. |
| appVersion | 브라우저의 버전이다. |
| appMinorVersion | 브라우저의 마이너 버전이다. |
| userAgent | 브라우저가 서버에 접속할 때 전달하는 브라우저 식별자이다. |
| userLanguage | 현재 사용하고 있는 언어이다. |
| platform | 운영체제의 종류이다. |
| cookieEnabled | 쿠키를 사용할 수 있는지를 조사한다. |
| onLine | 사용자가 온라인인지 조사한다. |
| mimeTypes | 브라우저가 지원하는 MIME 타입의 배열이다. |
| plugins | 현재 설치된 플러그인의 배열이다. |

브라우저에 대한 이름, 버전, 코드명 등의 상세한 정보가 제공되며 운영체제와 상세 환경까지도 조사할 수 있다. 다음 예제로 주요 속성을 덤프해 보자.

**navigator.html**

```
<!DOCTYPE html>
<html>
<head>
    <meta charset="utf-8">
    <title>navigator</title>
</head>
<body>
    <script>
        document.write("appName = " + navigator.appName + "<br>");
        document.write("appCodeName = " + navigator.appCodeName + "<br>");
        document.write("appVersion = " + navigator.appVersion + "<br>");
        document.write("userAgent = " + navigator.userAgent + "<br>");
        document.write("userLanguage = " + navigator.userLanguage + "<br>");
        document.write("platform = " + navigator.platform + "<br>");
        document.write("cookieEnabled = " + navigator.cookieEnabled + "<br>");
```

JavaScript+jQuery 정복

```
        document.write("onLine = " + navigator.onLine + "<br>");
    </script>
</body>
</html>
```

출력 결과는 브라우저나 운영체제에 따라 달라진다. 먼저 윈도우7 환경에서 크롬의 실행 결과를
살펴 보자.

```
appName = Netscape
appCodeName = Mozilla
appVersion = 5.0 (Windows NT 6.1; WOW64) AppleWebKit/537.36 (KHTML, like Gecko)
Chrome/32.0.1700.107 Safari/537.36
userAgent = Mozilla/5.0 (Windows NT 6.1; WOW64) AppleWebKit/537.36 (KHTML, like
Gecko) Chrome/32.0.1700.107 Safari/537.36
userLanguage = undefined
platform = Win32
cookieEnabled = true
onLine = true
```

크롬의 버전에 따라서도 결과는 조금씩 달라질 수 있다. 다음은 IE 10에서의 실행 결과인데 크롬
과는 많이 다르다는 것을 알 수 있다.

```
appName = Microsoft Internet Explorer
appCodeName = Mozilla
appVersion = 5.0 (compatible; MSIE 10.0; Windows NT 6.1; WOW64; Trident/6.0; SLCC2;
.NET CLR 2.0.50727; .NET CLR 3.5.30729; .NET CLR 3.0.30729; Media Center PC 6.0;
.NET4.0C; .NET4.0E; InfoPath.3)
userAgent = Mozilla/5.0 (compatible; MSIE 10.0; Windows NT 6.1; WOW64; Trident/6.0;
SLCC2; .NET CLR 2.0.50727; .NET CLR 3.5.30729; .NET CLR 3.0.30729; Media Center PC 6.0;
.NET4.0C; .NET4.0E; InfoPath.3)
userLanguage = ko-KR
platform = Win32
cookieEnabled = true
onLine = true
```

브라우저에 따라 다른 코드를 사용해야 한다면 이 정보를 참조한다. 어떤 브라우저에서 실행중인지, 현재 실행 환경이 PC인지 스마트폰인지도 구분할 수 있다. 그러나 엄격한 형식이 정해져 있지 않고 단순한 문자열일 뿐이어서 원하는 정보를 정확하게 찾기 어렵다. 예를 들어 버전은 실제 브라우저의 버전이 아니라 대개의 경우 4.0 또는 5.0으로 세대를 칭할 뿐이며 appCodeName도 브라우저의 계통일 뿐 실제 이름이 아니다.

크롬이나 파이어폭스는 둘 다 appName이 Netscape로 나타나며 appCodeName도 Mozilla로 동일하다. 브라우저 1차 대전때의 웹 페이지가 이 값을 읽어 넷스케이프와 IE를 구분하는 바람에 이후에 새로 등장한 브라우저에서도 이 페이지가 보일려면 둘 중 하나인 척 하는 수밖에 없었다. 브라우저가 둘 밖에 없을 때는 정확했지만 현재는 이 속성으로 브라우저를 정확하게 파악할 수 없다.

문자열을 파싱하여 분석하면 어떤 버전인지 알아낼 수 있지만 그나마도 현재만 정확할 뿐 앞으로는 어떻게 바뀔지 알 수 없어 정확성이 보장되지 않는다. 지금은 브라우저 종류가 너무 많아져 브라우저에 따라 코드를 작성하는 것보다는 원하는 기능이 있는지 검검한 후 적용하는 방식이 더 권장된다. 즉 어떤 브라우저인가를 점검하는 것이 아니라 해당 기능이 제공되는지를 점검하는 식이다. 이 조차도 직접 하기는 무척 어렵고 부정확해서 jQuery 같은 고수준 라이브러리를 활용한다.

J a v a S c r i p t + j Q u e r y 정복

# chapter 11

# DOM

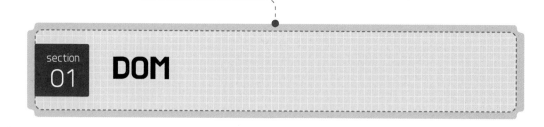

# DOM

## 1.1 DOM의 역사

코드의 역할은 동적인 처리를 수행하는 것이다. 자바스크립트의 궁극적인 목적은 실행중에 문서를 읽고 씀으로써 내용은 물론이고 구조와 스타일까지 자유 자재로 조작하는 것이다. 그래야 사용자의 동작에 적극적으로 반응하여 역동적인 웹 페이지를 만들어 낼 수 있다. 그러기 위해서는 태그의 내용을 읽거나 변경하고 문서의 구조를 다룰 수 있어야 한다.

DOM(Document Object Model)은 HTML 문서를 읽고 조작하는 객체의 집합이다. BOM의 일부이며 실제로 DOM의 본체인 Document 객체는 window의 document 속성으로 포함되어 있다. 그러나 BOM보다 더 자주 사용되며 실용적 가치가 높고 부피가 크기 때문에 별도로 분리해서 다루는 것이 일반적이다. 소속 관계로 따지면 BOM이 더 넓은 범위이지만 현실에서는 반대로 BOM까지 통칭해서 DOM이라고 부르기도 한다.

Document 객체안에 문서와 관련된 많은 속성과 메서드가 정의되어 있다. 실무에서는 DOM을 직접적으로 사용하는 경우보다 jQuery 같은 고수준의 래퍼를 사용하는 경우가 많지만 최소한 기본 구조와 원리는 알아야 한다. 웹의 다른 기술과 마찬가지로 DOM도 역사적인 이유로 깔끔하게 정비되어 있지 않아 다루기 무척 까다롭다. DOM은 일종의 버전에 해당하는 세 가지 레벨이 있다.

- **DOM 레벨 1 (1998)** : DOM의 기본 구조를 확립하였으며 대부분의 웹 브라우저가 지원한다.
- **DOM 레벨 2 (2000)** : 레벨 1을 확장한 것이며 하위 호환성을 유지한다. CSS를 추가하고 XML의 네임스페이스를 지원한다.
- **DOM 레벨 3 (2004)** : XML과 웹서비스에 대한 지원을 늘리고 이전 버전을 확장 및 개선한 버전이다. 현재로서는 가장 최신 버전이다.

레벨이 올라갈수록 기능이 더 많아짐은 당연하다. 최신 버전인 레벨 3은 아직 모든 브라우저의 지원이 완벽하지 않지만 빠른 속도로 지원을 늘려가고 있으므로 현재는 레벨 3을 기준으로 학습하면 무난하다. DOM은 역사적인 이유로 두가지의 API가 존재한다.

- **HTML DOM** : W3C에서 DOM을 정의하기 전에 브라우저 제작사에서 만든 고유의 API이다. 객체 지향적이며 각 엘리먼트에 대응되는 객체가 정의되어 있다.
- **Core DOM** : W3C에서 주도적으로 만들었다. 구현 언어와 대상 언어에 독립적인 범용 API여서 자바스크립트 뿐만 아니라 다른 언어에서도 사용할 수 있다. 또한 HTML 뿐만 아니라 XML이나 XHMTL에도 잘 적용된다.

간단히 요약하자면 HTML DOM은 현실과 잘 타협한 API이며 코어 DOM은 범용성을 확보하기 위해 만든 이상적인 API이다. 이 둘은 구현이 미세하게 달라 골치 아픈 상황이지만 다행스럽게도 최신 브라우저는 둘 다 지원하며 점점 통일되어 가고 있는 상황이다.

두 API는 기원이 다르지만 이 둘을 엄밀히 구분할 필요는 없다. 레퍼런스를 보면 어디서 제공하는 기능인지 파악할 수 있지만 개발자 입장에서는 굳이 특정 기능이 어떤 객체 모델에 의해 제공되는지 의식할 필요가 없다. 중요한 것은 두 API의 기능이 대부분의 브라우저에서 잘 동작한다는 것이다. 여기서는 실무 위주로 두 API를 같이 설명하되 특정 브라우저에서만 동작하는 기능은 제외한다.

DOM이 복잡한 또 다른 이유는 HTML 뿐만 아니라 XML이나 XHTML도 같이 지원한다는 점이다. XML은 HTML보다 훨씬 더 복잡하고 규칙도 까다로와서 훨씬 더 다루기 어렵다. 이 책은 HTML이 주제이므로 XML에 대한 기능은 가급적 다루지 않고 HTML에만 집중하기로 한다.


# 1.2 문서의 계층 구조

HTML 문서의 태그들은 트리 형태의 계층을 구성한다. 트리는 배열이나 큐 같은 간단한 자료 구조에 비해 입체적이어서 다루기 쉽지 않다. DOM은 복잡하고 거대한 문서 트리에서 원하는 정보를 쉽게 찾아 내고 조작하는 기술이다. 다음 문서를 보자.

```
<!DOCTYPE html>
<html>
<head>
    <meta charset="utf-8">
    <title>domtree</title>
</head>
<body>
    <h1>제목이다.</h1>
    <p>이것은 <b>문단</b>이다.</p>
</body>
</html>
```

제목 하나, 문단 하나, 문단 중간 <b> 태그가 있는 간단한 문서다. 브라우저에 출력된 모습도 무척 단순하다.

그러나 이 간단한 문서도 메모리에서는 굉장히 복잡한 계층 구조를 만들어 낸다. 이 문서의 계층 구조를 그려 보면 다음과 같다. 태그간의 계층 구조에 비해 텍스트와 개행 코드까지도 하나의 노드로 취급되어 훨씬 더 복잡하다.

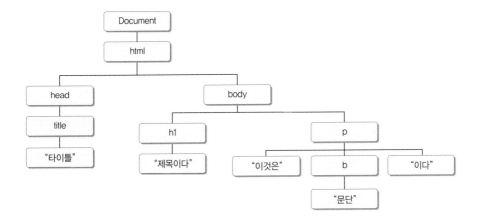

이 짧은 문서의 계층도가 이 정도이니 실제 사이트의 문서 구조는 얼마나 복잡할지 가히 짐작이 갈 것이다. HTML 문서를 구성하는 최소 단위를 노드라고 하며 노드끼리 계층을 이루고 이 계층이 모여 하나의 문서가 완성된다. 위 그림에서 사각형 하나가 노드이다. 노드는 다음과 같이 분류된다.

- **엘리먼트 노드(Element Node)** : 태그 하나에 해당한다.
- **텍스트 노드(Text Node)** : 태그 안에 들어 있는 문자열 내용이다.
- **속성 노드(Attribute Node)** : 시작 태그에 들어가는 속성이다.
- **주석 노드(Comment Node)** : 문서에 포함된 주석도 일종의 노드이다.
- **문서 노드(Document Node)** : 문서 전체를 가리키는 노드이다.

태그뿐 아니라 태그안 글자도 하나의 노드로 취급된다. 대부분의 태그에 내용이 들어가지만 〈img〉나 〈hr〉처럼 내용이 없는 태그도 있다. HTML은 노드를 태그나 문자열 형태로 기술하여 정적인 페이지를 만드는 문법이며 DOM은 문서 트리에서 특정 노드를 찾아 내용을 바꾸거나 조작하는 기술이다.

# 1.3 Node

DOM의 기본 원자는 Node이며 노드는 HTML 문서의 트리를 구성하는 단위이다. Document, Element는 물론이고 텍스트나 주석까지도 모두 Node로부터 파생되므로 가장 먼저 연구해야 하는 대상이다. Node의 속성은 DOM의 모든 객체가 공통으로 지원한다. 다음 세 속성은 노드의 가장 기본적인 정보를 제공한다.

# nodeType

노드의 종류를 나타내는 정수값이다. XML과 관련된 노드까지 있어 생소한 것도 있는데 HTML에서는 1, 2, 3 번 타입과 8, 9번 정도만 알아 두면 된다.

| 값 | 노드 타입 | 설명 | nodeName | nodeValue |
|----|-----------|------|----------|-----------|
| 1 | Element | 요소 노드이며 태그라고 생각하면 된다. | 태그 이름 | null |
| 2 | Attr | 태그의 속성이다. | 속성 이름 | 속성값 |
| 3 | Text | 태그에 포함된 문자열 내용이다. | #text | 노드의 내용 |
| 4 | CDATASection | 파서에 의해 해석되지 않는 섹션이다. | #cdata-section | 노드의 내용 |
| 5 | EntityReference | 엔터티 참조 | 엔터티 참조 이름 | null |
| 6 | Entity | 엔터티 | 엔터티 이름 | null |
| 7 | ProcessingInstruction | 처리 지시문 | target | 노드의 내용 |
| 8 | Comment | 주석이다. | #comment | 노드의 내용 |
| 9 | Document | 전체 문서이다. | #document | null |
| 10 | DocumentType | 문서 종류 | doctype name | null |
| 11 | DocumentFragment | 문서 조각 | #deocument fragment | null |
| 12 | Notation | DTD에 선언된 노테이션 | 노태이션 이름 | null |

# nodeName

노드의 이름이며 타입에 따라 이름을 붙이는 방법이 다르다. 도표에 타입별로 조사되는 노드 이름을 정리해 두었다. 엘리먼트 노드나 속성 노드는 태그나 속성의 이름과 같아 직관적이지만 텍스트 노드나 주석 노드는 별도의 이름이 없으므로 #text, #comment 식으로 상수 문자열이 리턴된다.

# nodeValue

노드의 실제 값이다. 속성 노드, 텍스트 노드, 주석 노드만 실제 값이 있으며 엘리먼트 노드나 문서 노드는 실제 값이 없으므로 null이 리턴된다. 타입별로 어떤 값이 조사되는지 위 도표를 참조하자.

앞서 작성한 간단한 문서에서 〈h1〉 태그의 속성을 조사해 출력해 보자.

```
<!DOCTYPE html>
<html>
<head>
    <meta charset="utf-8">
    <title>h1attr</title>
</head>
<body>
    <h1 id="header">제목이다.</h1>
    <p>이것은 <b>문단</b>이다.</p>
    <script>
        var header = document.getElementById("header");
        document.write("노드 타입 = " + header.nodeType +
            " ,노드 이름 = " + header.nodeName +
            " ,노드 값 = " + header.nodeValue + "<br>");

        var text = header.firstChild;
        document.write("노드 타입 = " + text.nodeType +
            " ,노드 이름 = " + text.nodeName +
            " ,노드 값 = " + text.nodeValue + "<br>");
    </script>
</body>
</html>
```

코드에서 노드를 찾는 여러 가지 방법이 있는데 가장 간단한 방법은 고유한 id로부터 찾는 것이다.
<h1> 태그에 header라는 id를 주고 getElementById 메서드로 이 id를 전달하면 해당 노드 객체를 찾아 리턴한다. 이후 이 객체를 사용하여 노드를 조사하거나 참조한다. 스크립트에서 header 노드와 그 자식 노드의 속성을 덤프해 보았다.

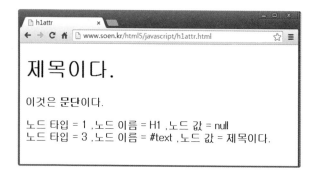

⟨h1⟩은 엘리먼트 노드로 조사되며 이름은 H1이고 값은 null이다. ⟨h1⟩ 태그안의 내용인 "제목이다."라는 문자열이 나올 것 같지만 그렇지 않음을 주의해야 한다. 텍스트도 ⟨h1⟩의 차일드로 존재하는 하나의 노드이며 그래서 ⟨h1⟩ 노드의 firstChild 메서드로 텍스트 노드를 찾은 후에 이 노드의 값을 읽어야 한다. 텍스트 노드의 타입은 3이며 이름은 #text이고 값은 "제목이다."가 된다.

Node의 나머지 속성은 간단하고 이름이 직관적이므로 도표로 간략하게 정리했다. 주로 트리 구조에서 주변의 노드를 구하는 속성이다. 한 노드로부터 자식이나 부모, 형제를 찾아야 할 일이 빈번해서 굉장히 자주 사용된다. 앞 예제에서도 firstChild 속성을 사용하여 ⟨h1⟩의 첫 번째 자식인 텍스트 노드를 찾았었다.

| 속성 | 설명 |
| --- | --- |
| firstChild | 첫 번째 자식 노드를 찾는다. |
| lastChild | 마지막 자식 노드를 찾는다. |
| parentNode | 부모 노드를 구한다. |
| previousSibling | 이전 형제 노드를 구한다. |
| nextSibling | 다음 형제 노드를 구한다. |
| ownerDocument | 노드가 속한 문서의 루트 노드를 구한다. |
| childNodes | 모든 차일드 노드를 구한다. |
| attributes | 속성 목록을 구한다. |
| baseURI | 노드의 절대 URI를 구한다. |
| localName | 노드의 지역명을 구한다. |
| namespaceURI | 네임스페이스 URI를 구한다. |
| prefix | 네임스페이스 접두를 구한다. |
| textContent | 문자열로 된 내용물을 구한다. |

J a v a S c r i p t + j Q u e r y  정복

속성으로부터 주변 노드를 쉽게 찾을 수 있으므로 메서드를 호출하지 않아도 되며 수식 내에서 주변 노드를 바로 찾아서 활용할 수 있다. 다음 예제는 이 속성을 사용하는 예이다.

**firstchild.html**

```
<!DOCTYPE html>
<html>
<head>
    <meta charset="utf-8">
    <title>firstchild</title>
</head>
<body>
    <p>첫 문단이다.</p><p id="para">이것은 <span>가운데</span> 문단이다.
        <a href="http://www.naver.com">네이버</a>
        <img src="cosmos.jpg" /></p><p>마지막 문단이다.</p>
    <hr>
    <script>
        var para = document.getElementById("para");
        document.write("막내 = " + para.lastChild.nodeName + "<br>");
        document.write("부모 = " + para.parentNode.nodeName + "<br>");
        document.write("형 = " + para.previousSibling.firstChild.nodeValue + "<br>");
        document.write("아우 = " + para.nextSibling.firstChild.nodeValue + "<br>");
        document.write("부모 = " + para.ownerDocument.nodeName + "<br>");
    </script>
</body>
</html>
```

동작을 확인해 보기 위해 간단한 문서를 만들었다. 세 개의 문단으로 구성되어 있으며 가운데 문단은 <span> 태그와 링크, 이미지 등을 차일드로 가진다.

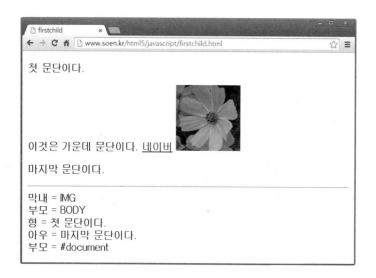

첫 문단이다.

이것은 가운데 문단이다. 네이버

마지막 문단이다.

***

막내 = IMG
부모 = BODY
형 = 첫 문단이다.
아우 = 마지막 문단이다.
부모 = #document

이 문서의 구조와 각 속성이 어떤 노드를 찾는지 그림으로 정리해 보자. 가운데 문단을 기준으로 주변 노드를 찾아 노드의 이름이나 내용을 아래쪽에 출력하였다.

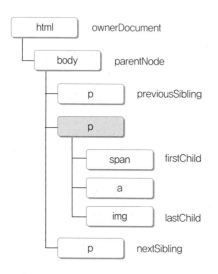

lastChild 속성으로 막내를 검색하면 〈img〉 태그가 검색되며 parentNode로 부모를 조사하면 〈body〉 태그가 검색된다. 같은 부모에 속한 형, 아우 〈p〉 태그는 previousSibling, nextSibling 속성으로 쉽게 찾을 수 있다. 앞에서 이미 강조했지만 문단의 내용을 읽으려면 항상 firstChild 속성으로 바로 아래의 텍스트 노드를 찾은 후 텍스트의 nodeValue 속성을 읽어야 한다.

```
para.nextSibling.firstChild.nodeValue
```

이 표현식은 para 문단의 다음 형제 문단을 찾은 후 첫 번째 차일드인 텍스트 노드를 찾아 그 값을 읽는다는 뜻이다. 속성을 연거푸 참조하여 기준 노드에서 주변 노드로 이동한 후 원하는 값을 읽어야 한다.

위 예제는 문단 사이에 개행을 의도적으로 넣지 않았는데 문단 사이를 개행하면 개행 코드도 하나의 텍스트 노드로 취급되기 때문이다. 위 예제의 HTML 소스를 다음과 같이 보기 좋게 개행하여 깔끔하게 정리해 보자.

**firstchild2.html**

```
<body>
    <p>첫 문단이다.</p>
    <p id="para">이것은 <span>가운데</span> 문단이다.
        <a href="http://www.naver.com">네이버</a>
        <img src="cosmos.jpg" /></p>
    <p>마지막 문단이다.</p>
    <hr>
    ....
```

이렇게 하면 개행 코드가 문서 트리에 나타나므로 계층 구조가 달라져 제대로 검색되지 않는다. HTML은 공백을 무시하지만 DOM은 그렇지 않은데 왜냐하면 XML에서는 공백까지도 의미가 있기 때문이다. 이 문제를 해결하려면 공백을 제거하고 정규화해야 한다. 브라우저에 따라 정규화 방법이 일관되지 못한 문제가 있고 정규화 메서드가 있지만 아직 제대로 동작하지 않는다. 이후의 예제도 이런 문제로 인해 공백없이 태그를 다닥 다닥 붙여쓴 것들이 있다.

다음은 Node의 메서드 목록이다. 속성은 주로 값을 조사하는데 비해 메서드는 노드의 내용이나 구조를 변경하는 적극적인 동작을 한다. 자주 사용하는 실용적인 것들만 정리했는데 전체 목록은 레퍼런스를 참조하자.

| 메서드 | 설명 |
|---|---|
| appendChild() | 차일드를 마지막에 추가한다. |
| insertBefore() | 차일드를 중간에 삽입한다. |
| removeChild() | 차일드를 제거한다. |
| replaceChild() | 차일드를 다른 것으로 교체한다. |
| cloneNode() | 노드를 복제한다. |
| hasAttributes() | 속성이 있는지 조사한다. |
| hasChildNodes() | 차일드 노드가 있는지 조사한다. |

사용법이 다소 복잡하고 실습이 필요하므로 일단 메서드 목록만 봐 두고 다음 절에서 천천히 연구 및 실습해 볼 것이다.

# 1.4 Document

Document 객체는 문서 자체를 나타내며 문서도 일종의 노드로 취급되어 Node의 모든 멤버를 사용할 수 있다. 관련 속성은 다음과 같되 일부는 코어 DOM에 정의되어 있고 일부는 HTML DOM에 정의되어 있지만 양쪽 모두 사용할 수 있으므로 딱히 구분할 필요는 없다. XML과 관련된 속성도 많이 있는데 여기서는 HTML과 관련된 속성만 정리했다.

| 속성 | 설명 |
|---|---|
| title | 문서의 제목이다. |
| URL | 문서의 주소이다. |
| inputEncoding | 문서의 인코딩 정보이다. |
| links | 링크 배열이다. |
| images | 이미지 배열이다. |
| forms | 입력 양식의 배열이다. |
| anchors | 앵커의 배열이다. |
| cookie | 이름과 값의 쌍으로 된 쿠키의 집합이다. |
| lastModified | 문서의 최후 수정 시간이다. |

| | |
|---|---|
| readyState | 문서의 로드 상태이다.<br>uninitialized : 시작하지 않았음<br>loading : 로딩중<br>interactive : 사용자 사용 가능<br>complete : 로드 완료 |
| documentElement | 루트인 html 엘리먼트를 리턴한다. |
| body | body 엘리먼트를 리턴한다. |

문서 자체에 대한 정보와 문서에 포함된 각종 노드의 집합을 배열로 조사하는 기능을 제공한다. 예를 들어 links는 문서에 포함된 모든 링크의 배열이며 첨자로 각 링크의 속성을 읽는다. 다음 예제로 문서 관련 정보를 덤프해 보자.

**documentinfo.html**

```
<!DOCTYPE html>
<html>
<head>
    <meta charset="utf-8">
    <title>documentinfo</title>
</head>
<body>
    <p><a href="http://www.google.com">구글</a>
    <img src="cosmos.jpg" />
    <a href="http://www.naver.com">네이버</a></p>
    <hr>
    <script>
        document.write("제목 : " + document.title + "<br>");
        document.write("URL : " + document.URL + "<br>");
        document.write("lastModified : " + document.lastModified + "<br>");
        document.write("readyState : " + document.readyState + "<br>");
        document.write("inputEncoding : " + document.inputEncoding + "<br>");
        document.write("링크 개수 : " + document.links.length + "개. 0 = " +
            document.links[0].href + ",1 = " + document.links[1].href + "<br>");
        document.write("이미지 개수 : " + document.images.length + "<br>");
        document.write("폼 개수 : " + document.forms.length + "<br>");
```

```
        </script>
    </body>
    </html>
```

이름이나 경로 등 문서 파일 자체에 대한 정보를 구할 수 있으며 links 배열을 통해 문서에 포함된 모든 링크의 개수와 주소도 알 수 있다.

엘리먼트나 텍스트, 속성 등은 모두 문서에 포함되므로 차일드를 생성하는 메서드도 Document가 제공한다. 다음은 노드를 생성하는 메서드 목록이다. 여기서는 목록만 봐 두고 실습은 다음 절에서 해 보기로 한다.

| 메서드 | 설명 |
|---|---|
| createElement() | 태그를 생성한다. |
| createTextNode() | 텍스트 노드를 생성한다. |
| createAttribute() | 속성 노드를 생성한다. |
| write() | 문자열을 문서에 출력한다. |
| getElementById() | id 속성으로 엘리먼트를 찾는다. |
| getElementsByName() | name 속성으로 엘리먼트를 찾는다. |

　　　　　　　　　　　　　　　J a v a S c r i p t + j Q u e r y  정복

지금까지 결과 출력을 위해 사용했던 wirte 메서드도 document의 멤버이다. 모든 노드는 ownerDocument 속성으로 언제든지 자신이 속한 문서를 구할 수 있으므로 모든 노드에서 이 메서드를 호출할 수 있는 셈이다.

## 1.5 Element와 Attr

Element 객체는 HTML 태그를 표현한다. 엘리먼트는 텍스트나 주석 등의 차일드를 가지며 다른 엘리먼트를 포함하기도 한다. Element도 노드의 일종이므로 Node의 모든 멤버를 사용할 수 있다. 속성은 다음과 같다.

| 속성 | 설명 |
|------|------|
| tagName | 태그의 이름이다. |
| innerHTML | 태그의 내용물이다. |
| id | id 속성 |
| style | 엘리먼트의 스타일 |

메서드는 주로 속성을 관리하는 기능을 제공하는데 속성은 태그에만 추가할 수 있으므로 Node가 아니라 Element에서 관리한다.

| 메서드 | 설명 |
|--------|------|
| getAttribute(attributename) | 이름으로부터 속성을 찾는다. |
| getAttributeNode(attributename) | 이름으로부터 속성 노드를 찾는다. |
| getElementsByTagName(tagname) | 태그의 이름으로 모든 자식 엘리먼트를 찾는다. |
| hasAttribute(attributename) | 속성이 존재하는지 조사한다. |
| removeAttribute(attributename) | 속성을 제거한다. |
| setAttribute(attributename,attributevalue) | 속성값을 변경한다. |

속성은 Attr 객체로 표현하며 Attr 객체의 속성은 다음과 같다. 속성의 이름과 값, 소속 엘리먼트 등을 알 수 있다.

| 속성 | 설명 |
|---|---|
| name | 속성의 이름이다. |
| value | 속성의 값이다. |
| isId | ID 속성인지를 조사한다. |
| ownerElement | 속성이 소속된 엘리먼트이다. |
| specified | 값이 지정되어 있는지 조사한다. |

엘리먼트 하나에는 여러 개의 속성이 있으므로 속성은 집합으로 관리한다. Node의 attributes 속성을 읽으면 속성의 배열이 리턴되는데 이 타입이 NamedNodeMap 객체이다. length 속성으로 개수를 조사하고 다음 메서드로 속성을 읽는다. 속성은 순서가 없으므로 첨자로 읽을 수 없으며 이름으로부터 참조한다.

| 메서드 | 설명 |
|---|---|
| getNamedItem(name) | 이름으로부터 속성을 읽는다. |
| setNamedItem(node) | 배열에 노드를 추가한다. 이미 있으면 덮어쓴다. |
| removeNamedItem(nodename) | 노드를 제거한다. |

다음 예제는 〈img〉 태그의 속성 목록을 읽어 덤프한다. 이미지의 경로와 id, title 속성 등을 지정해 두었다. 물론 속성값을 변경하거나 새로운 속성을 추가할 수도 있다.

**imginfo.html**

```
<!DOCTYPE html>
<html>
<head>
    <meta charset="utf-8">
    <title>imginfo</title>
</head>
<body>
    <p><img id="cosmos" src="cosmos.jpg" title="코스모스"/></p>
    <hr>
    <script>
```

JavaScript+jQuery 정복

```
        var img = document.getElementById("cosmos");
        var attrs = img.attributes;
        for (var i = 0; i < attrs.length;i++) {
            document.write(i + "번째 속성 이름 = " + attrs[i].name +
            ", 속성 값 = " + attrs[i].value + "<br>");
        }
    </script>
</body>
</html>
```

getElementById 메서드로 cosmos id를 가지는 엘리먼트를 찾는데 이 예제의 경우 〈img〉 태그
가 검색된다. 이 엘리먼트의 attributes 속성으로 속성 배열을 읽고 루프를 돌며 모든 속성을 문서
아래쪽에 덤프했다.

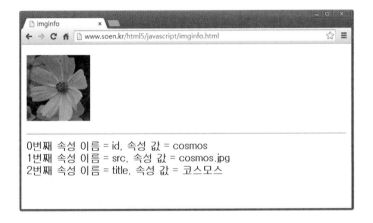

순서에 의미가 없는 속성 집합과 달리 노드의 집합은 순서가 중요하다. 노드의 집합은 NodeList
객체로 표현하는데 읽기 전용이어서 노드를 편집할 수는 없다. 유사 배열이어서 length 속성으로
개수를 조사하고 [ ] 첨자로 노드를 순서대로 읽는다.

배열 문법으로 간편하게 노드를 읽을 수 있으므로 특별한 메서드는 없다. 배열의 노드 하나를 읽
는 item 메서드가 있으나 [ ] 괄호와 기능이 같으므로 굳이 메서드를 호출할 필요가 없다. Node의
childNodes 속성을 읽으면 해당 노드의 차일드 목록이 NodeList 객체로 리턴된다.

```
<!DOCTYPE html>
<html>
<head>
    <meta charset="utf-8">
    <title>childnodes</title>
</head>
<body>
    <ul id="race">
        <li>테란</li>
        <li>프로토스</li>
        <li>저그</li>
    </ul>
    <hr>
    <script>
        var race = document.getElementById("race");
        var childs = race.childNodes;
        for (var i = 0; i < childs.length;i++) {
            if (childs[i].nodeName == "LI")
                document.write(i + "번째 목록 = " + childs[i].firstChild.nodeValue + "<br>");
        }
    </script>
</body>
</html>
```

&lt;ul&gt; 엘리먼트의 차일드 노드 집합을 구하고 배열 요소를 순서대로 읽어서 출력한다. &lt;ul&gt;의 차일드는 &lt;li&gt; 태그만 있는 것이 아니라 개행 코드도 하나의 차일드로 인정되므로 이름이 "LI"인 경우만 골라서 출력해야 한다.

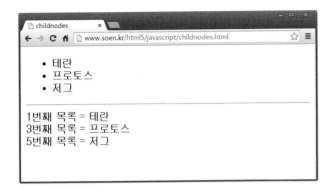

〈ul〉 태그에 소속된 〈li〉 태그가 순서대로 출력되었다. 그러나 정규화되지 않아 번호가 연속적이지 못한 문제가 있는데 아예 〈li〉 태그의 목록만 골라서 출력하는 방법도 있다.

이상으로 DOM이 제공하는 주요 객체에 대해서 정리했는데 이 외에도 폼과 관련된 객체, 링크 목록을 관리하는 객체, 이미지와 앵커 목록을 관리하는 Image, Anchor 등 많은 객체가 있다. 자세한 것은 필요할 때 레퍼런스를 참고하기 바란다.

## section 02

# DOM 활용

## 2.1 찾기

문서를 조작하려면 먼저 원하는 대상 노드를 찾아야 한다. 정확한 노드를 찾아야 값을 읽거나 변경할 수 있으며 일단 찾기만 하면 DOM의 모든 메서드를 동원하여 노드를 마음대로 쪼물딱거릴 수 있다. 따라서 검색은 가장 먼저 익혀야 할 기술이다. 노드를 찾는 방법은 여러 가지가 있는데 상황에 따라 적합한 방법을 선택해야 하므로 모든 검색 방법을 순서대로 실습해 보자.

① 노드를 찾는 가장 쉬운 방법은 노드의 id를 지정하는 것이다. 원하는 노드에 id로 고유한 이름을 부여해 두었다면 해당 노드를 정확하게 찾을 수 있다. id로 검색할 때는 Document의 다음 메서드를 호출하는데 앞에서 이미 사용해 본 적이 있다.

### getElementById(elementID)

인수로 전달한 id를 가진 노드를 찾아 리턴한다. 만약 id가 발견되지 않으면 null이 리턴되고 여러 개 있으면 undefined가 리턴된다. id는 원래 유일해야 하며 원칙대로 고유한 id를 주었다면 아무 문제가 없을 것이다.

```
getelementbyid.html

<!DOCTYPE html>
<html>
<head>
    <meta charset="utf-8">
    <title>getelementbyid</title>
</head>
```

```
<body>
    <p id="para1">문단1</p>
    <p id="para2">문단2</p>
    <hr>
    <script>
        var para1 = document.getElementById("para1");
        document.write("para1 = " + para1.firstChild.nodeValue + "<br>");
        document.write("para2 = " + para2.firstChild.nodeValue + "<br>");
    </script>
</body>
</html>
```

두 개의 문단에 대해 각각 고유한 id를 지정했다. 스크립트에서 getElementById 메서드로 para1 아이디를 가지는 노드를 찾아 para1 변수에 대입했다. 그리고 para1의 첫 번째 차일드인 텍스트를 읽어 수평선 아래쪽에 출력했다. 이 코드가 노드의 값을 읽는 가장 정석적인 방법이다.

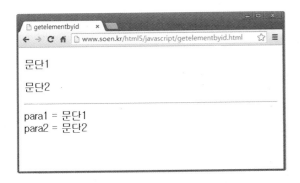

para2의 경우는 id만 부여하고 검색도 하지 않았는데 아무 이상없이 잘 동작한다. 이렇게 되는 이유는 id가 지정된 태그는 자동으로 window의 속성으로 등록되기 때문이다. 브라우저는 문서를 분석할 때 태그에 지정된 모든 id를 루트 객체인 window에 등록하는 편의를 제공한다. 즉, id가 있는 태그는 거의 전역 변수와 같아서 굳이 찾을 필요도 없이 id를 변수처럼 사용할 수 있다.

역사적인 이유로 모든 브라우저가 이런 서비스를 제공하지만 정석은 아니며 잠재적인 문제가 있다. id가 하필 window 객체에 이미 존재하는 document나 history 속성과 이름이 중복된다면 이때는 전역 변수로 등록되지 않는다. 또 id가 유일하지 못하거나 id와 같은 전역 변수가 이미 있어서도 안된다. 위 예제에서 var para2 = 1234 식으로 정수 변수를 선언해 놓으면 para2는 더 이상 노드가 아니므로 동작하지 않을 것이다.

id 뿐만 아니라 name 속성도 전역 변수로 자동 선언된다. 태그에 id를 부여했다는 것은 이후 참조할 의사가 있다는 것으로 해석하여 편의를 제공하지만 중복시의 부작용이 있고 복잡한 규칙까지 적용된다. 아무래도 자동은 항상 말썽의 여지가 있다. 이런 서비스가 언제까지 지원될지 알 수 없으므로 가급적이면 getElementById 메서드로 명시적으로 찾아서 쓰는 것이 바람직하다.

② 다음 메서드는 name 속성으로 엘리먼트를 검색한다. id 속성과 달리 name 속성은 중복 가능하므로 같은 이름을 가진 엘리먼트를 모두 검색한다.

### getElementsByName(name)

메서드 이름에서 보다시피 검색 대상이 Element가 아니라 Elements이며 복수형이다. 여러 개의 노드가 검색될 수 있으므로 노드의 배열인 NodeList가 리턴된다.

---

**getelementsbyname.html**

```html
<!DOCTYPE html>
<html>
<head>
    <meta charset="utf-8">
    <title>getelementsbyname</title>
</head>
<body>
    <p name="para">문단1</p>
    <p>문단2</p>
    <p name="para">문단3</p>
    <hr>
    <script>
        var plist = document.getElementsByName("para");
        document.write("문단 개수 : " + plist.length + "<br>");
        for (var p in plist) {
            document.write(p + "번째 문단 : " + plist[p].firstChild.nodeValue + "<br>");
        }
```

JavaScript+jQuery 정복

```
        </script>
    </body>
    </html>
```

두 개의 문단에 para라는 이름을 주었는데 사실 name 속성은 문단에는 쓸 수 없고 img, iframe 등 일부 태그에만 쓸 수 있는데 실습을 위해 문단에 쓴 것이다.

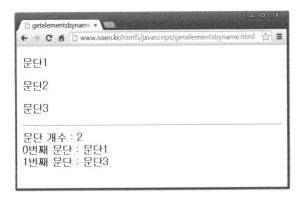

getElementsByName 메서드로 para라는 name 속성을 가진 문단 집합을 찾아 plist로 대입받았다. 이 목록에는 2개의 문단이 저장되어 있으며 배열내의 요소를 읽으면 각 문단 노드를 구할 수 있다. name 속성을 잘 사용하지 않는 추세이므로 가급적이면 id로 검색할 것을 권장한다.

③ 다음 메서드는 태그의 이름으로 검색한다. 인수로 태그의 이름을 전달하면 깊이에 상관없이 문서내의 모든 태그를 찾아 준다.

**getElementsByTagName(tagname)**

복수 개의 노드가 검색되므로 리턴 타입은 NodeList이다. 태그 이름으로 *를 주면 문서내의 모든 태그가 검색된다.

```html
<!DOCTYPE html>
<html>
<head>
    <meta charset="utf-8">
    <title>getelementsbytagname</title>
</head>
<body>
    <p>문단1</p>
    <p>문단2</p>
    <div>
        <p>문단3</p>
        <p>문단4</p>
    </div>
    <hr>
    <script>
        var plist = document.getElementsByTagName("p");
        document.write("문단 개수 : " + plist.length + "<br>");
        for (var p in plist) {
            document.write(p + "번째 문단 : " + plist[p].firstChild.nodeValue + "<br>");
        }
    </script>
</body>
</html>
```

웹 페이지에 네 개의 문단을 넣어 두고 모든 〈p〉 태그를 찾아 보았다. 소속에 상관없이 태그의 이름만으로 검색하므로 〈div〉 안에 들어 있는 문단도 모두 찾아낸다. 태그명으로 일단 모두 찾은 후에 루프를 돌며 원하는 노드를 재검색할 수 있다.

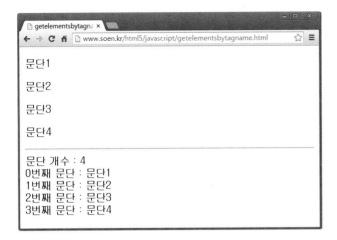

getElementsByTagName 메서드는 document 객체에 소속되어 있기도 하지만 Element 객체에도 소속되어 있다. Element를 먼저 찾은 후 엘리먼트에 대해 이 메서드를 호출하면 해당 엘리먼트의 차일드만 검색한다.

```
<!DOCTYPE html>
<html>
<head>
    <meta charset="utf-8">
    <title>getelementsbytagname2</title>
</head>
<body>
    <ul id="race">
        <li>테란</li>
        <li>프로토스</li>
        <li>저그</li>
    </ul>
    <ol>
        <li>소녀시대</li>
        <li>원더걸스</li>
    </ol>
    <hr>
```

```
<script>
    var race = document.getElementById("race");
    var childs = race.getElementsByTagName("li");
    for (var li in childs) {
        document.write(li + "번째 목록 : " + childs[li].firstChild.nodeValue + "<br>");
    }
</script>
</body>
</html>
```

웹 페이지에 2개의 목록이 있다. 위쪽의 〈ul〉 태그에 race라는 id를 주고 getElementById 메서드로 이 id를 가지는 엘리먼트를 찾아 race 변수에 대입했다. 그리고 race의 getElementsByTagName 메서드를 호출하여 이 노드 아래쪽에 〈li〉 태그를 모두 검색한다. 3개의 목록이 출력된다.

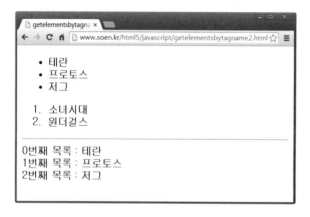

문서에는 순서 있는 목록도 2개 있지만 위쪽의 순서없는 목록을 먼저 찾은 후 이 목록 아래쪽만 검색했으므로 아래쪽 목록은 검색 대상에서 제외된다. document.getElementsByTagName ("li")로 검색했다면 모든 〈li〉 태그가 다 검색될 것이다. 호출 객체가 누구인가에 따라 검색 범위가 달라진다.

④ 다음 메서드는 HTML5에서 새로 추가된 것이며 태그의 클래스명으로 검색한다.

**getElementsByClassName(classname)**

클래스는 id와는 달리 여러 태그에 쓸 수 있으므로 복수 개가 검색된다. 또한 한 태그에 대해서 클래스명을 여러 개 붙일 수도 있는데 공백으로 구분해서 클래스명을 여러 개 적으면 된다. 이 메서드는 인수로 전달한 클래스명이 포함된 모든 노드를 검색해 낸다.

---

**getelementsbyclassname.html**

```
<!DOCTYPE html>
<html>
<head>
    <meta charset="utf-8">
    <title>getelementsbyclassname</title>
</head>
<body>
    <p>문단1</p>
    <p>문단2</p>
    <p class="example">문단3</p>
    <p class="example">문단4</p>
    <hr>
    <script>
        var plist = document.getElementsByClassName("example");
        document.write("문단 개수 : " + plist.length + "<br>");
        for (var p in plist) {
            document.write(p + "번째 문단 : " + plist[p].firstChild.nodeValue + "<br>");
        }
    </script>
</body>
</html>
```

---

검색 기준이 class 속성이라는 것만 다를 뿐 name이나 태그명으로 검색하는 메서드와 사용하는 방법은 거의 비슷하다. 복수 개의 노드가 조사되므로 리턴 타입은 NodeList이다. example로 클래스명이 붙여진 2개의 문단이 검색된다.

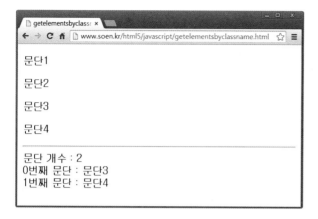

⑤ 다음 두 메서드는 CSS 선택자를 분석하여 조건에 맞는 노드를 선택한다. HTML5에서 새로 추가된 것이다.

**querySelector(sel)**
**querySelectorAll(sel)**

querySelector는 조건에 맞는 노드 하나만 찾고 querySelectorAll은 조건에 맞는 노드의 목록을 리턴한다. 워낙 범용적이어서 id, class는 물론이고 태그, 속성 등을 다 검색할 수 있다.

```
queryselector.html

<!DOCTYPE html>
<html>
<head>
    <meta charset="utf-8">
    <title>queryselector</title>
</head>
<body>
    <h1 class="example">제목입니다.</h1>
    <p>문단1</p>
    <p>문단2</p>
    <p class="example">문단3</p>
    <p class="example">문단4</p>
```

```
    <hr>
    <script>
        var plist = document.querySelectorAll("p.example");
        document.write("문단 개수 : " + plist.length + "<br>");
        for (var p in plist) {
            document.write(p + "번째 문단 : " + plist[p].firstChild.nodeValue + "<br>");
        }
    </script>
</body>
</html>
```

"p.example" CSS 선택자로 〈p〉 태그에 example 클래스가 지정된 노드를 검색한다. example 클래스는 세 군데 지정되어 있지만 〈h1〉 태그는 문단이 아니므로 선택되지 않으며 아래쪽의 문단 2개만 선택된다. 태그 선택자를 빼고 .example로 검색하면 〈h1〉 노드도 같이 선택된다.

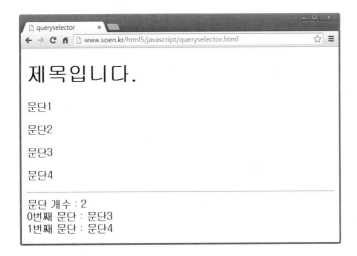

CSS 선택자의 검색 능력은 굉장히 범용적이어서 이 메서드만 활용해도 웬만한 검색은 다 수행할 수 있다. getElementById("para1") 호출문은 querySelector("#para1")와도 같으며 클래스나 태그로도 검색 가능하다. 그러나 :first-letter나 :link 등의 가상 선택자는 실제 존재하는 노드를 찾는 것이 아니므로 제대로 검색되지 않는다.

## 2.2 읽기

노드의 내용을 읽는 원론적인 방법은 nodeValue 속성을 읽는 것이다. 속성 하나로 간편하게 읽을 수 있지만 텍스트나 주석 같은 말단의 노드만 제대로 읽을 수 있으며 태그가 중첩된 경우에는 내용물 전체를 한번에 읽을 수 없다. 트리 구조의 아래쪽을 순회하면서 차일드의 내용을 읽어 일일이 조립해야 하는 것이 원칙적이지만 다행히 전체 내용을 읽는 편리한 방법이 제공된다.

**nodevalue.html**

```
<!DOCTYPE html>
<html>
<head>
    <meta charset="utf-8">
    <title>nodevalue</title>
</head>
<body>
    <p id="para">이것은 <b>문단</b>이다.</p>
    <hr>
    <script>
        var para = document.getElementById("para");
        document.write("nodeValue : " + para.firstChild.nodeValue + "<br>");
        document.write("textContent : " + para.textContent + "<br>");
        document.write("innerHTML : " + para.innerHTML + "<br>");
        document.write("innerText : " + para.innerText + "<br>");
        document.write("outerText : " + para.outerText + "<br>");
        alert("outerHTML : " + para.outerHTML);
    </script>
</body>
</html>
```

예제의 문단은 아주 짧지만 내부에 〈b〉 태그가 포함되어 있어 다음과 같은 계층을 이룬다. 문단 전체가 하나의 노드가 아니고 텍스트 노드와 〈b〉 노드로 나누어져 있다.

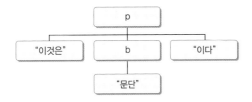

웹 페이지에는 그냥 하나의 문자열로 표시되지만 문서 트리에는 텍스트와 태그가 각각 노드를 구성하여 입체적이다. getElementById 메서드로 para 문단을 찾고 이 문단의 내용을 여러 가지 방법으로 읽어 보았다. 실행 결과는 다음과 같다.

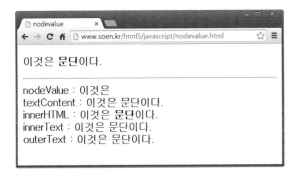

para의 첫 차일드인 firstChild를 찾고 차일드의 nodeValue 속성을 읽으면 앞쪽 단어인 "이것은"만 읽혀진다. 문단의 내용 전체를 읽으려면 첫 번째 차일드뿐만 아니라 문단에 속한 모든 차일드를 순회하며 텍스트 노드의 내용을 읽어 합쳐야 한다. 내부에 어떤 태그가 있을지 미리 알 수 없으므로 루프를 돌며 텍스트 노드만 찾아 내용을 수집해야 한다.

이 동작을 대신해 주는 속성이 바로 textContent이다. 노드 자체의 내용뿐만 아니라 노드 아래쪽의 모든 후손을 순회하면서 텍스트를 읽어 합쳐 준다. para 문단의 textContent 속성을 읽으면 문단에 속한 문자열 전체를 다 읽을 수 있다. 단, 순수한 텍스트만 수집하므로 서식은 제외되어 굵게 표시되지는 않는다. 노드의 내용을 관리하는 4개의 속성이 더 있는데 이름이 비슷 비슷하다.

inner ⎫ ⎧ HTML
outer ⎭ ⎩ Text

innerHTML이 대표적이고 가장 많이 사용되는데 철자의 구조가 innerHtml이 아님을 주의하자. 이 속성은 노드 내부에 포함된 모든 문자열과 태그까지도 읽어 낸다. 그래서 innerHTML 속성으로 읽어 출력하면 〈p〉 태그 안의 〈b〉 태그까지 읽혀지며 이대로 출력하면 글꼴이 굵게 표시된다.

이에 비해 innerText 속성은 태그는 빼고 순수한 텍스트만 읽는다. 그래서 innerText는 textContent 속성과 거의 비슷하다. outerText, outerHTML은 노드의 내부뿐만 아니라 노드 자체의 태그까지 한꺼번에 읽는다는 점이 다르다. 예제의 〈p〉 문단에 대해 innerHTML 속성과 outerHTML 속성이 읽는 부분은 각각 다음과 같다.

innerHTML 속성은 〈p〉 태그의 안쪽에 있는 내용만 읽는데 비해 outerHTML은 〈p〉 태그 자체까지 다 읽는다. 속성 이름대로 태그의 안쪽만 읽는가, 아니면 바깥쪽까지 다 포함하는가가 다르다. 그래서 outerHTML 속성으로 읽은 값을 document.write로 출력하면 진짜 문단으로 표시된다. 결과를 정확히 보려면 alert 함수로 찍어 보아야 한다.

〈p〉 태그뿐만 아니라 그 속성까지도 있는 그대로 읽혀진다. 이 4가지 속성은 노드의 내용을 바꿀 때도 각각 효과가 다르다. 다음 항에서 실습해 보겠지만 간단히 소개하자면 inner* 속성은 태그는 그대로 두고 내용만 바꾸지만 outer*는 태그까지 통째로 다른 것으로 대체해 버린다.

## 2.3 편집

노드의 내용을 변경할 때는 읽기 동작을 반대로 하면 된다. 노드의 속성은 쓰기도 가능하므로 속성
값을 바꾸면 내용도 바뀐다. 노드의 내용을 변경하는 가장 쉬운 방법은 nodeValue속성에 원하는
값을 대입하는 것이다.

```
editnode.html

<!DOCTYPE html>
<html>
<head>
    <meta charset="utf-8">
    <title>editnode</title>
</head>
<body>
    <p id="para">이것은 문단이다.</p>
    <script>
        var para = document.getElementById("para");
        var text = para.firstChild;
        text.nodeValue = "This is a paragraph.";
    </script>
</body>
</html>
```

HTML 문서에는 문단의 내용이 한글로 되어 있는데 실행중에 영문으로 바꾸어 보았다. para 문단
을 찾고 첫 번째 차일드를 찾아 nodeValue에 원하는 문자열을 대입하면 된다. 실행 직후에 〈p〉
태그의 내용이 바뀌므로 브라우저에는 변경된 내용이 나타난다.

```
This is a paragraph.
```

읽을 때와 마찬가지로 문단을 바꾸는 것이 아니라 문단에 속한 텍스트를 바꾸는 것이므로 변경 대
상은 firstChild의 nodeValue이다. 노드를 찾는 과정을 보이기 위해 중간 변수를 써 가며 세 줄
로 썼는데 한줄로 간단하게 압축할 수도 있다.

```
document.getElementById("para").firstChild.nodeValue = "This is a paragraph.";
```

차일드의 값을 바꾸는 대신 문단의 textContent 속성을 변경함으로써 노드의 전체 내용을 변경할 수도 있다. 다음 예제도 효과는 동일하다.

**textcontent.html**

```
<!DOCTYPE html>
<html>
<head>
    <meta charset="utf-8">
    <title>textcontent</title>
</head>
<body>
    <p id="para">이것은 <b>문단</b>이다.</p>
    <script>
        var para = document.getElementById("para");
        para.textContent = "This is a paragraph.";
    </script>
</body>
</html>
```

HTML 문서의 문단에는 〈b〉 태그가 포함되어 있다. 이 상태에서 textContent 속성을 변경하면 문단내의 모든 내용이 다 바뀌어 버린다. 반면 firstChild의 nodeValue를 변경하면 〈b〉 태그 이전의 첫 번째 문자열만 바뀐다는 차이점이 있다. textContent 대신 innerText나 innerHTML 속성에 대입해도 결과는 같다. 다음은 자바스크립트 초반에 소개한 예제이다.

**innertext.html**

```
<!DOCTYPE html>
<html>
<head>
    <meta charset="utf-8">
    <title>innertext</title>
```

```
    <script>
        function changeCaption(cap) {
            document.getElementById("fruit").innerText = cap;
        }
    </script>
</head>
<body>
    <p id="fruit">과일</p>
    <form>
        <input type="button" value="Apple" onClick="changeCaption('Apple')">
        <input type="button" value="Orange" onClick="changeCaption('Orange')">
    </form>
</body>
</html>
```

버튼의 onClick 이벤트 핸들러에서 changeCaption 함수를 호출하고 이 함수에서 fruit 문단을 찾아 인수로 전달된 문자열로 안쪽의 내용을 토글한다. 코드를 사용하면 이처럼 원하는 때에 노드의 내용을 원하는 것으로 변경할 수 있다.

outerText나 outerHTML 속성을 사용하면 결과는 달라진다. outerHTML은 노드의 바깥쪽 태그까지 포함하므로 태그까지도 바뀐다. 따라서 인수로 전달하는 문자열에 변경하고자 하는 태그까지 같이 적어야 한다.

**outerhtml.html**

```
<!DOCTYPE html>
<html>
<head>
    <meta charset="utf-8">
    <title>outerhtml</title>
</head>
<body>
    <p id="para">이것은 문단이다.</p>
    <script>
```

```
            var para = document.getElementById("para");
            para.outerHTML = "<h1>This is a paragraph.</h1>";
        </script>
    </body>
</html>
```

HTML 문서에는 〈p〉 태그가 배치되어 있지만 스크립트에서 이 태그를 찾아 〈h1〉 태그로 변경하고 안쪽의 내용도 같이 바꾸었다.

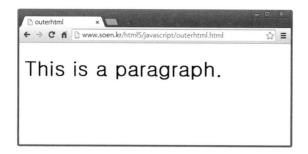

문단이 훨씬 더 큰 글꼴의 제목이 되었다. 문단의 안쪽 내용물을 변경하는 것이 아니라 문단 자체를 아예 다른 태그로 대체해 버리는 것이다.

## 2.4 노드 추가

문서에 없는 노드를 실행중에 만들어 추가할 수도 있다. 엘리먼트나 텍스트, 속성 등이 모두 문서에 속하므로 노드를 생성하는 팩토리 메서드는 모두 Document에 정의되어 있다. 생성하고자 하는 노드의 타입에 따라 적당한 메서드를 호출한다.

```
createElement(nodename)
createTextNode(text)
createAttribute(attributename)
createComment(text)
```

새로 생성할 노드의 이름이나 문자열 등을 인수로 전달한다. 노드를 생성하면 메모리에 객체만 있을 뿐 아직 트리에 삽입되지는 않았다. 생성한 노드를 다음 메서드로 트리상의 한 노드에 붙이면 이 노드의 차일드로 추가된다.

**appendChild(node)**
**insertBefore(newnode,existingnode)**

appendChild 메서드는 제일 뒤쪽에 붙이고 insertBefore 메서드는 중간에 삽입한다. 이 두 메서드는 Node 소속이어서 임의의 노드에 대해 호출할 수 있도록 되어 있지만 실제로는 차일드를 가질 수 있는 노드에 대해서만 호출해야 한다. 엘리먼트 노드는 차일드를 가질 수 있지만 텍스트 노드나 주석 노드는 차일드를 가질 수 없으므로 이 메서드를 호출해서는 안되며 예외가 발생한다.

---

**appendchild.html**

```html
<!DOCTYPE html>
<html>
<head>
    <meta charset="utf-8">
    <title>appendchild</title>
</head>
<body>
    <p>문단 하나만 있습니다.</p>
    <script>
        var para = document.createElement("p");
        var text = document.createTextNode("새로 추가된 문단입니다.");
        para.appendChild(text);
        document.body.appendChild(para);
    </script>
</body>
</html>
```

---

HTML 문서에는 문단이 하나만 있지만 스크립트에서 동적으로 문단 하나를 더 만들어 〈body〉의 뒤쪽에 덧붙인다. 결과적으로 웹 페이지에는 두 개의 문단이 나타난다.

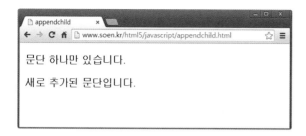

⟨p⟩ 엘리먼트를 para라는 이름으로 생성하고 문단의 내용을 text 노드로 생성한다. 이 둘은 아직 객체로만 생성되었을 뿐 트리에는 소속되지 않았으므로 이 상태로는 웹 페이지에 나타나지 않는 다. text를 para에 붙여 문단의 내용으로 만들고 para는 문서의 body에 붙여 계층에 포함시키면 문단과 텍스트가 웹 페이지에 표시된다.

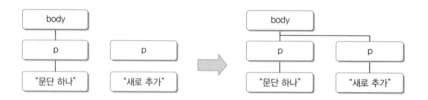

다음 예제는 insertBefore 메서드를 호출하여 목록의 중간에 노드를 삽입한다. 첫 번째 인수로 삽 입할 위치를 지정하면 이 노드 앞쪽에 삽입된다.

insertbefore .html

```
<!DOCTYPE html>
<html>
<head>
    <meta charset="utf-8">
    <title>insertbefore </title>
</head>
<body>
    <div id="div"><p>1문단.</p><p>2문단.</p><p>3문단.</p></div>
    <script>
        var para = document.createElement("p");
        var text = document.createTextNode("새로 추가된 문단입니다.");
```

```
                para.appendChild(text);

                var div = document.getElementById("div");
                div.insertBefore(para, div.childNodes[1]);
        </script>
    </body>
</html>
```

웹 페이지에는 〈div〉 태그안에 3개의 문단이 있다. 코드에서 새로운 para 문단과 텍스트를 만들어 연결한 후 〈div〉의 아래쪽에 1번째 문단 앞에 추가했다. 〈div〉의 차일드 문단 사이에 새로운 문단이 끼어든다.

1문단.
새로 추가된 문단입니다.
2문단.
3문단.

새로 만든 노드가 아닌 문서에 이미 존재하는 노드에 대해 appendChild나 insertBefore 메서드를 호출하면 기존 노드는 삭제되고 새로운 위치로 옮겨진다.

```
┌──────────────────────────────────────────────────────────┐
│ movenode.html                                              │
└──────────────────────────────────────────────────────────┘
```

```
<!DOCTYPE html>
<html>
<head>
    <meta charset="utf-8">
    <title>movenode</title>
</head>
<body>
    <div id="div"><p>1문단.</p><p>2문단.</p><p>3문단.</p></div>
    <script>
        var div = document.getElementById("div");
        var para1 = div.childNodes[0];
        div.appendChild(para1);
```

```
        </script>
    </body>
    </html>
```

&#9001;div&#9002;의 첫 번째 차일드를 찾은 후 이 차일드를 &#9001;div&#9002;의 제일 아래쪽에 추가했다. 첫 번째 차일드
는 문서상에 이미 존재하므로 새로운 노드가 추가되는 것이 아니라 기존 노드가 뒤쪽으로 이동하
여 차일드의 순서가 바뀐다.

    2문단.
    3문단.
    1문단.

이 기법을 사용하면 목록내의 태그를 쉽게 정렬할 수 있다. 만약 목록의 제일 끝에 1문단을 하나
더 추가하고 싶다면 cloneNode 메서드를 사용하여 사본을 만든 후 삽입한다.

---

**clonenode.html**

```
<!DOCTYPE html>
<html>
<head>
    <meta charset="utf-8">
    <title>clonenode</title>
</head>
<body>
    <div id="div"><p>1문단.</p><p>2문단.</p><p>3문단.</p></div>
    <script>
        var div = document.getElementById("div");
        var para1 = div.childNodes[0];
        var newpara = para1.cloneNode(true);
        div.appendChild(newpara);
    </script>
</body>
</html>
```

---

J a v a S c r i p t + j Q u e r y  정복

⟨div⟩의 첫 번째 차일드에 대해 사본을 뜬 후 뒤쪽에 추가했다. cloneNode 메서드의 인수는 차일드까지 같이 복사할 것인가를 지정하는데 문단안의 텍스트 노드까지 같이 복사해야 하므로 이경우는 true로 지정한다. para1과 똑같은 newpara 문단을 만든 후 뒤에 추가하면 새로운 사본노드가 생성되며 이 노드를 추가하면 똑같은 노드가 뒤쪽에 하나 더 생긴다.

```
1문단.
2문단.
3문단.
1문단.
```

이번에는 문단 안에 ⟨b⟩ 태그가 있는 좀 복잡한 노드 계층을 추가해 보자. 문단 내부의 계층을 먼저 만든 후 부모 노드에 삽입해야 한다.

**inserttree.html**

```
⟨!DOCTYPE html⟩
⟨html⟩
⟨head⟩
    ⟨meta charset="utf-8"⟩
    ⟨title⟩inserttree⟨/title⟩
⟨/head⟩
⟨body⟩
    ⟨p⟩문단 하나만 있습니다.⟨/p⟩
    ⟨script⟩
        var para = document.createElement("p");
        var text1 = document.createTextNode("추가된 ");
        para.appendChild(text1);
        var b = document.createElement("b");
        var text2 = document.createTextNode("문단");
        b.appendChild(text2);
        para.appendChild(b);
        var text3 = document.createTextNode("입니다.");
        para.appendChild(text3);
        document.body.appendChild(para);
```

```
      </script>
   </body>
   </html>
```

문단 내부에도 작은 트리의 계층이 있으므로 각 노드를 따로 만들어 문단에 추가해야 한다. ⟨p⟩ 엘
리먼트를 먼저 만들고 앞쪽 텍스트 노드를 덧붙인다. 그리고 ⟨b⟩ 엘리먼트를 만들고 이 노드에서
텍스트를 덧붙인 후 문단에 ⟨b⟩ 엘리먼트를 추가한다. 뒤쪽 텍스트 노드를 문단에 하나 더 추가하
여 붙이고 완성된 para 엘리먼트를 body에 붙이면 서식을 가진 문단이 추가된다.

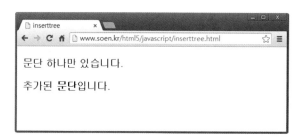

코드가 좀 길지만 나열적이라 어렵지는 않다. 만약 여러 개의 태그가 이중, 삼중으로 중첩되어 있
다면 훨씬 더 복잡하고 길어질 것이다. 이럴 때는 자식 태그까지 한꺼번에 삽입할 수 있는 좋은 방
법이 있다.

**inserttree2.html**

```
<!DOCTYPE html>
<html>
<head>
   <meta charset="utf-8">
   <title>inserttree2</title>
</head>
<body>
   <p>문단 하나만 있습니다.</p>
   <script>
      var para = document.createElement("p");
      para.innerHTML = "추가된 <b>문단</b>입니다.";
```

```
            document.body.appendChild(para);
        </script>
    </body>
</html>
```

innerHTML 속성을 쓰면 태그까지 문자열 형태로 삽입할 수 있어 아주 편리하다. 작은 HTML 문서 조각을 만들어 붙여 넣는 것이므로 마치 편집기로 HTML 문서를 만들듯이 엘리먼트의 안쪽을 마음대로 편집할 수 있다. 이 방식을 사용하면 이중 삼중으로 중첩된 엘리먼트도 문자열 하나로 간편하게 만들 수 있어 무척 편리하다.

innerHTML 속성은 다른 속성에 비해 HTML의 구조를 변경시킨다는 점을 주의해야 한다. 이 속성에 의해 새로운 트리 구조가 삽입되므로 브라우저는 문서 전체를 다시 분석할 것이다. 브라우저의 속도가 워낙 빨라 거의 실시간으로 적용되지만 반복적으로 변경한다면 innerHTML 속성에 문자열을 += 연산자로 조립하는 것보다 별도의 문자열 변수에 엘리먼트 구조를 완성한 후 한번에 대입하는 것이 더 효율적이다.

# 2.5 속성 추가

엘리먼트의 속성은 여러 가지 방법으로 추가 및 편집한다. 가장 간단한 방법은 노드의 속성에 직접 대입하는 것이다. HTML 태그의 속성을 마치 노드 객체의 속성처럼 참조하는 것인데 예를 들어 〈img〉 태그의 이미지를 변경한다면 img.src 속성에 원하는 파일명을 바로 대입하는 것이다.

다음 메서드는 노드의 속성을 읽거나 변경한다. 인수로 속성의 이름과 새로운 값을 전달하면 해당 속성이 변경된다. 속성의 이름을 문자열 형태로 지정하므로 HTML에 정의되지 않은 커스텀 속성도 추가할 수 있다.

getAttribute(attributename)
setAttribute(attributename,attributevalue)

좀 복잡하게는 createAttribute 메서드로 속성 노드를 만든 후 다음 메서드로 노드를 태그에 붙이는 방법도 있다. 속성도 하나의 노드이므로 생성하는 메서드가 제공되며 이렇게 생성한 속성을 다음 메서드로 노드에 붙인다.

**getAttributeNode(attributename)**
**setAttributeNode(attributenode)**

다음 예제는 〈img〉 태그를 생성하고 src 속성에 이미지 경로를 지정한다. 원본 문서에는 문단만 하나 있지만 실행중에 〈img〉 노드를 만들어 문단 뒤쪽에 추가한다.

**addattribute.html**

```
<!DOCTYPE html>
<html>
<head>
    <meta charset="utf-8">
    <title>addattribute</title>
</head>
<body>
    <p id="para">문단입니다.</p>
    <script>
        var para = document.getElementById("para");
        var img = document.createElement("img");

        // 1.속성 직접 대입
        img.src = "cosmos.jpg";

        // 2.속성 설정 메서드 호출
        // img.setAttribute("src","cosmos.jpg");

        // 3.속성 노드를 만들어 붙이기
        //var src = document.createAttribute("src");
        //src.nodeValue="cosmos.jpg";
        //img.setAttributeNode(src);
```

JavaScript+jQuery 정복

```
        para.appendChild(img);
    </script>
</body>
</html>
```

〈img〉 엘리먼트는 물론 createElement 메서드로 생성하는데 새로 만들어진 엘리먼트는 아무런 속성도 가지고 있지 않다. 〈img〉의 src 속성을 여러 가지 방법으로 추가했는데 어떤 코드를 쓰나 결과는 동일하다. 속성을 직접 대입하는 방법이 편리하지만 이 방법은 HTML에 이미 존재하는 속성만 추가할 수 있다. XML이나 SVG처럼 임의의 속성을 가지는 포맷에는 setAttribute 메서드를 호출해야 한다.

〈img〉 태그의 src 속성을 "cosmos.jpg"로 지정하여 코스모스 이미지를 출력했다. 과거에 비해 HTML에서 속성이 많이 사용되지 않으므로 실행중에 속성을 다룰 일이 그리 흔하지 않다. 이에 비해 XML은 속성을 굉장히 많이 사용하므로 속성을 다룰 일이 빈번하다.

## 2.6 삭제

문서 트리에 포함된 노드를 삭제할 때는 다음 메서드를 호출한다.

**removeChild(node)**

인수로는 삭제할 노드를 전달하되 노드가 자신을 삭제할 수는 없으며 부모가 자식을 삭제해야 하
므로 부모를 먼저 찾은 후 이 메서드를 호출해야 한다.

```
removechild.html
```

```
<!DOCTYPE html>
<html>
<head>
    <meta charset="utf-8">
    <title>removechild</title>
</head>
<body>
    <p>1문단.</p>
    <p id = "para2">2문단.</p>
    <p>3문단.</p>
    <script>
        var para2 = document.getElementById("para2");
        para2.parentNode.removeChild(para2);
    </script>
</body>
</html>
```

HTML 문서에는 3개의 문단이 있는데 실행 직후에 가운데 문단을 삭제한다. 삭제할 대상 문단을
찾은 후 부모를 찾는데 특정 노드의 부모는 반드시 존재하며 parentNode 속성으로 쉽게 구할 수
있다. 부모로부터 removeChild 메서드를 호출하여 자신을 삭제해 달라고 요청하면 된다.

```
1문단.
3문단.
```

부모 노드를 먼저 구해 놓았다면 removeChild(childNodes[n]) 호출로 자식을 직접 삭제할 수
도 있다. 다음 메서드는 기존 노드를 다른 노드로 교체한다.

**replaceChild(newnode,oldnode)**

JavaScript+jQuery 정복

oldnode를 newnode로 교체한다. 이 메서드도 대체가 발생하는 부모 노드로부터 호출한다.

---

**replacechild.html**

```
<!DOCTYPE html>
<html>
<head>
    <meta charset="utf-8">
    <title>replacechild</title>
</head>
<body>
    <p>1문단.</p>
    <p id = "para2">2문단.</p>
    <p>3문단.</p>
    <script>
        var h2 = document.createElement("h2");
        var text = document.createTextNode("교체된 제목입니다.");
        h2.appendChild(text);

        var para2 = document.getElementById("para2");
        document.body.replaceChild(h2, para2);
    </script>
</body>
</html>
```

---

3개의 문단으로 구성된 문서에서 가운데 문단을 〈h2〉 엘리먼트로 교체하였다. 〈h2〉 엘리먼트와
텍스트 노드를 미리 조립해 놓고 para2를 찾은 후 body의 replaceChild를 호출하여 para2를
h2로 대체한다.

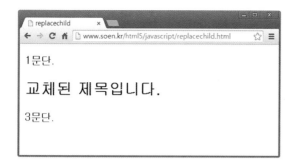

기존 것을 삭제하고 새 것을 끼워 넣는 것이다. outerHTML 속성을 사용하면 태그의 내용까지 한 꺼번에 바꿀 수 있으므로 결국 교체와 동일한 효과가 나타난다.

**replacechild2.html**

```
<!DOCTYPE html>
<html>
<head>
    <meta charset="utf-8">
    <title>replacechild2</title>
</head>
<body>
    <p>1문단.</p>
    <p id = "para2">2문단.</p>
    <p>3문단.</p>
    <script>
        var para2 = document.getElementById("para2");
        para2.outerHTML = "<h2>교체된 문단입니다.</h2>";
    </script>
</body>
</html>
```

바꾸고 싶은 노드를 찾은 후 다른 태그로 바꿔 버리면 된다. 일일이 객체를 만들고 연결할 필요가 없어 코드가 훨씬 짧고 직관적이다.

## 2.7 스타일 편집

Element 객체의 style 속성은 엘리먼트에 적용된 스타일을 나타낸다. 스타일은 HTML DOM에 Style이라는 객체로 정의되어 있으며 이 객체에는 문자, 여백, 배경, 경계선, 위치 등에 대한 수많은 스타일이 속성으로 정의되어 있다. 해당 속성을 읽어 적용된 스타일을 알아낼 수도 있고 원하는 값을 대입하여 스타일을 바꿀 수도 있다.

스타일 목록은 CSS의 속성과 거의 비슷하므로 굳이 다시 정리하거나 공부할 필요가 없다. 다만 스크립트는 명칭 규칙을 따라야 하므로 CSS와 속성의 이름이 다르다는 것만 주의하면 된다. CSS는 여러 단어로 된 속성일 경우 - 를 사용하여 background-color로 속성명을 표기하지만 코드에서는 - 가 연산자이기 때문에 그럴 수 없다. 그래서 낙타식 표기법을 사용하여 backgroundColor라는 이름을 대신 사용한다.

Style 객체의 전체 목록은 레퍼런스에 잘 정리되어 있으므로 필요할 때 참고하되 CSS 학습이 이미 되어 있다면 이름 규칙만 잘 유추해도 별도로 다시 학습할 필요가 없을 것이다. 다음 예제는 문단의 속성을 실행중에 변경한다.

**changestyle.html**

```
<!DOCTYPE html>
<html>
<head>
    <meta charset="utf-8">
    <title>changestyle</title>
</head>
<body>
    <p id="para">문단.</p>
    <script>
        var para = document.getElementById("para");
        para.style.color = "Red";
        para.style.backgroundColor = "Yellow";
        para.style.fontSize = "20pt";
    </script>
</body>
</html>
```

HTML 문서상으로는 별다른 속성이 없지만 코드에서 이 문단의 스타일을 편집했다. 노란색 배경에 빨간색 글자로 출력하고 20포인트의 큰 글꼴을 사용했다. style 속성의 color, backgroundColor, fontSize 속성에 원하는 값을 대입하기만 하면 된다.

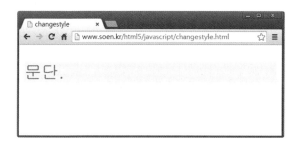

바로 확인 가능한 간단한 속성만 변경해 봤는데 위치나 표시 속성 등을 변경하면 실행중에도 다양한 효과를 낼 수 있다.

이상으로 여기까지 노드를 읽고 쓰고 삽입, 삭제, 대체하는 방법을 모두 소개했다. 상기의 메서드를 사용하면 실행중에 문서의 내용뿐만 아니라 구조까지도 떡 주무르듯이 주무를 수 있으며 메모리상에서 새로운 문서를 만들어낼 수도 있다.

# chapter 12
# 이벤트

# 이벤트 모델

## 1.1 이벤트

◇◇◇◇◇◇◇◇◇◇◇◇◇◇◇◇◇◇◇◇◇◇◇◇◇◇◇◇◇◇◇◇◇◇◇◇◇◇◇◇◇◇◇◇◇◇◇◇◇◇◇◇◇◇◇◇◇◇◇◇◇◇

초창기의 웹 사이트는 문서를 보여 주는 것이 주 목적이었다. 그러나 요즘의 웹 사이트는 마치 응용 프로그램처럼 사용자와 적극적으로 상호작용하여 마우스나 키보드를 조작하면 반응을 보인다. 그러기 위해서는 웹 페이지가 사용자의 조작을 즉시 알아내고 정확하게 분석하여 적합한 동작을 해야 하며 그래서 스크립트가 더 중요해졌다.

웹도 GUI 운영체제와 마찬가지로 그래픽 환경에서 실행되므로 비동기식의 이벤트 드리븐으로 동작한다. 이벤트는 웹 페이지에서 발생하는 여러 가지 사건이다. 이벤트를 받으면 특정 시점에 원하는 동작을 할 수 있다. 사용자의 키입력, 마우스 조작 등이 모두 하나의 이벤트이며 이벤트를 받아 처리함으로써 사용자의 지시를 수행하는 것이다. 페이지 로드 중이나 에러 등 사용자와 무관하게 발생하는 이벤트도 있다.

| 이벤트 | 설명 |
| --- | --- |
| load, unload | 페이지 시작 및 종료 |
| click, doubleclick | 마우스 클릭, 더블 클릭 |
| mousedown, mouseup | 마우스 버튼 누름, 뗌 |
| mousemove | 마우스 이동 |
| mouseover, mouseout | 마우스가 경계안으로 들어 오거나 나감 |
| contextmenu | 오른쪽 마우스 클릭 |
| focus, blur | 포커스 얻음, 잃음 |
| submit | 폼 전송 |
| reset | 폼 초기화 |

| resize | 윈도우와 프레임의 크기 변경 |
|--------|---------------------------|
| select | 텍스트 선택 |
| scroll | 스크롤 |
| abort | 이미지 로드 중단 |

자주 사용되는 주요 이벤트만 정리했는데 이 외에도 많은 이벤트가 있으며 최근에는 모바일 장비를 위해 touch나 gesture 등의 이벤트가 추가되기도 했다. 추가 이벤트는 아직 표준이 아니고 모든 브라우저가 다 지원하지도 않아 반드시 지원 여부를 점검한 후 사용해야 한다. 이후에도 많은 이벤트가 추가될 예정이지만 발생 시점만 다를 뿐 기본 이벤트와 처리하는 방법은 원론적으로 같다.

각 이벤트의 이름은 발생 시점을 함축적으로 정의하는 짧은 명칭으로 되어 있다. 예를 들어 click은 사용자가 마우스 버튼을 클릭할 때 발생하며 load는 문서가 읽혀질 때 발생한다. 이벤트 속성은 이벤트 이름 앞에 전치사 on을 붙이는데 예를 들어 load 이벤트에 대한 속성명은 onload이다. 낙타식 표기법을 쓰지 않고 전부 소문자로 표기하는 것이 관례이므로 onLoad라고 쓰지 않도록 유의하자.

이벤트 발생시 실행되는 코드를 이벤트 핸들러라고 하는데 주로 함수 형태로 작성한다. 이벤트와 핸들러를 연결하면 이벤트 발생시 핸들러 함수가 호출되어 이벤트를 처리한다. 관심 있는 이벤트를 처리하려면 핸들러를 연결해야 하고 코드를 작성해야 한다. 이벤트와 핸들러를 연결하는 방법을 이벤트 모델이라고 하는데 여러 가지 방법이 있다. 순서대로 실습해 보자.

## 1.2 기본 모델

기본 모델은 예전부터 사용해 왔던 전통적인 방법으로써 모든 브라우저가 지원하므로 호환성이 좋다. 객체의 이벤트 속성에 핸들러를 대입하는 형식으로 연결한다. 다음 예제는 엘리먼트의 onclick 이벤트 핸들러에서 대화상자를 열어 보여 준다. 재현이 가장 쉬운 대표적인 사용자 동작인 클릭에 대해 핸들러의 호출을 가장 명확히 보여주는 대화상자를 호출했는데 똑같은 방식으로 임의의 이벤트에 대해 임의의 핸들러를 작성할 수 있다.

```
<!DOCTYPE html>
<html>
<head>
    <meta charset="utf-8">
    <title>basicmodel</title>
</head>
<body>
    <h1 id="header">클릭하세요</h1>
    <script>
        var header = document.getElementById("header");
        header.onclick = function() {
            alert("클릭했습니다.");
        }
    </script>
</body>
</html>
```

클릭하기 쉽도록 큼직한 〈h1〉 태그를 배치하고 header라는 id를 지정했다. getElementById 메서드로 이 엘리먼트를 찾은 후 onclick 이벤트 속성에 핸들러 함수를 대입했다. 핸들러에서는 alert 함수로 대화상자를 열어 클릭을 받았음만 표시한다. 웹 페이지에서 〈h1〉 태그를 클릭하면 이벤트가 발생하며 클릭 이벤트와 연결된 핸들러에 의해 메시지 상자가 나타난다.

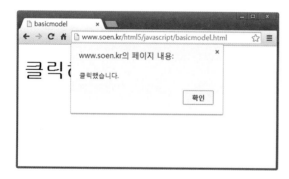

핸들러는 특정 이벤트를 위해 한번만 지정하므로 보통은 위 예제처럼 이름을 주지 않고 함수 리터럴로 바로 작성한다. 물론 별도의 함수를 작성해 놓고 onclick 속성에 함수의 이름을 대입해도 상관 없다. 한번 연결한 핸들러는 계속 유지되므로 클릭할 때마다 대화상자가 열리는데 핸들러를 제거할 때는 이벤트 속성에 null을 대입한다.

**basicmodel2.html**

```
<!DOCTYPE html>
<html>
<head>
    <meta charset="utf-8">
    <title>basicmodel2</title>
</head>
<body>
    <h1 id="header">클릭하세요</h1>
    <script>
        function headerClick() {
            alert("클릭했습니다.");
            header.onclick = null;
        }
        var header = document.getElementById("header");
        header.onclick = headerClick;
    </script>
</body>
</html>
```

headerClick이라는 이름으로 함수를 먼저 선언하고 onclick 속성에 이 함수의 이름을 대입했다. 함수를 호출하는 것이 아니라 다음 이벤트 발생시 호출하라는 의미로 이름만 알려주는 것이므로 headerClick() 식으로 괄호를 써서는 안된다. 미리 선언해 놓는 함수는 〈head〉 태그 안에 작성하는 것이 보통이나 예제의 간편함을 위해 〈body〉 태그안에 작성했다.

핸들러에서는 alert 대화상자를 연 후 onclick 속성에 null을 대입하여 이벤트 핸들러를 제거했다. 이벤트 속성도 읽고 쓰기 가능하므로 언제든지 다른 핸들러로 연결을 바꿀 수 있으며 null을 대입하면 연결이 끊어져 더 이상 이벤트에 반응하지 않는다. 최초 클릭 핸들러를 설치하고 핸들러가 처음 호출될 때 스스로 핸들러 지정을 해제하므로 이 예제의 onclick 핸들러는 딱 한번만 동작한다.

## 1.3 인라인 모델

인라인 모델은 태그의 이벤트 속성에 코드를 바로 작성하는 방법이다. 핸들러의 코드가 지극히 짧고 간단할 때 이 방식을 사용한다.

**inlinemodel.html**

```
<!DOCTYPE html>
<html>
<head>
    <meta charset="utf-8">
    <title>inlinemodel</title>
</head>
<body>
    <h1 onclick="alert('클릭했습니다.');">클릭하세요</h1>
</body>
</html>
```

앞에서 만든 예제와 똑같은 동작을 하지만 길이는 무척 짧다. 태그안에 코드를 바로 적는 방식이라 노드를 검색할 필요도 없고 따라서 태그에 id도 줄 필요가 없다. 아주 좁은 영역이지만 여러 줄의 코드를 세미콜론으로 구분하여 적어 넣을 수 있으며 이 안에서 변수도 선언할 수 있다. 그러나 태그안이 너무 번잡스러워지므로 함수로 분리하고 함수를 호출하는 것이 구조상 더 좋다.

```
<!DOCTYPE html>
<html>
<head>
    <meta charset="utf-8">
    <title>inlinemodel2</title>
</head>
<body>
    <h1 onclick="headerClick();">클릭하세요</h1>
    <script>
        function headerClick() {
            alert("클릭했습니다.");
            header.onclick = null;
        }
    </script>
</body>
</html>
```

onclick 속성에서 headerClick() 함수를 호출했다. 함수는 보통 〈head〉 태그에 작성하지만 어디에 있건 상관없이 잘 호출된다. 이벤트 속성에 함수를 대입하는 기본 모델과는 달리 인라인으로 함수를 호출하는 것이므로 () 괄호가 반드시 있어야 한다.

인라인 모델은 간편하다는 이점이 있지만 동작을 지정하는 코드가 내용과 섞이게 되므로 구조적으로는 바람직하지 않다. HTML5에서는 가급적이면 구조와 동작을 분리하도록 권장하므로 아주 간단한 코드가 아니면 인라인 모델을 사용하지 않는 것이 좋다.


## 1.4 리스너 등록

리스너는 DOM 레벨2에서 새로 도입된 이벤트 모델이며 지금은 가장 널리 사용되는 모델이기도 하다. 리스너는 이벤트를 처리하는 함수를 의미하며 의미상 핸들러와 거의 같다. 핸들러는 속성에 바로 대입하는데 비해 리스너는 다음 메서드로 등록 및 제거한다.

```
addEventListener(type, listener, useCapture);
removeEventListener(type, listener, useCapture)
```

첫 번째 인수로 이벤트의 이름을 지정하며 두 번째 인수로 이벤트를 처리할 리스너를 지정한다. 세
번째 인수는 이벤트 전달 방식을 지정하는데 생략 가능하며 차후에 따로 연구해 볼 것이다. 똑같은
예제를 리스너 방식으로 만들어 보자.

**addeventlistener.html**

```
<!DOCTYPE html>
<html>
<head>
    <meta charset="utf-8">
    <title>addeventlistener</title>
</head>
<body>
    <h1 id="header">클릭하세요</h1>
    <script>
        var header = document.getElementById("header");
        header.addEventListener('click', function() {
            alert("클릭했습니다.");
        });
    </script>
</body>
</html>
```

header 노드를 찾고 이 노드의 click 이벤트에 대한 리스너를 함수 리터럴로 등록했다. 클릭하면
대화상자가 열릴 것이다. 물론 별도의 함수를 선언하고 함수 이름을 전달해도 상관없다.

```
header.addEventListener('click', headerClick);
function headerClick() {
    alert("클릭했습니다.");
}
```

JavaScript+jQuery 정복

리스너 모델이 기본 모델과 다른 점은 한 이벤트에 대해 여러 개의 핸들러를 등록할 수 있다는 점이다. 등록 메서드 이름이 set이 아니라 add라는 점을 보면 이를 알 수 있는데 이미 핸들러가 등록된 이벤트에 대해 다른 핸들러를 중복해서 등록할 수 있다.

---

**addeventlistener2.html**

```
<!DOCTYPE html>
<html>
<head>
    <meta charset="utf-8">
    <title>addeventlistener2</title>
</head>
<body>
    <h1 id="header">클릭하세요</h1>
    <script>
        function headerClick() {
            alert("클릭했습니다.");
        }
        function headerClick2() {
            alert("또 클릭했습니다.");
        }
        var header = document.getElementById("header");
        header.addEventListener('click', headerClick);
        header.addEventListener('click', headerClick2);
    </script>
</body>
</html>
```

---

header 노드에 대해 click 이벤트의 핸들러를 headerClick 함수로 등록했다. 그리고 똑같은 방식으로 headerClick2 함수도 등록했다. 복수 개의 핸들러를 등록해 두면 이벤트 발생시 등록 순서대로 핸들러가 호출된다. 〈h1〉 엘리먼트를 클릭하면 두 개의 대화상자가 순서대로 열릴 것이다.

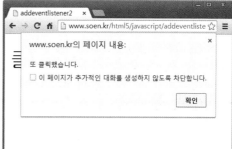

이미 등록된 핸들러를 제거하려면 removeEventListener 메서드를 호출한다. 리스너 모델은 실행중에 언제든지 이벤트 핸들러를 붙였다 떼었다 할 수 있으며 다른 핸들러로 교체도 가능하다. 사실 한 이벤트에 대해 2개 이상의 핸들러를 등록해야 할 필연적인 이유는 없다. 정 2개의 동작이 필요하다면 핸들러 함수에서 다른 함수를 호출하면 될 것이다.

그러나 라이브러리 제작시에는 이런 기능이 꼭 필요하다. 프레임워크가 미리 어떤 이벤트를 처리하고 있는 상황이더라도 사용자가 추가로 핸들러를 더 등록할 수 있어야 한다. 사용자가 핸들러를 등록한다고 해서 프레임워크의 기본 처리가 생략되어서는 안된다. 라이브러리의 핸들러와 사용자의 핸들러가 동시에 유효하려면 복수 개의 핸들러를 등록할 수 있어야 하며 불필요해진 핸들러는 언제든지 제거할 수도 있어야 한다.

구 버전의 IE에서는 리스너와 비슷한 attachEvent, detachEvent라는 메서드로 이벤트 핸들러를 등록 및 해제했다. 문법은 거의 비슷하되 이벤트 이름이 아니라 이벤트 속성을 전달한다는 점이 다르다. 위 예제를 이 방식으로 작성하면 다음과 같으며 IE8 이전의 브라우저에서는 이 코드만 동작한다.

**attachevent.html**

```
<!DOCTYPE html>
<html>
<head>
    <meta charset="utf-8">
    <title>attachevent</title>
</head>
<body>
```

JavaScript+jQuery 정복

```
        <h1 id="header">클릭하세요</h1>
        <script>
            function headerClick() {
                alert("클릭했습니다.");
            }
            function headerClick2() {
                alert("또 클릭했습니다.");
            }
            var header = document.getElementById("header");
            header.attachEvent('onclick', headerClick);
            header.attachEvent('onclick', headerClick2);
        </script>
    </body>
</html>
```

목적이 비슷하므로 사용하는 형식도 비슷하다. addEventListener 메서드 대신 attachEvent 메
서드를 호출했으며 첫 번째 인수인 이벤트 이름에 전치사 on이 붙어 있다는 것만 다르다. 이 예제
는 IE에서만 잘 동작하며 다른 브라우저에서는 동작하지 않는다.

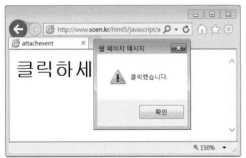 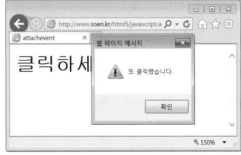

IE9 이후에는 표준 리스너 모델도 같이 지원하므로 이후부터 이 코드는 가급적 사용하지 않는 것
이 좋다. 그러나 아직도 IE8 이전 버전을 완전히 무시하기는 어렵다는 것이 문제이다. 그래서 해당
기능이 존재하는지 검사해본 후 제공되는 기능만 사용함으로써 멀티 브라우저를 구현하는 방법을
흔히 사용하곤 했었다.

```
if (header.attachEvent) {
    header.attachEvent('onclick', headerClick);
} else {
    header.addEventListener('click', headerClick);
}
```

조건문에 함수 이름을 썼는데 이렇게 되면 함수가 null이 아니어야 true이므로 해당 메서드의 존재 여부를 실행중에 조사할 수 있다. attachEvent 메서드가 있으면 IE 계열이라는 것을 알 수 있으므로 이 메서드를 호출하고 그렇지 않으면 addEventListener 메서드를 호출한다. 이 코드는 현존하는 거의 모든 브라우저에서 정상적으로 잘 동작한다.

그러나 아무리 멀티 브라우저가 중요해도 이벤트를 등록할 때마다 매번 이런 조건문을 사용하는 것은 너무 번거롭고 귀찮다. 그래서 jQuery같은 고수준 라이브러리가 필요한 것이다. jQuery는 내부에서 기능의 존재 여부를 파악한 후 사용 가능한 메서드를 호출하도록 되어 있으므로 최소한의 의사표시만으로 원하는 기능을 안전하게 수행할 수 있다.

section
02

# 이벤트 고급

## 2.1 이벤트의 인수

이벤트는 사건의 발생을 알림과 동시에 어떤 사건이 발생했는지에 대한 상세한 추가 정보를 제공한다. click 이벤트처럼 단순히 눌렀다는 사실만 알리는 경우는 추가 정보가 없지만 키보드, 마우스 이벤트는 눌러진 키나 마우스 커서의 위치 등에 대한 정보가 필요하다. 이벤트로 전달되는 추가 정보의 종류는 다음과 같다.

| 정보 | 설명 |
|------|------|
| ctrlKey, altKey, shiftKey | 조합키의 눌림 여부 |
| keyCode | 눌러진 키 코드값 |
| screenX, screenY | 화면 좌표 |
| clientX, clientY | 작업영역 좌표 |

이벤트 발생 시점의 조합키나 마우스 버튼의 상태, 화면상의 좌표 등의 상세한 정보가 전달된다. 추가 정보는 보통 핸들러의 첫 번째 인수인 event로 전달되므로 이 정보가 필요한 핸들러는 반드시 인수를 받아야 한다.

구형 IE는 이벤트 정보를 인수로 전달하지 않고 window.event 속성에 정보를 저장해 두는 방법을 사용했는데 전역 변수를 통해 인수를 넘기는, 별로 좋지 않은 방법이었다. 브라우저마다 정보를 전달하는 방법에 차이가 있어 멀티 브라우저 구현을 위해서 다음과 같은 코드를 사용했었다.

```
function(event) {
    var e = event || window.event;
}
```

event 인수가 유효하면 인수에서 정보를 읽고 아니면 window의 event 속성에서 정보를 읽는 것이다. 논리 연산자의 쇼트 서키트를 활용한 구문인데 event ? event:window.event 라고 써도 효과는 동일하다. 최신 IE는 핸들러로 인수를 전달하므로 이제는 굳이 이런 코드를 쓸 필요 없이 event 인수를 읽으면 된다.

```
eventinfo.html
<!DOCTYPE html>
<html>
<head>
    <meta charset="utf-8">
    <title>eventinfo</title>
</head>
<body>
    <h1 id="header">마우스 버튼을 누르세요</h1>
    <script>
        function mouseDown(event) {
            alert("x = " + event.clientX + ", y = " + event.clientY);
        }
        var header = document.getElementById("header");
        header.onmousedown = mouseDown;
    </script>
</body>
</html>
```

<h1> 엘리먼트의 onmousedown 이벤트에 mouseDown 핸들러를 지정했으며 핸들러는 event 인수를 분석하여 사용자가 엘리먼트의 어느 좌표를 눌렀는지 대화상자로 보여준다. 제목의 어디를 누르는가에 따라 좌표가 달라진다.

mouseDown 핸들러는 이벤트의 정보를 구하기 위해 event 인수를 받아들이며 인수의 clientX, clientY 속성을 통해 마우스를 누를 때의 좌표를 읽는다. 대화상자를 통해 좌표값을 출력해 보기만 했는데 실제 프로젝트에서는 누른 위치에 따라 동작이 달라질 것이다.

만약 추가 정보가 필요치 않다면 event 인수를 굳이 받지 않아도 상관없다. 인라인 모델에서도 마찬가지인데 정보가 필요하다면 인수를 받아야 하며 태그의 속성에서 함수를 호출할 때도 event 인수를 반드시 전달해야 한다. 다음은 똑같은 예제를 인라인 모델로 작성한 것이다.

**eventinfo2.html**

```html
<!DOCTYPE html>
<html>
<head>
    <meta charset="utf-8">
    <title>eventinfo2</title>
</head>
<body>
    <h1 onmousedown="mouseDown(event);">마우스 버튼을 누르세요</h1>
    <script>
        function mouseDown(event) {
            alert("x = " + event.clientX + ", y = " + event.clientY);
        }
    </script>
</body>
</html>
```

함수 정의부에 event 인수를 받는 것으로 되어 있으므로 호출하는 쪽에서도 mouseDown() 식으로 핸들러만 호출해서는 안되며 event 인수를 전달해야 실제 핸들러로 이벤트 정보가 전달된다. 이벤트 핸들러로는 인수 외에도 이벤트가 발생한 객체를 의미하는 this가 전달된다.

eventthis.html

```
<!DOCTYPE html>
<html>
<head>
    <meta charset="utf-8">
    <title>eventthis</title>
</head>
<body>
    <h1 id="header">클릭하세요</h1>
    <p id="para">클릭하세요</p>
    <script>
        function click() {
            this.innerHTML += "<br>클릭했습니다.";
        }
        var header = document.getElementById("header");
        header.onclick = click;
        var para = document.getElementById("para");
        para.onclick = click;
    </script>
</body>
</html>
```

문서에 〈h1〉 태그와 〈p〉 태그가 배치되어 있는데 두 엘리먼트의 onclick 속성에 똑같이 click 핸들러를 대입하였다. 이렇게 되면 어떤 엘리먼트를 누르나 같은 핸들러가 호출될 것이다. 그러나 핸들러 내부에서 this를 참조하여 이벤트가 발생한 객체의 뒤쪽에 내용을 덧붙이므로 클릭한 엘리먼트의 내용이 늘어난다.

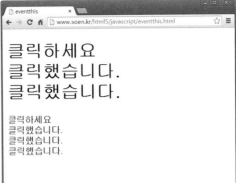

두 엘리먼트의 onclick이 핸들러를 공유하지만 내부에서 this 인수로 이벤트가 발생한 객체의 innerHTML 속성을 조작한다. 핸들러의 코드는 똑같지만 누가 호출하는가에 따라 this가 달라지며 그래서 어느 엘리먼트를 클릭했는가에 따라 문자열이 추가되는 위치가 달라진다.

## 2.2 이벤트 호출

이벤트 핸들러는 이벤트와 연결되어 자동으로 호출된다는 점에서 특수하지만 어쨌든 호출 가능한 함수의 일종이다. 외부에서 언제든지 호출할 수 있으며 이벤트 핸들러를 호출하면 해당 이벤트가 발생한 것과 동일한 효과가 나타난다. 이벤트는 보통 사용자에 의해 발생하지만 내부적으로 이벤트가 발생한 것처럼 처리해야 할 때도 있다.

**callevent.html**

```
<!DOCTYPE html>
<html>
<head>
    <meta charset="utf-8">
    <title>callevent</title>
</head>
<body>
    <h1 id="header">클릭하세요</h1>
```

```
    <input type="button" value="click" onClick="header.onclick()">
    <script>
        var header = document.getElementById("header");
        header.onclick = function() {
            alert("클릭했습니다.");
        }
    </script>
</body>
</html>
```

〈h1〉 엘리먼트의 클릭 이벤트에 대해 핸들러를 등록했다. 사용자가 〈h1〉을 클릭하면 이 핸들러가
호출되는 것이 당연하다. 코드에서도 필요하다면 이벤트를 발생시켜 마치 사용자가 〈h1〉 태그를
누른 것처럼 할 수 있다. 위 예제에서는 버튼의 onClick 이벤트에서 header의 onclick() 핸들러
를 호출하여 〈h1〉이 클릭되었을 때와 동일한 동작을 하도록 했다.

명시적인 버튼 클릭 외에도 타이머나 기타 필요할 때 똑같은 방법으로 이 핸들러를 호출할 수 있
다. 외부에서 강제로 호출할 때 핸들러내에서 this는 호출 객체를 가리키므로 이 인수를 통해 누구
에 대한 핸들러가 호출되었지 구분할 수 있다. 앞 항에서 만든 예제의 공유 핸들러를 버튼으로 강
제 호출해 보자.

**callevent2.html**

```
<!DOCTYPE html>
<html>
<head>
    <meta charset="utf-8">
    <title>callevent2</title>
</head>
<body>
    <h1 id="header">클릭하세요</h1>
    <p id="para">클릭하세요</p>
    <input type="button" value="click" onClick="header.onclick()">
    <input type="button" value="click" onClick="para.onclick()">
    <script>
```

JavaScript+jQuery 정복

```
        function click() {
            this.innerHTML += "<br>클릭했습니다.";
        }
        var header = document.getElementById("header");
        header.onclick = click;
        var para = document.getElementById("para");
        para.onclick = click;
    </script>
</body>
</html>
```

onclick 이벤트의 호출 주체가 누구인가에 따라 핸들러 내부에서 참조하는 this가 달라진다. header.onclick() 호출문에서 this는 header가 되고 para.onclick() 호출문에서 this는 para 가 되어 어떤 버튼을 누르는가에 따라 누구의 innerHTML 속성에 덧붙일지가 결정된다.

인수가 있는 이벤트를 강제로 발생시키려면 해당 이벤트가 요구하는 추가 정보를 event 객체로 조립해서 넘겨야 하는데 내부적인 정보를 외부에서 생성해야 하므로 쉽지 않다. 이런 경우는 이벤트를 처리하는 일반적인 함수를 만들고 핸들러와 강제 호출 루틴에서 이 함수를 공유하는 것이 구조적으로 바람직하다.

## 2.3 이벤트 무시

개발자가 이벤트 핸들러를 등록하지 않아도 사용자의 동작에 반응하여 디폴트 처리하는 태그가 있다. 대표적인 예가 〈a〉 태그인데 링크를 클릭하면 href 속성이 가리키는 곳으로 이동한다. 자연스러운 동작이지만 때로는 이런 디폴트 처리를 금지해야 하는 경우도 있다. 이럴 경우 핸들러를 설치하고 false를 리턴하면 된다.

```
<!DOCTYPE html>
<html>
<head>
    <meta charset="utf-8">
    <title>ignoreevent</title>
</head>
<body>
    <p><a id="link" href="http://www.naver.com">네이버</a>로 이동</p>
    <script>
        var link = document.getElementById("link");
        link.onclick = function() {
            return false;
        }
    </script>
</body>
</html>
```

문단 안에 〈a〉 태그를 배치하고 네이버로 이동하는 링크를 작성했다. 스크립트에서 아무 처리도 하지 않으면 클릭할 때 네이버로 이동할 것이다. 그러나 〈a〉 엘리먼트의 click 이벤트 핸들러를 연결하고 여기서 false를 리턴하면 브라우저는 디폴트 처리를 생략하고 이벤트를 종료함으로써 기본 처리를 무시한다.

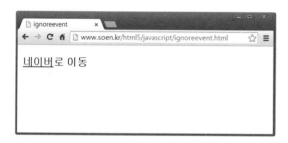

웹 페이지의 링크를 클릭해도 아무런 반응이 없을 것이다. 〈a〉 태그를 외부로의 링크가 아닌 내부적인 명령을 위해 버튼처럼 사용하고 싶을 때 이런 식으로 디폴트 처리를 무시한다. 또 입력 양식의 경우 이벤트를 가로채서 무조건 제출하지 않고 유효성을 점검할 기회를 가질 수도 있다. 다음 예제는 과목과 점수를 입력받는다.

```
validate.html
```

```html
<!DOCTYPE html>
<html>
<head>
    <meta charset="utf-8">
    <title>validate</title>
</head>
<body>
    <form id="scoreform">
        <label for="subject">과목</label>
        <input type="text" id="subject"><br/>
        <label for="score">점수</label>
        <input type="number" id="score"><br/>
        <input type="submit">
        <input type="reset">
    </form>
    <script>
        var scoreform = document.getElementById("scoreform");
        scoreform.onsubmit = function() {
            var score = document.getElementById("score").value;
            if (score < 0 || score > 100) {
                alert("점수 범위가 잘못되었습니다.");
                return false;
            }
        }
    </script>
</body>
</html>
```

사용자는 입력 양식에 과목과 점수를 자유롭게 입력한 후 제출 버튼을 누를 수 있다. 입력폼은 값을 입력받기만 할 뿐 유효성 점검까지는 하지 않는다. 그러나 점수라는 것은 항상 0~100사이에 있어야 정상적인 값이므로 이 범위를 벗어난 값을 서버로 보내면 에러가 발생할 것이다.

입력 양식을 통해 받은 값이 제대로 된 것인지 확인하는 것을 유효성 검사라고 하며 서버에게 쓸모없는 쓰레기값을 넘기지 않기 위해 꼭 필요한 과정이다. 이를 위해 onsubmit 이벤트에서 입력값을 점검해 보고 잘못되었으면 제출을 거부한다. 이벤트 핸들러에서 사용자가 입력한 점수를 읽어 보고 음수이거나 100보다 더 크다면 대화상자로 실수를 알려 주고 false를 리턴하여 디폴트 처리를 무시하였다.

입력폼에서 유효성 검사는 굉장히 중요하다. 비밀 번호가 제대로 입력되었는지, 주민등록번호의 형식이 맞는지, 필수 정보가 빠지지 않았는지 클라이언트가 미리 점검해 보고 유효한 값만 서버로 넘겨야 트래픽도 줄고 서버가 괜한 헛수고를 하지 않는다. 입력이 정확해야 출력도 정확하므로 입력 단계에서 유효성 검사를 철저히 해야 한다. 스크립트는 최초 클라이언트측에서 미리 유효성을 점검하기 위해 도입된 것이다.

## 2.4 이벤트 버블링

이벤트는 보통 하나의 객체에 대해서 전달되지만 어떤 이벤트는 여러 객체에 동시에 발생하기도 한다. 클릭 이벤트가 대표적인데 중첩된 객체를 클릭할 경우 마우스 좌표 아래쪽에 있는 모든 객체에게 클릭 이벤트가 전달된다.

JavaScript+jQuery 정복

```
<!DOCTYPE html>
<html>
<head>
    <meta charset="utf-8">
    <title>bubbling</title>
</head>
<body>
    <div id="div">
        <p id="para">클릭하세요</p>
    </div>
    <script>
        var div = document.getElementById("div");
        div.onclick = function() {
            alert("div를 클릭했습니다.");
        }
        var para = document.getElementById("para");
        para.onclick = function() {
            alert("para를 클릭했습니다.");
        }
    </script>
</body>
</html>
```

〈body〉 태그 안에 〈div〉가 있고 〈div〉 태그 안에는 〈p〉 태그가 있다. HTML에서 태그간의 중첩은 아주 흔하며 〈p〉 태그 안에 〈img〉나 〈a〉 태그가 더 있을 수도 있다.

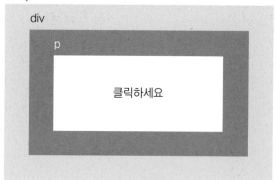

이 상태에서 사용자가 문단을 클릭하면 문단 엘리먼트의 클릭 이벤트가 발생한다. 뿐만 아니라 ⟨div⟩나 ⟨body⟩ 등 문단을 포함한 객체에도 클릭 이벤트가 발생하는데 문단이나 ⟨div⟩나 화면상의 같은 영역에 있기 때문이다. 문단을 클릭하면 ⟨div⟩도 클릭한 것이 되고 ⟨body⟩도 클릭한 것이어서 마우스 커서 아래에 있는 모든 엘리먼트에 클릭 이벤트가 발생한다.

클릭 이벤트가 누구에게 필요한지 미리 알 수 없기 때문에 클릭한 좌표에 포함되어 있는 모든 객체에게 이벤트를 전달할 수밖에 없다. 문단은 문단 나름대로 클릭을 받아야 할 필요가 있고 ⟨div⟩는 또 나름대로 클릭을 처리할 수도 있기 때문이다. 이때 이벤트를 어떤 순서로 전달할 것인가가 문제가 되는데 두 가지 방식이 있다.

- **버블링** : 자식이 이벤트를 먼저 받고 이어서 부모가 이벤트를 받는다. 위 예제의 경우 ⟨p⟩, ⟨div⟩, ⟨body⟩ 순이다. 제일 안쪽의 엘리먼트가 이벤트를 먼저 받으며 우선 순위가 높다.
- **캡처링** : 부모가 이벤트를 먼저 받고 아래쪽 자식으로 전파된다. ⟨body⟩가 제일 먼저 받고 다음으로 ⟨div⟩가 받으며 마지막으로 ⟨p⟩가 이벤트를 받는다.

순서야 어쨌든간에 커서 아래쪽의 모든 엘리먼트에게 이벤트를 받아 처리할 기회가 제공되며 두 방식 모두 클릭이 필요한 엘리먼트에게 이벤트가 골고루 전달된다는 면에서 실용적인 문제는 없는 셈이다. 이벤트를 받고 싶은 엘리먼트는 핸들러만 설치하면 된다. 위 예제는 문단과 디비전이 모두 클릭 핸들러를 설치하고 각자의 대화상자를 열어 이벤트를 받았음을 표시한다.

기본 모델로 이벤트 핸들러를 등록할 때 addEventListener 함수는 세 번째 인수로 캡처링을 사용할 것인지 전달함으로써 사용자가 방식을 지정할 수 있다. 그러나 안타깝게도 IE는 이벤트 캡처링을 지원하지 않아 현재는 이벤트 버블링만 사용할 수 있는 셈이다. 예제를 실행하면 다음 두 개의 대화상자가 순서대로 나타난다.

JavaScript+jQuery 정복

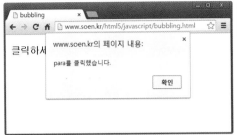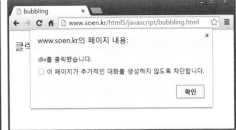

대화상자의 순서를 보면 알 수 있다시피 문단이 이벤트를 먼저 받고 디비전이 다음으로 이벤트를 받으며 양쪽 모두 이벤트를 처리할 기회를 가진다. 이때 먼저 이벤트를 받은 엘리먼트는 다음 순위의 엘리먼트로 이벤트를 넘길 것인가를 결정할 수 있다. 구 버전의 IE는 이벤트 객체의 cancelBubble 속성에 true를 대입하는 방법을 사용했으나 최신 버전과 다른 브라우저는 stopPropagation 메서드를 호출한다.

**stoppropagation_html**

```
<!DOCTYPE html>
<html>
<head>
    <meta charset="utf-8">
    <title>stoppropagation</title>
</head>
<body>
    <div id="div">
        <p id="para">클릭하세요</p>
    </div>
    <script>
        var div = document.getElementById("div");
        div.onclick = function() {
            alert("div를 클릭했습니다.");
        }
        var para = document.getElementById("para");
        para.onclick = function(event) {
            alert("para를 클릭했습니다.");
            event.stopPropagation();
```

```
            }
        </script>
    </body>
</html>
```

---

이벤트 핸들러는 양쪽에 모두 설치되어 있지만 문단이 이벤트를 먼저 받아 처리한 후 stopPropagation 메서드를 호출하여 다음 순위로 전달하지 않도록 했다. 그래서 문단에만 클릭 이벤트가 전달되며 디비전으로는 이벤트가 전달되지 않는다. 결국 대화상자는 하나만 나타난다.

실무에서는 무조건 취소하는 것이 아니라 조건에 따라 다음 순위로 이벤트를 전파할 것인지 결정해야 할 것이다. 이벤트를 먼저 받은 엘리먼트는 자신이 이벤트를 완전히 처리했고 부모에게 더 이상 알릴 필요가 없을 때 버블링을 중단할 권한이 있다. 이렇게 되면 부모 엘리먼트에 이벤트 핸들러를 아예 등록하지 않은 것과 같아진다.

버블링을 활용하면 중첩된 상태에서 모든 엘리먼트가 이벤트를 일일이 다 처리할 필요없이 상위의 부모가 이벤트를 받아 누가 발생시킨 이벤트인지 점검해 보고 일괄 처리할 수 있으므로 코드를 작성하고 관리하기 훨씬 더 쉬워진다.

# 이벤트 활용

## 3.1 load

window의 onload 이벤트는 HTML 문서를 로드 완료했을 때 호출된다. 서버로부터 HTML 파일을 다 받은 후에 load 이벤트가 발생하므로 페이지 오픈 직후에 어떤 일을 하고 싶다면 이 이벤트를 처리하면 된다. 다음 예제를 먼저 실행해 보자.

**loadevent.html**

```
<!DOCTYPE html>
<html>
<head>
    <meta charset="utf-8">
    <title>loadevent</title>
</head>
<body>
    <p>문단1</p>
    <p>이미지<img src="cosmos.jpg"/></p>
    <script>
        alert("로드 완료");
    </script>
</body>
</html>
```

웹 페이지에 문단과 이미지를 배치하고 스크립트에서 대화상자를 열었다. 스크립트가 더 아래쪽에 있으므로 문단과 이미지가 다 보이고 난 후에 대화상자가 열릴 것 같지만 막상 실행해 보면 원하는 대로 동작하지 않는다.

브라우저는 HTML 문서를 서버로부터 다운로드 받은 후 페이지에 먼저 그리고 스크립트도 실행한다. 이 시점에는 HTML 문서만 읽어들였지 구성 파일은 아직 완전히 로드하지 않았다. HTML 문서를 분석해 봐야 어떤 이미지 파일이 필요한지 파악할 수 있으며 이미지는 차후 서버로 다시 요청을 보내 다운로드 받아야 한다.

스크립트에서 대화상자를 열 때는 HTML 문서만 읽어들였지 이미지는 로드되지 않았으며 아직 어떤 이미지가 더 필요한지조차도 파악하지 못한 상태이다. 이미지 크기도 모르기 때문에 페이지 레이아웃도 제대로 잡히지 않았다. 대화상자는 브라우저 실행을 블록하는 특성이 있어 대화상자를 닫아야만 이미지를 받고 페이지를 완전히 그릴 수 있다. 이 문제를 해결하려면 대화상자를 onload 이벤트로 옮긴다.

**loadevent2.html**

```
<!DOCTYPE html>
<html>
<head>
    <meta charset="utf-8">
    <title>loadevent2</title>
</head>
<body>
    <p>문단1</p>
    <p>이미지<img src="cosmos.jpg"/></p>
    <script>
        window.onload = function() {
            alert("로드 완료");
```

```
        }
    </script>
</body>
</html>
```

onload 이벤트는 HTML 문서는 물론이고 이미지와 스크립트 파일을 받고, CSS 스타일시트까지 완전히 적용한 후에 발생한다. 단순히 로드 완료 사실만 알리므로 별도의 이벤트 인수는 없다. onload 이벤트에 작성한 코드는 문서 전체가 완전히 읽혀지고 웹 페이지에 그려진 후에 실행된다.

대화상자가 열릴 때 아래쪽에 이미지까지 출력되어 있으며 페이지 레이아웃도 완전하게 잡혀 있는 상태이다. 페이지를 연 직후에 즉시 처리해야 할 작업은 onload 이벤트에서 처리하는 것이 정석이다. 반대로 onunload 이벤트는 페이지를 떠날 때 발생하며 마지막으로 정리할 작업이 있으면 이 이벤트에 코드를 작성한다. 다음 예제는 페이지를 떠날 때 인사말을 출력한다.

**unloadevent.html**

```
<!DOCTYPE html>
<html>
<head>
    <meta charset="utf-8">
    <title>unloadevent</title>
</head>
<body>
    <p>문단1</p>
```

```
    <p>이미지<img src="cosmos.jpg"/></p>
    <script>
        window.onunload = function() {
            alert("안녕히 가세요.");
        }
    </script>
</body>
</html>
```

이 예제의 실행 여부는 브라우저나 설정 상태에 따라 차이가 있다. IE에서는 잘 되지만 크롬이나 파이어폭스는 이벤트를 무시한다. 왜냐하면 떠나는 사용자를 귀찮게 하는 것은 예의가 아니며 불편해할 수도 있기 때문이다. IE에서 이 문서를 열어 놓고 Back 버튼이나 Home 버튼을 눌러 다른 곳으로 이동하면 공손한 인사말이 출력된다.

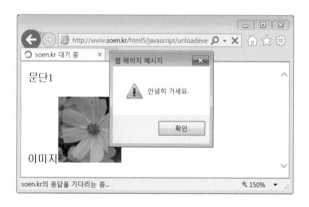

onunload 이벤트에서는 막바지 정리 작업을 하거나 종료 사실을 알릴 뿐이며 종료를 거부할 수는 없다. 이에 비해 beforeunload 이벤트는 종료를 거부할 수 있다. 미저장 정보가 있다거나 할 때 메시지 문자열을 리턴하면 대화상자를 열어 정말 떠날 것인지를 물어 본다.

**beforeunload.html**

```
<!DOCTYPE html>
<html>
<head>
    <meta charset="utf-8">
```

JavaScript+jQuery 정복

```
        <title>beforeunload</title>
    </head>
    <body>
        <p>문단1</p>
        <p>이미지<img src="cosmos.jpg"/></p>
        <script>
            window.onbeforeunload = function() {
                return "정말 떠날 겁니까";
            }
        </script>
    </body>
</html>
```

이 문서를 열어 놓은 상태에서 다른 페이지로 이동하면 다음 대화상자가 나타나며 사용자에게 종
료 여부를 질문한다. 나오기 버튼을 누르면 가고자 하는 곳으로 즉시 이동하며 머무르기 버튼을 누
르면 현재 페이지를 종료하지 않고 유지한다.

웹에서 어디로 이동할 것인가는 온전히 사용자의 자유이므로 사실 브라우저가 이런 식으로 태클을
걸어서는 안된다. 과거에는 이런 행위가 사이트에 사용자를 오래 붙들어 두려는 일종의 스토킹 행
위로 간주되었다. 그러나 이제는 웹에서 정보를 보기만 하는 것이 아니라 문서도 만들고 업무도 처
리하다 보니 애써 만들어 놓은 귀중한 문서를 저장하지 않고 빠져 나올 위험이 있어 확인 과정이
필요해진 것이다.

# 3.2 resize

resize 이벤트는 브라우저의 크기가 바뀔 때마다 발생한다. 별도의 이벤트 인수는 전달되지 않으므로 현재 크기는 window 객체의 속성으로부터 조사해야 한다.

**resize.html**

```
<!DOCTYPE html>
<html>
<head>
    <meta charset="utf-8">
    <title>resize</title>
</head>
<body>
    <p id="size">윈도우 크기</p>
    <script>
        window.onresize = function() {
            var size = document.getElementById("size");
            size.innerHTML = window.innerWidth + " * " + window.innerHeight;
        }
        onresize();
    </script>
</body>
</html>
```

별다른 처리는 하지 않고 브라우저창의 현재 크기를 문자열로 조립하여 문단에 출력하였다. 마우스로 브라우저의 경계선을 끄는 동안에도 onresize 이벤트가 지속적으로 발생하므로 크기가 계속 갱신된다.

scroll 이벤트는 윈도우가 스크롤할 때마다 발생한다. 마찬가지로 별도의 인수는 없으므로 현재 스크롤 위치는 window 객체의 속성으로부터 읽어야 한다.

**scroll.html**

```
<!DOCTYPE html>
<html>
<head>
    <meta charset="utf-8">
    <title>scroll</title>
</head>
<body>
    <h1 style="white-space:nowrap">onscroll 이벤트를 테스트합니다.</h1>
    <h1 id="scroll">스크롤 위치</h1>
    <p>.</p><p>.</p><p>.</p><p>.</p><p>.</p><p>.</p>
    <script>
        window.onscroll = function() {
            var scroll = document.getElementById("scroll");
            scroll.innerHTML = window.pageXOffset + " * " + window.pageYOffset;
        }
        onscroll();
    </script>
</body>
</html>
```

앞 예제와 똑같은 방식이되 처리하는 이벤트만 다르다. 스크롤을 테스트하기 위해서는 가로, 세로로 문서가 적당히 커야 하므로 이것 저것 내용을 넣어 놓고 첫 문단은 개행되지 않도록 했다. 두 번째 문단에 윈도우의 스크롤 위치가 표시된다.

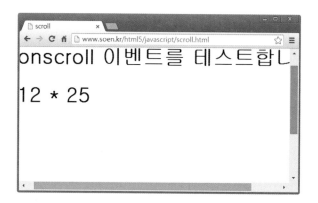

resize 이벤트와 scroll 이벤트를 잘 활용하면 윈도우 크기나 스크롤 위치에 상관없이 특정 내용을 항상 같은 자리에 배치할 수 있다. 그러나 실제로는 이 이벤트를 잘 사용하지 않는데 왜냐하면 비슷한 효과를 낼 수 있는 CSS 스타일이 제공되기 때문이다. 웬만하면 스타일로 해결하는 것이 좋고 스타일로는 도저히 구현할 수 없는 효과가 필요할 때만 이벤트를 활용해야 한다.


## 3.3 마우스 이벤트

마우스 이벤트는 사용자가 엘리먼트 위에서 마우스를 조작할 때 발생한다. 대표적인 이벤트가 click이고 더블클릭시는 dblclick 이벤트가 발생한다. 이 외에 마우스 버튼이나 이동과 관련된 다음 이벤트가 정의되어 있다.

| 이벤트 | 설명 |
| --- | --- |
| mousedown | 마우스 버튼을 눌렀다. |
| mouseup | 마우스 버튼을 뗐다. |
| mousemove | 마우스 커서가 이동한다. |
| mouseover | 커서가 경계 안으로 들어왔다. |
| mouseout | 커서가 경계를 벗어났다. |

JavaScript+jQuery 정복

이벤트 인수로부터 커서의 좌표와 어떤 버튼을 눌렀는지 조사한다. 다음 예제는 마우스 이벤트를 받아 배경색상을 변경한다. 코드가 짧으므로 인라인 모델로 작성했다.

```
mousedown.html

<!DOCTYPE html>
<html>
<head>
    <meta charset="utf-8">
    <title>mousedown</title>
</head>
<body>
    <h1 style="background-color:yellow"
    onmouseover="this.style.backgroundColor='red'"
    onmouseout="this.style.backgroundColor='yellow'"
    onmousedown="this.style.backgroundColor='blue'"
    onmouseup="this.style.backgroundColor='green'"
    >
    마우스를 올리면 색상이 바뀝니다.</h1>
</body>
</html>
```

스타일에 지정된 최초 배경은 노란색이지만 마우스를 올리면 빨간색이 되고 클릭하면 파란색이 되며 버튼을 놓으면 다시 초록색이 된다.

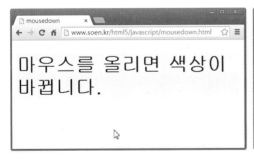 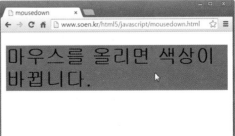

시각적으로 가장 확인하기 쉬운 배경색을 사용했는데 이미지라면 파일을 바꿔서 간단한 애니메이션 효과를 낼 수도 있고 디비전의 보임과 숨김을 토글하여 확장, 축소도 가능하다. 게시물 항목에 이런 효과를 부여하면 지금 보고 있는 항목이 무엇인지 쉽게 알 수 있어서 편리하다.

왼쪽 마우스 버튼을 누르면 mousedown, mouseup 다음에 click 이벤트가 따라온다. 오른쪽 마우스 버튼을 누르면 mousedown, mouseup 다음에 contextmenu 이벤트가 따라온다. 이 이벤트를 가로채면 팝업 메뉴가 열리는 것을 방지할 수 있다.

**contextmenu_html**

```
<!DOCTYPE html>
<html>
<head>
    <meta charset="utf-8">
    <title>contextmenu</title>
</head>
<body>
    <p>마우스 오른쪽 버튼을 사용할 수 없습니다.</p>
    <script>
        window.oncontextmenu = function() {
            return false;
        }
        onresize();
    </script>
</body>
</html>
```

이 페이지는 oncontextmenu 이벤트에서 false를 리턴함으로써 브라우저의 기본 처리를 금지한다. 보통 오른쪽 버튼은 팝업 메뉴를 열고 이 안에 복사, 저장 등의 명령이 있는데 팝업 메뉴의 디폴트 처리를 무시하면 페이지 내용이 무분별하게 유출되는 것을 방지할 수 있다.

텍스트 환경의 웹 페이지에서는 마우스 이벤트를 직접 처리할 경우가 그리 많지 않다. 그러나 캔버스에서는 넓은 영역의 어디를 눌렀는가에 따라 동작이 완전히 달라질 수 있어 마우스 이벤트를 종종 사용한다. 캔버스 위에서 마우스를 굴려 그림을 그릴 수도 있고 게임 캐릭터를 픽셀 단위로 섬세하게 조작할 수도 있다.

# chapter 13

# jQuery

## section 01 jQuery 소개

## 1.1 라이브러리

자바스크립트는 명실공히 HTML5의 공식 스크립트 언어이다. 구조와 모양을 표현하는 HTML, CSS와 함께 사용되며 동작을 처리할 수 있는 유일한 방법이기도 하다. 하지만 사용하기 어렵고 편의성이 떨어지며 브라우저마다 구현 방식이 조금씩 달라 호환성이 좋지 못하다. 특히 DOM과 이벤트 처리 방식이 브라우저별로 고유해서 통일된 구문을 쓰기 어렵다는 곤란한 문제가 있다.

이런 경우의 일반적인 해법은 자바스크립트를 직접 사용하지 않고 라이브러리로 한 꺼풀 감싸는 것이다. 자주 사용하는 기능을 라이브러리 함수로 작성해 놓으면 호출만으로 간편하게 기능을 구현할 수 있어 편의성이 증가한다. 사실 웹 페이지를 조작하는 작업이라는 것이 뻔하고 누가 하더라도 똑같은 절차를 거칠 수밖에 없다. 자주 쓰는 기능이 정해져 있고 변화의 폭이 작아서 한번만 잘 구축해 놓으면 두고 두고 재사용할 수 있다.

또 라이브러리는 브라우저별 차이점을 흡수하여 추상층을 제공하는 역할을 한다. 호환성 문제는 굉장히 골치 아파서 매번 조건문을 통해 브라우저를 판별하고 적합한 코드를 작성해야 하는데 이는 브라우저가 하나로 통일되지 않는 한 앞으로도 어쩔 수 없는 일이며 지금까지 개발자들은 이런 코드를 작성해 왔다. 하지만 그 부담을 중간의 라이브러리가 대신해 준다면 개발자는 더 이상 신경 쓰지 않아도 된다.

```
If (IE이면) {
  methodIE();
} else if (크롬이면) {
  methodChrome();
} else if (불여우이면) {
  methodFox();
}
```

method() ──호출→

```
function method() {
  If (IE이면) {
    methodIE();
  } else if (크롬이면) {
    methodChrome();
  } else if (불여우이면) {
    methodFox();
  }
}
```

브라우저 종류를 판별하는 지저분한 조건문이 라이브러리 안으로 들어가므로 사용자 코드는 라이브러리의 메서드만 호출하면 원하는 것을 정확하게 실행할 수 있다. 라이브러리 안에서 마법과도 같은 일이 벌어지는 것 같지만 원리는 굉장히 단순하다. 브라우저별로 기능의 차이가 있지만 사실 이쪽 브라우저에 있는 기능은 저쪽 브라우저에도 반드시 있다. 다만 인터페이스가 다르고 구현하는 방식이 다를 뿐이다.

라이브러리는 각 브라우저가 특정 기능을 어떻게 수행하는지 잘 알고 있으며 개발자에게 이 차이를 숨긴다. 개발자가 최소한의 의사 표시만 하면 라이브러리는 브라우저에 맞는 코드를 실행해 준다. 뿐만 아니라 이후 특정 기능을 구현하는 방식이 바뀌더라도 라이브러리가 변경된 방식을 적용해 주므로 기존의 코드를 수정하지 않아도 잘 실행된다. 라이브러리가 추상층 역할을 하므로 크로스 브라우저의 이점을 덤으로 얻을 수 있다.

그래서 실무 프로젝트에서는 자바스크립트를 직접 사용하기보다는 잘 정리된 라이브러리를 활용하는 경우가 더 일반적이다. 단순한 기능의 집합인 라이브러리보다는 더 엄격한 형식성을 갖추었다는 의미로 프레임워크라고도 부른다. 함수 모임 이상의 위상을 가졌다는 의미이며 그 자체로 하나의 언어와 같은 역할을 수행한다. 현재까지 대략 수십 개의 자바스크립트 라이브러리가 발표되어 있는데 많이 사용하는 것은 대여섯 개 정도이다.

- **jQuery** : 현재 가장 많은 사용자를 확보하고 있다. 간결하고 쉽다는 것이 매력적이며 DOM 조작에 특히 강점을 보인다.
- **Dojo** : IBM이 2004년에 발표하였으며 순수 자바스크립트와 비슷하다. 난이도가 있어 초보자가 사용하기는 조금 어렵다.
- **prototype** : Ajax 기능을 특화하여 구현한 라이브러리이다. 크기가 커서 로딩 속도가 느린 것이 단점이다.
- **YUI** : 2005년 야후에서 개발한 사용자 인터페이스 제작 라이브러리이다.

각자 고유한 문법 체계와 기능상의 장단점이 있지만 코드를 더 쉽게 작성하고 일관성을 확보한다는 목적은 비슷하다. 개발 동기가 같기 때문에 지향하는 목표도 같을 수밖에 없으며 성능상의 우위를 정할 수 없을 만큼 도토리 키재기이다. 모두 무료로 사용할 수 있는 오픈 소스이다. 자바스크립트는 이진 실행 파일을 만들어내는 컴파일 언어가 아니라 소스가 있어야 해석 및 실행할 수 있는 인터프리터 언어이므로 소스를 배포할 수밖에 없다.

업체에 따라 채용하는 라이브러리가 다르고 개발자별로도 선호하는 제품이 제각각이어서 라이브러리끼리도 통일되어 있지 않다. 프로젝트에 따라 상황에 맞게 적합한 라이브러리를 선택하여 사용하는 경우가 많다. 대형 포털 사이트는 자신만의 라이브러리를 직접 제작하여 사용하기도 한다. 이 책은 현재 점유율이 가장 높고 대중적인 jQuery를 다룬다.

# 1.2 jQuery 소개

jQuery는 모질라의 자바스크립트 관련 툴을 개발하던 존 레식(John Resig)이 작성하여 2006년 발표한 라이브러리이다. 이른바 순수 혈통이라고 할 수 있다. 발표 직후 마이크로소프트와 노키아에서 공식적으로 jQuery를 플랫폼에 포함하기로 결정하였고 구글도 jQuery 배포 사이트를 운영한다. 기능상의 우수한 점도 있지만 이름있는 큰 회사들이 jQuery에 대한 전폭적인 지원을 밝힘으로써 대중의 신뢰를 얻고 급속도로 인기를 얻게 되었다. jQuery의 장점은 다음과 같다.

- ◥ 짧고 간결하다. jQuery의 모토는 Less Wirte Do More 즉, 더 짧은 코드로 더 많은 일을 처리할 수 있도록 하는 것이다. 장황하게 코드를 작성할 필요없이 핵심적인 구문으로 의사만 표시하면 나머지는 라이브러리 안에서 처리한다.
- ◥ 배우기 쉽고 사용하기도 쉽다. 전문적인 지식이 없는 개발자라도 jQuery 문법만 익히면 DOM을 원하는 대로 조작할 수 있고 일관된 방법으로 이벤트를 처리할 수 있다.
- ◥ 브라우저에 따른 차이가 없어 호환성 확보가 용이하다. jQuery 인터페이스대로 코드를 작성하면 모든 브라우저에서 동작하는 코드를 쉽게 얻을 수 있다.
- ◥ 특수 효과 구현이 쉽다. 애니메이션이나 효과 기능이 풍부하게 제공될 뿐만 아니라 다양한 플러그인을 통해 기능을 쉽게 확장할 수 있다.
- ◥ Ajax를 공식 지원하며 그 외에도 수많은 유틸리티 함수가 제공된다. 고급 기능도 몇 줄의 코드만으로 쉽게 작성할 수 있다.

물론 이런 장점은 jQuery뿐만 아니라 다른 라이브러리에도 모두 해당되며 일부는 jQuery보다 더 강점을 보이는 부분이 있다. 하지만 jQuery는 가장 많은 사용자를 확보했다는 면에서 다른 라이브러리를 압도한다. 뛰어난 기능으로 사용자를 많이 확보한 면도 있지만 역으로 사용자가 많아 더 유리해진 면도 있다. 이른바 선점 효과가 있는 것이다.

저변이 넓으므로 정보가 많고 재사용 가능한 플러그인도 풍부하다. 도움을 받을 수 있는 경로도 다양해서 웬만한 문제는 웹에서 검색하면 바로 해결할 수 있다. 다수의 사용자에 의해 충분히 검증되었고 꾸준히 관리 및 업그레이드된다는 점도 이점이다. 또 채용하는 업체가 많으므로 일거리도 많은데 현실적으로 얘기하자면 취직에 가장 유리한 라이브러리라는 뜻이다.

언어를 한꺼풀 감싸 놓은 고수준의 라이브러리이다 보니 생 자바스크립트에 비해 어느 정도의 단점도 예상할 수 있다. 별도로 다운로드 받아야 한다는 점과 한 단계 호출을 더 거치기 때문에 느리다는 단점이 있지만 눈에 띌 정도는 아니어서 무시해도 무방하다. 결국 단점은 거의 없는 셈이며 게다가 무료이고 잘 관리되고 있으니 안쓸 이유가 없다.

- **크기** : 라이브러리 파일의 크기가 예상외로 작다. 핵심적인 코드만 가지고 있으므로 조그만 이미지 파일 하나 정도밖에 되지 않아 요즘 같은 광네트워크에서는 거의 문제되지 않을 정도다. 미세하게나마 기동 속도에 영향을 미칠 수 있지만 그나마도 한번만 캐시하면 다음부터는 캐시로부터 읽는다.

- **속도** : 래핑한 함수를 호출하므로 이론적으로는 약간 더 느릴 수밖에 없다. 그러나 전문가의 작품인 만큼 극도로 최적화되어 있어 우려할 정도가 아니며 페이지 내에서만 실행되므로 속도 저하를 느끼기 어렵다. 게다가 하드웨어의 발전으로 속도 저하를 실감하는 것은 거의 불가능하다.

2014년 3월 현재 최신 버전은 2.1이되 2.0부터는 IE 8 이하를 지원하지 않는다. 하도 말썽이 많은 브라우저여서 아예 지원 대상에서 제외시켜 버린 것이며 앞으로는 당연히 그렇게 되어야 한다. 하지만 안타깝게도 현실은 그렇지 못해 아직도 IE 8은 많이 사용된다. 그래서 IE 8 이하도 계속 지원하는 1.x 버전대를 아직도 발표하고 있다. 현재로서는 1.11.0 버전을 사용하는 것이 가장 합리적이다.

jQuery가 아무리 쉽다고 해도 HTML과 CSS는 기본적으로 알아야 한다. 같이 사용되는 한 세트이므로 순서대로 학습하는 것이 옳다. 또 jQuery가 자바스크립트의 모든 기능을 포괄한다고 해도 스크립트를 직접 사용해야 하는 경우도 있으므로 자바스크립트도 반드시 알아야 한다. jQuery는 자바스크립트를 쉽게 쓸 수 있도록 만든 라이브러리이지 자바스크립트 대체용 언어가 아니다. 실무에서는 jQuery로 프로젝트를 하더라도 자바스크립트가 더 근본 기술임은 두말하면 잔소리다.


# 1.3 jQuery 설치

jQuery는 자바스크립트 언어로 만든 라이브러리이므로 js 파일 형태로 소스가 배포된다. 인터프리터이므로 소스를 배포하는 방법밖에 없으며 그래서 우리는 jQuery의 소스 파일을 아무 제약 없이 볼 수 있다. 분석해서 고급 기법을 배울 수 있으며 시간이 충분하다면 입맛에 맞게 뜯어 고쳐서 사용하는 것도 가능하다.

이 소스 안에 라이브러리 함수가 작성되어 있으며 소스 파일 자체가 라이브러리이다. 별도의 툴을 설치할 필요없이 소스 파일만 있으면 어느 편집기에서나 바로 사용할 수 있다. jQuery는 다음 홈 페이지에서 배포하는데 자습서와 레퍼런스도 깔끔하게 문서화되어 있어 종종 들러볼 만한 곳이다.

```
http://jquery.com
```

홈 페이지 오른쪽의 Resources란에서 jQuery Learning Center(http://learn.jquery.com/)를 클릭하면 친절한 자습서를 볼 수 있다. 물론 언제든지 바뀔 수 있는 인터넷의 특성상 여러분이 책을 읽을 때는 더 최신 버전이 나와 있을 것이고 홈 페이지 디자인도 바뀌어 있을 것이다.

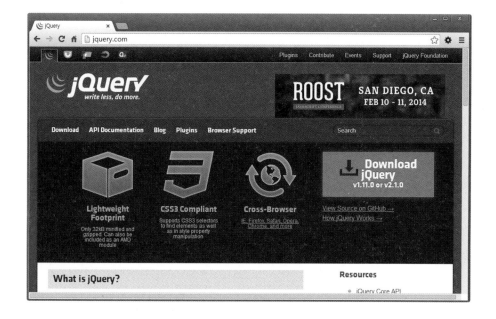

라이브러리는 버전별로 제공되며 각 버전은 다음 두 가지 형태로 세분된다. 1.11.0 버전의 경우 배포되는 파일은 다음과 같다. 만약 더 최신 버전이 발표되어 있으면 해당 버전을 다운받는다.

```
jquery-1.11.0.js(276K)
jquery-1.11.0.min.js(94K)
```

JavaScript+jQuery 정복

확장자 js 파일은 평이한 스크립트 파일이고 min.js 파일은 압축된 것이다. 압축되지 않은 버전을 개발(development) 버전이라고 하며 읽기 쉽게 들여쓰기 되어 있고 주석도 많이 달려 있어 분석용으로 적합하다. 코드가 제공되므로 디버깅도 가능하지만 파일이 크다는 것이 단점이다.

압축된 버전을 제품(production) 버전이라고 하며 크기를 줄이기 위해 주석이나 공백을 없애고 내부 명칭을 최대한 짧게 작성하여 간략화한 것이다. 확장자의 min은 다운로드 속도를 높이기 위해 크기를 최소화했다는 뜻이다. 개발 버전에 비해 기능은 동일하면서도 크기는 1/3밖에 안된다. 두 파일을 텍스트 편집기로 열어 보자.

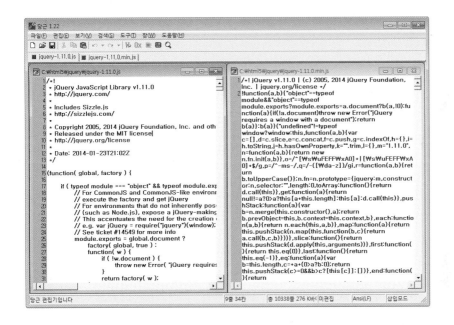

개발 버전은 대충 읽을만하지만 압축 버전은 사람을 위해 작성한 파일이 아니어서 보고 있으면 토나올 정도로 정신이 없다. 하지만 실제 내용은 같아서 기계가 읽기에는 아무런 차이가 없다. 실습할 때는 어떤 버전을 사용해도 상관없지만 최종 사용자에게 배포할 때는 가급적 압축 버전을 사용하는 것이 좋다. 파일 크기가 작으면 다운로드 시간이 짧아져 반응성이 좋기 때문이다.

두 버전은 저장 형식만 다를 뿐 내용은 완전히 같으므로 기능적인 차이점은 거의 없다. 실습할 때도 신속한 실습을 위해 압축 버전을 사용하기로 한다. 라이브러리를 사용하는 방법도 두 가지가 있다. 소스 파일에 라이브러리를 자체 내장하든가 아니면 링크를 제공하여 실시간으로 다운로드 받는 방법이다. 두 가지 방법을 모두 실습해 보자.

다음 예제는 라이브러리 소스를 예제에 직접 포함시킨 것이다. 라이브러리 파일을 프로젝트의 적당한 경로에 넣어 두고 〈script〉 태그의 src 속성에 경로를 적는다. 다음 예제는 이 방식으로 작성한 것이며 가장 원칙적이다. 단, 이 예제가 제대로 동작하려면 소스 파일과 같은 폴더에 jquery-1.11.0.min.js 파일이 있어야 한다.

jquerysrc.html

```
<!DOCTYPE html>
<html>
<head>
    <meta charset="utf-8">
    <title>jquerysrc</title>
    <script src="jquery-1.11.0.min.js"></script>
</head>
<body>
    <h1>제목입니다.</h1>
    <script>
        $('h1').css('background', 'yellow');
    </script>
</body>
</html>
```

〈head〉에서 jquery-1.11.0.min.js 소스 파일을 포함시키면 이후 jQuery의 모든 기능을 다 사용할 수 있다. 이 파일이 없으면 jQuery 문법을 사용할 수 없으므로 에러가 발생하며 관련 코드는 모두 무시된다. 〈body〉에 작성한 스크립트가 jQuery 코드이다.

스크립트에서 〈h1〉 태그를 찾아 배경을 노란색으로 지정한다. 흑백의 지면을 고려해 눈에 확 띄는 배경색을 변경해 보았다. 스크립트 구문이 괴상하게 생겼는데 의미는 잠시 후 분석해 볼 것이다.

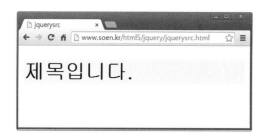

J a v a S c r i p t + j Q u e r y  정복

파일을 직접 포함하지 않고 링크만 거는 방법도 있다. 인터넷의 특성상 주소만 알고 있으면 언제든 지 다운받아 사용할 수 있으므로 굳이 예제에 소스를 포함시킬 필요가 없다. jQuery 파일 배포를 위해 여러 개의 CDN(Content Delivery Network) 호스트가 운영된다. CDN은 여러 군데 서 버를 운영하고 있으며 지리적으로 가장 가까운 서버와 연결되므로 속도가 굉장히 빠르다.

```
jQuery : http://code.jquery.com/jquery-1.11.0.min.js
구글 : http://ajax.googleapis.com/ajax/libs/jquery/1.11.0/jquery.min.js
MS : http://ajax.aspnetcdn.com/ajax/jQuery/jquery-1.11.0.min.js
```

다음이 이 방법으로 작성한 예제이다. 앞 예제에 비해 ⟨script⟩의 src 속성에 파일명이 아니라 CDN 주소가 들어갔다는 차이밖에 없다. 공식 CDN 사이트의 주소를 사용했는데 구글이나 MS의 CDN 사이트를 사용해도 결과는 동일하다.

**jquerycdn.html**

```
<!DOCTYPE html>
<html>
<head>
    <meta charset="utf-8">
    <title>jquerycdn</title>
    <script src="http://code.jquery.com/jquery-1.11.0.min.js"></script>
</head>
<body>
    <h1>제목입니다.</h1>
    <script>
        $('h1').css('background', 'yellow');
    </script>
</body>
</html>
```

링크를 거는 방법은 직접 포함에 비해 다운로드 시간이 더 걸리므로 기동 시간이 약간 더 걸린다는 단점이 있다. 그러나 한번 다운받으면 두 번째부터는 캐시에서 읽으므로 속도상의 차이가 거의 없다. 사실 어떤 방법을 사용하나 별 차이가 없는 셈이다. 다만 링크 방식은 네트워크를 통해 라이브러리 파일을 받아야 하므로 온라인 상태에서만 동작한다는 단점이 있다.

오프라인에서도 웹 페이지를 사용해야 한다면 CDN 호스트를 사용할 수 없으므로 직접 포함 방법을 사용하는 것이 유리하다. 이 책의 예제는 오프라인에서도 학습 가능해야 하고 또 버전에 상관없이 일관되게 동작해야 하므로 예제에 내장하는 방식으로 작성하였다.

# 첫 번째 예제

## 2.1 예제 분석

앞 장에서 만든 첫 번째 jQuery 예제를 분석해 보자. 별다른 동작은 없고 ⟨h1⟩ 엘리먼트를 찾아 배경을 노란색으로 변경한다.

이 문서에는 스타일시트가 없으며 ⟨h1⟩ 엘리먼트에 별도의 속성도 적용되어 있지 않다. 스크립트 코드에서 실행중에 이 엘리먼트를 찾아 스타일을 변경한 것이다. jQuery 코드는 딱 한 줄이다.

```
$('h1').css('background', 'yellow');
```

이 코드를 말로 풀어 보면 ⟨h1⟩ 엘리먼트를 찾아 스타일의 background 속성을 yellow로 바꾸라는 뜻이다. $('h1')이 h1 엘리먼트를 찾으라는 명령이고 css 함수가 스타일의 속성을 변경하라는 명령이다. 자바스크립트를 직접 사용한다면 다음과 같이 긴 코드를 작성해야 한다.

```
var hlist = document.getElementsByTagName("h1");
var h1=hlist[0];
h1.style.backgroundColor = "yellow";
```

태그 이름으로부터 목록을 찾고 첫 번째 〈h1〉 태그의 style.backgroundColor 속성에 "yellow"를 대입함으로써 색상을 변경한다. 아니면 〈h1〉 태그에 id를 주고 getElementById 메서드를 사용할 수도 있다. 보다시피 jQuery 구문보다 훨씬 더 길고 장황하다. jQuery는 검색 및 변경을 훨씬 더 짧게, 그것도 한번에 처리할 수 있어 명료할 뿐만 아니라 모든 브라우저에서 일관되게 잘 실행된다. jQuery는 간결함을 위해 압축된 문법을 사용하는데 위 예제의 원래 코드는 다음과 같다.

```
var jQ = jQuery('h1');
jQ.css('background', 'yellow');
```

jQuery는 전역 함수이며 이름이 의미하는 바대로 jQuery의 본체이다. 인수의 개수에 따라 여러 가지 형태로 사용되는데 선택자를 주면 해당 엘리먼트를 검색한다. 선택자로 'h1'을 주었으므로 문서 내의 모든 〈h1〉 엘리먼트를 찾는다. 굉장히 자주 사용되므로 jQuery 여섯 자를 다 쓰는 대신 $ 기호로 간략하게 별명을 정의해 놓았다. 그래서 다음과 같이 짧게 쓸 수 있다.

```
var jQ = $('h1');
jQ.css('background', 'yellow');
```

$도 자바스크립트의 적법한 명칭 문자이므로 함수명으로 사용할 수 있다. 그래서 jQuery라고 길게 쓰지 않으며 보통 $로 짧게 쓴다. 다만 다른 라이브러리와 명칭이 충돌하는 불가피한 경우에 한해서만 jQuery나 다른 별명을 정의해서 쓴다. $ 문자에 특별한 의미가 있는 것은 아니며 단순히 짧기 때문에 입력 편의를 위해 jQuery 함수에 대해 별명을 정의해 놓은 것이다. 눈에 띄는 특별한 이름을 붙여 놓으면 jQuery 코드임을 금방 알 수 있어서 좋다.

jQuery 함수는 jQuery 객체를 리턴한다. 이 객체에는 검색된 엘리먼트 목록이 저장되어 있으며 또한 엘리먼트를 관리하는 많은 메서드가 제공된다. css는 jQuery 객체의 메서드이며 속성을 조사 및 변경한다. 예제에서는 $ 함수가 리턴하는 객체를 jQ 변수로 받아 jQ의 css 메서드를 호출했다. 이 경우 jQ 객체는 메서드 호출을 위해서만 사용되므로 굳이 변수에 대입받을 필요없이 $ 함수가 리턴하는 객체로부터 바로 메서드를 호출할 수 있다.

```
$('h1').css('background', 'yellow');
```

그래서 이렇게 짧아지는 것이다. jQuery 객체의 메서드는 실행 후 jQuery 객체를 다시 리턴한다.
그래서 연쇄적인 호출이 가능하다. 만약 배경색뿐만 아니라 글자색도 파란색으로 바꾸고 싶다면
뒤쪽에 css 메서드 호출을 덧붙인다.

```
<!DOCTYPE html>
<html>
<head>
    <meta charset="utf-8">
    <title>methodchain</title>
    <script src="http://code.jquery.com/jquery-1.11.0.min.js"></script>
</head>
<body>
    <h1>제목입니다.</h1>
    <script>
        $('h1').css('background', 'yellow').css('color', 'blue');
    </script>
</body>
</html>
```

css 메서드가 jQuery 객체를 리턴하므로 이어서 css 함수를 또 호출해도 상관없다. 노란색 배경
에 파란색 글자가 출력된다. 다른 스타일을 더 조정하면 경계선을 그릴 수도 있고 위치나 크기를
조정할 수도 있다.

이렇게 메서드를 줄줄이 호출하는 방식을 메서드 체이닝(Method Chaining)이라고 하는데 jQuery의 주요한 특징중 하나이면서 또한 장점이기도 하다. 한번 찾은 엘리먼트에 대해 여러 가지 조작을 동시에 가할 수 있다. 체이닝이 안된다면 다음과 같이 각 메서드에 대해 두 번 호출해야 한다.

```
$('h1').css('background', 'yellow');
$('h1').css('color', 'blue');
```

코드 줄 수가 두 줄로 늘어 났을 뿐만 아니라 〈h1〉 엘리먼트를 두 번 검색하는 중복된 처리를 하므로 속도에도 불리하다. 두 번 검색하는 것이 싫다면 앞의 코드처럼 검색 결과를 변수에 저장해 두고 이 변수를 통해 메서드를 호출하면 된다.

```
var jQ = $('h1');
jQ.css('background', 'yellow');
jQ.css('color', 'blue');
```

그러나 보다시피 이렇게 하면 코드는 더 길어지고 임시 변수를 만들어야 하므로 번잡하다. 이 코드를 말로 번역하면 다음과 같다.

```
h1을 찾는다.
배경을 노란색으로 바꾼다.
글자는 파란색으로 바꾼다.
```

이 세 명령을 합치면 "h1을 찾아 배경은 노랗게, 글자는 파랗게 바꾼다"와 같이 짧아진다. 체이닝을 하면 가로로 길어지지만 어쨌거나 한줄이어서 훨씬 더 짧고 명료하다. 또한 한번 검색한 결과를 최대한 재활용하므로 속도에도 유리하다. 그래서 jQuery는 체이닝을 적극적으로 권장한다.

처음 보면 복잡해 보이지만 자연어와 유사해서 익숙해지면 체이닝이 아주 편하다고 느낄 것이다. 그러나 너무 길게 쓰면 가로가 길어져 편집하기 불편하고 에러 발생시 정확한 위치를 판별하기 어렵다. 뭐든지 똑같지만 적당한 수준에서 사용해야 한다.

## 2.2 jQuery 함수

jQuery () 전역 함수는 인수를 분석하여 jQuery 객체를 생성하는 중요한 역할을 하며 이 함수가 곧 라이브러리 그 자체라고 할 수 있다. 굉장히 자주 사용되므로 $()라는 짧은 별명까지 만들어 두었다. 그래서 jQuery 구문은 거의 언제나 $로 시작하며 $로 시작하면 곧 jQuery 구문이다. jQuery 함수는 인수의 개수와 타입이 가변적인 자바스크립트의 언어적 특징을 최대한 활용하여 전달받은 인수에 따라 여러 가지 다른 동작을 처리한다.

그래서 함수 하나로 여러 가지 일을 처리할 수 있는 이점이 있지만 너무 기능이 많다 보니 초보자가 보기에 헷갈린다는 단점이 있다. 어떨 땐 이렇게 쓰고 어떨 땐 저렇게 쓰니 뭔가 명확해 보이지 않는 것이다. $ 함수가 인수에 따라 어떤 식으로 사용되는지 유형별로 정리해 보자. 상세한 사용법은 이 책 전반에 걸쳐 학습 및 실습할 것이므로 지금은 대충 형태만 봐 두면 된다. 이런 식으로 쓴다는 소개만 하는 것이므로 구체적인 코드는 아직 몰라도 상관 없다.

### $(선택자, [컨텍스트])

가장 자주 사용되는 형태이며 선택자로 작업 대상 엘리먼트를 검색한다. 선택된 엘리먼트는 jQuery 객체에 저장되며 이후 메서드를 호출하여 검색된 엘리먼트에 여러 가지 조작을 가할 수 있다. 첫 번째 예제에서 사용한 $('h1')이 대표적인 사용예이다. 태그나 클래스, ID 등의 여러 가지 기준으로 엘리먼트를 선택한다.

```
$('p.class')
$('#id')
$('div:odd')
```

엘리먼트가 선택되어 객체로 포장되면 css 메서드로 스타일을 조작할 수도 있고 text 메서드로 내용을 읽거나 변경할 수도 있다. 어떤 선택자를 사용할 수 있는지는 다음 장부터 순서대로 실습해 볼 것이다. 두 번째 인수인 컨텍스트는 검색의 시작점을 지정한다. 이 인수를 생략하면 문서 전체에서 검색하지만 컨텍스트를 지정하면 그 하위로 검색 범위가 제한된다.

# $(element)

DOM 엘리먼트를 인수로 전달하면 이 객체를 감싸는 jQuery 객체를 리턴한다. DOM 객체는 DOM 메서드로 제어하는 것이 원칙이지만 jQuery 객체로 랩핑하면 jQuery 메서드를 사용할 수 있다. 앞 예제를 이 방식으로 바꾸면 다음과 같다.

**jquerywrap.html**

```
<!DOCTYPE html>
<html>
<head>
    <meta charset="utf-8">
    <title>jquerywrap</title>
    <script src="http://code.jquery.com/jquery-1.11.0.min.js"></script>
</head>
<body>
    <h1>제목입니다.</h1>
    <script>
        var elem = document.getElementsByTagName('h1')[0];
        $(elem).css('background', 'yellow');
    </script>
</body>
</html>
```

getElementsByTagName 메서드가 리턴하는 것은 DOM 객체 배열이며 그 첫 번째 요소를 대입받은 elem은 DOM 객체이다. 예제에서는 일부러 DOM 객체를 찾았지만 외부에서 이 객체가 주어졌다고 해 보자. DOM 객체에 대해 css나 text 같은 jQuery 메서드를 직접 호출할 수 없다. 그래서 이 객체를 $() 함수로 전달하여 jQuery 객체로 랩핑하며 이렇게 하면 여러 가지 편리한 jQuery 메서드를 호출할 수 있다.

문서 내의 엘리먼트는 $(선택자) 호출로 jQuery 객체를 만들 수 있으므로 굳이 랩핑을 할 필요가 없다. 위 예제처럼 길게 쓸 필요없이 $('h1')으로 찾는 것이 훨씬 더 간편하다. 그러나 문서 자체인 document나 문서보다 상위의 객체인 window는 선택자로 찾을 수 없다. 또 기존의 자바스크립트 코드와 섞어서 사용하다 보면 DOM 객체를 받는 경우가 있고 jQuery 코드에서도 순회를 하다 보면 DOM 객체를 구하는 경우가 있다. 또 이벤트 핸들러에서 this는 항상 DOM 객체여서 그 자체로는 jQuery 메서드를 사용할 수 없다.

DOM 객체를 조작하려면 DOM 메서드를 호출해야 하지만 불편하고 호환성도 떨어진다. 그래서 jQuery 객체로 래핑한 후 jQuery 메서드로 조작하는 것이 편리하다. $() 함수의 인수로 DOM 객체를 전달하면 이 객체를 감싸는 jQuery 객체가 리턴되며 이후 jQuery 메서드를 마음대로 호출할 수 있다. $() 함수로 DOM 객체의 배열을 전달하면 배열의 모든 객체가 하나의 jQuery 객체로 래핑된다.

## $(html, [소유문서])

인수로 전달된 html 문자열로 새로운 엘리먼트를 직접 생성한다. 이렇게 생성한 엘리먼트를 DOM 트리의 원하는 부분에 삽입하여 실행중에 문서를 만들 수 있다. 일반 문자열이면 선택자로 인식되므로 문자열 내부에 반드시 ◇ 괄호가 포함되어 있어야 한다. 다음 예제는 실행중에 엘리먼트를 만들어 문서에 추가한다.

**makeelement.html**

```
<!DOCTYPE html>
<html>
<head>
    <meta charset="utf-8">
    <title>makeelement</title>
    <script src="jquery-1.11.0.min.js"></script>
</head>
<body>
    <script>
        var elem = $('<p>실행중에 만든 엘리먼트입니다.</p>');
        elem.appendTo('body');
    </script>
</body>
```

body에는 스크립트만 있고 태그가 전혀 없지만 코드에 의해 태그가 실행중에 추가된다. $(HTML 태그 문자열) 형태로 문서 조각을 만들고 append 메서드로 원하는 곳에 턱하니 붙이면 된다. 문단을 하나 만든 후 body에 붙였으므로 웹 페이지에 문단이 표시된다.

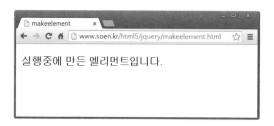

두 번째 인수로 소유 문서를 전달하면 새로 만든 엘리먼트는 이 문서에 소속된다. 또는 두 번째 인 수로 새로 만들어진 엘리먼트에 부착될 속성이나 이벤트, 메서드를 전달할 수도 있다.

## $( ) 함수

$( ) 함수의 인수로 다른 함수를 전달하면 문서가 로드될 때 호출될 콜백 함수를 등록한다. window.onload 이벤트와 유사한 document.ready 이벤트에 대한 핸들러 함수를 지정하는 것 이며 이 코드는 로드 직후에 곧바로 실행된다. 초기화 완료 이벤트를 자주 사용하므로 축약된 형태 를 지원하며 스크립트 코드를 head에 작성할 때는 반드시 콜백 함수 안에 코드를 작성해야 한다. 첫 번째 예제를 다음과 같이 쓸 수도 있다.

**jqueryready.html**

```
<!DOCTYPE html>
<html>
<head>
    <meta charset="utf-8">
    <title>jqueryready</title>
    <script src="jquery-1.11.0.min.js"></script>
    <script>
        $(function() {
            $('h1').css('background', 'yellow');
        });
```

JavaScript+jQuery 정복

```
        </script>
    </head>
    <body>
        <h1>제목입니다.</h1>
    </body>
</html>
```

head의 스크립트에서 더 뒤쪽에 있는 body의 〈h1〉을 참조하지만 초기화 완료 후에 스크립트가
실행되므로 이상없이 참조할 수 있다. 만약 다음과 같이 콜백 함수 안에 작성하지 않고 스크립트를
바로 작성하면 이때는 아직 〈h1〉이 로드되지 않은 상태이므로 제대로 검색되지 않을 것이다.

```
<script>
    $('h1').css('background', 'yellow');
</script>
```

이상으로 $() 함수의 주요 사용 형태를 정리해 보았다. 문서에 존재하는 엘리먼트를 찾을 때가 압
도적으로 많으므로 1번 형태를 제일 많이 사용한다. 워낙 인수의 형태가 다양해서 헷갈리고 복잡
해 보이지만 오버로딩의 한 예일 뿐이며 앞으로 4가지 형태를 골고루 실습해 볼 것이다.

# 2.3 jQuery 객체

jQuery 함수의 리턴값은 jQuery 객체이며 이 객체에는 선택된 엘리먼트나 생성된 엘리먼트 등이
저장되어 있다. 검색 및 생성된 엘리먼트가 여러 개일 수도 있고 실행에 필요한 내부 정보도 가지
고 있으므로 이 객체의 내부는 굉장히 복잡할 것이다.

jQuery 객체로부터 다양한 메서드를 호출할 수 있는데 이 객체 내부에는 jQuery 메서드가 동작하기 위한 모든 정보가 저장되어 있다. 예를 들어 css 메서드는 선택된 객체의 스타일을 조사하거나 변경하는데 어떤 엘리먼트가 조작 대상인지 jQuery 객체에 완벽하게 들어 있을 것이다.

jQuery 메서드를 호출하려면 먼저 jQuery 객체를 만들어야 한다. DOM 객체는 $( ) 함수로 전달하여 jQuery 객체로 포장하는데 앞에서 이미 연구해 보았다. 반대로 jQuery 객체에 대해 DOM 메서드를 호출해야 하는 경우도 있는데 이때는 get 메서드를 호출한다. 다음 예제를 보자.

**jqueryget.html**

```
<!DOCTYPE html>
<html>
<head>
    <meta charset="utf-8">
    <title>jqueryget</title>
    <script src="jquery-1.11.0.min.js"></script>
</head>
<body>
    <h1>제목입니다.</h1>
    <script>
        var jQueryObject = $('h1');
        var DomElem = jQueryObject.get(0);
        DomElem.style.backgroundColor = "yellow";
    </script>
</body>
</html>
```

$('h1') 호출로 〈h1〉 엘리먼트를 검색했으므로 리턴된 값은 jQuery 객체이다. 이 객체에서 DOM 객체를 추출하려면 get 메서드를 호출하는데 jQuery 객체는 기본적으로 배열이므로 원하는 항목의 첨자를 전달한다. 이 문서에는 〈h1〉 엘리먼트가 하나밖에 없으므로 더 볼 것도 없이 0번 객체를 구하면 된다. DOM 객체를 구했으면 자바스크립트의 방식대로 DOM 메서드를 호출하여 DOM 객체를 마음대로 요리할 수 있다.

물론 변환 예를 보이기 위한 예제일 뿐 일부러 이렇게 변환할 필요는 없다. 검색을 jQuery로 했으면 조작도 jQuery로 하는 것이 자연스럽다. 하지만 불가피하게 jQuery 객체와 DOM 객체 사이를 변환해야 하는 경우가 있다. 중요한 것은 jQuery 객체와 DOM 객체의 구조가 다르고 각 객체에 쓸 수 있는 메서드가 정해져 있다는 것이다. DOM 객체는 $() 함수에 의해 언제든지 jQuery 객체로 래핑할 수 있고 jQuery 객체에 저장된 DOM 객체는 get 메서드로 언제든지 추출할 수 있다.

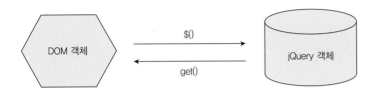

jQuery 객체는 선택된 엘리먼트의 집합을 가지는 배열이다. 실제로는 배열보다 더 복잡하지만 유사 배열이라고 생각해도 무방하다. 설사 선택된 엘리먼트가 하나도 없더라도 일단은 빈 객체가 리턴된다. 선택된 엘리먼트가 있을 때만 특정 코드를 실행하고 싶다면 조건문을 다음과 같이 작성해야 한다.

```
if ($('h1').length) {
    //
}
```

length 속성은 내부에 저장된 엘리먼트의 개수이며 이 개수가 0이 아니라면 조건문은 true가 되어 명령이 실행된다. length가 0이면 조건문은 false가 될 것이다. 다음 조건문으로 검색 여부를 점검해서는 안됨을 주의하자.

```
if ($('h1')) {
    //
}
```

선택이 없더라도 빈 jQuery 객체는 리턴되며 객체가 null이 아닌 한은 조건문이 true로 평가되어 명령은 항상 실행된다. jQuery 객체는 항상 유효하되 저장된 엘리먼트가 있는지 없는지가 다르므로 길이를 점검해야 한다.

## 2.4 명칭 충돌

jQuery가 유일한 자바스크립트 라이브러리는 아니며 여러 가지 종류가 있다. 라이브러리끼리 평화 협정을 맺은 것은 아니므로 다른 라이브러리도 $라는 명칭을 사용할 수 있으며 사용자도 $를 함수명으로 쓸 자유가 있다. 언어가 인정하는 합법적인 명칭 문자이며 짧아서 편리하기 때문인데 실제로 프로토타입 라이브러리도 $ 명칭을 사용한다.

이렇다 보니 여러 개의 라이브러리를 혼합해서 사용하면 명칭이 충돌할 가능성이 있다. 고의적으로 2개의 라이브러리를 섞어서 사용할 경우는 드물겠지만 기존 코드를 재사용한다거나 프로젝트끼리 병합하면 충돌 확률이 농후해진다. 프로토타입 라이브러리를 받아서 실습하기는 어려우므로 달러 환율을 계산해 주는 가상의 라이브러리를 만들어 보자.

**exchangerate.html**

```
<!DOCTYPE html>
<html>
<head>
    <meta charset="utf-8">
    <title>exchangerate</title>
    <script>
        function $(arg) {
            var rate = 1149;
            if (arg == undefined) {
                document.write("현재 환율은 " + rate + "원입니다.<br />");
            } else {
                document.write(arg + "달러는 " + (arg * rate) + "원입니다.<br />");
            }
        }
    </script>
</head>
<body>
    <h1>달러 계산기</h1>
    <hr />
    <script>
```

```
            $();
            $(123);
        </script>
    </body>
```

이 라이브러리의 $() 함수를 인수 없이 호출하면 현재 환율을 출력하고 인수를 전달하면 달러를
원화로 바꾸어 계산해 준다. 편의상 환율은 상수로 가정했다. 스크립트에서 현재 환율과 123$가
원화로 얼마인지 계산해 보았다. 제대로 잘 동작한다.

환율을 계산하는 동작을 하므로 $() 라는 함수명이 참 잘 어울린다. 이 함수가 유용하고 인기가 많
다면 함수 정의 부분만 따로 분리하여 dollar.js라는 라이브러리로 배포할 것이다. 그러나 안타깝
게도 이 라이브러리는 jQuery와는 함께 쓸 수 없다.

**exchangerate2.html**

```
<!DOCTYPE html>
<html>
<head>
    <meta charset="utf-8">
    <title>exchangerate2</title>
    <script src="dollar.js"></script>
    <script src="jquery-1.11.0.min.js"></script>
</head>
<body>
    <h1>달러 계산기</h1>
```

```
<hr />
<script>
    $();
    $(123);
    $('h1').css('background', 'yellow');
</script>
</body>
```

두 라이브러리를 포함해 놓고 $() 함수를 호출해 보았다. 앞쪽 두 호출문은 dollar.js 의 $() 함수를 호출한 것이고 마지막 호출문은 〈h1〉 엘리먼트의 배경을 변경하는 jQuery 호출문이다. dollar 라이브러리가 정의한 $() 함수의 정의가 jQuery에 의해 바뀌어 버리므로 달러 계산기는 동작하지 않으며 jQuery의 함수만 동작한다.

환율에 대한 출력은 없으며 〈h1〉의 배경색만 바뀌었다. 같은 이름으로 함수를 다시 정의하면 나중에 정의한 함수가 유효하며 앞서 정의한 함수는 무효가 되어 버리기 때문이다. 달러 계산기가 제대로 동작하려면 라이브러리 포함 순서를 바꾸어야 한다.

**exchangerate3.html**

```
<script src="jquery-1.11.0.min.js"></script>
<script src="dollar.js"></script>
....
```

그러나 이렇게 하면 jQuery의 $() 함수가 달러 계산기로 바뀌어 버린다. 엘리먼트가 제대로 검색되지도 않고 배경색이 바뀌지도 않으며 아래쪽에 엉뚱한 계산 결과만 출력된다.

　　　　　　　　　　　　　　J a v a S c r i p t + j Q u e r y　정복

왜 이런 결과가 나오는지는 논리적으로 설명하지 않아도 상식적으로 이해될 것이다. 이름이 중복되었으니 둘 중 하나는 정상적으로 동작할 수 없다. 이런 불가피한 경우 문제를 회피하는 방법이 있어야 하는데 원인이 상식적이므로 해결 방법도 상식적이다.

충돌이 발생했으면 어쨌든 둘 중 하나는 양보하는 수밖에 없다. 다른 라이브러리에도 이런 장치가 있지만 지금은 jQuery를 학습하는 중이므로 jQuery에서 양보해 보자. jQuery는 이름 충돌시 대처 방법을 제공하는데 다음과 같이 하면 두 라이브러리 모두 정상 동작한다.

**exchangerate4.html**

```
<!DOCTYPE html>
<html>
<head>
    <meta charset="utf-8">
    <title>exchangerate4</title>
    <script src="dollar.js"></script>
    <script src="jquery-1.11.0.min.js"></script>
    <script>
        jQuery.noConflict();
    </script>
</head>
<body>
    <h1>달러 계산기</h1>
    <hr />
    <script>
        $();
```

```
            $(123);
            jQuery('h1').css('background', 'yellow');
        </script>
    </body>
```

noConflict 메서드는 jQuery 라이브러리에서 $라는 별명을 등록하지 않음으로써 다른 라이브러리에게 이 명칭을 양보한다. 가급적 일찍 포기해야 하므로 이 구문은 head에 작성하는 것이 좋다. 이렇게 되면 dollar 라이브러리의 $() 함수는 유효하지만 대신 jQuery는 $() 함수를 쓸 수 없으므로 jQuery()라는 원래 함수명을 사용해야 한다.

환율도 제대로 계산되었고 〈h1〉 엘리먼트의 배경색도 정상적으로 변경되었다. 이왕 $() 함수를 포기하는 것이라면 라이브러리의 포함 순서를 바꾸어도 결과는 같다. jQuery를 먼저 포함시키고 dollar를 나중에 포함시키면 dollar가 jQuery의 $() 함수를 다른 용도로 바꿔 버리므로 noConflict를 호출하는 것과 결국 마찬가지이다.

```
    <script src="jquery-1.11.0.min.js"></script>
    <script src="dollar.js"></script>
```

이렇게 하면 문제는 해결되지만 jQuery 여섯 글자를 일일이 다 써야 하는 불편함이 있다. 솔직히 타이프하기 쉬운 철자도 아니다. 좀 짧게 쓰고 싶으면 noConflict 메서드가 리턴하는 jQuery의 참조에 대해 다른 별칭을 주어 사용할 수도 있다.

JavaScript+jQuery 정복

```html
<!DOCTYPE html>
<html>
<head>
    <meta charset="utf-8">
    <title>exchangerate5</title>
    <script src="dollar.js"></script>
    <script src="jquery-1.11.0.min.js"></script>
    <script>
        var jq = jQuery.noConflict();
    </script>
</head>
<body>
    <h1>달러 계산기</h1>
    <hr />
    <script>
        $();
        $(123);
        jq('h1').css('background', 'yellow');
    </script>
</body>
```

$라는 이름 대신에 jq라는 별칭을 새로 만들어 주었다. 더 짧게 붙인다면 J로도 물론 가능하다. 사실 굳이 noConflict가 리턴하는 참조를 대입받지 않더라도 새로운 별칭은 언제든지 만들 수 있다. var jq = jQuery; 로 새로운 별명을 만들수 있으며 이후 $() 대신 jq() 함수를 사용하면 된다.

충돌은 해결되었지만 이렇게 되면 기존의 코드를 재사용할 때 $를 모두 jq로 치환해야 하는 번거로움이 있다. 두 라이브러리가 모두 정상 동작하면서 $ 기호를 꼭 사용하고 싶다면 여러 가지 꼼수를 동원해야 한다. 다음 예제는 document 객체의 ready 이벤트의 인수로 $를 넘기고 이벤트 핸들러 안에서 $ 기호를 마음대로 사용하는 방식이다.

```
<!DOCTYPE html>
<html>
<head>
    <meta charset="utf-8">
    <title>exchangerate6</title>
    <script src="dollar.js"></script>
    <script src="jquery-1.11.0.min.js"></script>
    <script>
        jQuery.noConflict();
    </script>
</head>
<body>
    <h1>달러 계산기</h1>
    <hr />
    <script>
        $();
        $(123);
        jQuery(function($) {
            $('h1').css('background', 'yellow');
        });
    </script>
</body>
```

jQuery(document).ready(function($) {} )를 짧게 써서 jQuery(function($) {} )로 썼다. 라이브러리 충돌이 없다면 $(function($) {} )로 더 짧게 쓸 수 있지만 $ 명칭을 쓸 수 없으므로 함수명에는 jQuery 명칭을 모두 써야 한다.

ready 이벤트의 콜백은 원래 인수를 받지 않지만 콜백 함수의 인수로 $를 전달하면 외부의 별칭에 상관없이 이 콜백안에서는 $를 jQuery로 인식하도록 되어 있다. 그래서 이 핸들러내에서는 다른 라이브러리의 눈치를 볼 필요없이 $ 기호를 마음대로 사용할 수 있다. 다음 방법도 종종 사용되는 데 문법이 허락하는 한에서 최대한 융통성을 발휘한 것이다.

```
<!DOCTYPE html>
<html>
<head>
    <meta charset="utf-8">
    <title>exchangerate7</title>
    <script src="dollar.js"></script>
    <script src="jquery-1.11.0.min.js"></script>
    <script>
        jQuery.noConflict();
    </script>
</head>
<body>
    <h1>달러 계산기</h1>
    <hr />
    <script>
        $();
        $(123);
        (function($) {
            $('h1').css('background', 'yellow');
        })(jQuery);
    </script>
</body>
```

$라는 명칭을 인수로 받는 익명 함수를 선언하고 이 함수를 바로 호출하여 jQuery 인수를 넘기는 것이다. 그러면 이 함수 내에서 형식 인수 $는 실인수 jQuery와 같아지며 외부의 $ 명칭과는 다른 지역 명칭이 만들어진다. 전역과 지역이 겹치면 지역이 우선임을 이용하는 것이다. 이 익명 함수 내에서 $는 jQuery의 함수이고 함수 밖에서 $는 다른 라이브러리의 명칭이 된다.

이상으로 명칭 충돌을 해결하는 여러 가지 방법에 대해 연구해 봤는데 상황을 회피하는 방법이다 보니 은근히 복잡하다. 이런 복잡한 방법을 동원하는 것보다 더 바람직한 방법은 두 말할 필요없이 라이브러리를 하나만 쓰는 것이다. 사실 라이브러리를 2개 이상 사용하는 경우는 흔하지 않은데 극단적인 경우를 위해 마련된 궁여지책이므로 잘 이해되지 않으면 그냥 넘어가도 무방하다.

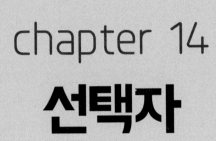

# chapter 14
# 선택자

section
01

# 기본 선택자

## 1.1 CSS 선택자

jQuery의 주된 작업은 실행중에 문서의 특정 엘리먼트를 찾아 조작하는 것이다. 사용자가 클릭한 요소를 일시적으로 숨기거나 내용을 바꾸거나 스타일을 변경함으로써 페이지에 능동적인 동작을 가한다. jQuery 코드가 하는 일을 한마디로 요약하면 "선택 후 조작"이다.

따라서 먼저 조작할 대상을 정확하게 선택해야 한다. 라이브러리 이름이 jQuery인 것만 봐도 선택에 굉장히 큰 비중을 둔다는 것을 알 수 있는데 Query라는 용어가 질의를 통해 DOM 트리에서 원하는 요소를 정확하게 찾아낸다는 뜻이다. jQuery 호출문은 대체로 다음과 같은 형태를 띤다.

**$(선택자).메서드( )**

선택자는 조작 대상 객체를 찾는 검색식이다. 간단하게는 태그를 찾기도 하지만 정밀한 선택과 효율적인 처리를 위해 훨씬 더 복잡한 문법이 필요하다. 메서드는 선택자로 찾은 대상에 대해 어떤 조작을 가하는 동작이다. 값을 읽거나 변경할 수 있고 아예 없애 버릴 수도 있다. 선택자와 메서드는 각각 선택과 조작을 통해 문서에 변화를 가한다.

첫 번째 예제는 ⟨h1⟩ 엘리먼트를 찾아 배경색을 변경하는데 이 작업을 하려면 일단 ⟨h1⟩ 엘리먼트를 찾아야 한다. $('h1')이라는 구문이 사용되었는데 여기서 'h1'이 바로 선택자이며 문서 내에서 ⟨h1⟩ 엘리먼트를 찾으라는 지시 사항이다. 이 구문에 의해 ⟨h1⟩ 엘리먼트가 선택되고 이어지는 css 메서드는 배경을 노란색으로 바꾸는 조작을 가한다.

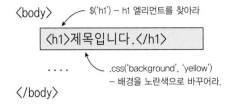

```
<body>          $('h1') – h1 엘리먼트를 찾아라
   <h1>제목입니다.</h1>
   ....          .css('background', 'yellow')
                 – 배경을 노란색으로 바꾸어라.
</body>
```

객체를 선택했으면 다양한 방법으로 객체를 조작할 수 있다. hide 메서드로 숨길 수도 있고 html 메서드로 내용을 읽거나 바꿀 수도 있고 fadeIn 메서드로 애니메이션할 수도 있다. 메서드는 선택자를 배운 후에 상세히 연구해 볼 것이되 당분간은 스타일을 변경하는 css 메서드만 학습용으로 사용하기로 한다. css 메서드의 호출 형태는 다음과 같다.

**css(스타일, 값)**

인수로 변경할 스타일과 새로운 값을 전달한다. css('background', 'yellow')는 background 스타일을 yellow 색으로 바꾸라는 명령이다. 선택자를 학습하는 동안에는 이 메서드로 배경을 노란색으로 바꿔 볼 것이다. 조작 결과가 가시적이며 어떤 요소가 선택되었는지 명확히 확인할 수 있어 실습용으로 적합하다. 노란색 배경을 사용하는 이유는 흑백의 지면에서 글자가 잘 보이기 때문이다.

jQuery의 선택자는 CSS 선택자와 거의 유사하며 몇 가지 추가 기능을 더한 것이다. 따라서 CSS 선택자를 먼저 이해해야 jQuery 선택자도 빠르게 학습할 수 있다. 선택자를 하나씩 실습해 보되 결과가 보여야 실습하는 맛이 있으므로 간단하더라도 일일이 예제를 만들어 보일 것이다. 전체 선택자, 태그 선택자, 아이디 선택자, 클래스 선택자는 CSS와 완전히 동일하다.

**selector.html**

```
<!DOCTYPE html>
<html>
<head>
    <meta charset="utf-8">
    <title>selector</title>
    <script src="jquery-1.11.0.min.js"></script>
</head>
```

```
<body>
    <h1>제목입니다.</h1>
    <h2 id="para">작은 제목입니다.</h2>
    <h2 class="sample">샘플입니다.</h2>
    <script>
        $('*').css('background', 'yellow');
        $('h1').css('color', 'blue');
        $('#para').css('color', 'green');
        $('.sample').css('color', 'red');
    </script>
</body>
</html>
```

HTML 문서에 세 개의 문단이 있되 스타일시트는 따로 작성하지 않았다. 실행 직후에 스크립트에서 각 엘리먼트를 찾아 css 메서드로 스타일을 바꾸었다. 각 코드에 의해 어떤 엘리먼트가 어떤 색으로 바뀌었는지 관찰해 보자.

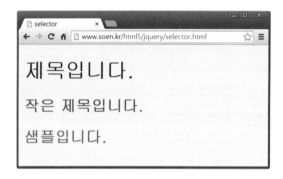

CSS의 전체 선택자에 해당하는 $('*') 선택자는 문서 전체를 선택하며 배경을 노란색으로 바꾸었다. 태그 선택자인 $('h1') 선택자는 〈h1〉 태그를 검색하며 이 태그의 문자색을 파란색으로 지정했다. $('#para') 선택자는 para 아이디를 가진 엘리먼트를 선택하고 $('.sample') 선택자는 sample 클래스명을 가진 엘리먼트를 선택한다. 각각 CSS의 id 선택자, 클래스 선택자에 대응되며 사용하는 기호도 완전히 일치한다.

JavaScript+jQuery 정복

jQuery 내부에서는 각 선택자에 대해 getElementsByTagName, getElementById 등의 메서드를 호출하여 엘리먼트를 찾을 것이다. 긴 이름의 메서드를 쓸 필요없이 인수만 전달하면 태그인지, id인지, 클래스인지 알아서 판별해서 적당한 메서드를 호출하는 것이다. p.sample 식으로 태그 선택자와 클래스 선택자를 같이 사용할 수도 있고 h1, p 식으로 콤마로 구분하여 복수의 선택자를 동시에 지정할 수도 있다.

jQuery의 선택자는 CSS 선택자와 문법이 완전히 같으므로 사실 더 공부할 것도 없다. CSS 선택자는 스타일만 지정하는데 비해 jQuery는 선택자로 검색한 엘리먼트를 실행중에 마음대로 조작할 수 있다는 면에서 더 범용적이다. 만약 위 예제를 완전히 이해하지 못한다면 아직 CSS 선택자에 대한 학습이 부족한 것이므로 CSS 선택자를 먼저 공부하고 와야 한다.

# 1.2 자식 선택자

계속해서 자식 선택자와 후손 선택자를 실습해 보자. CSS의 선택자와 같은 문법을 사용하는데 복습을 위해 요약하자면 p 〉c 는 바로 아래의 자식 엘리먼트만 선택하는 것이고 p c 는 모든 후손 엘리먼트를 다 선택하는 것이다. 다음 예제로 문단의 자식과 후손을 선택해 보자.

**childselector.html**

```
<!DOCTYPE html>
<html>
<head>
    <meta charset="utf-8">
    <title>childselector</title>
    <script src="jquery-1.11.0.min.js"></script>
</head>
<body>
    <h2>문단 안에 <a>링크</a> 태그가 있다.
    두 번째 <span><a>링크</a></span>는 손자이다.</h2>
    <script>
        $('h2 > a').css('border', 'solid');
```

```
            $('h2 a').css('background', 'yellow');
        </script>
    </body>
</html>
```

글자를 큼지막하게 보기 위해 〈h2〉 태그를 사용했으며 이 안에 〈a〉 태그와 〈span〉 태그가 포함되어 있다. $('h2 > a') 선택자는 〈h2〉 태그의 직접적인 자식인 〈a〉 태그만 선택하여 경계선을 적용했다. $('h2 a') 선택자는 〈h2〉의 모든 후손인 〈a〉 태그를 선택하여 노란색 배경을 적용했다.

자식 〈a〉 태그에게는 노란색 배경과 경계선이 같이 그려지며 〈span〉 태그 안에 있는 손자 〈a〉 태그는 배경만 노란색으로 채색된다. 다음은 형제 선택자인데 마찬가지로 CSS와 문법이 같아서 복습만 하면 된다. CSS에서 제작했던 똑같은 예제를 jQuery 버전으로 다시 만들어 본 것이다.

**plusselector.html**

```
<!DOCTYPE html>
<html>
<head>
    <meta charset="utf-8">
    <title>plusselector</title>
    <script src="jquery-1.11.0.min.js"></script>
</head>
<body>
    <p>형제 선택자에 대해 알아 봅시다</p>
    <h3>텔레토비 가족을 소개합니다.</h3>
    <p>보라돌이</p>
    <p>뚜비</p>
```

```
        <p>나나</p>
        <p>뽀~</p>
        <script>
            $('h3 + p').css('font-weight', 'bold');
            $('h3 ~ p').css('background', 'yellow');
        </script>
    </body>
</html>
```

$('h3 + p') 선택자는 〈h3〉 바로 다음의 형제 문단 하나만 선택하며 굵은 폰트를 지정했다.
$('h3~p') 선택자는 〈h3〉 뒤의 모든 문단을 선택하며 노란색 배경을 지정했다.

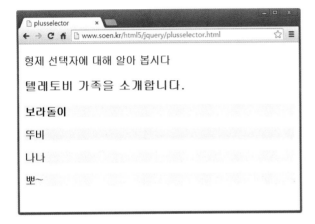

위 예에서 보다시피 선택자가 골라내는 엘리먼트는 하나가 아니라 여러 개인 경우가 더 일반적이
다. 선택자의 조건에만 맞다면 소속이나 깊이에 상관없이 모든 엘리먼트를 다 찾아낸다.

**findallelement.html**

```
<!DOCTYPE html>
<html>
<head>
    <meta charset="utf-8">
    <title>findallelement</title>
    <script src="jquery-1.11.0.min.js"></script>
```

```
</head>
<body>
    <p>이 문단에는 <span>스팬</span> 엘리먼트가 있다.</p>
    <div>
        이 디비전에도 <span>스팬</span> 엘리먼트가 있다.
        <p>내부 문단의 <span>스팬</span> 엘리먼트이다.</p>
        <div>
            <p>아주 <strong> 깊은 곳에 <i> 숨어 있는 <span>스팬</span>
            엘리먼트</i>도 </strong> 있다.</p>
        </div>
    </div>
    <script>
        $('span').css('background', 'yellow');
        $('div > span').css('border', 'red solid 3px');
    </script>
</body>
</html>
```

$('span') 태그 선택자는 문서에 있는 모든 〈span〉 엘리먼트를 다 골라낸다. 문단에 있건 디비전에 속해 있건 아무리 깊은 곳에 꼭꼭 숨어 있어도 다 찾아낸다. 그래서 jQuery 객체는 기본적으로 배열이다. 문서에 있는 4개의 〈span〉을 모두 찾아 노란색 배경을 칠했다.

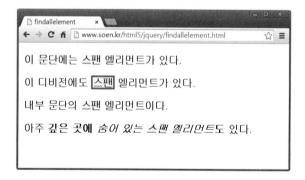

이 중 하나만 골라 내려면 선택자가 더 정밀해져야 한다. $('div > span') 선택자는 〈div〉의 직계 자식인 〈span〉 태그만 골라내는데 두 번째 〈span〉만 이에 해당하며 빨간색 경계선을 그렸다. $('div span') 후손 선택자로 선택하면 세 번째, 네 번째 〈span〉도 검색될 것이다.

JavaScript+jQuery 정복

# 1.3 속성 선택자

속성 선택자는 태그의 속성이 존재하거나 속성값이 특정값인 엘리먼트만 선택한다. [ ] 괄호안에 속성에 대한 조건문이 온다.

| 선택자 | 설명 |
|---|---|
| [속성] | 속성이 존재하는 엘리먼트만 선택한다. |
| [속성=값] | 속성이 특정값인 엘리먼트만 선택한다. |
| [속성!=값] | 속성이 없거나 특정값이 아닌 요소를 선택한다. |
| [속성\|=값] | 특정 값으로 시작하거나 일치한다. |
| [속성^=값] | 특정 값으로 시작한다. |
| [속성$=값] | 특정 값으로 끝난다. |
| [속성~=값] | 공백으로 구분된 특정 단어를 포함한다. |
| [속성*=값] | 특정값을 부분 문자열로 포함한다. |

이 역시 CSS와 같은 문법을 사용하므로 예제 하나로 간단하게 테스트만 해 보자.

```
attrselector.html
```

```
<!DOCTYPE html>
<html>
<head>
    <meta charset="utf-8">
    <title>attrselector</title>
    <script src="jquery-1.11.0.min.js"></script>
</head>
<body>
    <p>일반 문단입니다.</p>
    <p title="툴팁으로 보입니다.">타이틀을 가지고 있는 문단입니다.</p>
    <input type="text">회원번호</input>
    <input type="password">비밀번호</input>
    <script>
        $('p[title]').css('background', 'yellow');
```

```
              $('input[type=password]').css('background', 'red');
         </script>
    </body>
</html>
```

title 속성을 가지고 있는 태그의 배경을 노란색으로 칠했으며 password 타입의 입력 양식은 빨간 색으로 칠했다.

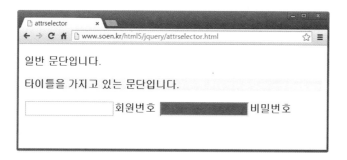

$=, ^= 등의 연산자를 사용하면 속성값 일부만 점검할 수도 있는데 CSS편에서 이미 실습해 본 적 이 있다. 속성값에 대해 간략화된 정규식까지 지원하므로 복잡한 조건으로 검색할 수 있지만 구형 브라우저에서는 굉장히 느릴 수 있으므로 가급적이면 ID나 클래스로 검색하는 것이 성능에 유리 하다.

여기까지의 선택자는 CSS와 문법이 완전히 동일하다. CSS의 선택자가 워낙 잘 정리되어 있으므로 jQuery에서 이 문법을 재활용한 것이다. 덕분에 CSS 선택자에 익숙한 개발자의 지식도 재활용되 는 효과가 있다. 이 외에도 더 고급 선택자와 필터가 많이 준비되어 있는데 다음 절부터 순서대로 실습해 보자.

JavaScript+jQuery 정복

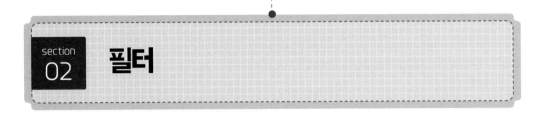

# 필터

## 2.1 순서값 필터

기본 선택자보다 더 정밀한 선택이 필요할 때는 필터와 선택 메서드를 활용한다. 이런 장치가 잘
구비되어 있으므로 대상 엘리먼트에 id나 클래스를 일일이 지정하지 않아도 특정 엘리먼트를 기준
으로 주변의 관련 엘리먼트를 쉽게 찾을 수 있다. 선택 관련 메서드는 다음 장에서 알아 보기로 하
고 여기서는 필터를 먼저 연구해 보자.

필터는 선택자 뒤의 콜론 다음에 기술하여 "선택자:필터" 식으로 사용한다. 선택자로 기준 엘리먼트
를 먼저 찾고 필터는 이 엘리먼트 주변의 다른 엘리먼트나 선택된 집합중의 일부를 더 정밀하게 선
택하는 역할을 한다. 필터도 CSS 선택자와 유사한 것이 많은데 쉬운 것부터 순서대로 실습해 보자.

| 필터 | 설명 |
|---|---|
| :first | 첫 번째 객체 |
| :last | 마지막 객체 |
| :eq(n) | n번째 객체. 첫 번째 항목이 0이다(Zero Base). |
| :gt(n) | n번째 초과 객체 |
| :lt(n) | n번째 미만 객체 |
| :odd | 홀수 번째 객체 |
| :even | 짝수 번째 객체 |

jQuery 선택자는 조건에 맞는 여러 개의 엘리먼트를 검색하므로 jQuery 객체는 배열이다. 상기
의 필터는 이 배열에서 순서값으로 특정 객체를 골라낸다. 제일 첫 번째, 제일 마지막, n번째 식으
로 선택된 엘리먼트 중 하나 또는 여러 개를 솎아내는 것이다.

```
<!DOCTYPE html>
<html>
<head>
    <meta charset="utf-8">
    <title>firstfilter</title>
    <script src="jquery-1.11.0.min.js"></script>
</head>
<body>
    <ul>
        <li>one
        <li>two
        <li>three
        <li>four
        <li>five
        <li>six
        <li>seven
        <li>eight
        <li>nine
    </ul>
    <script>
        $('li:first, li:last').css('background', 'yellow');
        $('li:eq(5)').css('background', 'red');
        $('li:lt(4)').css('font-weight', 'bold');
    </script>
</body>
</html>
```

$('li') 태그 선택자는 문서의 모든 <li> 태그를 찾아내며 배열에는 9개의 목록 엘리먼트가 저장되어 있을 것이다. 여기에 필터를 적용하면 9개의 집합중에 특정 엘리먼트만 골라서 선택한다. 각 엘리먼트에 다양한 속성을 적용해 보았다. 필터에 의해 어떤 엘리먼트가 선택되었는지 확인해 보자.

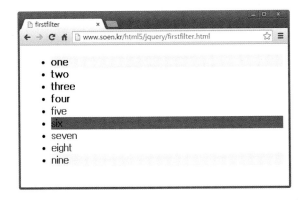

처음, 마지막 항목은 :first, :last 필터로 선택하여 노란색 배경을 칠했다. :eq(5) 필터는 5번째 항목을 선택하되 이때 순서값은 0부터 시작하는 값이므로 5번 항목이 실제로는 여섯 번째 항목이 된다. 목록에서 six 항목이 빨간색으로 채색되었다. :lt(4) 필터는 4번 미만의 항목을 선택하여 굵은색 글꼴을 적용했다.

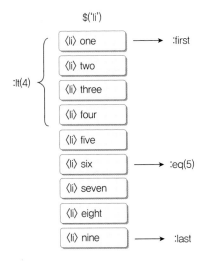

필터는 이런 식으로 선택자가 골라 놓은 엘리먼트의 일부를 선택하여 더 정밀한 선택을 도와준다. 다른 필터들도 사용 목적은 마찬가지이되 다만 골라내는 방식이 다를 뿐이다. 다음은 홀짝 번갈아가며 배경색 사용하기 예제이며 게시판에서 흔히 사용된다.

```
<!DOCTYPE html>
<html>
<head>
    <meta charset="utf-8">
    <title>evenfilter</title>
    <script src="jquery-1.11.0.min.js"></script>
</head>
<body>
    <table>
        <tr><td>신형 넥수스 10 미개봉 팝니다.</td><td>62만원</td></tr>
        <tr><td>갤록시S5 전투용 싸게 처분합니다.</td><td>45만원</td></tr>
        <tr><td>안드로이드 프로그래밍 정복 새 책</td><td>8만원</td></tr>
        <tr><td>ASUS 젬북 UX21A full hd, i7 CPU, RAM 4G, 256 SSD</td><td>99만</td></tr>
        <tr><td>2.5인치 샘송 외장하드 1테라. 좋은 자료 겁나 많음</td><td>12만원</td></tr>
        <tr><td>거의 신품급 DSLR. 캐농 750d 듀얼 랜즈</td><td>75만원</td></tr>
        <tr><td>애뿔 아이뽕6 가개통급. 한개 60만원, 두개 130만원</td><td>60만원</td></tr>
        <tr><td>경희대 앞 넓고 깔끔한 원룸. 초역세권에 신축 풀옵션</td><td>500/50</td></tr>
        <tr><td>스타 2. 자유의 날개 + 군단의 심장 합쳐서 떨이합니다.</td><td>30000</td></tr>
    <table>
    <script>
        $('tr:even').css('background', 'lightgray');
    </script>
</body>
</html>
```

$('tr') 태그 선택자는 도표의 모든 행을 선택하므로 9개의 항목이 선택될 것이다. 여기에 :even 필터를 선택하면 홀수 항목만 선택되며 이 항목들에 대해 배경색을 밝은 회색으로 지정했다.

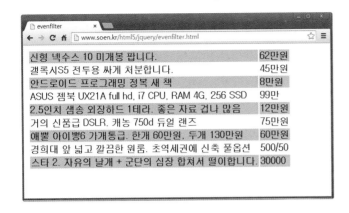

순서값이 0부터 시작하므로 첫 번째 항목은 짝수로 평가된다. 비슷한 예제를 CSS 실습편에서도 이미 만든 적이 있는데 CSS는 스타일시트로 속성을 지정하는데 비해 jQuery는 실행중에 스타일을 변경한다는 점이 다르다.

## 2.2 자식 필터

다음 필터는 자식 요소중 하나 또는 일부를 찾는다.

| 필터 | 설명 |
|---|---|
| :first-child | 첫 번째 자식 요소 |
| :last-child | 마지막 자식 요소 |
| :first-of-type | 첫 번째 일치하는 타입의 엘리먼트 |
| :last-of-type | 마지막 일치하는 타입의 엘리먼트 |
| :nth-child(n) | n 수식을 만족하는 객체. 또는 even, odd로 홀짝수번째 항목을 선택한다. 첫 번째 항목이 1이다(One Base). |
| :nth-last-child(n) | 끝에서부터 n 수식을 만족하는 객체. |
| :nth-of-type(n) | n 수식번째로 일치하는 타입의 엘리먼트 |
| :nth-last-of-type(n) | 끝에서부터 n 수식번째로 일치하는 타입의 엘리먼트 |
| :only-child | 유일한 자식 요소 |
| :only-of-type | 유일한 타입의 자식 요소 |

순서값 필터와 유사해 보이지만 미세하게 다른 면이 있다. 대표적으로 :first와 :first-child의 차이점을 연구해 보자.

- **:first 필터** : 선택된 엘리먼트 배열에서 순서값을 기준으로 하여 첫 번째 항목만 고른다. 선택되는 항목은 반드시 하나이다.
- **:first-child 필터** : 선택된 엘리먼트 중에서 부모를 기준으로 하여 첫 번째 자식을 고른다. 부모가 여러 개 있으면 선택된 항목도 여러 개일 수 있다.

전체중에서 첫 번째인가 아니면 부모의 자식중 첫 번째인가가 다르다. 설명을 들어서는 얼른 감이 오지 않는데 다음 예제로 테스트해 보자.

---

**firstchild.html**

```html
<!DOCTYPE html>
<html>
<head>
    <meta charset="utf-8">
    <title>firstchild</title>
    <script src="jquery-1.11.0.min.js"></script>
</head>
<body>
    <p>여자에게 인기있는 남자들</p>
    <ol>
        <li>능력있는 남자
        <li>돈 많은 남자
        <li>잘 생긴 남자
        <li>프로그래머
    </ol>
    <p>남자에게 인기있는 여자들</p>
    <ol>
        <li>예쁜 여자
        <li>귀여운 여자
        <li>섹시한 여자
    </ol>
    <script>
        $('li:first').css('background', 'yellow');
```

```
            $('li:first-child').css('border', 'solid 3px red');
        </script>
    </body>
</html>
```

두 개의 목록이 있고 각 목록안에 4개, 3개의 〈li〉 엘리먼트가 있다. $('li') 태그 선택자는 7개의
항목을 모두 선택하지만 여기에 :first와 :first-child 필터를 각각 적용하면 선택되는 대상이 달라
진다. 실행 결과를 잘 관찰해 보자.

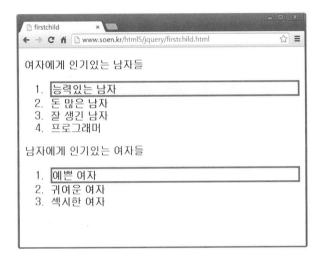

:first 필터는 7개의 목록에서 첫 번째 엘리먼트 딱 하나만 선택하여 배경을 노란색으로 지정했다.
그래서 능력남 하나만 선택된다. 반면 :first-child 필터는 7개의 목록 중에 누군가의 첫 번째 자식
인 엘리먼트를 모두 선택하여 빨간색 경계선을 그렸다. 첫 번째 목록의 첫 항목인 능력남은 물론이
고 두 번째 목록의 첫 항목인 예쁜녀도 같이 선택된다. 예쁜녀도 자신의 부모인 〈ol〉 중에서는 첫
번째 자식이 맞기 때문이다.

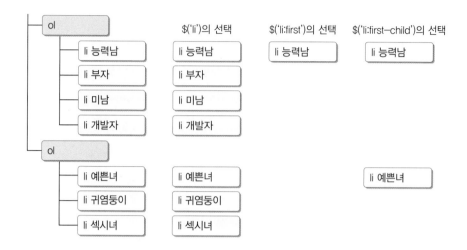

:last 필터와 :last-child 필터의 차이점도 동일하다. 보다시피 jQuery의 필터는 비슷해 보이고 실제로 효과도 거의 유사하지만 특정한 상황에서는 미세한 차이를 보이는 것이 있다. 다음 절에서 배울 선택 메서드도 마찬가지이다. 이런 차이점 때문에 jQuery를 제대로 이해하는 것이 쉽지 않은데 정말 똑같다면 이중으로 만들 이유가 없을 것이다. 뭔가 차이가 있으므로 잘 연구해 보고 차이점을 정확하게 숙지해야 한다.

nth-child 필터는 괄호안의 수열 조건을 만족하는 항목만 선택한다. 수열은 임의 변수 n이 들어가는 일차 함수식이나 even, odd 같은 예약어를 사용한다. 이 필터를 사용해도 얼룩말 무늬를 만들 수 있다. 앞 항에서 만들었던 목록 예제를 다음과 같이 수정해도 효과는 비슷하다.

**nthchild_html**

```
<!DOCTYPE html>
<html>
<head>
    <meta charset="utf-8">
    <title>nthchild</title>
    <script src="jquery-1.11.0.min.js"></script>
</head>
<body>
    <table>
        <tr><td>신형 넥수스 10 미개봉 팝니다.</td><td>62만원</td></tr>
```

```
            <tr><td>갤록시S5 전투용 싸게 처분합니다.</td><td>45만원</td></tr>
            <tr><td>안드로이드 프로그래밍 정복 새 책</td><td>8만원</td></tr>
            <tr><td>ASUS 젬북 UX21A full hd, i7 CPU, RAM 4G, 256 SSD</td><td>99만</td></tr>
            <tr><td>2.5인치 샘송 외장하드 1테라. 좋은 자료 겁나 많음</td><td>12만원</td></tr>
            <tr><td>거의 신품급 DSLR. 캐농 750d 듀얼 랜즈</td><td>75만원</td></tr>
            <tr><td>애뿔 아이뿅6 가개통급. 한개 60만원, 두개 130만원</td><td>60만원</td></tr>
            <tr><td>경희대 앞 넓고 깔끔한 원룸. 초역세권에 신축 풀옵션</td><td>500/50</td></tr>
            <tr><td>스타 2. 자유의 날개 + 군단의 심장 합쳐서 떨이합니다.</td><td>30000</td></tr>
        <table>
        <script>
            $('tr:nth-child(even)').css('background', 'lightgray');
        </script>
    </body>
</html>
```

nth-child(even) 필터를 지정했으므로 짝수 항목에 대해서만 회색 배경이 된다. 또는 even 예약어 대신 2n으로 수식을 지정해도 마찬가지이다. 그러나 결과는 :even 필터를 적용했을 때와 달리 두 번째 항목이 회색으로 나타난다.

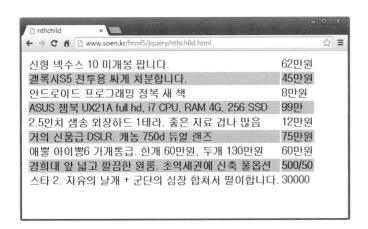

이 차이는 :odd, :even 필터의 순서값은 0부터 시작하는데 비해 :nth-child 필터의 순서값은 1부터 시작하기 때문이다. 어차피 교대로 배경색을 지정하는 것이 목적이라 별 상관이 없을 수도 있지만 순서가 중요하다면 주의가 필요하다. nth-child 필터는 :even, :odd 필터에 비해 수식을 지정할 수 있으므로 3칸씩 건너뛰며 다른 배경색을 사용할 수도 있다.

```
....
<script>
    $('tr:nth-child(3n+2)').css('background', 'lightgray');
    $('tr:nth-child(3n)').css('background', 'gray');
</script>
```

3n+2와 3n에 대해 각각 배경색을 지정하면 3칸씩 건너 뛰며 2개의 색상이 칠해지고 나머지 하나
는 흰색을 유지하므로 세 색상이 번갈아 나타난다.

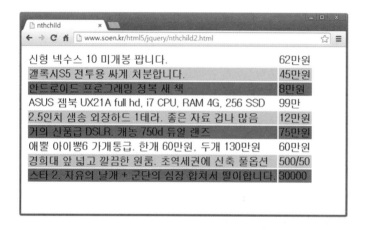

가로로 긴 행을 구분하기 위해 사용하는 기법이므로 사실 2가지 색을 쓰나 3가지 색을 쓰나 별 차
이는 없다. 원한다면 색색으로 아주 화려하게 채색할 수도 있지만 너무 유치해질 수 있으므로 적당
한 수준에서 자제하는 것이 좋다.

## 2.3 내용 필터

내용 필터는 포함된 내용에 따라 특정 항목을 가진 엘리먼트만 추려낸다. 직계 자식뿐만 아니라 트
리 아래쪽의 모든 후손을 다 검색한다.

| 필터 | 설명 |
|---|---|
| :has(t) | t 태그를 가진 객체만 선택한다. |
| :contains(s) | s 문자열을 가진 객체만 선택한다. |
| :empty | 빈 요소 |
| :parent | 자식을 가지는 요소 |

has는 포함된 태그를 검색하는데 비해 contains는 포함된 문자열을 검색해낸다.

**hasfilter.html**

```
<!DOCTYPE html>
<html>
<head>
    <meta charset="utf-8">
    <title>hasfilter</title>
    <script src="jquery-1.11.0.min.js"></script>
</head>
<body>
    <p>일반적인 문단입니다.</p>
    <p>문단안에 <span>Span</span>이 있습니다.</p>
    <p>아이유는 참 예쁘다.</p>
    <script>
        $('p:has(span)').css('background', 'yellow');
        $('p:contains(아이유)').css('background', 'lime');
    </script>
</body>
</html>
```

$('p')는 모든 문단을 찾지만 필터를 적용하면 그 중 조건에 맞는 것만 골라낸다. :has(span) 필터는 문단 중에 <span> 태그를 차일드로 가진 문단을 찾아 노란색 배경을 지정했다. :contains(아이유) 필터는 아이유 문자열을 가진 문단에 대해서는 초록색 배경을 지정했다.

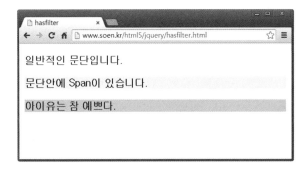

contains 필터의 인수 문자열은 따옴표로 감싸도 되고 그냥 써도 된다. 'p:contains("아이유")'라고 쓰는 것이 원칙적이나 선택자 자체가 문자열이라 그냥 써도 상관없다. 다음 예제는 empty 필터와 parent 필터를 테스트한다.

**emptyparent.html**

```
<!DOCTYPE html>
<html>
<head>
    <meta charset="utf-8">
    <title>emptyparent</title>
    <script src="jquery-1.11.0.min.js"></script>
</head>
<body>
    <p></p>
    <hr />
    <p> </p>
    <hr />
    <p>내용이 있는 문단이다.</p>
    <script>
        $('p:empty').css('border', 'solid red 5px');
        $('p:parent').css('background', 'yellow');
    </script>
</body>
</html>
```

JavaScript+jQuery 정복

:empty 필터는 완전히 빈 엘리먼트만 검색한다. 개행 코드나 공백이 하나라도 있으면 빈 엘리먼트가 아니다. 그래서 위쪽의 빈 문단만 선택되며 중간의 문단은 공백이 있어 선택되지 않는다. 빈 엘리먼트는 내용이 없으므로 색상을 바꿔서는 선택 여부를 확인할 수 없다. 그래서 굵은 외곽선을 둘러 확인했는데 위쪽의 굵은 빨간색 선이 빈 문단의 존재를 보여 준다.

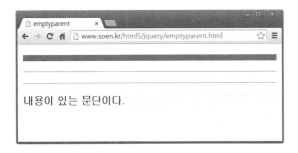

:parent 필터는 비어 있지 않은, 즉 차일드가 있는 부모 엘리먼트를 선택한다. 문단에 문자열이 들어 있는 제일 아래쪽의 문단만 선택되어 노란색으로 채색된다. 동작은 이해하기 쉽지만 사실 이 필터의 이름은 굉장히 비직관적이다. p:parent라는 검색식은 마치 문단의 부모를 찾는다는 착각을 일으키는데 차라리 notempty나 haschild가 훨씬 더 직관적이다.


## 2.4 입력 양식 필터

다음은 입력 양식에 주로 사용되는 필터이다. 입력 양식의 type에 따라 선택할 때는 속성 선택자 대신 입력 양식에 대한 필터를 사용하는 것이 편리하다.

| 필터 | 설명 |
| --- | --- |
| :text | 문자열 입력 필드 |
| :password | 비밀번호 입력 필드 |
| :button | 버튼 |
| :checkbox | 체크 박스 |
| :file | 파일 업로드 |
| :image | 이미지 |

| :submit | 제출 |
|---------|------|
| :reset | 재입력 |

다음 예제는 비밀 번호 양식을 찾아 배경을 빨간색으로 지정한다.

**inputfilter.html**

```
<!DOCTYPE html>
<html>
<head>
    <meta charset="utf-8">
    <title>inputfilter</title>
    <script src="jquery-1.11.0.min.js"></script>
</head>
<body>
    <form>
        <label for="user">이름</label>
        <input type="text" id="user" value="김상형"/><br/>
        <label for="pass">비번</label>
        <input type="password" id="pass"/><br/>
    </form>
    <script>
        $('input:password').css('background', 'red');
    </script>
</body>
</html>
```

입력폼 안에 2개의 입력 양식이 있다. 이중 password 타입의 입력 양식만 선택하여 배경을 빨간색으로 변경하였다. 스크립트 코드로 실행중에 변경하므로 상황에 따라 다른 색상으로 바꿀 수 있고 메서드를 호출하여 입력된 값을 읽거나 조작할 수도 있다.

JavaScript+jQuery 정복

다음 필터는 입력 양식의 현재 상태에 따라 선택한다.

| 필터 | 설명 |
| --- | --- |
| :checked | 체크되어 있다. |
| :focus | 포커스를 가지고 있다. |
| :disabled | 사용 금지되어 있다. |
| :enabled | 사용 가능하다. |
| :selected | option에서 선택된 태그이다. |

포커스 여부나 사용 가능성 여부에 따라 스타일을 변경한다. CSS에도 비슷한 필터가 있고 의미가 직관적이므로 따로 예제는 만들어 보지 않아도 될 듯하다.

## 2.5 기타 필터

다음 두 필터는 보임 상태에 따라 엘리먼트를 선택한다.

| 필터 | 설명 |
| --- | --- |
| :visible | 보이는 엘리먼트이다. |
| :hidden | 숨겨진 엘리먼트이다. |

visible 필터는 의미가 너무 명확해서 이해하기 쉽다. 보인다는 것은 크기가 있고 색상이 있어 화면에 자리를 차지한다는 뜻이다. 이에 비해 숨어 있다는 hidden의 의미는 다소 복잡하다. 다음 중 하나의 상태일 때 hidden이다.

- display 속성이 none이다.
- 입력 양식의 type 속성이 hidden이다.
- 크기와 높이가 0이다.
- 상위의 조상 엘리먼트가 숨겨져 있다.

그 외의 경우는 설사 당장 보이지 않더라도 hidden이 아니다. 예를 들어 visibility 속성이
hidden이거나 opacity 속성이 0이어서 투명한 상태라면 보이는 상태로 간주한다. 다음 예제로
테스트해 보자.

**hiddenfilter.html**

```
<!DOCTYPE html>
<html>
<head>
    <meta charset="utf-8">
    <title>hiddenfilter</title>
    <script src="jquery-1.11.0.min.js"></script>
</head>
<body>
    <p>보이는 문단</p>
    <p style="visibility:hidden;">숨겨진 문단</p>
    <p style="display:none;">자리를 차지하지 못한 문단</p>
    <p style="opacity:0;">투명한 문단</p>
    <hr />
    <script>
        document.write("hidden 문단 개수 : " + $('p:hidden').length);
    </script>
</body>
```

문서상으로는 4개의 문단이 있지만 제일 위의 문단 하나만 제외하고 나머지 문단은 화면에 보이
지 않는다. 이 상태에서 :hidden 필터에 적합한 문단이 몇 개나 있는지 개수를 출력해 보았다.
jQuery 객체에 선택된 엘리먼트의 개수는 length 속성으로 구한다.

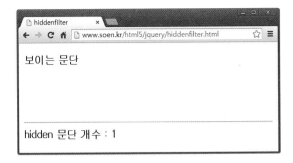

화면에 표시되지 않은 문단이 세 개나 되지만 :hidden 필터에 의해 선택된 엘리먼트는 하나 뿐이다. visibility 속성이 hidden 이더라도 화면상의 자리는 차지하며 opacity 속성이 0이더라도 일시적으로 투명할 뿐이지 사라진 것은 아니어서 :hidden 필터에 의해 선택되지는 않는다. 다음은 사용 빈도가 높지 않은 기타 필터들이다.

| 필터 | 설명 |
|------|------|
| :header | h1~h6까지의 태그를 선택한다. |
| :root | 문서의 루트를 선택하며 항상 〈html〉 엘리먼트이다. |
| :not(s) | 선택자의 선택 여부를 반대로 뒤집는다. |
| :animated | 애니메이션중인 엘리먼트이다. |
| :lang(la) | lang 속성이 일치하는 엘리먼트이다. |
| :target | 문서의 ID와 같은 id를 가진 엘리먼트이다. |

다음 예제로 header 필터와 not 필터만 테스트해 보자.

**header.html**

```
<!DOCTYPE html>
<html>
<head>
    <meta charset="utf-8">
    <title>header</title>
    <script src="jquery-1.11.0.min.js"></script>
</head>
<body>
```

```
    <p>문단 선택 테스트</p>
    <h1>문단0</h1>
    <h2>문단1</h2>
    <h3 id="h3">문단2</h3>
    <h3>문단3</h3>
    <h3>문단4</h3>
<script>
    $('*:header').css('background', 'yellow');
    $('h3:not(#h3)').css('border','solid red');
</script>
</body>
</html>
```

문단 하나와 다섯 개의 제목 엘리먼트가 있는데 이들을 선택하여 배경색과 경계선을 그려 보았다.

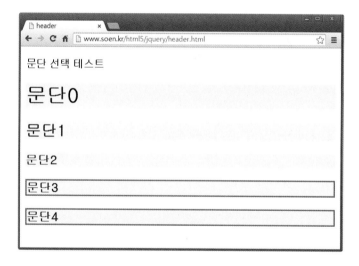

:header 필터는 〈h1〉~〈h6〉까지의 모든 제목 문단을 다 선택한다. 〈p〉 문단을 제외한 모든 제목
문단이 다 선택되어 노란색 배경이 채색된다. h3:not(#h3) 선택자는 〈h3〉 태그를 선택하되 그
중에 id가 h3가 아닌 것만 선택한다. 아래쪽의 〈h3〉 두개에 대해서만 빨간색 경계선이 그려지며
중간의 문단2 〈h3〉 태그는 id가 h3으로 지정되어 있어 선택되지 않는다.

JavaScript+jQuery 정복

chapter 15

# jQuery 메서드

# 선택 메서드

## 1.1 each

jQuery 함수 즉 $()의 리턴값은 jQuery 객체이며 객체이므로 당연히 메서드를 가진다. jQuery 의 메서드는 정밀한 선택을 도와주기도 하고 각종 속성을 읽거나 변경하는 등 객체에 대한 여러 가지 다양한 조작을 한다. 이 장에서는 선택과 관련된 메서드를 알아 보되 먼저 객체 배열을 순회하는 each 메서드부터 알아 보자.

jQuery 객체 배열에는 검색된 여러 개의 엘리먼트가 저장되어 있다. 선택자에 의해 선택된 엘리먼트가 하나뿐이거나 설사 하나도 없더라도 일단은 배열이다. 배열에 저장된 엘리먼트 각각에 대해 개별적인 처리를 하고 싶다면 배열을 순회하며 모든 엘리먼트를 하나씩 꺼내야 한다. 이때 사용하는 메서드가 each이며 형식은 다음과 같다.

    each(function(index, item) { })

인수로 콜백 함수 하나를 전달받으며 배열 내의 모든 엘리먼트에 대해 이 콜백을 호출한다. 함수로 전달되는 index 인수는 배열내의 엘리먼트의 순서값이고 item은 엘리먼트 그 자체이다. 콜백에서는 배열의 각 항목을 전달받아 원하는 작업을 수행한다. 다음 예제는 〈h3〉 문단을 순회하며 각각 다른 배경색을 채색한다.

**each_html**

```
<!DOCTYPE html>
<html>
<head>
    <meta charset="utf-8">
```

```
    <title>each</title>
    <script src="jquery-1.11.0.min.js"></script>
</head>
<body>
    <h3>문단0</h3>
    <h3>문단1</h3>
    <h3>문단2</h3>
    <h3>문단3</h3>
    <h3>문단4</h3>
    <script>
        var arColor = ['yellow', 'red', 'green', 'blue', 'gray'];
        $('h3').each(function(index, item) {
            $(item).css('background', arColor[index]);
        });
    </script>
</body>
</html>
```

$('h3')에 의해 리턴되는 jQuery 객체에는 다섯 개의 〈h3〉 엘리먼트가 저장되어 있다. 전체 문단의 색을 동일하게 채색하고 싶다면 $('h3') 객체에 대해 css 메서드를 호출하면 그만이다. 그러나 각 문단마다 다른 색상을 지정하고 싶다면 배열의 문단을 하나씩 꺼내 각각 다른 색상을 일일이 지정해야 한다.

색상값은 arColor라는 별도의 배열에 저장해 두었는데 파일에서 읽거나 데이터베이스에서 구할 수도 있다. each 메서드로 jQuery 객체를 순회하며 각 문단 엘리먼트를 꺼내 배열의 대응되는 색상을 지정했다. each 메서드로 익명 함수를 전달하여 괜히 복잡해 보이는데 함수를 밖으로 꺼내 보면 좀 더 이해하기 쉽다.

```
<script>
    var arColor = ['yellow', 'red', 'green', 'blue', 'gray'];
    function setColor(index, item) {
        $(item).css('background', arColor[index]);
    }
    $('h3').each(setColor);
</script>
```

함수 내부에서 항목은 item 인수로 참조하되 이 인수로 전달되는 값은 jQuery 객체가 아니라 DOM 객체이다. 따라서 jQuery 메서드를 호출하려면 $(item)으로 래핑해야 한다. 래핑된 객체에 대해 css 메서드를 호출하며 색상 배열의 배경색을 지정했다. 각 문단마다 색상 배열의 고유한 색상이 채색된다.

each 메서드를 사용하는 대신 원론적으로 루프를 돌면서 개별 엘리먼트를 하나씩 꺼내도 잘 동작한다. jQuery는 유사 배열이므로 length 속성으로 길이를 알 수 있으며 이 길이만큼 루프를 반복하면 배열의 모든 엘리먼트를 순회할 수 있다. 객체 배열에서 엘리먼트를 꺼낼 때는 eq 메서드를 사용하는데 잠시 후 알아볼 것이다. eq 메서드는 jQuery 객체를 리턴하므로 래핑하지 않고도 css 메서드를 바로 호출할 수 있다.

```
<script>
    var arColor = ['yellow', 'red', 'green', 'blue', 'gray'];
    var h3s = $('h3');
    for (var i = 0; i < h3s.length; i++) {
        h3s.eq(i).css('background', arColor[i]);
    }
</script>
```

똑같은 작업을 처리할 수 있지만 형식성이 좀 떨어진다. each 의 인수로 전달된 콜백 함수는 매 엘리먼트마다 호출되므로 이 함수 내에서 this는 호출 엘리먼트와 같다. 그래서 함수 내부에서 객체를 참조할 때 item 인수 대신 this 키워드를 사용해도 효과는 동일하다. 코드를 다음과 같이 작성해도 잘 동작한다.

JavaScript+jQuery 정복

```
<script>
    var arColor = ['yellow', 'red', 'green', 'blue', 'gray'];
    $('h3').each(function(index, item) {
        $(this).css('background', arColor[index]);
    });
</script>
```

this로도 엘리먼트를 참조할 수 있는데 굳이 item 인수를 콜백으로 전달하는 이유는 this는 문맥
에 따라 의미가 바뀔 수 있기 때문이다. 콜백에서 또 다른 함수를 호출하면 이 함수 안에서는 this
의 의미가 달라질 수 있으므로 item 인수를 별도로 전달한다. 가급적이면 문맥에 상관없이 사용할
수 있는 item 인수를 사용하는 것이 안전하다.


# 1.2 find

선택자와 필터만 사용해도 웬만한 선택은 다 할 수 있다. 그러나 더 정밀한 선택과 선택 중간에 사
용자 코드를 실행하기 위해서는 메서드가 필요하다. 선택자나 필터는 선언적이어서 동작이 정해져
있는데 비해 메서드는 코드이므로 얼마든지 가변적인 처리를 수행할 수 있다. 선택 관련 메서드는
선택 범위를 더 정확하게 좁히며 선택 결과를 재활용할 수 있도록 해 준다.

선언적인 필터와 기능은 유사하지만 메서드이므로 반드시 뒤에 ()를 붙여야 하며 필요할 경우 인
수도 전달해야 한다. 대표적인 선택 메서드인 find부터 연구해 보자. find 메서드로 또 다른 선택
자를 전달하며 jQuery 객체에 이미 선택된 배열을 대상으로 재검색을 수행하여 다시 한번 더 검색
하는 역할을 한다.

**find.html**

```
<!DOCTYPE html>
<html>
<head>
    <meta charset="utf-8">
    <title>find</title>
```

```
            <script src="jquery-1.11.0.min.js"></script>
        </head>
        <body>
            <p>문단 안에 <strong>강조</strong> 표시가 있다.</p>
            <div>디비전 안에 <strong>강조</strong> 표시가 있다.</p>
            <script>
                $('p').find('strong').css('background', 'yellow')
            </script>
        </body>
        </html>
```

먼저 $('p') 태그 선택자로 문단을 찾는다. 그리고 연이어 find('strong')메서드를 호출하여 문단
내에서 〈strong〉 태그를 찾아 배경을 노란색으로 바꾼다. 아래쪽의 디비전에도 〈strong〉 태그가
있지만 문단에 포함된 것이 아니므로 선택되지 않았다.

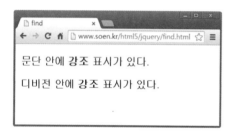

문단을 먼저 찾고 문단 안에서 〈strong〉 태그를 다시 찾은 것이다. 그런데 이렇게 하려면 굳이
find 메서드를 쓸 필요없이 자식 선택자나 후손 선택자를 사용해도 된다. 다음과 같이 문단의 자식
인 〈strong〉 태그를 찾거나 아니면 $('p strong')으로 후손을 찾아도 마찬가지이다.

```
$('p > strong').css('background', 'yellow')
```

문단에 속한 〈strong〉 태그만 잘 선택된다. 이 방법 외에 $() 함수의 두 번째 인수인 컨텍스트를
사용하여 검색 범위를 제한하는 방법도 있다. 다음과 같이 호출하면 〈p〉를 먼저 찾고 이 안에서
〈strong〉 태그를 찾으므로 똑같은 결과를 얻을 수 있다.

```
$('strong', 'p').css('background', 'yellow')
```

J a v a S c r i p t + j Q u e r y  정복

그렇다면 선택자로도 얼마든지 정밀한 선택이 가능한데 왜 굳이 find라는 재검색 메서드를 제공하는 것일까? 선택자와 메서드를 두 번 사용해야 하므로 오히려 더 번거로워 보이며 실행 속도에도 불리하다. 그러나 선택자를 한번에 쓸 수 없는 경우라든가 선택 중간에 코드로 조건을 점검하고 싶을 때 재검색 메서드가 필요하다.

```
eachfind_html
```

```html
<!DOCTYPE html>
<html>
<head>
    <meta charset="utf-8">
    <title>eachfind</title>
    <script src="jquery-1.11.0.min.js"></script>
</head>
<body>
    <p>문단 안에 <strong>강조</strong> 표시가 있다.</p>
    <p>이 문단도 <span><strong>마찬가지</strong></span>이다.</p>
    <div>디비전 안에 <strong>강조</strong> 표시가 있다.</div>
    <p>이 문단은 내부에 글자가 <strong>무척</strong>이나 많은 아주 길다란 문단이다.</p>
    <script>
        $('p').each(function(index) {
            if ($(this).text().length < 20) {
                $(this).find('strong').css('background', 'yellow')
            }
        });
    </script>
</body>
</html>
```

문서에는 세 개의 문단이 있는데 이 중 20자 미만의 길이를 가진 문단의 〈strong〉 태그만 선택해 보자. 짧은 문단에 속한 강조 표시만 찾고자 하는 것인데 조건이 다소 인위적이지만 실제 프로젝트에서는 이보다 더 특수한 경우가 많다. 문제는 선택자나 필터중에 문단의 길이까지 점검하는 것은 없다는 것이다. 그래서 결국 길이는 코드로 점검해야 한다.

일단 $('p') 선택자로 문단의 집합을 찾는다. 그리고 각 문단의 길이를 점검하기 위해 each 메서드로 배열내의 문단을 순회한다. 길이를 점검하려면 배열의 문단을 일일이 꺼내 직접 들여다 보는 수밖에 없다. 문단의 text() 메서드를 호출하여 내용을 얻고 length 속성을 읽어 길이가 20자 미만인지 점검한다.

이 조건에 맞는 문단을 찾았으면 이때 find('strong') 검색 메서드를 호출하여 문단 내의 〈strong〉 태그를 찾아 배경색을 변경한다. 위쪽 두 문단의 배경색만 바뀐다. 디비전에 속한 〈strong〉 태그는 당연히 선택되지 않으며 글자수가 20자 이상인 마지막 문단의 〈strong〉 태그도 조건이 맞지 않으므로 선택되지 않는다.

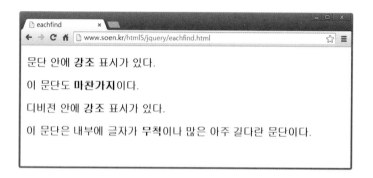

$('p') 선택자와 $('strong') 선택자 사이에 사용자가 직접 정의한 조건문을 삽입하기 위해 find 메서드에 의한 재검색이 필요하다. 선택자나 필터로는 한방에 검색할 수 없으므로 개별 문단을 순회하며 코드로 일일이 조건을 점검하고 이 조건을 만족하는 문단을 찾은 후에 해당 문단에 속한 〈strong〉 태그를 다시 검색해야 하는데 이때 find 메서드가 필요하다.

find 메서드가 필요한 경우는 아주 많다. 검색된 매 엘리먼트에 대해 함수를 호출한다거나 이벤트가 발생한 엘리먼트에 대해 재검색할 때도 find 메서드가 반드시 필요하다. 다음에 이벤트를 실습하다 보면 find 메서드를 종종 사용하게 될 것이다. 예가 좀 억지스러워 보이지만 재검색 메서드가 왜 필요하고 어떤 역할을 하는지는 직감적으로 이해될 것이다.

# 1.3 children, contents

children 메서드는 find 메서드와 거의 동일하되 후손이 아니라 바로 아래의 자식만 찾는다는 점이 다르다. 위 예제의 코드를 다음과 같이 수정해 보자.

**children.html**

```html
<!DOCTYPE html>
<html>
<head>
    <meta charset="utf-8">
    <title>children</title>
    <script src="jquery-1.11.0.min.js"></script>
</head>
<body>
    <p>문단 안에 <strong>강조</strong> 표시가 있다.</p>
    <p>이 문단도 <span><strong>마찬가지</strong></span>이다.</p>
    <div>디비전 안에 <strong>강조</strong> 표시가 있다.</div>
    <p>이 문단은 내부에 글자가 <strong>무척</strong>이나 많은 아주 길다란 문단이다.</p>
    <script>
        $('p').each(function(index) {
            if ($(this).text().length < 20) {
                $(this).children('strong').css('background', 'yellow')
            }
        });
    </script>
</body>
</html>
```

두 번째 문단의 "마찬가지" 문자열은 <strong> 태그이지만 중간에 <span> 태그가 끼어 있으므로 문단의 자식이 아니라 손자이다. 따라서 children 메서드는 이를 검색하지 않는다. find 메서드가 p c 후손 선택자의 역할을 한다면 children 메서드는 p > c 자식 선택자의 역할을 한다.

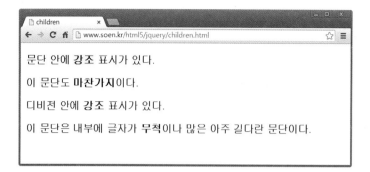

contents 메서드는 children과 비슷하게 바로 아래의 자식만 검색하되 엘리먼트뿐만 아니라 텍스트나 주석까지도 같이 검색한다는 점이 다르다. 인수는 취하지 않으며 모든 자식 노드를 다 검색하여 분할한다.

contents.html

```html
<!DOCTYPE html>
<html>
<head>
    <meta charset="utf-8">
    <title>contents</title>
    <script src="jquery-1.11.0.min.js"></script>
</head>
<body>
    <p>문단 안에 <span>스팬</span>이 있습니다.</p>
    <script>
        $('p').contents().filter(function() {
            return this.nodeType != 1;
        }).wrap('<b/>');
    </script>
</body>
</html>
```

문단의 자식 노드 전체를 순회하며 filter 메서드로 엘리먼트가 아닌 노드만 검색한다. 전체 차일드
중 원하는 것을 골라 내기 위해 보통 filter 메서드와 함께 사용하는 경우가 많다. filter 메서드는
조건에 맞는 항목을 골라내는데 다음 절에서 소개한다.

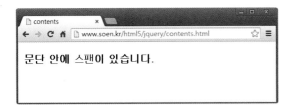

조건에 맞는 노드를 찾은 후 wrap 메서드로 모든 텍스트 노드에 대해 〈b〉 태그로 감싼다. 〈span〉
태그를 제외한 텍스트만 굵게 표시된다. 텍스트 노드에 대해서는 스타일을 지정할 수 없으므로 태
그를 감싸 표시해야 한다.


# 1.4 부모 검색

parent 메서드는 바로 위의 부모 하나를 찾으며 parents 메서드는 트리 계층 상위의 모든 부모를
찾는다.

**parents.html**

```
<!DOCTYPE html>
<html>
<head>
    <meta charset="utf-8">
    <title>parents</title>
    <script src="jquery-1.11.0.min.js"></script>
</head>
<body>
    <div>
        <p>문단 안에 <strong>강조</strong> 표시가 있다.</p>
    </div>
```

```
    <hr />
    <script>
        var result = "부모 : ";
        result += $('strong').parent().get(0).tagName;
        document.write(result + "<br>");

        result = "조상 : ";
        $('strong').parents().each(function(index) {
            result += this.tagName + " ";
        });
        document.write(result + "<br>");
    </script>
</body>
</html>
```

⟨div⟩ 태그 안의 ⟨p⟩ 태그 안에 ⟨strong⟩ 태그가 들어 있는 단순한 구조이다. ⟨strong⟩ 태그에 대해 부모와 조상을 찾아 출력하였다. 직계 부모는 ⟨p⟩ 태그임이 분명하다. parent 메서드로 조상을 구한 후 get 메서드로 첫 번째 엘리먼트인 부모를 읽어 tagName 속성으로 태그 이름을 읽었다. jQuery 방법으로도 태그명을 읽는 prop 메서드가 있지만 아직 배우지 않았으므로 DOM 방식으로 태그명을 읽었다.

조상은 ⟨p⟩, ⟨div⟩, ⟨body⟩, ⟨html⟩ 순이며 이 순서대로 jQuery 객체에 저장되어 있을 것이다. parents 메서드로 조상 목록을 구한 후 each 메서드로 조상을 순회한다. 검색 시작점에서 가까운 조상부터 순회되며 제일 마지막 부모는 항상 ⟨html⟩이다. each의 콜백 메서드 내부에서 this는 DOM 객체이므로 이 객체의 tagName 속성으로 태그 이름을 얻을 수 있다.

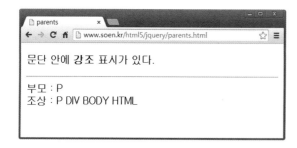

JavaScript+jQuery 정복

두 메서드 모두 선택자를 인수로 받아 조건에 맞는 부모만 찾을 수도 있다. parents('div')는 조상 중에서도 〈div〉 태그만 찾는다. parentsUntil 메서드는 선택자로 지정한 엘리먼트를 만날 때까지만 조상을 검색하며 해당 엘리먼트는 제외된다.

**parentsuntil.html**

```
<!DOCTYPE html>
<html>
<head>
    <meta charset="utf-8">
    <title>parentsuntil</title>
    <script src="jquery-1.11.0.min.js"></script>
</head>
<body class="stop">
    <div>
        <p>문단 안에 <strong>강조</strong> 표시가 있다.</p>
    </div>
    <hr />
    <script>
        var result = "조상 : ";
        $('strong').parentsUntil('.stop').each(function(index) {
            result += this.tagName + " ";
        });
        document.write(result + "<br>");
    </script>
</body>
</html>
```

stop 클래스가 지정된 부모까지만 찾으므로 〈p〉, 〈div〉까지만 거슬러 올라 가다가 검색을 중지한다. parents('.stop')은 stop 클래스가 지정된 항목을 찾는 것이고 parentsUntil('.stop')은 stop 클래스가 지정된 항목 직전까지 찾는 것이다.

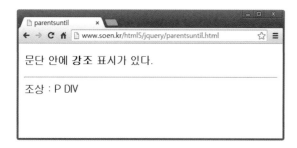

closest 메서드는 검색을 시작한 항목에서 위쪽으로 올라가며 조건에 맞는 첫 번째 요소를 찾는다. parents 메서드와 유사하되 다음과 같은 차이점이 있다.

- **검색 시작점** : parents는 바로 위의 부모부터 찾는데 비해 closest는 자기 자신부터 찾는다.
- **검색 개수** : parents는 조건에 맞는 모든 항목을 찾지만 closest는 조건에 맞는 최초의 항목 하나만 찾는다. 물론 조건에 맞는 항목이 없을 경우 검색에 실패할 수도 있다.

요약하자면 검색 시작점과 검색 중지 조건이 다르다. 다음 예제로 두 메서드를 비교해 보자.

**closest.html**

```
<!DOCTYPE html>
<html>
<head>
    <meta charset="utf-8">
    <title>closest</title>
    <script src="jquery-1.11.0.min.js"></script>
</head>
<body class="sosi">
    <div class="sosi">
        <p>문단 안에 <strong class="sosi">강조</strong> 표시가 있다.</p>
    </div>
    <hr />
    <script>
        var result = "parents : ";
        $('strong').parents('.sosi').each(function(index) {
            result += this.tagName + " ";
        });
```

```
        document.write(result + "<br>");

        result = "closest : ";
        $('strong').closest('.sosi').each(function(index) {
            result += this.tagName + " ";
        });
        document.write(result + "<br>");
    </script>
</body>
</html>
```

parents 메서드에 .sosi 클래스 선택자를 인수로 전달하였다. 위로 올라가며 .sosi 클래스명이 지
정된 부모를 모두 찾으며 검색식 자신은 제외된다. 반면 closest 메서드는 자기 자신부터 검색하므
로 자신이 검색된다.

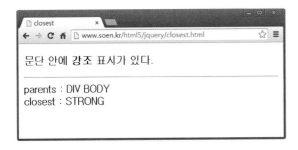

만약 strong에 sosi 클래스가 지정되어 있지 않다면 가장 가까운 부모인 div가 검색될 것이다.
closest 메서드는 자신을 포함하여 조건에 맞는 가장 가까운 단 하나의 부모를 찾는다는 점이 다
르다.

## 1.5 형제 검색

다음 세 메서드는 뒤쪽의 형제를 찾는다. 인수로 선택자를 넘겨 특정 형제만 찾을 수도 있다.

| 메서드 | 설명 |
|---|---|
| next() | 다음 형제를 찾는다. |
| nextAll() | 다음의 모든 형제를 찾는다. |
| nextUntil(선택자) | 선택자에 해당하는 엘리먼트를 만날 때까지 모든 형제를 찾는다. |

부모를 검색하는 일련의 메서드와 거의 유사해서 아주 쉽다.

next.html

```
<!DOCTYPE html>
<html>
<head>
    <meta charset="utf-8">
    <title>next</title>
    <script src="jquery-1.11.0.min.js"></script>
</head>
<body>
    <h2>제목</h2>
    <p>문단1</p>
    <p>문단2</p>
    <h3>제목3</h3>
    <p>문단3</p>
    <script>
        $('h2').next().css('background', 'yellow');
    </script>
</body>
</html>
```

next 메서드는 〈h2〉 다음에 있는 문단 하나만 선택하여 노란색 배경으로 채색한다. nextAll 메서드로 변경하면 아래쪽의 모든 형제가 선택될 것이다.

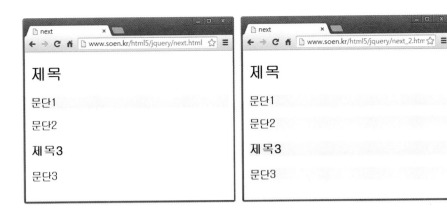

nextAll('p')로 인수를 전달하면 아래쪽의 형제중에 문단만 선택되며 제목3은 제외된다. nextUntil('h3')로 바꾸면 h3 앞쪽의 형제들만 선택된다.

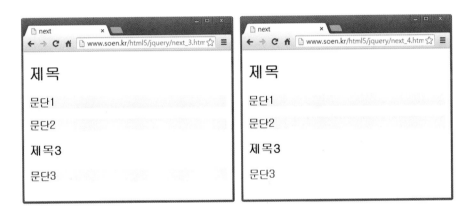

prev(), prevAll(), prevUntil() 메서드는 앞쪽 형제를 찾는다는 것만 빼고 앞 메서드와 같다. siblings()는 방향에 상관없이 모든 형제를 찾는다.

**siblings.html**

```
<!DOCTYPE html>
<html>
<head>
    <meta charset="utf-8">
    <title>siblings</title>
    <script src="jquery-1.11.0.min.js"></script>
```

```
    </head>
    <body>
        <p>문단1</p>
        <h2>제목</h2>
        <p>문단2</p>
        <h3>제목3</h3>
        <p>문단3</p>
        <script>
            $('h2').siblings().css('background', 'yellow');
        </script>
    </body>
    </html>
```

〈h2〉 태그를 기준으로 하여 형제를 찾았으므로 위, 아래의 문단과 제목이 모두 선택된다. siblings ('p')로 조건을 주면 형제들 중에 문단인 것만 찾는다. CSS에는 위쪽의 형제를 찾는 선택자가 없지만 jQuery의 메서드는 방향에 상관없이 모든 형제를 다 찾을 수 있다.

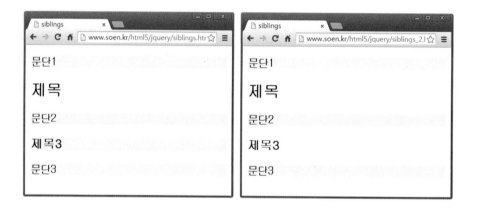

이상으로 자식, 부모, 형제를 검색하는 여러 메서드를 소개했는데 이 메서드를 잘 활용하면 주변의 관련 엘리먼트를 쉽게 찾을 수 있다. 직관적이고 쉽지만 종류가 많아 헷갈리는 면이 있는데 잘 정리해 두도록 하자.

JavaScript+jQuery 정복

# 유틸리티 메서드

## 2.1 filter

filter 메서드는 선택해 놓은 집합에서 일부를 제외하여 범위를 더 좁힌다. 조건에 맞는 것만 골라내는 것을 필터링이라고 하며 다음 두 가지 형식으로 사용된다.

**filter(선택자)**
**filter(함수(index))**

인수로 선택자를 전달하면 기존의 집합에 이 선택자가 추가로 적용되어 더 일부만 선택된다.

**filter.html**

```
<!DOCTYPE html>
<html>
<head>
    <meta charset="utf-8">
    <title>filter</title>
    <script src="jquery-1.11.0.min.js"></script>
</head>
<body>
    <p>문단0</p>
    <p>문단1</p>
    <p>문단2</p>
    <p>문단3</p>
    <p>문단4</p>
    <script>
```

```
        $('p:odd').filter(':contains(1)').css('background', 'yellow');
    </script>
  </body>
  </html>
```

$('p:odd') 선택자는 홀수 번째 문단만 선택한다. 이 선택자에 의해 1, 3 두 개의 문단이 선택될 것이다. 이 집합에 대해 filter(':contains(1)') 메서드를 호출하면 1이라는 문자열이 포함된 문단으로 필터링되어 문단1만 선택된다.

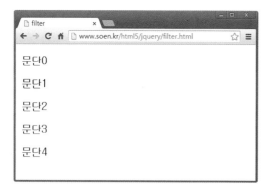

태그 선택자와 필터, 그리고 filter 메서드를 사용했는데 아예 선택자에 두 개의 필터를 동시에 적용해도 결과는 같다. 필터를 꼭 하나만 사용하라는 법은 없으며 여러 개의 필터를 이어서 사용할 수 있다.

```
    $('p:odd:contains(1)').css('background', 'yellow');
```

그러나 filter 메서드는 먼저 선택해 놓은 집합에 대해 추가로 필터링을 지정할 수 있다는 면에서 더 정밀한 선택이 가능하며 중간에 다른 코드를 삽입할 수도 있다. 개념적으로 find 메서드가 필요한 이유와 비슷하다.

콜백 함수를 인수로 전달하면 모든 엘리먼트에 함수가 호출되며 index 인수로 순서값이 전달된다. 콜백 함수는 이 엘리먼트를 점검해 보고, 선택할 것이면 true를 리턴하고 선택에서 제외할 것이면 false를 리턴한다. 개별 엘리먼트의 선택 여부를 코드에서 여러 가지 조건을 점검하여 직접 결정한다. 결국 콜백에서 true를 리턴하는 항목만 선택된다.

JavaScript+jQuery 정복

```
<!DOCTYPE html>
<html>
<head>
    <meta charset="utf-8">
    <title>filter2</title>
    <script src="jquery-1.11.0.min.js"></script>
</head>
<body>
    <p>문단0</p>
    <p>문단1</p>
    <p>문단2</p>
    <p>문단3</p>
    <p>문단4</p>
    <script>
        $('p:odd').filter(function(index) {
            if (index == 1) return true;
            else return false;
        }).css('background', 'yellow');
    </script>
</body>
</html>
```

$('p:odd') 선택자에 의해 1, 3번째 문단이 선택되며 jQuery 객체에는 이 두 엘리먼트가 저장된다. filter 메서드를 호출하면 콜백으로 두 엘리먼트가 순서대로 전달되며 index로는 배열 내의 두 엘리먼트 첨자인 0, 1이 전달된다. 콜백에서는 순서값이 1인 엘리먼트에 대해서만 true를 리턴하였으므로 뒤쪽의 3번 문단만 선택된다. 함수 내부에서 코드로 여러 가지 조건을 볼 수 있으므로 임의의 선택이 가능하다.

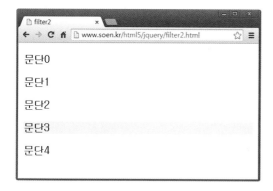

find 메서드와 filter 메서드는 사용 형식이 비슷하지만 동작은 완전히 반대이다. find는 선택자로
후손을 찾아 아래쪽으로 이동하는데 비해 filter는 선택자로 엘리먼트를 제한한다. 말 그대로 find
는 조건에 맞는 엘리먼트를 찾는 것이고 filter는 조건에 맞지 않은 엘리먼트를 제거하여 개수를 줄
이는 것이다. 다음 예제로 테스트해 보자.

```
filter3.html
```

```html
<!DOCTYPE html>
<html>
<head>
    <meta charset="utf-8">
    <title>filter3</title>
    <script src="jquery-1.11.0.min.js"></script>
</head>
<body>
    <p>평범한 문단입니다.</p>
    <p class="sample">두 번째 <strong>문단</strong>입니다.</p>
    <p>세 번째 <strong>문단</strong>입니다. </p>
    <p class="sample">이 문단은 자식이 없습니다.</p>
    <p class="sample">이 문단에는 <i>기울임체</i>가 있습니다.</p>
    <script>
        $('p').filter('.sample').find('strong').css('background', 'yellow');
    </script>
</body>
</html>
```

다섯 개의 문단에 대해 filter와 find를 같이 적용해 보았다. $('p') 선택자는 모든 문단을 다 선택한다. 이 집합에 대해 filter('.sample') 메서드를 호출하면 sample 클래스가 지정된 문단만 골라내므로 2개의 문단이 제외된다. find('strong') 메서드는 이 중에서 〈strong〉 태그를 찾아 선택한다. 결국 sample 클래스가 지정된 문단에 속한 〈strong〉 태그 하나를 찾아 내는 것이다.

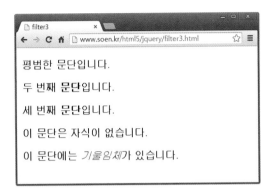

filter 메서드 호출을 빼면 클래스 속성과 상관없이 두 개의 〈strong〉 태그가 선택되며 find 메서드 호출을 빼면 클래스가 지정된 모든 문단이 선택된다. 두 메서드를 다 빼면 물론 모든 문단이 다 선택될 것이다.

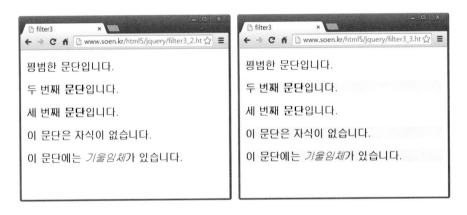

이 결과를 살펴 보면 find, filter 메서드가 어떤 동작을 하는지 알 수 있다. find는 찾아내는 것이고 filter는 걸러내는 것이다.

## 2.2 일부 추출

다음 메서드는 배열에서 특정 위치의 차일드를 추출한다. 순서값으로 차일드를 찾아 새로운 jQuery 객체를 만드는 것이다.

    eq(n)
    first()
    last()

eq 메서드는 인수로 순서값을 지정하여 객체 배열에서 n번째 요소를 분리한다. 첫 번째 요소의 첨자가 0번(Zero Base)이며 음수 첨자를 지정하면 끝에서부터의 순서를 의미한다. 0번째가 제일 첫 요소이고 −1번째는 제일 끝 요소를 의미한다. 만약 범위를 벗어난 순서값을 지정하면 빈 객체가 리턴되지만 이 객체에 대해서 어떠한 조작을 하더라도 에러는 발생하지 않는다. 그냥 아무 일도 일어나지 않을 뿐이다.

eq 메서드로 분리한 결과는 jQuery 객체이므로 jQuery 메서드를 아무런 제약없이 호출할 수 있다. first 메서드는 첫 번째 항목을 추출하며 의미상으로 eq(0)와 같다. last 메서드는 마지막 항목만 추출하며 의미상으로 eq(−1)과 같다. eq가 본 메서드이되 처음과 마지막을 찾을 경우가 많으므로 별도의 쇼트컷 메서드가 제공되는 것이다. 다음 예제로 테스트해 보자.

```
eq.html
```
```html
<!DOCTYPE html>
<html>
<head>
    <meta charset="utf-8">
    <title>eq</title>
    <script src="jquery-1.11.0.min.js"></script>
</head>
<body>
    <h3>문단0</h3>
    <h3>문단1</h3>
    <h3>문단2</h3>
    <h3>문단3</h3>
```

JavaScript+jQuery 정복

```
        <h3>문단4</h3>
    <script>
        $('h3').first().css('background', 'yellow');
        $('h3').eq(2).css('background', 'blue');
        $('h3').eq(-2).css('background', 'red');
    </script>
    </body>
    </html>
```

다섯 개의 문단 중에 first 메서드로 첫 문단을 찾고 eq 메서드로 2번째와 끝에서 2번째 문단을 찾아 각각 다른 배경색을 채색했다.

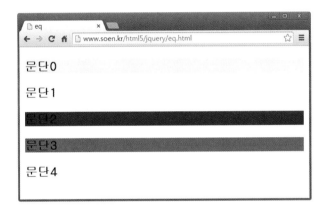

순서값으로 차일드를 검색하는 방법은 이 메서드 외에도 :first, :last, :eq 필터가 있다. 이름도 똑같고 실제로 골라내는 것도 같다. 그러나 필터는 한번에 찾는데 비해 메서드는 두 번 나누어 찾으므로 체이닝에 의해 중간에 다른 처리를 끼워 넣을 수 있다. 다음 예제는 두 문단 모두 노란색 배경을 칠하고 첫 번째 문단에 경계선을 그린다.

**firstcss.html**

```
    <!DOCTYPE html>
    <html>
    <head>
        <meta charset="utf-8">
```

```
        <title>firstcss</title>
        <script src="jquery-1.11.0.min.js"></script>
    </head>
    <body>
        <h2>문단1</h2>
        <h2>문단2</h2>
        <script>
            $('h2').css('background', 'yellow');
            $('h2:first').css('border', 'solid red');
        </script>
    </body>
</html>
```

적용 대상이 다르기 때문에 두 번으로 나누어 스타일을 지정한다. 우선 전체 문단을 선택하여 노란색 배경을 칠한다. 그리고 새로운 선택자와 필터를 통해 첫 번째 문단만 선택하여 빨간색 경계선을 그렸다.

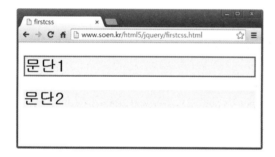

검색을 두 번 해야 하므로 불편할 뿐만 아니라 처음부터 다시 검색하기 때문에 성능에도 불리하다. 메서드 체이닝을 사용하면 이 두 문장을 하나로 합칠 수 있다.

```
$('h2').css('background', 'yellow').first().css('border', 'solid red');
```

모든 <h2> 태그를 찾아 배경색을 지정하고 그 중 첫 번째만 골라 빨간색 경계선을 그렸다. :first 필터는 중간에 css 메서드 호출이 끼어들 수 없지만 first 메서드와 선택자 사이에는 다른 메서드를 호출할 수 있다. 중간 중간에 호출되는 메서드는 훨씬 더 복잡한 명령일 수도 있다. 이벤트 핸들러를 지정할 수도 있고 애니메이션을 할 수도 있으며 순회 루프가 될 수도 있고 심지어 다른 메서드로 분리될 수도 있다.

```
<!DOCTYPE html>
<html>
<head>
    <meta charset="utf-8">
    <title>firstmethod</title>
    <script src="jquery-1.11.0.min.js"></script>
</head>
<body>
    <h2>문단1</h2>
    <h2>문단2</h2>
    <script>
        function redfirst(sel) {
            sel.first().css('border', 'solid red');
        }
        redfirst($('h2').css('background', 'yellow'));
    </script>
</body>
</html>
```

⟨h2⟩ 엘리먼트 집합에 대해 배경색을 먼저 바꾼 후 이 집합을 redfirst 메서드로 전달한다. redfirst로 전달된 객체에는 두 개의 ⟨h2⟩ 엘리먼트가 들어 있지만 이 집합에 대해 first 메서드를 호출하여 첫 번째 엘리먼트만 다시 골라내어 경계선을 그렸다. 필터는 선택자 내부에서만 사용할 수 있으므로 메서드 호출 사이에는 적용할 수 없지만 선택 메서드는 전달받은 객체에 대해 언제든지 호출할 수 있다는 차이점이 있다.

다음은 eq 메서드와 get 메서드의 차이점에 대해 연구해 보자. 이 두 메서드는 배열에서 n번째 항목을 리턴한다는 면에서 같지만 리턴하는 타입이 다르다. eq(n)은 jQuery 객체를 리턴하지만 get(n)은 DOM 객체를 리턴한다. 따라서 eq(n)의 리턴 객체에 대해서는 jQuery 메서드를 호출해야 하고 get(n)의 리턴 객체에 대해서는 DOM 메서드를 호출해야 한다. 다음 예제는 두 문단의 배경을 노란색으로 변경한다.

**eqget.html**

```
<!DOCTYPE html>
<html>
<head>
    <meta charset="utf-8">
    <title>eqget</title>
    <script src="jquery-1.11.0.min.js"></script>
</head>
<body>
    <h2>문단1</h2>
    <h2>문단2</h2>
    <script>
        $('h2').eq(0).css('background', 'yellow');
        $('h2').get(1).style.backgroundColor = 'yellow';
    </script>
</body>
</html>
```

첫 문단은 eq(0)로 찾았으므로 css 메서드를 호출하여 배경색을 지정한다. 두 번째 문단은 get(1)로 찾았으므로 DOM의 속성 대입문을 사용해야 한다. 두 문단의 배경색이 모두 제대로 채색되었다.

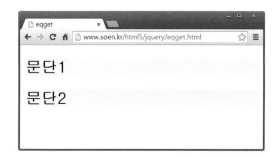

　　　　　　　　　　　JavaScript+jQuery 정복

그러나 검색 메서드와 스타일 지정문의 짝이 맞지 않으면 제대로 동작하지 않는다. jQuery 레퍼런스를 보면 get 메서드는 DOM의 Element 객체를 리턴하는데 비해 eq 메서드는 jQuery 객체를 리턴한다고 되어 있다. jQuery는 비슷 비슷해 보여도 미세하게 다른 점이 많아 익숙해지기 쉽지 않으므로 항상 레퍼런스를 주의깊게 보아야 한다.

slice(start, end) 메서드는 배열의 일부를 잘라내어 새로운 배열을 만든다. 배열의 slice 메서드와 사실상 동일하다. 선택된 배열중에서 start~end까지의 요소를 선택하여 부분 배열을 만들며 end를 생략하면 끝까지 선택된다.

**slice.html**

```
<!DOCTYPE html>
<html>
<head>
    <meta charset="utf-8">
    <title>slice</title>
    <script src="jquery-1.11.0.min.js"></script>
</head>
<body>
    <p>문단0</p>
    <p>문단1</p>
    <p>문단2</p>
    <p>문단3</p>
    <p>문단4</p>
    <script>
        $('p').slice(1,3).css('background', 'yellow');
    </script>
</body>
</html>
```

$('p') 선택자는 5개의 문단을 선택하며 0~4까지의 첨자를 가질 것이다. 이 문단 배열에서 1~3번째까지를 잘라내면 1, 2번째 문단만을 가지는 부분 배열이 리턴된다.

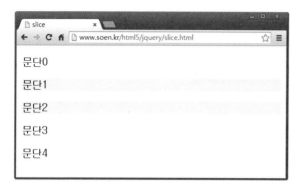

범위를 지정할 때는 항상 시작값은 포함되고 끝값은 제외됨을 유의하자. slice(1)로 바꾸면 1번째 이후 끝까지 모두 선택된다.

## 2.3 has, is, map

다음은 아주 간단한 유틸리티 메서드 3가지를 순서대로 알아 보자. has 메서드는 선택자로 지정한 자식을 가진 엘리먼트만 골라낸다.

**has.html**

```
<!DOCTYPE html>
<html>
<head>
    <meta charset="utf-8">
    <title>has</title>
    <script src="jquery-1.11.0.min.js"></script>
</head>
<body>
    <p>평이한 문단</p>
```

J a v a S c r i p t + j Q u e r y  정복

```
        <p>굵은 <b>글꼴</b>이 있는 문단</p>
        <p>평이한 문단</p>
        <p>이 문단에는 <b>강조</b> 문구가 있다.</p>
        <p>이 문단에는 <i>기울임체</i>가 있다.</p>
        <script>
            $('p').has('b').css('background', 'yellow');
        </script>
    </body>
```

$('p') 선택자는 문서에 있는 5개의 문단을 선택하며 이 집합에 대해 has('b') 메서드를 호출하면 〈b〉 태그가 있는 문단만 골라낸다. has('img') 메서드는 이미지를 가진 문단만 골라낼 것이며 has('a') 메서드는 링크를 가진 엘리먼트만 선택할 것이다.

is 메서드는 선택자 조건을 만족하는 항목이 하나라도 있는지 조사한다. filter와 조건을 점검하는 과정은 비슷하되 목록을 골라내는 것이 아니라 존재의 여부만을 조사한다는 점이 다르다. 선택을 변경하는 것이 아니라 조사만 하므로 jQuery 객체는 변경하지 않는다.

**is.html**

```
<!DOCTYPE html>
<html>
<head>
    <meta charset="utf-8">
    <title>is</title>
```

```
        <script src="jquery-1.11.0.min.js"></script>
    </head>
    <body>
        <p>평이한 문단</p>
        <p class="sample">샘플 문단</p>
        <hr />
        <script>
            if ($('p').is('.sample')) {
                document.write("샘플 문단이 있다.");
            } else {
                document.write("샘플 문단이 없다.");
            }
        </script>
    </body>
</html>
```

문단중에 sample 클래스가 있는지 조사하여 그 결과를 출력한다. 이벤트 핸들러에서 이벤트를 받은 엘리먼트가 조건을 만족하는지 검사할 때 종종 사용된다. is 메서드의 인수로 콜백 함수를 전달하여 함수 내부에서 조건을 점검하여 리턴할 수도 있다.

map 메서드는 객체 배열의 각 엘리먼트를 함수로 넘겨 함수가 리턴하는 값으로 새로운 jQuery 객체를 생성한다. 단순 배열로 변경하려면 get 메서드를 호출한 후 조작한다. 다음 예제는 문단의 텍스트만 추출한다.

```
<!DOCTYPE html>
<html>
<head>
    <meta charset="utf-8">
    <title>map</title>
    <script src="jquery-1.11.0.min.js"></script>
</head>
<body>
    <p>문단1</p>
    <p>문단2</p>
    <script>
        var result = $('p').map(function() {
            return $(this).text();
        }).get().join();
        alert(result);
    </script>
</body>
</html>
```

$('p')는 두 개의 문단을 선택한다. map 메서드를 호출하여 각 문단을 콜백 함수로 넘기고 함수는 문단의 문자열을 구해 리턴하며 이 리턴된 문자열을 배열로 가지는 새로운 jQuery 객체가 생성된다. 이 객체를 단순 배열로 바꾼 후 join으로 조립하여 대화상자로 출력했다.

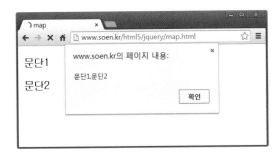

map 메서드는 일련의 엘리먼트 집합에서 특정 정보를 수집할 때 유용하다. 예를 들어 라디오 버튼의 모든 캡션값을 모은다거나 체크 박스의 id를 모두 조사하여 사용자에게 보여줄 때 사용한다. jQuery 객체가 아닌 일반 배열에 대해 동작하는 $.map 함수도 있다.

## 2.4 end

filter나 find 등의 선택 관련 메서드는 기존 검색된 결과에 새로운 조건을 추가로 지정하여 검색 범위를 더 좁히는 역할을 한다. 선택 메서드는 검색을 제한하여 더 정밀하게 검색할 수 있지만 일단 좁아진 범위를 더 넓힐 수는 없다. end 메서드는 반대로 선택을 한 단계 앞으로 돌리는 역할을 하여 기존 선택에 새로운 필터링을 할 수 있도록 한다.

**end.html**

```
<!DOCTYPE html>
<html>
<head>
    <meta charset="utf-8">
    <title>end</title>
    <script src="jquery-1.11.0.min.js"></script>
</head>
<body>
    <h3>문단0</h3>
    <h3>문단<span>1</span></h3>
    <h3>문단<span>2</span></h3>
    <h3>문단3</h3>
    <h3>문단4</h3>
    <script>
        $('h3').filter(':odd').css('background', 'yellow').
        end().filter(':has(span)').css('border', 'solid');
    </script>
</body>
</html>
```

JavaScript+jQuery 정복

$('h3') 선택자는 다섯 개의 제목 문단을 선택한다. 여기에 :odd 필터를 적용하면 홀수 번째 문단만 선택되며 1, 3 번째 문단만 노란색 배경으로 그려진다. 이 시점에서 end 메서드를 호출하면 :odd 필터를 적용하기 전의 상태로 돌아가며 여기에 :has(span) 필터를 적용하여 〈span〉 태그를 가진 문단에 경계선을 그렸다.

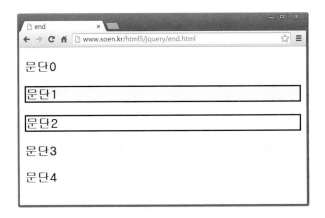

코드가 좀 길어서 복잡해 보이는데 홀수 번째 문단에 노란색 배경, 〈span〉 태그를 가진 문단에 경계선을 그린 것이다. 이 두 가지 선택을 평이하게 풀어쓰면 다음과 같다.

```
<script>
    $('h3').filter(':odd').css('background', 'yellow');
    $('h3').filter(':has(span)').css('border', 'solid');
</script>
```

$('h3') 선택자로 다섯 개의 문단을 찾고 이 중 홀수만 골라낸다. 그리고 다시 $('h3') 선택자로 다섯 개의 문단을 찾고 〈span〉 태그를 가진 문단을 골라낸다. 동작은 똑같지만 $('h3')라는 검색을 두 번 한다는 것이 문제다. 만약 여러 선택자와 필터를 조합하여 복잡한 조건으로 골라 놓은 집합이라면 그대로 다시 만들어 내기 쉽지 않으며 가능하다 하더라도 시간 낭비가 심하다.

이 둘을 하나로 합쳐 연쇄적으로 처리하고 싶지만 일단 필터를 적용해 버리면 일부 엘리먼트가 제외되어 버려 이전 단계로 돌아갈 수 없다. 이럴 때 사용하는 메서드가 바로 end이다. end는 필터를 적용 하기 이전 상태로 돌아가 원래의 집합에서 다시 필터링을 할 수 있게 한다.

선택 메서드는 새로운 jQuery 객체를 생성하는데 이때 이전 객체를 스택에 보관하고 새로운 객체를 생성한다. end 메서드는 스택에 저장해둔 이전의 객체를 다시 꺼내오는 것이다. end 메서드가 어떤 역할을 하고 왜 필요한지 알고 싶다면 애초의 예제에서 end 호출문을 잠시 삭제해 보고 차이점을 비교 관찰해 보면 된다.

**end2.html**

```
<script>
    $('h3').filter(':odd').css('background', 'yellow').
    filter(':has(span)').css('border', 'solid');
</script>
```

이렇게 되면 홀수 문단을 골라내고 홀수 문단 중에 〈span〉 태그를 가진 문단을 골라내어 경계선을 그린다. :has(span) 필터를 적용하는 대상이 전체 문단이 아니라 홀수 문단만 골라 놓은 집합이므로 홀수이면서 〈span〉 태그를 가진 문단만 선택된다. 홀수가 아닌 문단2는 제외되는 것이다.

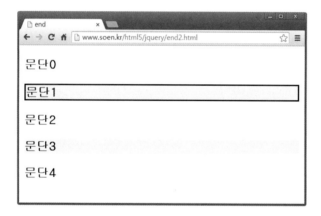

end 메서드는 :odd 필터를 적용하기 전의 상태로 복귀함으로써 전체 문단에 대해 :has(span) 필터를 다시 적용할 수 있도록 해 준다. 특정 집합에 대해 두 가지 필터로 검색할 때, 그리고 두 필터 검색식을 하나의 호출문으로 묶을 때 중간에 end 메서드를 호출하면 이전 상태로 돌아갈 수 있어 연쇄적 호출이 가능하다. add 메서드는 추가로 엘리먼트를 더 선택한다.

JavaScript+jQuery 정복

```
<!DOCTYPE html>
<html>
<head>
    <meta charset="utf-8">
    <title>add</title>
    <script src="jquery-1.11.0.min.js"></script>
</head>
<body>
    <h3>문단0</h3>
    <h3>문단1</h3>
    <h3>문단2</h3>
    <h3>문단3</h3>
    <h3>문단4</h3>
<script>
    $('h3:odd').add('h3:first').css('background', 'yellow');
</script>
</body>
</html>
```

홀수 번째만 선택하되 여기에 첫 번째도 추가로 더 선택한다. 다른 선택 메서드는 조건을 and로 연결하여 선택을 좁히는데 비해 add 메서드는 조건을 or로 연결하여 선택을 더 넓힌다는 점에서 다르다. 두 가지 조건을 합쳐서 적용하면 복잡한 집합도 쉽게 만들어낼 수 있다.

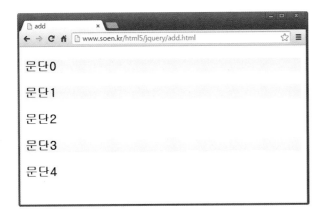

addBack메서드는 선택을 추가하되 스택의 이전 것도 같이 포함한다는 점이 다르다.

```
addback.html
```

```
<!DOCTYPE html>
<html>
<head>
    <meta charset="utf-8">
    <title>addback</title>
    <script src="jquery-1.11.0.min.js"></script>
</head>
<body>
    <p>문단1</p>
    <p>문단2</p>
    <p id="para3">문단3</p>
    <p>문단4</p>
    <p>문단5</p>
    <script>
        $('#para3').nextAll().addBack().css('background', 'yellow');
    </script>
</body>
</html>
```

$('#para3') 선택자는 para3 id를 가진 문단 3만 선택할 것이다. 그리고 이 집합에 대해 nextAll 메서드를 호출하면 문단3 이후의 문단4, 문단5가 선택된다. 이 둘을 합쳐 하나의 선택으로 만들고 싶다면 addBack 메서드를 호출하여 이전 상태와 합친다.

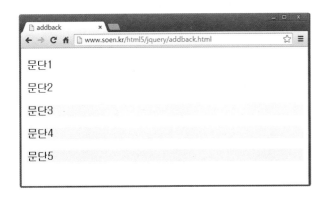

addBack 메서드가 없다면 최초의 검색 기준인 문단3은 제외될 것이다. 결국 검색 기준점과 그 이후의 문단을 포함하여 3개의 문단이 선택된다. nextAll 메서드는 원래 검색 시작 엘리먼트를 제외하지만 addBack과 함께 사용하면 검색 시작 엘리먼트도 포함시킬 수 있다.

# chapter 16

# 문서 조작

# 태그 관리

## 1.1 내용

스크립트의 주된 목적은 실행중에 문서를 마음대로 읽어서 바꾸는 것이다. jQuery의 장점은 짧은 코드로도 문서 객체의 원하는 부분을 찾아 조작하기 쉽다는 것이다. 앞 장까지 검색 방법을 알아 보았으므로 이번 장에서는 문서 객체를 요리하는 방법에 대해 알아 보자. 다음 메서드는 엘리먼트의 내용을 조사 및 변경한다.

    **text( )**
    **html( )**

jQuery 메서드는 대부분 인수의 개수에 따라 동작이 달라진다. text 메서드는 엘리먼트의 내용을 읽거나 조사하는데 인수 없이 text( ) 라고만 호출하면 내용을 조사하여 리턴하고 text(문자열)식으로 인수를 전달하면 내용을 변경한다.

**textmethod_html**

```
<!DOCTYPE html>
<html>
<head>
    <meta charset="utf-8">
    <title>textmethod</title>
    <script src="jquery-1.11.0.min.js"></script>
</head>
<body>
    <p>원래 내용입니다.</p>
```

```
<script>
    $('p').text('내용을 변경한다.');
    document.write("읽은 내용 : " + $('p').text());
</script>
</body>
</html>
```

HTML 문서에 문단이 하나 배치되어 있다. 이 문단을 찾아 text 메서드로 문자열을 전달하면 내용이 바뀌며 인수없이 전달하면 현재 내용을 조사한다. HTML 문서에 있는 엘리먼트의 내용을 변경하고 제대로 변경되었는지 확인해 보기 위해 그 값을 다시 읽어 아래쪽에 출력해 보았다.

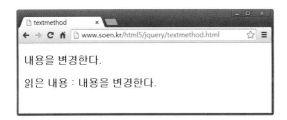

변경할 내용을 던져 주면 바꾸는 것이고 아무 말 없이 메서드만 호출하면 내용을 읽는 것이다. 이후의 메서드도 대부분 이 방식으로 동작하는데 상식적이므로 쉽게 익숙해질 수 있다. html 메서드는 내용을 읽거나 변경한다는 점에서 text 메서드와 비슷하지만 내부의 태그를 인식한다는 점이 다르다. 내용안에 태그가 있으면 이 태그도 내용으로 등록된다.

**htmlmethod.html**

```
<!DOCTYPE html>
<html>
<head>
    <meta charset="utf-8">
    <title>htmlmethod</title>
    <script src="jquery-1.11.0.min.js"></script>
</head>
<body>
    <p>원래 내용입니다.</p>
    <script>
```

```
        $('p').html('내용을 <b>변경</b>한다.');
        document.write("읽은 내용 : " + $('p').html());
    </script>
  </body>
</html>
```

HTML 문서의 문단을 찾아 html 메서드로 내용을 변경하되 새로 지정하는 내용에 〈b〉 태그가 포함되어 있어 굵은 글꼴이 적용된다. 읽을 때도 〈b〉 태그가 그대로 읽혀진다. DOM 엘리먼트의 innerHTML 속성을 읽고 쓰는 것과 동일하다.

반면 text 메서드는 태그를 인식하지 않으므로 〈b〉 태그가 &lt;b&gt;으로 이스케이핑되어 문서에 그대로 보인다. 위 예제의 변경 메서드를 text로 바꾸면 오른쪽 그림과 같이 출력되며 DOM 엘리먼트의 innerText 속성을 읽고 쓰는 것과 동일하다.

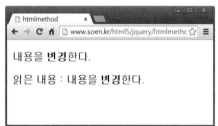

text 메서드는 여러 개의 엘리먼트가 선택되었을 때의 동작이 다른 메서드와 다르다. html 메서드는 항상 첫 번째 엘리먼트의 내용만 조사하는데 비해 text 메서드는 배열내의 모든 엘리먼트를 순회하여 내용을 추출해낸다.

**texthtml.html**

```
<!DOCTYPE html>
<html>
<head>
    <meta charset="utf-8">
    <title>texthtml</title>
    <script src="jquery-1.11.0.min.js"></script>
</head>
```

JavaScript+jQuery 정복

```
<body>
    <p>문단1</p>
    <p>문단2</p>
    <p>문단3</p>
    <hr />
    <script>
        document.write("html()로 읽은 내용 : " + $('p').html() + "<br />");
        document.write("text()로 읽은 내용 : " + $('p').text() + "<br />");
    </script>
</body>
</html>
```

$('p') 선택자는 문서에 있는 모든 문단을 다 구한다. 세 개의 문단이 검색되는데 이 문단 집합에
대해 html 메서드와 text 메서드로 내용을 각각 읽어 보았다.

html 메서드를 여러 개의 엘리먼트에 대해 적용하면 첫 번째 문단만 조사하는데 잠시 후에 배울
attr, css 등 값을 조사하는 메서드도 항상 첫 번째 엘리먼트의 값만 조사한다. 여러 엘리먼트에 대
해 속성이나 스타일을 모두 조사하려면 each 메서드로 루프를 돌며 값을 수집해야 한다. 일반적으
로 그럴 일이 별로 없기 때문에 첫 번째 값만 조사하는 것이다.

반면 text 메서드는 선택자가 조사한 모든 문단의 내용을 합쳐서 읽어낸다는 점에서 특이하다. 내
용을 취합해야하는 경우는 종종 있기 때문이다. textContent나 innerText 속성과 결과가 동일하
되 이 두 속성을 지원하지 않는 브라우저에서도 text 메서드는 잘 동작한다. 브라우저가 직접 지원
하지 않더라도 라이브러리가 내부에서 직접 순회하며 내용을 수집해 주는 것이다. 이것이 라이브
러리를 사용하는 장점이자 이유이다.

# 1.2 스타일

엘리먼트의 스타일을 조사 및 변경할 때는 다음 메서드를 호출한다. 지금까지 선택자 실습에서 배경색이나 경계선을 그리기 위해 줄곧 사용했던 메서드이다.

**css(스타일명)**
**css(스타일명, 값)**

역시 인수의 개수에 따라 동작이 달라지는데 스타일명만 인수로 전달하면 해당 스타일을 조사하고 값을 전달하면 새로운 값으로 변경한다. 스타일이 없으면 새로 추가되고 이미 있다면 기존의 값이 변경된다.

**cssmethod.html**

```html
<!DOCTYPE html>
<html>
<head>
    <meta charset="utf-8">
    <title>cssmethod</title>
    <script src="jquery-1.11.0.min.js"></script>
</head>
<body>
    <h1>문단</h1>
    <hr />
    <script>
        $('h1').css('color', 'Red');
        document.write($('h1').css('color') + "<br />");
    </script>
</body>
</html>
```

문서 내에 스타일시트가 없으므로 문단은 디폴트색인 검은색으로 출력될 것이다. 그러나 문단을 찾은 후 css 메서드로 빨간색으로 바꾸었으므로 웹 페이지에는 빨간색으로 그려진다. 변경 후 문

J a v a S c r i p t + j Q u e r y  정복

단의 색상 값을 다시 읽어 보면 빨간색으로 조사된다.

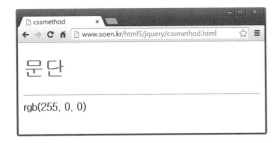

엘리먼트는 여러 개의 스타일을 가지는데 css 메서드는 복수 개의 스타일을 한꺼번에 다루는 방법
도 제공한다. 인수로 스타일명의 배열을 전달하면 모든 스타일값을 조사하여 배열로 만든 후 리턴
한다. 리턴된 배열을 순회하면 각 스타일값을 알아낼 수 있다.

**cssarray.html**

```
<!DOCTYPE html>
<html>
<head>
    <meta charset="utf-8">
    <title>cssarray</title>
    <script src="jquery-1.11.0.min.js"></script>
</head>
<body>
    <h1 style="color:red;background-color:yellow;">문단</h1>
    <hr />
    <script>
        var props = $('h1').css(['color', 'backgroundColor']);
        $.each(props, function(prop, value) {
            document.write(prop + " : " + value + "<br />");
        });
    </script>
</body>
</html>
```

〈h1〉 엘리먼트에는 인라인 스타일로 전경색과 배경색이 지정되어 있다. 이 두 스타일의 이름을 배열로 작성하여 css 메서드로 전달하면 두 스타일의 값이 역시 배열로 작성되어 리턴된다. 이 배열을 each 메서드로 순회하면 각 스타일의 이름과 현재값을 얻을 수 있다.

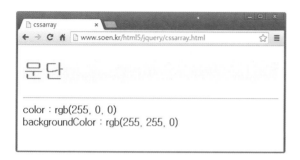

css 메서드의 두 번째 인수로 콜백 함수를 전달하면 매 엘리먼트에 대해 이 콜백이 호출되며 인수로 순서값과 현재 스타일값이 전달된다.

### css(스타일명, function(index, style) { } )

함수내에서 this는 순회중인 현재 엘리먼트이다. 콜백 함수내에서 순서값을 참조하여 스타일값을 리턴하면 이 값이 새로운 스타일로 지정된다.

**csscallback.html**

```
<!DOCTYPE html>
<html>
<head>
    <meta charset="utf-8">
    <title>csscallback</title>
    <script src="jquery-1.11.0.min.js"></script>
</head>
<body>
    <h1>문단1</h1>
    <h1>문단2</h1>
    <h1>문단3</h1>
    <script>
```

```
        var arColor = ['Red', 'Green', 'Blue'];
        $('h1').css('color', function(index, style) {
            return arColor[index];
        });
    </script>
</body>
</html>
```

세 개의 문단에 대해 arColor 배열에 미리 저장해 둔 각각 다른 색을 지정했다. $('h1') 선택자는
세 개의 문단을 모두 선택하며 css 메서드는 각 문단에 대해 콜백 함수를 호출한다. 콜백의 index
인수로는 배열내의 첨자가 전달되고 style 인수로는 문단의 현재 색이 전달된다. 현재값은 무시하
고 arColor 배열의 index번째 색상을 리턴하면 이 색상이 문단의 새로운 전경색이 된다.

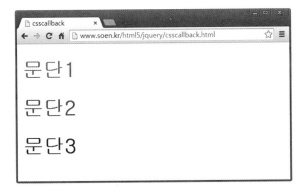

여러 스타일을 한꺼번에 지정할 때는 css 메서드로 객체를 전달한다.

### css(객체)

인수로 전달되는 객체는 스타일 이름과 값의 쌍을 가지며 개수에 상관없이 여러 개의 스타일을 한
꺼번에 지정할 수 있다. 객체의 키로 스타일명을 쓰고 값으로 스타일에 사용할 값을 지정한다.

```
<!DOCTYPE html>
<html>
<head>
    <meta charset="utf-8">
    <title>cssobject</title>
    <script src="jquery-1.11.0.min.js"></script>
</head>
<body>
    <h1>문단</h1>
    <script>
        var obj = {
            color:'Red',
            backgroundColor:'Yellow',
            border : 'solid green'
        };
        $('h1').css(obj);
    </script>
</body>
</html>
```

obj 객체는 세 가지 속성에 대한 값 목록을 가지며 이 객체를 css 메서드로 전달하였다. css는 객체에 저장된 스타일과 값을 꺼내 엘리먼트에 적용한다. 노란 배경에 빨간색 글자로 출력되며 초록색 경계선이 그려진다.

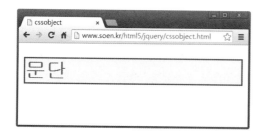

JavaScript+jQuery 정복

객체를 전달한다는 것을 분명히 보이기 위해 obj 객체를 따로 선언했는데 그럴 필요없이 css 메서드 내에 객체 리터럴을 바로 전달해도 상관없다. 코드가 번잡스러워 보이는 감이 있지만 간편하기 때문에 보통 이 방식을 더 많이 사용한다.

```
$('h1').css({
    color:'Red',
    backgroundColor:'Yellow',
    border : 'solid green'
});
```

스타일은 원시값 형태로만 지정할 수 있으며 font, margin 같은 축약형 스타일은 여러 값의 조합이라 바로 조사하거나 지정할 수 없다. 반드시 fontSize, fontWeight, marginTop 처럼 개별 스타일을 읽어야 한다. 단 border는 세 스타일을 한꺼번에 지정할 수 있으며 background도 배경색 지정에 사용할 수 있다.

수치값은 단위를 같이 붙여서 쓰는 것이 원칙이며 단위를 생략하면 디폴트인 px 단위가 적용된다. 픽셀 단위의 수치만 적을 때는 따옴표가 없어도 무방하지만 다른 단위를 쓸 때는 반드시 따옴표로 감싸야 한다.

---

**cssunit.html**

```
<!DOCTYPE html>
<html>
<head>
    <meta charset="utf-8">
    <title>cssunit</title>
    <script src="jquery-1.11.0.min.js"></script>
</head>
<body>
    <h1>문단입니다.</h1>
    <hr />
    <script>
        $('h1').css('fontSize', 40);
        $('h1').css('border', 'solid green 5px');
```

```
            document.write($('h1').css('fontSize') + "<br />");
        </script>
    </body>
</html>
```

문단의 글꼴 크기를 40으로 지정했다. 별다른 단위없이 40이라는 숫자만 지정했으므로 따옴표로 감쌀 필요는 없으며 px 단위가 적용된다. border 속성에는 초록색의 경계선을 지정했다. 그리고 fontSize 속성을 다시 조사해 보았다. 값을 조사할 때는 항상 px 단위로 조사된다. 글꼴 크기를 '40pt'로 지정한 후 다시 읽어보면 40pt로 조사되는 것이 아니라 53px로 더 크게 조사된다.

cssunit2.html

```
    ....
    <script>
        $('h1').css('fontSize', '40pt');
        $('h1').css('border', 'solid green 5px');
        document.write($('h1').css('fontSize') + "<br />");
    </script>
```

두 예제의 실행 결과는 다음과 같다. 40pt가 화면 해상도에 맞게 확대되기 때문에 실제로는 53px로 적용된 것이다. 물론 실행하는 장비에 따라 이 값은 달라질 수 있다.

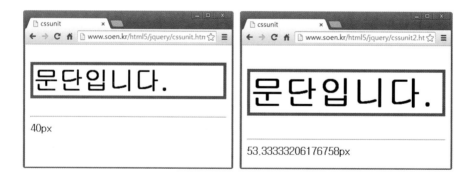

다음은 스타일의 이름에 대해 연구해 보자. color, display 처럼 한 단어로 된 스타일명은 이름을 바로 쓰면 된다. 두 단어 이상으로 된 스타일의 이름은 다음 두 가지 형태로 지정할 수 있다.

■ **CSS 형식** : font-size, background-color 식으로 -로 연결하여 지정한다.

■ **자바스크립트 형식** : fontSize, backgroundColor 식으로 중간에 대문자를 사용한다.

css 함수의 인수로 직접 사용할 때는 두 형식 모두 따옴표로 감싸야 한다.

```
$('h1').css('font-size', 40);
$('h1').css('fontSize', 40);
```

그러나 객체안에 포함되어 있고 자바스크립트 형식인 경우는 명칭 규칙에 적합하므로 따옴표가 없어도 무방하다. 다음과 같이 쓸 수 있다.

**stylename.html**

```
<!DOCTYPE html>
<html>
<head>
    <meta charset="utf-8">
    <title>stylename</title>
    <script src="jquery-1.11.0.min.js"></script>
</head>
<body>
    <h1>문단입니다.</h1>
    <script>
        $('h1').css({
            fontSize:40,
            backgroundColor:'yellow',
        });
    </script>
</body>
</html>
```

fontSize라는 명칭은 자바스크립트의 적법한 명칭이므로 멤버의 이름으로 바로 사용할 수 있다. 그러나 CSS 형식은 안된다.

```
$('h1').css({
    font-size:40,
    background-color:'yellow',
});
```

font-size는 font라는 변수에서 size라는 변수를 빼라는 명령이 되어 버리므로 명칭으로 사용할 수 없다. 정 CSS 형식으로 쓰고 싶다면 반드시 따옴표로 감싸야 한다.

```
$('h1').css({
    'font-size':40,
    'background-color':'yellow',
});
```

jQuery는 개발자 편의를 위해 2가지 형태의 스타일 이름을 모두 지원한다. 그러나 같은 대상을 칭하는 방법이 여러 가지라는 것은 좋지 못하며 두 방식을 섞어서 사용하는 것도 바람직하지 않다. 코드이므로 원칙적으로 자바스크립트 형식을 따르는 것이 합리적이다.

```
```

# section 02 속성 관리

## 2.1 속성

◇◇◇◇◇◇◇◇◇◇◇◇◇◇◇◇◇◇◇◇◇◇◇◇◇◇◇◇◇◇◇◇◇◇◇◇◇◇◇◇◇◇◇◇◇◇◇◇◇◇◇◇◇◇◇◇◇◇◇◇◇◇◇

엘리먼트의 속성을 조사 및 변경할 때는 다음 메서드를 호출한다. css 메서드와 사용하는 방법이
비슷해서 금방 익숙해질 수 있다.

**attr(속성명)**
**attr(속성명, 값)**

인수의 개수에 따라 동작이 달라지는데 속성의 이름만 주면 값을 조사하는 것이고 이름과 값을 전
달하면 바꾸는 것이다. 속성이 없으면 새로 추가되고 있으면 기존값이 변경된다.

**attrmethod.html**

```html
<!DOCTYPE html>
<html>
<head>
    <meta charset="utf-8">
    <title>attrmethod</title>
    <script src="jquery-1.11.0.min.js"></script>
</head>
<body>
    <p>그림<img />이다.</p>
    <hr />
    <script>
        $('img').attr('src', 'cosmos.jpg');
```

```
        document.write($('img').attr('src'));
    </script>
</body>
</html>
```

HTML 문서에는 빈 img 태그만 넣어 두고 스크립트에서 src 속성에 그림 파일을 지정했다. 그리고 지정된 속성을 다시 읽어 보았다. 문서가 열리기 전에 속성을 지정했으므로 로드 직후에 코스모스 이미지가 나타난다.

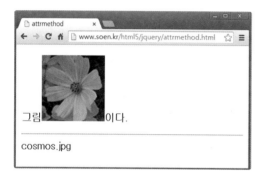

복수 개의 항목이 선택되어 있다면 첫 번째 항목의 속성만 조사된다. 여러 항목의 속성을 조사하려면 each 같은 순회 메서드를 통해 각 객체에 대해 attr 메서드를 개별적으로 호출해야 한다. css 메서드와 마찬가지로 함수나 객체를 인수로 전달할 수도 있다.

**attr(속성명, function(index, attr) { } )**
**attr(객체)**

복수 개의 엘리먼트가 선택된 상태에서 콜백 함수를 지정하면 각 엘리먼트별로 속성을 조사하거나 리턴값으로 다른 속성을 대입할 수 있다. 속성 이름과 값을 쌍으로 가지는 객체로 여러 속성값을 한꺼번에 지정할 수도 있다. 다음 예제는 세 개의 속성을 한꺼번에 대입한다.

```
<!DOCTYPE html>
<html>
<head>
    <meta charset="utf-8">
    <title>attrobject</title>
    <script src="jquery-1.11.0.min.js"></script>
</head>
<body>
    <p>그림<img src="rose.jpg" />이다.</p>
    <hr />
    <script>
        $('img').attr({
            src:'cosmos.jpg',
            title:'코스모스 그림',
            alt:'코스모스 그림'
        });
    </script>
</body>
</html>
```

HTML 문서의 <img> 태그에 src 속성은 이미 있지만 새 것으로 변경되며 title과 alt는 없으므로 새로 추가된다. 각 속성에 대해 attr 메서드를 세 번 호출하는 것과 같다. 다음 예제는 함수를 사용하여 이미지의 src 속성값을 title 속성에 대입하여 툴팁을 표시한다.

```
<!DOCTYPE html>
<html>
<head>
    <meta charset="utf-8">
    <title>attrcallback</title>
    <script src="jquery-1.11.0.min.js"></script>
```

```
    </head>
    <body>
        <p>코스모스 <img src="cosmos.jpg" /> 클로버 <img src="clover.png" /></p>
        <script>
            $('img').attr('title', function() {
                return this.src + ' 이미지';
            });
        </script>
    </body>
</html>
```

$('img') 선택자에 의해 문서 내의 두 이미지가 선택되며 각 이미지에 대해 콜백 함수가 호출된다. 콜백 함수에서 this의 src 속성을 리턴하면 이 값이 이미지의 title 속성으로 등록된다. 그림 위에 마우스 커서를 가져가면 이미지의 경로가 툴팁으로 출력된다.

속성을 제거할 때는 다음 메서드를 사용한다.

**removeAttr(속성명)**

인수로 제거할 속성 이름만 전달하면 된다.

```
<!DOCTYPE html>
<html>
<head>
    <meta charset="utf-8">
    <title>removeattr</title>
    <script src="jquery-1.11.0.min.js"></script>
</head>
<body>
    <p title="툴팁">문단</p>
    <script>
        $('p').removeAttr('title');
    </script>
</body>
</html>
```

문단에 title 속성이 지정되어 있어 마우스 커서를 가져가면 툴팁이 보이도록 했다. 그러나 스크립트에서 title 속성을 제거했으므로 툴팁은 나타나지 않는다.


## 2.2 클래스 속성

class 속성은 다른 속성에 비해 여러 개의 클래스값을 지정할 수 있다는 특수한 면이 있어서 따로 관리하는 메서드가 제공된다. attr 메서드로 class 속성을 조작할 수도 있지만 이렇게 되면 개별 클래스가 아닌 전체가 한꺼번에 조사 및 변경된다는 점이 다르다. 즉 attr은 class 속성을 통째로 바꿀 수만 있다. 그래서 클래스를 추가할 때는 다음 메서드를 사용한다.

addClass(클래스명)
addClass(function(index) { })

추가할 클래스 이름을 인수로 전달한다. 이미 지정되어 있는 클래스는 건드리지 않고 인수로 전달한 클래스만 추가한다. 여러 개의 클래스명을 공백으로 구분하여 전달할 수도 있다.

addclass.html

```
<!DOCTYPE html>
<html>
<head>
    <meta charset="utf-8">
    <title>addclass</title>
    <script src="jquery-1.11.0.min.js"></script>
    <style>
        .sample { background-color:yellow; }
    </style>
</head>
<body>
    <h1>문단입니다.</h1>
    <script>
        $('h1').addClass('sample');
    </script>
</body>
</html>
```

<h1> 엘리먼트에 sample 클래스 속성을 추가하여 스타일시트의 노란색 배경이 적용되도록 하였다. <h1> 태그의 스타일을 직접 바꾸는 방법에 비해 스타일을 미리 만들어 놓고 클래스만 변경하는 방법이 더 권장된다. 내용과 모양을 분리할 수 있다는 면에서 더 원칙적이고 구조적이다.

여러 엘리먼트가 선택되어 있을 때 인수로 콜백 함수를 전달하면 순서값에 따라 클래스명을 조립하거나 엘리먼트의 상태를 보고 조건에 맞을 때만 클래스를 추가할 수도 있다. 클래스를 제거할 때는 다음 메서드를 사용한다.

### removeClass (클래스명)

removeClass를 인수없이 호출하면 모든 클래스가 제거되며 클래스 이름을 지정하면 해당 클래스만 제거된다. 공백으로 구분하여 여러 개의 클래스명을 한꺼번에 제거할 수도 있다.

**removeclass.html**

```html
<!DOCTYPE html>
<html>
<head>
    <meta charset="utf-8">
    <title>removeclass</title>
    <script src="jquery-1.11.0.min.js"></script>
    <style>
        .sample { background-color:yellow; }
        .header { border:solid red; }
    </style>
</head>
<body>
    <h1 class="sample header">문단입니다.</h1>
    <script>
        $('h1').removeClass('sample');
    </script>
</body>
</html>
```

<h1> 태그에는 두 개의 클래스가 지정되어 있어 sample이면서 header이다. 그래서 노란 배경에 빨간색 경계선이 출력될 것이다. 스크립트에서 sample 클래스를 제거했으므로 노란색 배경은 사라진다.

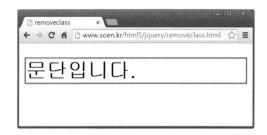

sample 클래스만 제거되고 header 클래스는 그대로 남아 있으므로 빨간색 경계선은 사라지지 않는다. 만약 removeClass 메서드를 다음 둘중 하나로 바꾸면 결과가 달라진다.

```
$('h1').removeClass();
$('h1').removeAttr('class');
```

모든 속성을 없애버리면 header 클래스도 삭제되므로 그냥 평범한 문단으로 출력될 것이다. removeAttr 메서드로 class 속성을 없애도 마찬가지로 두 개의 클래스 지정문이 다 사라진다. removeClass는 다른 클래스는 그대로 두고 지정한 클래스만 삭제한다. 이런 이유 때문에 클래스 속성을 관리하는 메서드가 별도로 제공되는 것이다. 다음 두 메서드는 아주 쉽다.

```
hasClass(클래스명)
toggleClass(클래스명, [switch])
toggleClass(function(index, class, switch);
```

hasClass 메서드는 클래스가 지정되어 있는지 조사한다. 조사하는 것이므로 인수로는 클래스명 하나만 전달한다. toggleClass는 클래스를 토글하여 있으면 제거하고 없으면 추가한다. switch 인수로 추가 또는 제거를 지정할 수 있다. switch가 true이면 addClass와 같고 false이면 removeClass와 같다.

## 2.3 프로퍼티

속성(Attribute)은 〈 〉 태그 안에 들어가는 값이다. 〈img〉 태그의 src나 〈a〉 태그의 href 같
은 것이 바로 속성이다. 이 외에도 엘리먼트는 tagName, nodeType, nodeName, owner
Document, selectedIndex 등의 속성(Property)을 가진다.

영문으로는 다른 단어를 사용하지만 한글로는 둘 다 속성으로 번역한다. Attribute는 HTML 문
서의 태그내에 사용자가 지정한 속성값이고 Property는 DOM 엘리먼트의 속성값이다. 여기서는
구분을 위해 DOM 속성을 발음대로 프로퍼티라고 칭하기로 한다. 프로퍼티를 읽거나 변경할 때는
prop 메서드를 호출한다.

**propmethod.html**

```
<!DOCTYPE html>
<html>
<head>
    <meta charset="utf-8">
    <title>propmethod</title>
    <script src="jquery-1.11.0.min.js"></script>
</head>
<body>
    <p>그림<img src='cosmos.jpg' />이다.</p>
    <hr />
    <script>
        document.write($('img').prop('tagName') + '<br />');
        document.write($('img').prop('nodeName') + '<br />');
        document.write($('img').prop('nodeType') + '<br />');
    </script>
</body>
</html>
```

〈img〉 엘리먼트에 대해 세 개의 주요 프로퍼티를 조사하여 아래쪽에 출력했다. 태그 이름과 노드
이름, 노드의 종류가 표시된다.

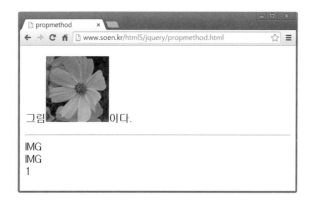

nodeName이나 nodeType 같은 프로퍼티는 태그 안에 지정된 속성이 아니라 태그 자체의 속성이므로 attr 메서드로는 조사할 수 없다. 프로퍼티를 제거할 때는 removeProp 메서드를 호출한다.

진위형 속성을 조사할 때는 attr 메서드가 적당치 않다. attr 메서드는 HTML 문서에 최초 지정된 상태를 조사할 뿐이며 실행중에 변경된 현재값을 조사하지 않는다. 입력 양식의 경우 사용자에 의해 값이 언제든지 변경될 수 있는데 현재값을 조사하려면 prop 메서드 또는 is 메서드를 사용한다.

**ismethod.html**

```
<!DOCTYPE html>
<html>
<head>
    <meta charset="utf-8">
    <title>ismethod</title>
    <script src="jquery-1.11.0.min.js"></script>
</head>
<body>
    <label for="male">남자</label>
    <input type="checkbox" id="male" checked /><br/>
    <hr />
    <p></p>
    <script>
        $('#male').change(function() {
            $('p').html(
                'attr : ' + $(this).attr('checked') + '<br />' +
```

　　　　　　　　JavaScript+jQuery 정복

```
                'prop : ' + $(this).prop('checked') + '<br />' +
                'is : ' + $(this).is(':checked') + '<br />');
        });
    </script>
</body>
</html>
```

이 예제는 체크 박스의 상태가 변경될 때마다 3가지 방법으로 체크 박스의 현재값을 읽어 보여 준다. 체크 박스가 변경될 때 조사하기 위해 change 이벤트에 조사 코드를 작성했다.

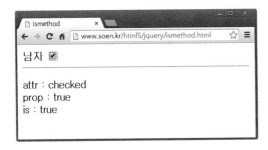

attr('checked') 호출문은 defaultChecked 값을 읽을 뿐 현재값을 읽는 것이 아니어서 실행중에 사용자가 체크 박스를 토글해도 항상 초기값을 읽어낸다. 반면 prop이나 is 메서드는 현재 상태를 정확하게 읽는다.

# 상태 관리

## 3.1 입력폼

입력폼에 사용자가 입력한 값은 val 메서드로 읽고 쓴다. 입력폼의 값은 보통 value 속성으로 지정하거나 읽으므로 attr 메서드로도 읽을 수 있다. 그러나 입력 양식에 따라 값을 읽는 방법이 약간씩 다른데 예를 들어 textarea는 value 속성이 아니라 태그의 내용이 실제값이며 select는 현재 선택된 옵션값이 실제값이다. val 메서드는 입력 양식의 종류에 따라 적절한 값을 읽어낸다는 점에서 value 속성만 읽는 attr 메서드와는 다르다.

**valmethod_html**

```
<!DOCTYPE html>
<html>
<head>
    <meta charset="utf-8">
    <title>valmethod</title>
    <script src="jquery-1.11.0.min.js"></script>
</head>
<body>
    <form>
        <label for="user">이름</label>
        <input type="text" id="user" value="김상형"/><br/>
        <label for="male">남자</label>
        <input type="checkbox" id="male" checked /><br/>
        <label for="intro">소개</label>
        <textarea id="intro" cols="40" rows="4">자기 소개</textarea><br/>
```

JavaScript+jQuery 정복

```html
    <label for="work">직업</label>
    <select id="work">
        <option value="programmer">프로그래머</option>
        <option value="progammer">프로게이머</option>
        <option value="whitehand">백수</option>
    </select><br/>
    <button type="button" onclick="btnview();">조사하기</button>
    <button type="button" onclick="btnchange();">이름 변경</button>
</form>
<script>
    function btnview() {
        alert("이름 : " + $('#user').val() + "\n" +
        "남자 : " + $('#male:checked').val() + "\n" +
        "소개 : " + $('#intro').val() + "\n" +
        "직업 : " + $('#work').val());
    }
    function btnchange() {
        $('#user').val("김유신");
    }
</script>
</body>
</html>
```

텍스트, 체크 박스, 텍스트 에리어, 콤보 박스 등 다양한 컨트롤을 배치해 놓고 그 값을 조사했다. 체크 박스의 경우 컨트롤이 아니라 :checked 선택자로 선택 상태를 조사해야 한다. 조사 결과를 문자열로 조립하여 대화상자로 출력하였다.

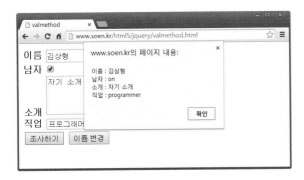

코드에서 입력 양식의 값을 미리 읽어 보는 기능은 유효성 점검을 위해 꼭 필요하다. 서버로 정보를 보내기 전에 클라이언트에서 누락된 값은 없는지, 형식이 틀린 값은 없는지 점검해야 하며 그러기 위해서는 사용자가 입력한 현재값을 읽어야 한다. 잘못된 값이 발견되면 대화상자를 통해 사용자에게 재입력을 요구해야 한다.

val 메서드로 인수를 전달하면 해당 요소의 값을 변경한다. 예제에서는 이름만 변경해 보았는데 이름 변경 버튼을 누르면 user 입력 양식의 값이 김유신으로 바뀐다. 특정 값 입력시 연관된 값을 자동으로 입력해 주고자 할 때 이 기능이 필요하다. 예를 들어 우편 번호를 선택하면 주소의 앞 부분을 미리 입력하고 나머지만 사용자에게 요구하는 것이 편리하다.

# 3.2 위치

엘리먼트의 위치를 조사할 때는 position 메서드를 호출한다. 리턴되는 위치 객체의 left, top 속성을 읽어 보면 현재 위치를 알 수 있다.

**position.html**

```
<!DOCTYPE html>
<html>
<head>
    <meta charset="utf-8">
    <title>position</title>
    <script src="jquery-1.11.0.min.js"></script>
</head>
<body>
    <p>문단</p>
    <p><img src="cosmos.jpg" /></p>
    <hr />
    <script>
        var pic = $('img');
        var pos = pic.position();
        document.write("위치 : " + pos.left + ", " + pos.top);
```

```
        </script>
    </body>
</html>
```

⟨img⟩ 엘리먼트의 현재 좌표를 조사하여 아래쪽에 출력했다. 조사되는 좌표는 오프셋 부모를 기
준으로 한 상대 좌표이다. 오프셋 부모는 위치가 static이 아니며 위치값을 가지는 부모를 의미한
다. 예제에서 ⟨img⟩ 태그는 문단 소속이지만 문단의 위치가 static이기 때문에 더 상위의 body를
기준으로 한 좌표가 조사된다. 좌표값은 글꼴이나 줌 상태에 영향을 받을 수 있으므로 정수가 아닌
실수로 리턴된다.

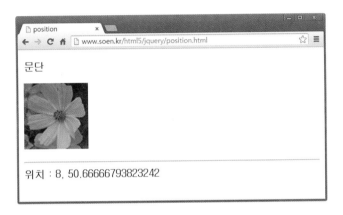

position 메서드는 위치를 조사할 수만 있고 변경할 수는 없다. 그래서 별도의 인수는 받지 않는
다. 이에 비해 offset 메서드는 좌표를 변경할 수도 있으며 문서를 기준으로 한 상대적인 좌표를 조
사한다는 점이 다르다. 인수가 없으면 position과 비슷하게 현재 위치를 리턴하고 인수가 있으면
해당 위치로 엘리먼트를 옮긴다. 이때 임의 위치로 옮기기 위해 CSS의 position 속성을 사용한다.

**offset_html**

```
<!DOCTYPE html>
<html>
<head>
    <meta charset="utf-8">
    <title>offset</title>
    <script src="jquery-1.11.0.min.js"></script>
```

```
    </head>
    <body>
        <p>문단</p>
        <p><img src="cosmos.jpg" /></p>
        <hr />
        <script>
            var pic = $('img');
            var off = pic.offset();
            off.left += 50;
            off.top += 30;
            pic.offset(off);
        </script>
    </body>
</html>
```

문서 로드 직후에 이미지의 위치를 오른쪽으로 50, 아래로 30만큼 옮긴다. 정상 흐름에서 50, 30
만큼 오른쪽 아래로 이동한 곳에 이미지가 배치된다. 절대 위치 x, y로 옮기려면 offset({ top: y,
left: x }) 식으로 이 좌표를 가지는 객체를 인수로 전달한다.

offsetParent 메서드는 DOM 트리에서 가장 가까운 위치값을 가진 조상을 찾는다. 위치값을 가
진 조상이란 position 속성이 relative나 absolute, fixed인 엘리먼트를 의미하며 static이 아닌
첫 번째 부모이다. 이 값은 애니메이션시 위치 계산에 유용하게 사용된다. 현재 스크롤 위치를 조
사하거나 변경할 때는 다음 두 메서드를 호출한다.

**scrollLeft();**
**scrollTop()**

인수없이 호출하면 스크롤 위치를 조사하고 값을 전달하면 강제로 스크롤시킨다. 스크롤할 수 없는 상태이거나 원점에 있다면 조사되는 값은 0이다.

```
scroll.html
```

```html
<!DOCTYPE html>
<html>
<head>
    <meta charset="utf-8">
    <title>scroll</title>
    <script src="jquery-1.11.0.min.js"></script>
</head>
<body>
    <p>스크롤 위치 조사 및 변경</p>
    <p><img src="birdegg.jpg" /></p>
    <script>
        $('body').click(function() {
            alert($(this).scrollLeft() + ", " + $(this).scrollTop());
        });
        $('body').keydown(function() {
            $('body').scrollTop(30);
        });
    </script>
</body>
</html>
```

스크롤 테스트를 위해 큰 이미지를 사용했다. 브라우저 창을 작게 줄여 스크롤 바가 나오도록 한 상태에서 테스트해 보자.

클릭하면 현재 좌표를 대화상자로 보여 주고 키보드에서 아무 키라도 누르면 수직 스크롤 좌표를 30으로 변경하여 강제 스크롤한다.

# 3.3 크기

다음 메서드는 엘리먼트의 크기를 조사한다.

| 메서드 | 설명 |
|---|---|
| width, height | 엘리먼트의 크기만 조사한다. |
| innerWidth, innerHeight | 패딩을 포함한다. |
| outerWidth, outerHeight | 경계선을 더한다. true를 전달하면 마진까지 더해진다. |

박스 모델에 의해 엘리먼트의 크기를 구성하는 여러 가지 요소가 있는데 메서드에 따라 포함되는 요소가 다르다.

```
<!DOCTYPE html>
<html>
<head>
    <meta charset="utf-8">
    <title>elementsize</title>
    <script src="jquery-1.11.0.min.js"></script>
    <style>
        img {
            background-color:yellow;
            margin:10pt;
            padding:20pt;
            border:solid red 10px;
        }
    </style>
</head>
<body>
    <p><img src="cosmos.jpg" /></p>
    <hr />
    <script>
        var pic = $('img');
        document.write("크기1 : " + pic.width() + ", " + pic.height() + "<br/>");
        document.write("크기2 : " + pic.innerWidth() + ", " + pic.innerHeight() + "<br/>");
        document.write("크기3 : " + pic.outerWidth() + ", " + pic.outerHeight() + "<br/>");
        document.write("크기4 : " + pic.outerWidth(true) + ", " + pic.outerHeight(true) + "<br/>");
    </script>
</body>
</html>
```

박스 모델을 테스트하기 위해 이미지 주변에 마진, 경계선, 패딩을 크게 주었으며 각 메서드로 크기값을 조사했다. 실수값으로 리턴되는데 적당히 반올림해서 사용하면 된다.

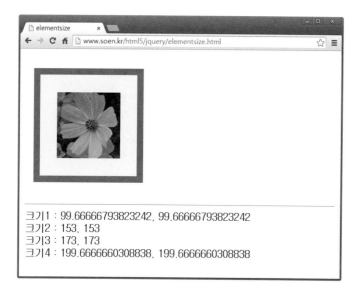

이미지 자체는 100, 100 크기밖에 안되지만 여기에 패딩, 경계선, 마진을 더하면 크기는 점점 더 커진다. width, height 메서드는 인수를 전달하여 값을 변경할 수도 있다. 크기값 다음에는 단위를 지정하되 생략하면 픽셀로 평가된다.

# 3.4 data

엘리먼트에는 속성이나 내용 등 여러 가지 정보가 저장된다. 예를 들어 〈a〉 태그는 href 속성으로 연결할 주소를 저장하고 〈img〉 태그는 src 속성으로 표시할 이미지를 지정한다. HTML 문서에 명시된 공식적인 정보 외에도 커스텀 데이터를 추가로 저장할 수 있다. DOM에도 똑같은 기능이 제공되지만 일부 브라우저에서 메모리 누수 문제가 있어 자유롭게 사용하기 곤란한데 jQuery는 이 문제를 해결하였다. 엘리먼트에 커스텀 데이터를 저장하거나 읽을 때는 다음 메서드를 호출한다.

```
data(key, value)
data(key)
```

키와 값을 인수로 전달하면 값을 저장하는 것이고 키만 전달하면 값을 읽는 것이다. 이 외에도 키와 값의 쌍을 객체로 저장하여 한꺼번에 여러 정보를 저장하는 방법도 있다. 어떤 정보를 저장할 것인지, 저장된 정보를 어디에 활용할 것인지는 코드가 알아서 결정해야 한다.

```
datamethod_html
```

```html
<!DOCTYPE html>
<html>
<head>
    <meta charset="utf-8">
    <title>datamethod</title>
    <script src="jquery-1.11.0.min.js"></script>
</head>
<body>
    <p><img src="cosmos.jpg" /></p>
    <hr />
    <script>
        $('p').data("camera", "canon 650d");
        $('p').data("iso", 200);
        document.write("장비 : " + $('p').data("camera") + "<br/>");
        document.write("ISO 감도 : " + $('p').data("iso") + "<br/>");
    </script>
</body>
</html>
```

HTML 문서에 <img> 태그가 배치되어 있고 코스모스 꽃그림을 출력했다. 이 태그에 사진에 대한 더 상세한 정보를 같이 저장해 놓고 싶다면 커스텀 데이터로 등록한다. camera라는 이름으로 이 사진을 촬영한 카메라 이름을 저장하고 iso라는 이름으로 촬영시의 ISO 감도값을 기록해 놓는다. 이 외에도 셔터 속도, 노출 시간, 촬영 장소에 대한 GPS 좌표 등도 기록해 넣을 수 있다. 정보가 제대로 저장되었는지 읽어 아래쪽에 다시 출력해 보았다.

커스텀 데이터는 임의로 추가하는 정보이므로 사용자 눈에 직접적으로 보이지 않으며 사용 용도도 딱히 정해져 있지 않다. 코드에서 필요한 정보를 저장해 두고 이 정보가 필요할 때 꺼내 쓰면 그만이다. 이 페이지의 경우 사진에 대한 상세 정보를 〈img〉 태그에 저장해 두고 사용자 요구가 있을 때 팝업창이나 상태란 등에 보여줄 수 있을 것이다.

# chapter 17
# 문서 구조

# 엘리먼트 추가

## 1.1 엘리먼트 생성

jQuery로 실행중에 엘리먼트를 생성 및 추가하여 완전히 새로운 문서를 만들 수도 있고 엘리먼트를 삭제하거나 순서를 변경하여 기존의 문서 구조를 바꿀 수도 있다. 이 장에서는 엘리먼트의 내용이나 속성이 아닌 엘리먼트 자체를 관리하여 문서의 구조를 조작하는 방법에 대해 실습해 보자.

엘리먼트를 생성할 때도 $()  함수를 사용하는데 인수로 HTML 문자열을 전달한다. 인수로 전달되는 문자열 안에는 반드시 〈 〉 괄호가 하나 이상 포함되어 있어야 하며 그렇지 않으면 선택자와 구분되지 않을 것이다. HTML 태그뿐만 아니라 내용까지도 넣을 수 있으며 자식 태그를 넣는 것도 가능하다. 편집기로 HTML 문서를 만들 때와 똑같은 방법대로 문서 조각을 만들면 된다.

생성한 엘리먼트는 메모리상에 홀로 존재하는 상태이므로 만들어만 놓아서는 웹 페이지에 나타나지 않는다. DOM 트리에 추가하여 위치를 결정해야 비로소 웹 페이지에 나타난다. 엘리먼트를 DOM 트리에 붙일 수 있는 여러 가지 방법이 있는데 가장 간단한 방법은 appendTo 메서드로 제일 뒤쪽에 추가하는 것이다.

**appendto.html**

```
<!DOCTYPE html>
<html>
<head>
    <meta charset="utf-8">
    <title>appendto</title>
    <script src="jquery-1.11.0.min.js"></script>
</head>
<body>
```

```
<script>
    var para = $('<p>새문단입니다.</p>');
    para.appendTo('body');
</script>
</body>
</html>
```

보다시피 HTML 문서에는 아무런 엘리먼트도 없다. 그러나 실행 직후에 스크립트로 문단을 하나 만들어 body의 끝에 추가함으로써 웹 페이지에 문단을 하나 배치했다.

$('<p>...') 함수를 호출하면 문자열 내의 태그 내용대로 엘리먼트를 생성한다. <p> 엘리먼트를 생성했으므로 문단이 하나 생성되는데 이 문단은 para라는 변수로 존재할 뿐 아직 DOM 트리에 추가된 것은 아니다. appendTo 메서드를 호출하여 body의 뒤쪽에 붙이면 이 문단이 문서의 마지막에 추가된다. 문서가 빈 상태여서 뒤에 붙이나 앞에 붙이나 차이는 없다. $() 함수로 문단 엘리먼트와 그 내용물을 한번에 만들었는데 빈 엘리먼트를 만들고 내용은 따로 추가할 수도 있다.

```
var para = $('<p></p>').html('새문단입니다.');
```

문단을 먼저 만들고 연쇄적으로 html 메서드를 호출하여 내용물을 채워 넣었다. 실행 결과는 똑같다. 문자열 내부에 자식 태그를 쓸 수도 있다. 다음과 같이 문단 안에 <b> 태그를 포함시키면 굵은 글꼴로 표시된다. 태그 안에 또 다른 태그를 얼마든지 중첩시킬 수 있다.

```
var para = $('<p></p>').html('새<b>문단</b>입니다.');
```

문자열로 HTML 문서 조각을 전달하면 작은 DOM 트리가 생성된다. 내용이 길어지면 여러 줄로 쓰고 예쁘게 들여쓰기도 하고 싶어지는데 그렇다고 해서 다음과 같이 해서는 안된다.

```
<script>
    var para = $('
        <p>
            새문단입니다.
        </p>
    ');
    para.appendTo('body');
</script>
```

자바스크립트는 개행코드를 문장의 끝으로 보기 때문에 여러 줄로 나누어 놓으면 하나의 문자열로 인정되지 않는다. 정 여러 줄로 쓰고 싶으면 각 줄마다 따옴표로 감싸고 + 연산자로 연결하거나 행 계속 문자인 \를 뒤에 붙여야 한다.

```
<script>
    var para = $(
        '<p>' +
            '새문단입니다.' +
        '</p>'
    );
    para.appendTo('body');
</script>
```

엘리먼트를 생성한 후 문서를 조작하는 메서드를 연쇄적으로 호출할 수 있다. 연이어 css 메서드를 호출하여 새로 생성된 문단의 스타일도 지정해 보자.

**makeandcss.html**

```
<!DOCTYPE html>
<html>
<head>
    <meta charset="utf-8">
    <title>makeandcss</title>
    <script src="jquery-1.11.0.min.js"></script>
</head>
```

```
<body>
    <script>
        var para = $('<p></p>').html('새<b>문단</b>입니다.').css('color', 'blue');
        para.appendTo('body');
    </script>
</body>
</html>
```

문단의 일부가 굵은 글꼴로 표시되며 문단의 색상은 파란색이 된다. 서식과 스타일까지 완성한 채
로 body의 끝에 문단을 붙였다.

메모리상에서 만든 것이건 원래 DOM 트리에 있던 것이건 jQuery로 조작하는 방법은 같다. attr
메서드로 속성을 추가할 수도 있고 addClass 메서드로 클래스 이름을 부여할 수도 있다.

## 1.2 추가 메서드

생성된 엘리먼트를 DOM 트리에 추가할 때는 다음 8개의 메서드를 사용한다. 누구를 기준으로 하
는가에 따라 2벌이 있고 삽입 위치에 따라 4벌이 있어 총 8개이다.

| 메서드 | 설명 |
|---|---|
| A.appendTo(B) | A를 B의 마지막에 추가한다. |
| A.prependTo(B) | A를 B의 처음에 추가한다. |
| A.insertAfter(B) | A를 B의 뒤에 삽입한다. |
| A.insertBefore(B) | A를 B의 앞에 삽입한다. |

| A.append(B) | A의 마지막에 B를 추가한다. |
|---|---|
| A.prepend(B) | A의 처음에 B를 추가한다. |
| A.after(B) | A의 뒤에 B를 삽입한다. |
| A.before(B) | A의 앞에 B를 삽입한다. |

삽입되는 새 엘리먼트를 기준으로 하는 4개의 메서드를 테스트해 보자.

**insertafter.html**

```html
<!DOCTYPE html>
<html>
<head>
    <meta charset="utf-8">
    <title>insertafter</title>
    <script src="jquery-1.11.0.min.js"></script>
    <style>
        div { text-indent:20px; }
    </style>
</head>
<body>
    <h2>문단 삽입 테스트</h2>
    <div>
        <p>원래 있던 문단1</p>
        <p>원래 있던 문단2</p>
        <p>원래 있던 문단3</p>
    </div>
    <script>
        var para1 = $('<p>새문단1</p>').css('font-weight', 'bold');
        var para2 = $('<p>새문단2</p>').css('font-weight', 'bold');
        var para3 = $('<p>새문단3</p>').css('font-weight', 'bold');
        var para4 = $('<p>새문단4</p>').css('font-weight', 'bold');
        var div = $('div');
        para1.appendTo(div);
        para2.prependTo(div);
```

JavaScript+jQuery 정복

```
        para3.insertAfter(div);
        para4.insertBefore(div);
    </script>
</body>
</html>
```

HTML 문서에는 디비전안에 3개의 문단밖에 없다. 원래 있던 엘리먼트임을 분명히 표시하기 위해 디비전 안의 문단은 20픽셀 오른쪽으로 들여썼다. 이 상태에서 4개의 문단을 만들어 디비전의 주변에 추가했다. 새로 만든 엘리먼트는 굵은 속성을 주어 쉽게 구분할 수 있도록 했다.

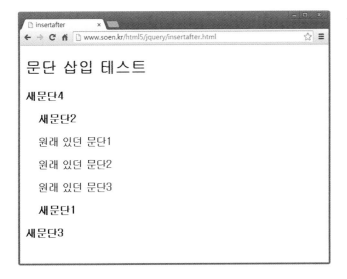

appendTo 메서드는 디비전의 끝에 추가하고 prependTo는 디비전의 처음에 추가한다. 따라서 이 두 메서드로 추가되는 엘리먼트는 디비전의 차일드로 등록된다. insertAfter와 insertBefore 는 디비전의 전후에 삽입되며 디비전과는 형제 관계가 된다. 그림으로 삽입 위치를 정리해 보자.

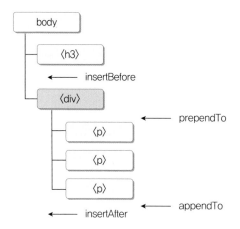

〈div〉를 기준으로 해서 문단을 〈div〉의 주위에 추가 및 삽입한 것이다. 주어가 앞에 오고 목적어가 뒤에 오는 식이라 삽입되는 엘리먼트가 호출 객체이고 기준이 되는 엘리먼트가 인수이다. 즉, 문단을 디비전 주위에 추가하는 것이다. 이를 반대로 하여 기준이 되는 엘리먼트를 호출 객체로 해서 새 엘리먼트를 삽입할 수도 있다. 이렇게 되면 디비전 주위에 문단을 추가하는 것이다. 코드를 다음과 같이 수정해도 결과는 동일하다.

```
div.append(para1);
div.prepend(para2);
div.after(para3);
div.before(para4);
```

〈div〉에 para1을 추가하나 para1을 〈div〉뒤에 추가하나 결과는 같다. 주어와 목적어의 순서만 바뀔 뿐이지 결국 같은 동작을 하는 메서드이다. 새로운 엘리먼트를 추가하는 문법은 쉬운 편이며 코드도 짧지만 DOM 구조를 변경하는 것은 시간이 꽤 오래 걸린다는 점을 주의해야 한다. 그래서 엘리먼트를 하나씩 추가하는 것보다는 가급적이면 미리 조립했다가 한번에 추가하는 것이 좋다. 다음은 구구단의 3단을 출력한다.

```
<!DOCTYPE html>
<html>
<head>
    <meta charset="utf-8">
    <title>gugudan</title>
    <script src="jquery-1.11.0.min.js"></script>
</head>
<body>
    <h2>구구단</h2>
    <div></div>
    <script>
        for(var i = 1; i <= 9; i++) {
            $('<p>3 * ' + i + ' = ' + (3 * i) + '</p>').appendTo($('div'));
        }
    </script>
</body>
</html>
```

빈 디비전안에 9개의 문단을 순서대로 추가했다. 실행중에 추가하는 것이므로 문단의 내용은 루프에서 코드로 결정한다.

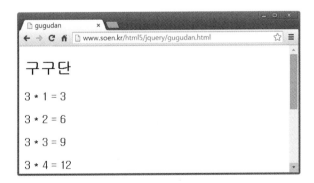

간단한 코드라 순식간에 실행되는 것 같지만 문단 하나가 추가될 때마다 브라우저 내부에서는 엄청난 일이 벌어진다. 문단이 추가되면 DOM의 구조가 바뀌고 이때마다 브라우저는 문서 전체를 분

석하여 레이아웃을 완전히 다시 잡을 것이다. 문서의 복잡도가 증가하면 눈에 띌 정도로 성능이 느려지는데 9번 새로고침을 하는 것과 같다. 이렇게 하는 것보다는 다음과 같이 하는 것이 정석이다.

**gugudan2.html**

```html
<!DOCTYPE html>
<html>
<head>
    <meta charset="utf-8">
    <title>gugudan2</title>
    <script src="jquery-1.11.0.min.js"></script>
</head>
<body>
    <h2>구구단</h2>
    <div></div>
    <script>
        var str = "";
        for(var i = 1; i <= 9; i++) {
            str += '<p>3 * ' + i + ' = ' + (3 * i) + '</p>';
        }
        $(str).appendTo($('div'));
    </script>
</body>
</html>
```

루프를 돌며 str 문자열안에 9개의 문단을 가진 문서를 미리 조립한다. 그리고 $(str) 함수를 호출하여 9개의 문단을 한꺼번에 만든 후 div에 딱 한번만 추가한다. 문자열 조립은 메모리 내에서 일어나는 일이므로 성능상의 불이익이 거의 없으며 DOM 트리는 한번만 바뀌므로 브라우저에게 부담도 없다. 최종적으로 사용자에게 보이는 내용은 전혀 차이가 없다.

JavaScript+jQuery 정복

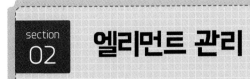

## 2.1 엘리먼트 삭제

DOM 트리의 엘리먼트를 삭제할 때는 다음 메서드를 호출한다. 삭제하는 수준에 따라 3개의 메서드가 준비되어 있다.

```
empty()
remove([선택자])
detach();
```

empty 메서드는 엘리먼트 자체는 두고 내용만 제거하여 비우는 데 비해 remove 메서드는 엘리먼트를 완전히 제거한다. 둘 다 차일드 엘리먼트는 모두 제거하며 텍스트도 일종의 차일드이므로 제거된다. 다음 예제로 두 메서드의 차이점을 관찰해 보자.

remove.html

```
<!DOCTYPE html>
<html>
<head>
    <meta charset="utf-8">
    <title>remove</title>
    <script src="jquery-1.11.0.min.js"></script>
    <style>
        p {border:3px solid red; }
    </style>
</head>
```

```
<body>
    <p>문단0</p>
    <p id="para1">문단1</p>
    <p id="para2">문단2</p>
    <p>문단3</p>
    <script>
        $('#para1').remove();
        $('#para2').empty();
    </script>
</body>
</html>
```

4개의 문단 중에 가운데 두 문단을 삭제했다. remove 메서드로 삭제한 문단1은 DOM 트리에서
완전히 사라진다. 이에 비해 empty 메서드로 삭제한 문단2는 내용만 비우는 것이므로 문단 자체
는 아직 남아 있다. 이를 확인하기 위해 문단에 외곽선 스타일을 적용해 보았다.

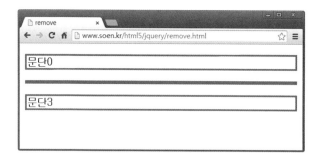

두 문단 사이에 굵은 외곽선이 남아 있는데 이것이 껍데기만 남은 문단2의 흔적이다. 내용만 사라
진 것일 뿐 문단 자체는 아직 생존해 있으므로 이후 para2를 검색하여 다른 내용으로 채워 넣을 수
있다. 스크립트 아래쪽에 다음 코드를 작성하여 이를 확인해 보자.

```
$('#para2').text("다시 부활한 문단");
```

empty 메서드는 text("") 메서드를 호출하여 빈 내용을 대입하는 것과 같다. 하지만 remove 메
서드로 삭제한 para1은 이미 문서에서 사라졌으므로 새로 만들지 않는 한 다시 보이게 할 방법이
없다. 두 메서드는 삭제 범위가 어디까지인가가 다르다.

JavaScript+jQuery 정복

```
              empty가 지우는 것

       <p>문단입니다</p>

          remove가 지우는 것
```

remove 메서드는 엘리먼트를 삭제하면서 메모리 누수를 방지하기 위해 관련된 데이터와 이벤트 핸들러까지 모두 제거한다. 이에 비해 detach는 데이터를 그대로 남겨두고 DOM 트리에서 문단을 분리시키기만 한다. 따라서 원래대로 다시 삽입하여 원상 복구할 수 있다.

**detach.html**

```html
<!DOCTYPE html>
<html>
<head>
    <meta charset="utf-8">
    <title>detach</title>
    <script src="jquery-1.11.0.min.js"></script>
</head>
<body>
    <h2>문단입니다.</h2>
    <script>
        $('h2').click(function() {
            alert("문단을 클릭했습니다.");
        });
        var para = $('h2').detach();
        para.appendTo('body');
    </script>
</body>
</html>
```

<h2> 엘리먼트에 클릭 이벤트 핸들러를 설치하고 대화상자를 여는 코드를 작성했다. detach로 엘리먼트를 분리하면서 리턴된 문단 객체를 변수에 받아 둔다. 이 상태에서는 문단이 DOM 트리에서 제거되므로 웹 페이지에서 사라진다. 하지만 언제든지 다시 추가하여 복구할 수 있으며 복구한 상태에서 이벤트 핸들러도 정상 동작한다.

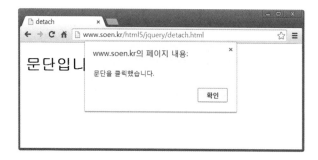

예제에서는 편의상 삭제후 바로 복원시켰는데 실제 프로젝트에서는 잠시 분리해 두고 필요할 때 복구하면 된다. remove 메서드는 엘리먼트와 관련된 모든 정보를 무조건 삭제해 버린다. empty, remove, detach 메서드를 한마디로 요약하면 비움, 제거, 분리라고 할 수 있다.

## 2.2 엘리먼트 복제

문서에 이미 있는 엘리먼트 하나를 찾아 다른 위치에 삽입하면 복제가 아닌 이동으로 처리된다.

**move.html**

```
<!DOCTYPE html>
<html>
<head>
    <meta charset="utf-8">
    <title>move</title>
    <script src="jquery-1.11.0.min.js"></script>
</head>
<body>
    <div>
        <p>문단0</p>
        <p id="para1">문단1</p>
        <p>문단2</p>
        <p>문단3</p>
    </div>
```

```
<script>
    var para = $('#para1');
    $('div').append(para);
</script>
</body>
</html>
```

4개의 문단이 있는 상태에서 문단1 엘리먼트를 찾아 〈div〉의 제일 아래쪽에 추가했다. append 메서드로 뒤쪽에 붙였지만 추가가 아니라 기존의 문단1이 뒤쪽으로 자리를 옮겨 순서만 바꾼다. append 메서드의 사전적 의미대로라면 오른쪽 그림과 같이 뒤쪽에 새로운 문단이 생겨야 하는데 기대와는 다르게 동작한다.

만약 문단1과 똑같은 사본을 만들어 하나 더 추가하고 싶다면 clone 메서드로 새로운 문단 객체를 만들어 삽입해야 한다.

**clone.html**

```
<!DOCTYPE html>
<html>
<head>
    <meta charset="utf-8">
    <title>clone</title>
    <script src="jquery-1.11.0.min.js"></script>
```

```
    </head>
    <body>
        <div>
            <p>문단0</p>
            <p class="para">문단1</p>
            <p>문단2</p>
            <p>문단3</p>
        </div>
        <script>
            var para = $('p.para').clone();
            $('div').append(para);
        </script>
    </body>
</html>
```

이러면 새로운 사본이 생성되어 기존 엘리먼트는 그대로 유지되고 뒤쪽에 하나가 더 추가된다. clone 메서드는 엘리먼트뿐만 아니라 후손까지 전부 복사하여 완전한 사본을 만든다. 이벤트 핸들러나 데이터는 복사하지 않는데 인수로 true를 전달하면 추가 데이터도 같이 복사한다.

## 2.3 교체하기

다음 두 메서드는 기존의 엘리먼트를 다른 것으로 교체한다. 교체하는 대상을 지정하는가 교체될 대상을 지정하는가의 순서만 다를 뿐 동작은 같다.

**replaceWith(교체할 대상)**
**replaceAll(교체될 대상)**

교체는 곧 삭제 후 삽입이지만 이 메서드를 사용하면 두 동작을 한번에 수행할 수 있다.

JavaScript+jQuery 정복

```
<!DOCTYPE html>
<html>
<head>
    <meta charset="utf-8">
    <title>replace</title>
    <script src="jquery-1.11.0.min.js"></script>
</head>
<body>
    <p id="para1">문단1</p>
    <p id="para2">문단2</p>
    <p id="para3">문단3</p>
    <script>
        $('#para2').replaceWith('<h2>제목</h2>');
    </script>
</body>
</html>
```

세 개의 문단이 있는 상태에서 두 번째 문단을 찾아 제목 문단으로 교체했다. replaceWith의 인수로 HTML 문자열을 전달하면 새로운 엘리먼트를 만든 후 기존 엘리먼트와 교체한다. 문단2가 〈h2〉 제목으로 바뀌어 큰 글꼴로 출력된다.

replaceWith 메서드는 교체될 대상이 주어이고 인수로 새로 삽입할 엘리먼트를 지정한다. 이에 비해 replaceAll 메서드는 새로 삽입할 엘리먼트가 주어이고 교체될 대상이 인수이다.

```
$('<h2>제목</h2>').replaceAll($('#para2'));
```

A를 B로 교체할 것인가, A로 B를 교체할 것인가의 표현의 차이만 있을 뿐 동작상의 차이는 없다.

## 2.4 둘러싸기

다음 메서드는 기존의 엘리먼트를 새로운 엘리먼트로 둘러싼다.

**wrap ()**
**wrapAll()**
**wrapInner()**
**unwrap()**

엘리먼트를 감쌀 바깥쪽 태그를 HTML 문자열로 전달한다. 각 메서드가 어떻게 다른지 바꿔 가며
비교해 보자. 먼저 가장 기본적인 wrap 메서드부터 실험해 보자.

**wrap.html**

```
<!DOCTYPE html>
<html>
<head>
    <meta charset="utf-8">
    <title>wrap</title>
    <script src="jquery-1.11.0.min.js"></script>
    <style>
        div { border:3px solid green; }
    </style>
</head>
<body>
    <p>문단1</p>
    <p>문단2</p>
    <script>
```

JavaScript+jQuery 정복

```
        $('p').wrap('<div></div>');
    </script>
</body>
</html>
```

---

문단 객체를 찾은 후 〈div〉 태그로 문단을 감쌌다. 〈div〉 태그를 시각적으로 확인하기 위해 〈div〉
에 초록색 경계선 스타일을 지정했다. 실행 결과는 다음 왼쪽 그림과 같다.

〈p〉 태그 바깥쪽에 이 태그를 감싸는 〈div〉 태그를 생성한 것이다. 이 결과 HTML 문서는 다음과
같이 바뀔 것이다. 각 문단을 개별적으로 〈div〉 태그로 감쌌다.

```
<div><p>문단1</p></div>
<div><p>문단2</p></div>
```

다음은 wrapAll 메서드로 문단을 감싸 보자. wrapAll은 선택된 엘리먼트 전체를 감싸며 결과는
위 오른쪽 그림과 같다. HTML 문서는 다음과 같이 바뀔 것이다. 두 문단이 하나의 〈div〉 태그에
둘러 쌓인다.

```
<div>
    <p>문단1</p>
    <p>문단2</p>
</div>
```

wrapInner 메서드는 태그의 바깥쪽으로 둘러싸는 것이 아니라 안쪽에 삽입한다. 문단 안으로
⟨div⟩ 태그가 들어가므로 경계선 높이가 훨씬 더 작다.

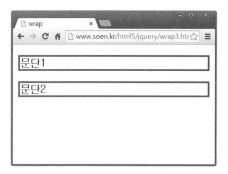

⟨p⟩의 바깥이 아니라 안쪽에 ⟨div⟩ 태그가 들어가며 HTML 문서는 다음과 같이 바뀐다.

```
⟨p⟩⟨div⟩문단1⟨/div⟩⟨/p⟩
⟨p⟩⟨div⟩문단2⟨/div⟩⟨/p⟩
```

unwrap 메서드는 wrap의 정확하게 반대되는 동작을 한다. 둘러싼 것을 제거한다. 바깥쪽에 무
엇이 있는가는 문서에 이미 기록되어 있으므로 인수를 전달할 필요는 없다.

**unwrap_html**

```
⟨!DOCTYPE html⟩
⟨html⟩
⟨head⟩
    ⟨meta charset="utf-8"⟩
    ⟨title⟩unwrap⟨/title⟩
    ⟨script src="jquery-1.11.0.min.js"⟩⟨/script⟩
    ⟨style⟩
        div { border:3px solid green; }
    ⟨/style⟩
⟨/head⟩
⟨body⟩
    ⟨div⟩⟨p id="para1"⟩문단1⟨/p⟩⟨/div⟩
```

```
            <div><p id="para2">문단2</p></div>
            <script>
                $('#para2').unwrap();
            </script>
        </body>
    </html>
```

두 개의 문단이 모두 〈div〉 태그로 둘러싸여 있는 상태에서 문단2에 대해서만 unwrap 메서드를 호출했다. 문단2 바깥쪽으로 가장 가까운 부모를 찾아 제거하므로 〈div〉 태그가 사라진다.

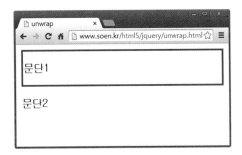

문단 1에만 경계선이 그려지고 문단2에는 경계선이 사라진다. unwrap 메서드에 의해 HTML 문서가 어떻게 바뀔 것인가는 쉽게 짐작될 것이다.

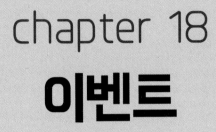

chapter 18
# 이벤트

# jQuery 이벤트

## 1.1 이벤트 등록 메서드

자바스크립트의 이벤트는 간편하지만 호환성이 좋지 못하다. 브라우저마다 이벤트를 등록하는 방법과 이벤트 객체의 구조가 다르며 특히 점유율이 가장 높은 IE가 너무 독자적이어서 일관성이 떨어진다. 또 HTML 태그 안에 이벤트 코드를 작성하는 식이라 표현과 동작이 분리되지 못하는 구조적인 문제가 있고 등록 메서드가 너무 길어 구문이 장황해지는 사소한 불편함도 있다.

jQuery는 이런 문제점을 해결하기 위해 이벤트를 관리하는 고수준의 추상층을 제공한다. 브라우저에 상관없이 이벤트 관련 문법이 일관되어 크로스 브라우저 실현이 가능하다. HTML 문서와 이벤트 코드를 완전히 분리하여 구조적으로도 우수하며 사용 방법도 훨씬 더 간편하다. 여기에 편의성을 향상시키는 몇 가지 추가 기능을 제공하여 자바스크립트보다는 여러 모로 개선되었다.

jQuery 이벤트 모델의 가장 기본적인 방법은 이벤트 등록 메서드를 호출하는 것이다. 다음 메서드는 jQuery 객체에 click 이벤트 핸들러를 등록한다. 이벤트를 처리하는 함수를 핸들러라고 하는데 메서드의 인수로 핸들러를 등록하면 해당 이벤트 발생시 핸들러가 호출된다.

**click(핸들러)**

다음 예제는 〈h1〉 엘리먼트의 클릭 이벤트 핸들러를 등록하여 대화상자를 연다.

```
<!DOCTYPE html>
<html>
<head>
    <meta charset="utf-8">
    <title>click</title>
    <script src="jquery-1.11.0.min.js"></script>
</head>
<body>
    <h1>제목입니다.</h1>
    <h1>클릭하세요.</h1>
    <script>
        $('h1').click(function() { alert("클릭했습니다."); });
    </script>
</body>
</html>
```

문서에 두 개의 〈h1〉 엘리먼트가 있다. 이벤트를 처리할 대상 엘리먼트를 선택자로 찾고 검색된 엘리먼트에 대해 click 메서드를 호출하여 핸들러를 등록한다. 핸들러에서는 alert 메서드로 대화 상자를 열어 핸들러가 호출되었음을 표시한다. 두 개의 〈h1〉 엘리먼트 중 어떤 것을 누르나 클릭 이벤트가 발생한다.

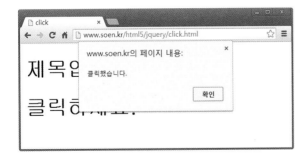

선택자에 의해 검색된 모든 엘리먼트에 같은 핸들러가 동시에 등록된다. 만약 하나의 엘리먼트에 대해서만 이벤트를 등록하고자 한다면 선택자에서 하나만 검색하거나 원하는 엘리먼트만 추출한

후 등록해야 한다. 예를 들어 위쪽 〈h1〉 엘리먼트에만 핸들러를 등록하고 싶다면 다음 두 가지 방법을 사용할 수 있다.

```
$('h1:first').click(function() { alert("클릭했습니다."); });
$('h1').eq(0).click(function() { alert("클릭했습니다."); });
```

필터나 메서드를 사용하여 하나만 선택하면 된다. 대상 엘리먼트에 id를 지정한 후 id로 검색해서 이벤트 핸들러를 등록하는 더 쉬운 방법도 있다. 핸들러 함수가 워낙 간단하기 때문에 익명의 함수 리터럴을 click 메서드 인수에 바로 기술했는데 코드를 풀어쓰면 다음과 같다.

```
<script>
    function h1click() {
        alert("클릭했습니다.");
    }
    $('h1').click(h1click);
</script>
```

h1click이라는 이름으로 함수를 먼저 정의하고 이 함수를 click 메서드의 인수로 전달하였다. 동작은 같지만 이 예제에서 h1click 함수는 이벤트 핸들러 이외의 용도로 사용하지 않으며 굳이 이름을 줄 필요가 없다. 그래서 보통은 인수 목록에서 익명의 함수 리터럴을 바로 작성하는 간편한 방법을 많이 사용한다.

click 외의 나머지 이벤트도 등록 메서드의 이름과 이벤트로 전달되는 추가 정보만 다를 뿐 등록하는 방법은 같다. 이벤트별 등록 메서드 목록은 다음과 같은데 이벤트의 이름이 곧 등록 메서드여서 외우기 쉽다. 각 이벤트별로 등록 대상이 약간 다른데 예를 들어 ready나 resize 이벤트는 윈도우나 문서에 적용되며 click이나 mousedown은 엘리먼트에 적용된다.

| 이벤트 | 설명 |
| --- | --- |
| blur, focus, focusin, focusout | 포커스 이동 |
| keydown, keypress, keyup | 키보드 이벤트 |
| mousedown, mousemove, mouseup | 마우스 이벤트 |
| click, dblclick | 고수준 마우스 이벤트 |

| mouseover, mouseout, mouseenter, mouseleave | 마우스 커서 |
|---|---|
| load, unload | 초기화, 정리 |
| resize, scroll, ready, error | 상태 변화 |
| change, select, submit | 입력폼 |

이벤트 핸들러 내에서 this 키워드는 이벤트가 발생한 엘리먼트를 의미하며 핸들러 함수에서 이벤트를 받은 엘리먼트를 조작하려면 this의 메서드를 호출한다. 단 이때 전달되는 this는 DOM 객체이므로 jQuery 메서드를 호출하려면 $(this)로 객체를 랩핑한 후 사용해야 한다. 다음 예제는 클릭한 엘리먼트의 텍스트를 변경한다.

**clicktext.html**

```html
<!DOCTYPE html>
<html>
<head>
    <meta charset="utf-8">
    <title>clicktext</title>
    <script src="jquery-1.11.0.min.js"></script>
</head>
<body>
    <h1>제목입니다.</h1>
    <h1>클릭하세요.</h1>
    <h1>이것도요</h1>
    <script>
        $('h1').click(function() {
            $(this).text("클릭했습니다.");
        });
    </script>
</body>
</html>
```

$('h1') 선택자로 검색했으므로 세 개의 엘리먼트가 검색되며 모든 엘리먼트에 대해 클릭 이벤트 핸들러를 똑같이 등록했다. 그러나 핸들러내에서 $(this)의 text 메서드를 호출하므로 클릭한 엘리먼트의 텍스트만 바뀐다.

 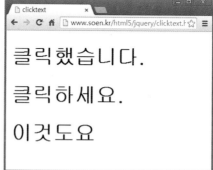

다음과 같이 코드를 작성하면 안된다. 이렇게 되면 모든 엘리먼트에 대해 text 메서드가 호출되므로 아무 엘리먼트라도 클릭하면 세 〈h1〉 엘리먼트의 텍스트가 모두 바뀌어 버린다.

```
<script>
    $('h1').click(function() {
        $('h1').text("클릭했습니다.");
    });
</script>
```

$('h1') 선택자로 검색한 모든 엘리먼트에 똑같은 이벤트 핸들러를 등록하지만 조작 대상은 현재 이벤트를 받은 엘리먼트이다. 이럴 때 핸들러 내부에서 이벤트를 받은 자기 자신을 칭하기 위해 this 키워드를 사용한다. 이벤트 핸들러는 공유하지만 조작 대상은 자기 자신으로 제한한다.

## 1.2 이벤트 객체

이벤트별로 마우스 좌표라든가 눌러진 키코드 같은 고유의 추가 정보가 전달된다. 자바스크립트의 이벤트 추가 정보는 이벤트마다 구조가 다른데다 그나마도 브라우저마다 멤버의 이름이 조금씩 달라서 일관된 방법으로 원하는 정보를 얻기 쉽지 않다.

jQuery는 모든 이벤트의 추가 정보를 event 객체 하나로 정형화하여 제공하며 모든 추가 정보가 이 객체를 통해 제공된다. W3C의 표준에 부합되며 업계에서 일반적으로 사용되는 모든 정보를 포괄하므로 일관된 방법으로 이벤트 추가 정보를 얻을 수 있다. click 이벤트처럼 별도의 추가 정보가 필요없는 이벤트는 굳이 이 인수를 받지 않아도 상관없다.

| 인수 | 설명 |
|---|---|
| target | 이벤트가 발생한 객체이다. |
| pageX, pageY | 문서 좌상단을 기준으로 한 마우스의 좌표 |
| keyCode | 눌러진 키의 코드 |
| charCode | 눌러진 키의 문자 코드 |
| altKey, shiftKey, ctrlKey | 조합키의 상태 |
| offsetX, offsetY | 오프셋 좌표 |
| screenX, screenY | 화면상의 좌표 |
| clientX, clientY | 작업영역상의 좌표 |
| layerX, layerY | 레이어상의 좌표 |
| button | 눌러진 마우스 버튼 |

event 객체에는 대단히 많은 정보가 포함되는데 이벤트 종류에 따라 일부 멤버는 정보가 없을 수도 있다. 예를 들어 마우스 이벤트는 키코드가 없으며 키보드 이벤트는 화면 좌표가 필요없다. 이벤트 핸들러는 event 인수를 받아 필요한 멤버를 통해 원하는 정보를 조사하면 된다. 다음 예제는 마우스 누름 이벤트에 대해 추가 정보를 조사하여 대화상자로 출력한다.

**eventinfo.html**

```
<!DOCTYPE html>
<html>
<head>
    <meta charset="utf-8">
    <title>eventinfo</title>
    <script src="jquery-1.11.0.min.js"></script>
</head>
<body>
    <div style="width:300px;height:200px;background-color:yellow;"></div>
    <script>
        $('div').mousedown(function(event) {
```

```
            alert("위치: (" + event.pageX + " ," + event.pageY + ")\n" +
                "버튼:" + event.button +
                "\nCtrl:" + event.ctrlKey + "\nShift:" + event.shiftKey);
        });
    </script>
</body>
</html>
```

300*200 크기의 노란색 디비전을 배치하고 마우스 버튼을 누를 때 좌표나 버튼, 조합키의 상태를 조사해서 출력했다. event 인수로부터 해당 멤버를 읽기만 하면 원하는 정보를 쉽게 구할 수 있다.

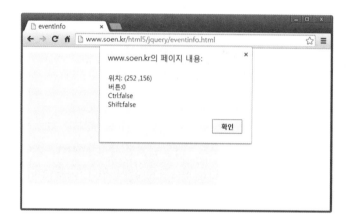

캔버스에서 이 정보를 활용하면 마우스를 누른 위치에서 시작 좌표를 기록해 두고 드래그할 때 자유곡선이나 도형을 그리는 간단한 드로잉 프로그램을 제작할 수 있을 것이다. 게임처럼 마우스 액션을 많이 사용하는 프로그램에서는 이 정보가 꼭 필요하다.

# 1.3 이벤트 호출

이벤트는 사용자의 동작이나 시스템 변화에 의해 자동으로 발생하지만 프로그램에서 강제로 호출해야 하는 경우도 있다. 이때는 이벤트 등록 메서드를 인수없이 호출하면 된다.

JavaScript+jQuery 정복

```
<!DOCTYPE html>
<html>
<head>
    <meta charset="utf-8">
    <title>eventcall</title>
    <script src="jquery-1.11.0.min.js"></script>
</head>
<body>
    <h1>클릭하세요.</h1>
    <button type="button" onclick="btnclick();">클릭하기</button>
    <script>
        $('h1').click(function() { alert("클릭했습니다."); });
        function btnclick() {
            $('h1').click();
        }
    </script>
</body>
</html>
```

이벤트 등록 메서드로 함수를 전달하면 핸들러를 등록하고 인수가 없으면 등록된 핸들러를 호출하는 역할을 한다. 물론 호출하기 전에 핸들러는 미리 등록되어 있어야 한다. 아래쪽의 버튼 클릭 이벤트에서 〈h1〉의 click 메서드를 호출하여 핸들러를 강제로 호출했다.

버튼을 클릭해도 〈h1〉 엘리먼트를 클릭하는 것과 같으며 대화상자가 열린다. 이벤트 핸들러는 동기적으로 호출되며 이벤트를 완전히 처리하고 난 후에 다음 단계로 넘어간다. 위 예에서 대화상자를 닫아야 click 메서드가 리턴한다. 다음 메서드로도 이벤트를 발생시킬 수 있다.

> **trigger(이벤트명, [데이터]);**

발생시킬 이벤트의 이름과 이벤트의 데이터를 인수로 전달하면 등록된 이벤트 핸들러를 호출한다. 위 예제의 버튼 클릭 이벤트 핸들러를 다음과 같이 수정해도 효과는 같다.

```
function btnclick() {
    $('h1').trigger('click');
}
```

trigger 메서드는 사용자 정의 이벤트를 호출할 수 있고 필요하다면 추가 데이터를 더 넘길 수도 있다는 점에서 더 범용적이다.

# 1.4 기본 처리 및 전달 중지

핸들러로 전달되는 이벤트 객체에는 이벤트를 제어하는 다음 2개의 메서드가 제공된다.

- **preventDefault()** : 이벤트의 기본 처리를 금지한다.
- **stopPropagation()** : 이벤트를 더 이상 전달하지 않는다.

이 메서드를 호출하여 이벤트의 기본적인 처리 방식을 변경한다. 다음 예제는 〈a〉 태그의 링크 이동 기능을 금지한다.

**preventdefault.html**

```
<!DOCTYPE html>
<html>
<head>
    <meta charset="utf-8">
```

```
    <title>preventdefault</title>
    <script src="jquery-1.11.0.min.js"></script>
</head>
<body>
    <p><a id="link" href="http://www.naver.com">네이버</a>로 이동</p>
    <script>
        $('a').click(function(event) {
            event.preventDefault();
        });
    </script>
</body>
</html>
```

사용자가 〈a〉 태그의 링크를 클릭하면 href 속성이 지정하는 주소로 이동하는 것이 브라우저의 기본적인 동작이다. 그러나 〈a〉 태그의 클릭 이벤트 핸들러에서 preventDefault() 메서드를 호출하여 디폴트 처리를 금지시켰으므로 링크를 눌러도 아무 반응이 없다. 링크의 이동 기능 대신 다른 명령에 대한 버튼처럼 사용하고 싶다면 디폴트 처리를 금지하고 클릭 이벤트 핸들러에 원하는 코드를 작성하면 된다.

다음 예제는 트리 계층에서 이벤트 전달을 테스트한다.

**stoppropagation.html**

```
<!DOCTYPE html>
<html>
<head>
    <meta charset="utf-8">
```

```
        <title>stoppropagation</title>
        <script src="jquery-1.11.0.min.js"></script>
    </head>
    <body>
        <h1>큰 제목 안에 <span>스팬</span>이 있다.</h1>
        <script>
            $('span').click(function(event) {
                $(this).css('background', 'red');
            });
            $('h1').click(function(event) {
                $(this).css('background', 'green');
            });
        </script>
    </body>
</html>
```

〈h1〉 엘리먼트 안에 〈span〉 엘리먼트가 차일드로 중첩되어 있는 형태이다. 〈span〉의 클릭 이벤트 핸들러에서 자신의 배경을 빨간색으로 변경하고 〈h1〉의 클릭 이벤트 핸들러에서 자신의 배경을 초록색으로 변경한다. 〈h1〉과 〈span〉을 차례대로 클릭해 보자.

정상적으로 잘 동작하는 것 같다. 그러나 이대로는 좀 문제가 있는데 F5를 눌러 새로 고침한 후 〈span〉 태그만 눌러 보자. 이렇게 되면 〈span〉의 배경색만 바뀌는 것이 아니라 〈h1〉의 배경색도 같이 바뀌어 버린다. 이렇게 되는 이유는 〈span〉이 부모인 〈h1〉으로 클릭 이벤트를 전달하여 두 개의 핸들러가 순서대로 호출되기 때문이다. 〈span〉을 눌렀을 때 부모로 이벤트가 전달되는 것을 막고 싶다면 stopPropagation 메서드를 호출한다.

J a v a S c r i p t + j Q u e r y  정복

```
<!DOCTYPE html>
<html>
<head>
    <meta charset="utf-8">
    <title>stoppropagation2</title>
    <script src="jquery-1.11.0.min.js"></script>
</head>
<body>
    <h1>큰 제목 안에 <span>스팬</span>이 있다.</h1>
    <script>
        $('span').click(function(event) {
            $(this).css('background', 'red');
            event.stopPropagation();
        });
        $('h1').click(function(event) {
            $(this).css('background', 'green');
        });
    </script>
</body>
</html>
```

<span>의 클릭 이벤트에서 자신의 코드만 처리하고 부모로 이벤트를 전달하지 않았으므로
<span>만 빨간색으로 바뀐다. 물론 <h1>을 클릭하면 <h1>의 색상도 바뀐다.

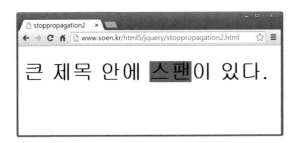

이벤트 전파를 금지하는 대신 핸들러에서 false를 리턴해도 효과는 같다.

```
$('span').click(function(event) {
    $(this).css('background', 'red');
    return false;
});
```

jQuery의 이벤트 핸들러가 false를 리턴하면 기본 처리도 금지하고 전달도 하지 않는다. 앞 예제
도 preventDefault 메서드를 호출하는 대신 더 간단하게 return false; 하면 된다. 자바스크립트
는 핸들러에서 false를 리턴할 때 기본 처리만 무시하는데 비해 jQuery는 전달도 같이 금지한다.

```
```

# 여러 가지 이벤트

## 2.1 초기화 이벤트

웹 페이지가 완전히 로드되는 시점에 특정 작업을 하고 싶다면 초기화 이벤트를 받아야 한다. document 객체의 ready 이벤트는 DOM 문서가 완전히 로드되었을 때 발생하며 이때는 모든 엘리먼트를 자유롭게 참조할 수 있다. 먼저 다음 예제를 테스트해 보자.

**ready.html**

```
<!DOCTYPE html>
<html>
<head>
    <meta charset="utf-8">
    <title>ready</title>
    <script src="jquery-1.11.0.min.js"></script>
</head>
<body>
    <h1>제목입니다.</h1>
    <script>
        $('h2').css('background', 'yellow');
    </script>
    <h2>문단입니다.</h2>
</body>
</html>
```

스크립트에서 〈h2〉 엘리먼트를 찾아 배경을 노란색으로 변경하는 코드가 작성되어 있다. 아주 평이한 코드이지만 기대한 대로 동작하지 않는다. 왜냐하면 〈h2〉 엘리먼트가 스크립트보다 더 뒤쪽에 있어 $('h2') 선택자가 엘리먼트를 찾지 못하기 때문이다. 문제를 해결하려면 〈h2〉 엘리먼트를 더 위쪽으로 옮기든지 스크립트를 더 아래쪽으로 옮겨 순서를 바꾸어야 한다.

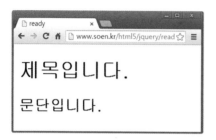

스크립트가 실행되는 시점에는 아직 문서가 완전히 로드된 상태가 아니기 때문에 모든 엘리먼트를 자유롭게 사용할 수 없다. 문서가 완전히 로드되고 모든 엘리먼트를 참조할 수 있는 첫 번째 시점은 document의 ready 이벤트이며 여기에 코드를 작성하면 안전하게 초기화할 수 있다.

**ready2.html**

```
<!DOCTYPE html>
<html>
<head>
    <meta charset="utf-8">
    <title>ready2</title>
    <script src="jquery-1.11.0.min.js"></script>
</head>
<body>
    <script>
        $(document).ready(function() {
            $('h2').css('background', 'yellow');
        });
    </script>
    <h1>제목입니다.</h1>
    <h2>문단입니다.</h2>
</body>
</html>
```

JavaScript+jQuery 정복

문서가 로드된 시점에 스크립트를 실행하므로 순서는 아무래도 상관없다. 심지어 body가 로드되기도 전인 head에 스크립트를 작성해도 잘 동작한다. 이벤트는 문서가 로드될 때까지 기다린 후에 발생하므로 물리적인 위치와는 상관없이 실행된다.

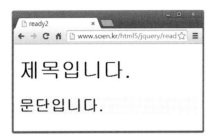

문서 로드 시점은 초기화를 위한 최적의 장소이며 굉장히 자주 사용된다. 그래서 jQuery는 document의 ready 이벤트 핸들러를 등록하는 간략한 형태를 제공한다. $ 함수의 인수로 함수 리터럴을 넘기면 이 함수가 DOM 초기화시의 핸들러로 등록된다.

```
$(function() {
    $('h2').css('background', 'yellow');
});
```

초기화 코드를 ready 이벤트에 작성하면 엘리먼트와 스크립트의 순서에 구애받지 않으므로 편리하고 안전하다. 초기화는 ready 이벤트에서 하는 것이 원칙적이며 실제 프로젝트에서도 ready 이벤트를 적극적으로 활용해야 한다. 그러나 이 책의 예제는 간결함을 위해 가급적 문서의 아래쪽에 스크립트를 작성하는 방법을 주로 사용한다. 설명을 위한 예제에 핵심이 아닌 코드가 있으면 정신만 사나우며 기법 설명을 위해 꼭 필요한 코드만 보이기 위해서이다.

ready 이벤트는 문서의 구조를 파악했을 때 호출되며 이때는 아직 이미지나 비디오 등의 부속 파일까지는 준비되지 않은 상태이다. 페이지 출력을 위한 모든 준비가 완료되는 시점이 필요하다면 load 이벤트를 활용한다. 이미지 엘리먼트의 load 이벤트를 처리하면 이미지 로드 완료 시점을 알 수 있으며 이미지를 안전하게 출력할 수 있다.

unload는 반대로 사용자가 페이지를 떠나기 직전에 발생한다. 정보를 입력해 놓고 저장하지 않은 채로 종료할 때 정보 분실을 방지하기 위해 경고를 출력하는 목적으로 주로 활용된다. 그런 불가피한 경우가 아니면 이 이벤트는 가급적 처리하지 않는 것이 좋다. 사용자가 페이지를 떠나지 못하게 팝업을 띄워 악용하는 나쁜 짓을 해서는 안된다.

## 2.2 마우스 이벤트

마우스 이벤트 중에 가장 흔하게 사용되고 실용적인 이벤트는 click이다. 임의의 엘리먼트에 적용할 수 있지만 주로 클릭에 의해 명령을 내리는 링크나 버튼 등에 사용된다. 다음 예제는 〈a〉 태그의 링크로 문단의 보기 상태를 토글한다.

```
clickevent_html
```

```html
<!DOCTYPE html>
<html>
<head>
    <meta charset="utf-8">
    <title>clickevent</title>
    <script src="jquery-1.11.0.min.js"></script>
</head>
<body>
    <h3>이순신</h3>
    <p>조선시대의 해군이다.</p>
    <a href="#" id="viewdetail">자세히 보기</a>
    <div id="detail" style="display:none">
        <p>임진왜란때 어쩌고 저쩌고</p>
    </div>
    <script>
        $('#viewdetail').click(function() {
            $('#detail').toggle();
        });
    </script>
</body>
</html>
```

detail 디비전은 display 속성을 none으로 지정하여 숨겨 두었다. 위쪽의 자세히 보기 링크의 클릭 이벤트에서 detail 디비전의 보기 상태를 토글한다. toggle 메서드는 보이기 상태에 따라 show와 hide 메서드를 번갈아 호출함으로써 보임과 숨김 상태를 교대로 변경한다. 이 링크는 코드에 의해 직접 처리되므로 외부 연결 주소인 href에는 빈 링크만 작성해 두었다.

 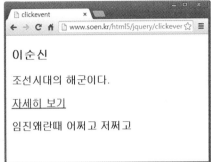

dblclick 이벤트는 더블클릭에 의해 발생하는데 웹에서는 사용 빈도가 높지 않다. 더블클릭이라는 동작 자체가 쉽지 않고 부정확하기 때문에 웬만하면 클릭으로 모든 것을 처리한다. 그러나 모바일 환경에서는 확대나 축소를 위해 종종 사용되기도 한다.

mouseover, mouseout 이벤트는 엘리먼트로 마우스 커서가 들어오고 나올 때 발생한다. 그러나 이 두 이벤트는 버블링 때문에 엘리먼트가 중첩된 경우 자신을 벗어난 것인지 아니면 차일드 중 하나를 벗어났는지 판별하기 어렵다는 문제가 있다. 그래서 마이크로소프트는 버블링되지 않는 mouseenter, mouseleave 이벤트를 새로 만들었으며 다른 브라우저들도 대부분 지원한다. 이 두 이벤트를 사용하면 마우스의 위치에 따라 엘리먼트의 색상이나 상태를 변경할 수 있다.

**enterleave.html**

```
<!DOCTYPE html>
<html>
<head>
    <meta charset="utf-8">
    <title>enterleave</title>
    <script src="jquery-1.11.0.min.js"></script>
</head>
```

```
<body>
    <h1>클릭하세요.</h1>
    <script>
        $('h1').mouseenter(function() {
            $(this).css('background', 'lime');
        });
        $('h1').mouseleave(function() {
            $(this).css('background', 'white');
        });
    </script>
</body>
</html>
```

<h1> 엘리먼트의 mouseenter 이벤트에서 배경을 초록색으로 바꾸었으며 mouseleave 이벤트에서 흰색으로 다시 바꾼다. 마우스 커서가 엘리먼트 위로 올라올 때 배경색을 변경하며 커서가 영역밖으로 벗어나면 원래색으로 돌아온다. 커서 아래쪽의 엘리먼트를 강조함으로써 커서가 현재 어디에 있는지 분명히 보여 주고 클릭시 어떤 동작을 할 것인지 명확히 강조하는 효과가 있다.

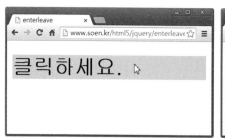 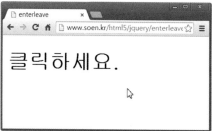

마우스의 들고 남만 보기 때문에 브라우저가 포커스를 가지고 있지 않아도 이 이벤트는 잘 발생한다. 마우스의 들어옴과 나옴은 항상 연속적으로 발생하므로 두 이벤트는 예외없이 쌍으로 사용된다. 롤오버 버튼을 만들거나 팝업으로 설명을 보여줄 때 아주 요긴하게 사용되며 그래서 두 이벤트를 한꺼번에 등록하는 메서드가 별도로 제공된다.

**hover(enter, leave)**

J a v a S c r i p t + j Q u e r y  정복

hover 함수의 인수로 마우스 커서가 들어올 때와 나올 때를 처리하는 핸들러를 전달한다. 두 이벤트의 핸들러 등록을 한번에 처리하는 것이다. 인수 목록에 두 이벤트를 처리하는 함수 리터럴을 작성한다.

**hover.html**

```html
<!DOCTYPE html>
<html>
<head>
    <meta charset="utf-8">
    <title>hover</title>
    <script src="jquery-1.11.0.min.js"></script>
</head>
<body>
    <h2>아메리카노</h2>
    <h2>캬라멜 마키아또</h2>
    <h2>프리미엄 라떼</h2>
    <h2>길다방 커피</h2>
    <script>
        $('h2').hover(
            function() { $(this).css('background', 'lime')},
            function() { $(this).css('background', 'white')}
        );
    </script>
</body>
</html>
```

4개의 〈h2〉 엘리먼트에 대해 hover 메서드를 호출하여 똑같은 이벤트 핸들러를 등록했다. jQuery는 검색된 모든 엘리먼트에 핸들러를 한꺼번에 등록하므로 엘리먼트가 여러 개여도 잘 동작한다. 마우스가 오르내림에 따라 현재 어떤 항목을 가리키는지 분명히 보여서 선택하기 용이하다.

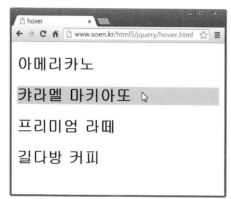 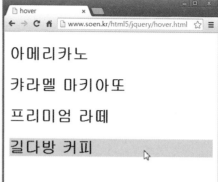

예제는 아주 잘 동작하지만 코드에서 엘리먼트의 스타일을 직접 조작하는 것은 바람직하지 않다.
내용과 모양, 동작의 분리 원칙에 따라 스타일은 스타일시트에 정의하고 코드에서는 이 스타일의
사용여부만 제어하는 것이 바람직하다.

**hover2.html**

```
<!DOCTYPE html>
<html>
<head>
    <meta charset="utf-8">
    <title>hover2</title>
    <script src="jquery-1.11.0.min.js"></script>
    <style>
        .enter { background:lime; }
    </style>
</head>
<body>
    <h2>아메리카노</h2>
    <h2>캬라멜 마키아또</h2>
    <h2>프리미엄 라떼</h2>
    <h2>길다방 커피</h2>
    <script>
        $('h2').hover(
            function() { $(this).addClass('enter')},
```

J a v a S c r i p t + j Q u e r y  정복

```
            function() { $(this).removeClass('enter')}
        );
    </script>
</body>
</html>
```

enter 클래스의 스타일에 대해 배경을 초록색으로 지정해 놓고 이벤트 핸들러에서 addClass, removeClass 메서드로 〈h2〉 엘리먼트에 대해 enter 클래스를 넣었다 뺐다 하면서 조작한다. 클 래스가 지정되면 초록색 배경이 되고 클래스가 제거되면 다시 원래 색으로 돌아온다. 동작은 완전 히 같지만 모양에 관련된 지정은 스타일시트에 작성하고 코드에서는 어떤 스타일을 적용할 것인지 만 선택하므로 구조적으로 더 바람직하다.

다음 예제는 이 기법을 이미지에 적용해 본 것이다. 비슷한 모양의 이미지를 2장 준비해 두고 마우 스가 들고 날 때 이미지의 src 속성을 조작함으로써 그림을 변경한다.

**hoverimage.html**

```
<!DOCTYPE html>
<html>
<head>
    <meta charset="utf-8">
    <title>hoverimage</title>
    <script src="jquery-1.11.0.min.js"></script>
</head>
<body>
    <p><img src="playbtn_normal.png"></p>
    <script>
        $('img').hover(
            function() { $('img').attr('src', 'playbtn_press.png')},
            function() { $('img').attr('src', 'playbtn_normal.png')}
        );
    </script>
</body>
</html>
```

마우스 커서가 버튼 위로 올라오면 이미지가 조금 밝아지며 버튼 밖으로 이동하면 다시 원래 이미지로 복귀한다. 색조만 약간 바꾸어 보았는데 완전히 다른 이미지로 디자인하여 애니메이션하는 버튼을 만들 수도 있다. 예를 들어 닫혀 있던 문이 열린다거나 스위치가 올라가는 모양, 불이 켜지는 모양 등으로 디자인하면 버튼의 기능을 직관적으로 표현할 수 있다.

마우스 위치에 따라 이미지를 완전히 바꿔치기하는 이런 기법을 롤 오버라고 하는데 메뉴나 목록에도 흔히 많이 사용된다. 클릭하지 않고 마우스를 슬쩍 갖다 대 보기만 해도 추가 정보를 볼 수 있어 사용자 입장에서도 아주 편리하다.

## 2.3 키보드 이벤트

키보드의 키를 누를 때는 keydown 이벤트가 발생하고 키를 뗄 때는 keyup 이벤트가 발생하며 키를 계속 누르고 있으면 keypress 이벤트가 반복적으로 발생한다. 키 입력시마다 어떤 동작을 처리하고 싶다면 키보드 이벤트를 받아야 한다. 다음 예제는 트위터를 흉내내어 남은 글자수를 표시한다.

**keyup.html**

```
<!DOCTYPE html>
<html>
<head>
    <meta charset="utf-8">
    <title>keyup</title>
```

J a v a S c r i p t + j Q u e r y  정복

```
        <script src="jquery-1.11.0.min.js"></script>
    </head>
    <body>
        <p>하고 싶은 말을 하세요</p>
        <textarea id="post" style="width:300px;height:100px;"></textarea>
        <p>남은 글자:<span id="remain">140</span></p>
        <script>
            $('#post').keyup(function() {
                var remainnum = 140 - $(this).val().length;
                $('#remain').html(remainnum);
            });
        </script>
    </body>
</html>
```

<textarea> 태그로 문자열을 입력받되 최대 140자까지만 입력받아야 하며 이를 위해 아래쪽에 남
은 글자수를 보여준다. 키를 누를 때가 아니라 키를 뗄 때 문자 하나의 입력이 완료되므로 keyup
이벤트에서 처리하는 것이 적합하다. 이벤트 핸들러에서 입력된 문자수를 구하고 140에서 이 값
을 빼서 얼마나 더 입력할 수 있는지 아래쪽의 문단에 표시한다.

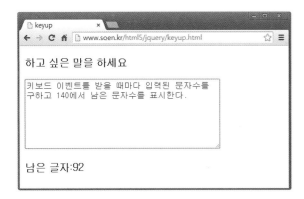

남은 글자수만 표시할 뿐 글자수를 초과했다고 해서 입력을 금지하지는 않는다. 초과되었음을 알
게 되면 사용자가 알아서 편집하여 글자수를 조정할 것이다. 10자 미만으로 남았으면 남은 글자수
를 노란색으로 바꾸어 경고하고 140자를 넘었으면 빨간색으로 바꾸는 효과도 그럴 듯하다. 실습삼
아 직접 만들어 보아라.

## 2.4 포커스 이벤트

포커스는 키보드 입력을 누가 받을 것인지를 표시하는 일종의 상태이다. 키보드로 입력을 받는 입력 양식 컨트롤이 포커스를 받는데 한번에 하나의 컨트롤만 포커스를 받을 수 있으며 Tab키나 마우스 클릭으로 포커스를 이동한다. 컨트롤이 포커스를 얻을 때 focus 이벤트가 발생하고 포커스를 잃을 때 blur 이벤트가 발생한다. 포커스 변화에 대해 어떤 처리를 하고 싶다면 이 이벤트를 처리한다.

focus.html

```
<!DOCTYPE html>
<html>
<head>
    <meta charset="utf-8">
    <title>focus</title>
    <script src="jquery-1.11.0.min.js"></script>
</head>
<body>
    <form>
        <label for="user">이름</label>
        <input type="text" id="user" value="김상형"/><br/>
        <label for="pass">비번</label>
        <input type="text" id="pass"/><br/>
    </form>
    <script>
        $('input').focus(function() {
            $(this).css('border', '3px solid green');
        });
        $('input').blur(function() {
            $(this).css('border', '1px solid black');
        });
    </script>
</body>
</html>
```

두 개의 입력 양식이 있는데 focus 이벤트에서 경계선을 두꺼운 초록색으로 그리고 blur 이벤트에서 얇은 검은색으로 경계선을 그렸다. 텍스트 입력 양식은 포커스를 받을 때 캐럿을 보여 주어 포커스 여부를 알려 주지만 캐럿이 작아서 잘 보이지 않는다. 경계선이나 배경색으로 강조하면 입력 중인 컨트롤이 더 분명히 보인다.

blur 이벤트는 컨트롤에 입력을 끝내고 다른 컨트롤로 옮길 때 발생한다. 이 이벤트는 주로 사용자가 입력한 값이 유효한지 즉시 점검하는 용도로 사용된다.

**blur.html**

```
<!DOCTYPE html>
<html>
<head>
    <meta charset="utf-8">
    <title>blur</title>
    <script src="jquery-1.11.0.min.js"></script>
</head>
<body>
    <form>
        <label for="user">이름</label>
        <input type="text" id="user" value="김상형"/><br/>
        <label for="pass">비번</label>
        <input type="text" id="pass"/><br/>
    </form>
    <script>
        $('#pass').blur(function() {
            if ($(this).val().length < 6) {
                alert("비밀 번호는 6자 이상이어야 합니다.");
```

```
            }
        });
    </script>
</body>
</html>
```

비밀번호 입력 컨트롤의 blur 이벤트에서 입력된 문자열의 길이를 점검해 보고 6자 미만이면 대화 상자를 열어 무효한 값임을 알려준다. 4자 정도만 입력한 후 이름 컨트롤을 클릭하면 비밀 번호 입력 양식이 포커스를 잃으면서 blur 이벤트가 발생하며 핸들러에서 에러 메시지를 출력한다.

컨트롤의 값을 직접 들여다 볼 수 있으므로 숫자가 최소한 하나 이상 포함되어 있어야 한다든가 연속 문자여서는 안된다는 복잡한 조건도 얼마든지 점검할 수 있다.

# 이벤트 관리

## 3.1 bind

이벤트 등록 메서드만으로도 자주 사용하는 표준 이벤트를 충분히 관리할 수 있다. 그러나 멀티 터치나 제스처 같이 모바일 환경을 위해 최근에 추가된 이벤트는 아직 표준이 아니다. 표준 웹 환경은 터치를 가정하고 만든 것이 아니어서 애초의 자바스크립트에는 이런 이벤트가 없었으며 그러다 보니 등록 메서드도 준비되어 있지 않다.

웹 클라이언트 장비의 종류와 기능은 하루가 다르게 확장되고 있는데 언어의 스펙이 이를 따라오지 못하는 것이다. 앞으로도 웹 지원 장비는 계속 늘어날 것이고 이벤트의 종류도 갈수록 많아질 것이 뻔하다. 또한 사용자 정의 이벤트도 별도의 등록 메서드가 없다. 이런 특수한 이벤트는 다음 메서드로 등록한다.

> **bind(이벤트명, 핸들러)**
> **bind(이벤트 지정 객체)**

이벤트의 이름과 핸들러를 인수로 전달한다. 이벤트 이름을 문자열로 직접 지정하므로 임의의 이벤트에 대한 핸들러를 등록할 수 있다. 다음 예제는 〈h1〉 엘리먼트의 click 이벤트에 대한 핸들러를 등록한다.

---

**bind.html**

```
<!DOCTYPE html>
<html>
<head>
    <meta charset="utf-8">
```

```
    <title>bind</title>
    <script src="jquery-1.11.0.min.js"></script>
</head>
<body>
    <h1>제목입니다.</h1>
    <h1>클릭하세요.</h1>
    <script>
        $('h1').bind('click' ,function() { alert("클릭했습니다."); });
    </script>
</body>
</html>
```

이벤트 이름을 "click"의 문자열 형태로 지정했다. 물론 클릭은 표준 이벤트이므로 click 메서드로 등록하는 것이 더 편리하지만 이 자리에 임의의 이벤트 이름을 사용할 수 있다는 점이 다르다. 이벤트 이름을 공백으로 구분하여 여러 개의 이벤트에 대해 같은 핸들러를 등록할 수도 있다. 클릭과 키보드 누름에 대해 같은 처리를 하고 싶다면 'click keydown' 식으로 이벤트 이름을 지정한다.

이벤트 목록 객체를 인수로 전달하면 여러 개의 이벤트에 대한 핸들러를 한번에 등록한다. 객체는 이벤트 이름을 키로 하고 핸들러를 값으로 하는 일종의 배열이며 e1:h1, e2:h2 식으로 복수 개의 이벤트와 핸들러의 쌍을 지정한다. 핸들러 등록에만 사용하는 임시 객체이므로 bind({...}) 식으로 인수 목록에 객체 리터럴을 바로 지정하는 것이 편리하다.

**bind2.html**

```
<!DOCTYPE html>
<html>
<head>
    <meta charset="utf-8">
    <title>bind2</title>
    <script src="jquery-1.11.0.min.js"></script>
</head>
<body>
    <h1>제목입니다.</h1>
    <h1>클릭하세요.</h1>
```

JavaScript+jQuery 정복

```
<script>
    $('h1').bind({
        click:function() { alert("클릭했습니다."); },
        mouseenter:function() { $(this).css('background', 'red'); },
        mouseleave:function() { $(this).css('background', 'white'); },
    });
</script>
</body>
</html>
```

클릭 이벤트에서 대화상자를 열고 마우스가 들어오고 나갈 때 배경을 빨간색으로 변경한다. 각각
의 등록 메서드를 개별적으로 호출하지 않고 객체에 이벤트와 핸들러 쌍의 집합을 정의한 후 한꺼
번에 등록할 수 있어서 편리하다.

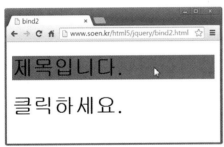 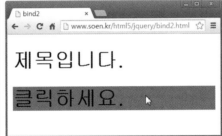

등록한 핸들러가 더 이상 필요없으면 해제할 수도 있다. 이때는 다음 메서드를 호출한다. 인수의
개수에 따라 해제하는 범위가 달라진다.

**unbind()**
**unbind(이벤트명)**
**unbind(이벤트명, 핸들러)**

인수없이 unbind를 호출하면 객체에 등록된 모든 이벤트의 핸들러를 다 해제한다. 이벤트 이름을
주면 해당 이벤트의 핸들러 모두를 제거하며 핸들러 이름을 전달하면 특정 핸들러만 해제한다. 통
상 이벤트 하나당 핸들러 하나가 등록되므로 이벤트 이름만 전달하는 방식이 일반적이다.

```
unbind.html
```

```html
<!DOCTYPE html>
<html>
<head>
    <meta charset="utf-8">
    <title>unbind</title>
    <script src="jquery-1.11.0.min.js"></script>
</head>
<body>
    <h1>제목입니다.</h1>
    <h1>클릭하세요.</h1>
    <script>
        $('h1').bind('click' ,function() {
            alert("클릭했습니다.");
            $(this).unbind('click');
        });
    </script>
</body>
</html>
```

〈h1〉 엘리먼트의 클릭 이벤트 핸들러에서 대화상자를 열고 unbind 메서드를 호출하여 click 이벤트의 핸들러를 모두 해제했다. 이벤트를 받았을 때 핸들러가 자신을 스스로 해제하므로 클릭 이벤트는 딱 한번만 발생한다. 〈h1〉을 처음 클릭하면 대화상자가 열리지만 이후부터는 클릭해도 다시 열리지 않는다.

이처럼 자기 스스로를 해제하는 핸들러를 일회용 핸들러라고 한다. 주기적으로 이벤트를 처리하기 위해서라기보다는 해당 이벤트가 처음 발생하는 시점을 알아내기 위해 사용한다. 예상외로 사용할 경우가 많고 실용성이 높기 때문에 일회용 핸들러를 등록하는 one 메서드가 별도로 제공된다.

```
<!DOCTYPE html>
<html>
<head>
    <meta charset="utf-8">
    <title>one</title>
    <script src="jquery-1.11.0.min.js"></script>
</head>
<body>
    <h1>제목입니다.</h1>
    <h1>클릭하세요.</h1>
    <script>
        $('h1').one('click' ,function() {
            alert("클릭했습니다.");
        });
    </script>
</body>
</html>
```

one 메서드는 bind 메서드와 형식이 같되 핸들러 본체에서 스스로 해제하는 코드를 작성하지 않더라도 이벤트 발생시에 연결이 즉시 끊어진다는 점이 다르다. 실행 결과는 앞 예제와 같다.


# 3.2 delegate

bind 메서드는 선택자로 검색한 모든 엘리먼트에 핸들러를 등록한다. $('h1')의 검색 결과가 몇 개이든가에 상관없이 문서 내의 모든 ⟨h1⟩ 엘리먼트에 똑같은 핸들러가 등록된다. 그러나 핸들러를 등록한 후에 새로 추가되는 엘리먼트에는 핸들러가 지정되지 않아 이벤트가 발생해도 핸들러가 호출되지 않는다. 다음 예제로 이를 확인해 보자.

```
<!DOCTYPE html>
<html>
<head>
    <meta charset="utf-8">
    <title>delegate</title>
    <script src="jquery-1.11.0.min.js"></script>
</head>
<body>
    <h1>제목입니다.</h1>
    <h1>클릭하세요.</h1>
    <script>
        $('h1').bind('click' ,function() { alert("클릭했습니다."); });
        $('<h1>새 엘리먼트</h1>').appendTo('body');
    </script>
</body>
</html>
```

HTML 문서에는 2개의 〈h1〉 엘리먼트가 있으며 스크립트에서 $('h1') 태그 검색자로 이 엘리먼
트를 검색하여 클릭 이벤트에 대한 핸들러를 등록했다. 그리고 새로운 〈h1〉 엘리먼트를 실행중에
하나 더 만들어 추가해 보았다.

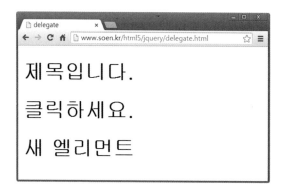

위쪽의 두 엘리먼트를 클릭하면 대화상자가 잘 열리지만 아래쪽의 새로 추가된 엘리먼트는 클릭
해도 아무런 반응이 없다. $('h1') 검색자로 검색할 때는 이 엘리먼트가 존재하지 않았기 때문에

bind 메서드는 등록 시점의 DOM 트리만을 기준으로 하여 핸들러를 등록한다. 미래의 일까지 예측할 수 없기 때문에 이는 지극히 당연하고 상식적이다.

그러나 실제 프로젝트에서는 실행중에 엘리먼트가 추가, 삭제되는 경우가 빈번하며 새로 추가된 엘리먼트에 대해서도 똑같은 핸들러를 등록해야 하는 경우가 있다. 그래서 미래에 추가될 엘리먼트에 대해서도 핸들러를 미리 등록하는 메서드가 제공된다.

**$(document).delegate(선택자, 이벤트명, 핸들러);**

특정 엘리먼트에 대해 핸들러를 지금 당장 등록하는 것이 아니라 문서가 변경될 때마다 핸들러가 등록되도록 해야 하므로 문서 수준에서 delegate 메서드를 호출한다. 그래서 호출 주체는 $(document)이다. 첫 번째 인수로 핸들러 등록 대상 엘리먼트의 조건을 명시하는 선택자를 지정하고 이벤트 이름과 핸들러를 순서대로 전달하면 문서는 구조가 바뀔 때마다 재검색하여 핸들러를 등록할 것이다.

**delegate2.html**

```
<!DOCTYPE html>
<html>
<head>
    <meta charset="utf-8">
    <title>delegate2</title>
    <script src="jquery-1.11.0.min.js"></script>
</head>
<body>
    <h1>제목입니다.</h1>
    <h1>클릭하세요.</h1>
    <script>
        $(document).delegate('h1', 'click', function() { alert("클릭했습니다."); } );
        $('<h1>새 엘리먼트</h1>').appendTo('body');
    </script>
</body>
</html>
```

선택자와 bind 호출문이 delegate 호출문으로 바뀌었고 선택자는 첫 번째 인수로 전달된다. 이렇게 하면 나중에 추가된 〈h1〉 엘리먼트에도 핸들러가 등록된다. delegate 메서드는 핸들러를 즉시 등록하는 것이 아니라 차후 문서가 변경되더라도 조건에 맞는 엘리먼트에 대해 핸들러를 등록하도록 문서 객체에 위임하는 것이다.

이처럼 실행중에 자동으로 등록되는 살아있는 핸들러를 라이브 핸들러라고 한다. 1.6 이전 버전에는 라이브 핸들러를 등록하고 해제하는 live, die 메서드가 있었으나 1.7에서는 폐기되었으며 delegate 메서드로 대체되었다.

## 3.3 on/off

여기까지 jQuery로 이벤트 핸들러를 등록하는 여러 가지 방법을 알아 보았다. 간단하게는 이벤트별 등록 메서드를 사용하는 방법이 있고 bind 메서드로 이름을 주어 등록하거나 delegate 메서드로 위임하는 방법이 있다. 너무 많은 방법이 있어 헷갈리는데 jQuery 1.7에는 모든 이벤트 등록 메서드를 통합하는 새로운 통합 메서드가 새로 도입되었다.

**on**(이벤트명, [선택자], 핸들러)
**off**(이벤트명, [선택자], 핸들러)

on 메서드는 핸들러를 등록하는 것이고 off 메서드는 핸들러 등록을 해제한다. 인수의 개수에 따라 동작이 달라지는데 두 번째의 선택자 인수가 없으면 bind와 같은 동작을 하고 선택자가 있으면 delegate와 같은 동작을 한다. 선택자가 있는 경우 호출 객체는 $(document)여야 한다.

```
onoff.html
```

```
<!DOCTYPE html>
<html>
<head>
    <meta charset="utf-8">
    <title>onoff</title>
    <script src="jquery-1.11.0.min.js"></script>
```

```
    </head>
    <body>
        <h1>제목입니다.</h1>
        <h1>클릭하세요.</h1>
        <script>
            $('h1').on('click' ,function() { alert("클릭했습니다."); });
            $('<h1>새 엘리먼트</h1>').appendTo('body');
        </script>
    </body>
</html>
```

이 예제는 bind와 같아서 새로 추가된 엘리먼트에 대해서는 이벤트가 등록되지 않는다. bind 대
신 메서드 이름만 on으로 바꾼 것이다. 다음과 같이 수정하면 delegate 호출문과 같아져서 미래
에 추가될 이벤트에 대해서도 핸들러가 자동으로 등록된다.

```
$(document).on('click' ,'h1', function() { alert("클릭했습니다."); });
```

이 경우도 역시 delegate 대신 on으로 메서드 이름만 바꾼 것이다. 인수의 구조에 따라 기존의 메
서드를 대체하는 일종의 이름 통합일 뿐 기능상의 확장은 아니다.

# chapter 19
# 유틸리티

# 유틸리티 메서드

## 1.1 trim

jQuery 라이브러리는 jQuery 객체에 대한 메서드 뿐만 아니라 여러 가지 유틸리티 함수를 제공한다. 유틸리티 함수는 jQuery 객체에 소속된 메서드가 아니라 jQuery 라이브러리에 소속된 함수이다. jQuery가 함수를 담는 통으로서 일종의 네임스페이스 역할을 하며 객체와 상관없이 호출할 수 있으므로 C++이나 자바의 개념을 빌어 설명하자면 static 함수라고 할 수 있다.

jQuery 객체의 메서드는 $().method로 호출하는데 비해 유틸리티 함수는 jQuery에 직접 소속되어 있으므로 $.method식으로 호출한다. $(). 메서드는 $.fn의 일부로 정의되어 있으며 선택 결과에 대해 호출되고 this를 리턴함으로써 연쇄적 호출이 가능하도록 되어 있다. 이에 비해 $. 함수는 jQuery에 직접 소속되는 일종의 전역 함수이며 리턴값은 메서드에 따라 다르다.

유틸리티 함수는 객체와 상관없는 유용한 기능을 제공한다. 꼭 없어도 다른 방법으로 대체할 수 있지만 누구나 자주 사용하므로 편의를 위해 미리 만들어 놓은 것이다. 간단한 함수부터 순서대로 알아 보자. trim 함수는 문자열의 시작과 끝에 있는 공백, 탭, 개행 등의 불필요한 공백을 제거한다. 단, 시작과 끝에 있는 것만 제거될 뿐이며 문자열 중간에 있는 것은 그대로 유지된다.

**trim_html**

```
<!DOCTYPE html>
<html>
<head>
    <meta charset="utf-8">
    <title>trim</title>
    <script src="jquery-1.11.0.min.js"></script>
```

```
</head>
<body>
    <pre id="str"></pre>
    <pre id="trim"></pre>
    <script>
        var str = "    우리나라    대한민국    ";
        $("#str").html("원본:->" + str + "<-");
        $("#trim").html("정리:->" + $.trim(str) + "<-");
    </script>
</body>
</html>
```

HTML 포맷 자체가 복수 공백을 인정하지 않으므로 공백이 있으나 없으나 그냥 출력해서는 차이를 확인할 수 없다. 그래서 공백을 그대로 유지하는 〈pre〉 태그 안에 문자열을 출력해 보았는데 alert 대화상자로 출력해 봐도 상관없다.

원본인 str 문자열에는 단어 사이에 공백이 잔뜩 들어 있다. 이 문자열을 그대로 출력하면 좌우의 공백이 그대로 유지된다. 그러나 $.trim 함수로 공백을 정리하면 앞뒤의 불필요한 공백이 모두 제거된다. 이름 입력란에 사용자가 실수든 고의든 앞쪽에 공백을 몇 개 넣어 "  이순신" 이렇게 입력하더라도 프로그램은 "이순신"으로 받아야 한다.

또 문자열을 네트워크로 전송하거나 XML 파일에 기록할 때도 여분 공백을 정리할 필요가 있다. 여분 공백은 의미도 없을 뿐더러 용량만 낭비하는데 이럴 때 $.trim 함수로 공백을 제거한다. 단 $.trim 함수도 여분 공백만 제거할 뿐 문자열 중간의 공백은 불필요하다고 판단할 수 없으므로 건드리지 않는다. 우리나라와 대한민국 사이의 공백은 그대로 유지됨을 알 수 있다.

String 클래스에도 공백을 정리하는 똑같은 메서드가 제공되며 문자열 객체에 대해 공백을 정리할 수 있다. 클래스에 이미 있는 메서드를 jQuery에서 중복하여 제공하는 이유는 String의 trim 메서드가 ES5에서 뒤늦게 추가되었기 때문이다. 이전에는 메서드가 없었기 때문에 유틸리티 함수를 제공했는데 지금은 어떤 것을 쓰나 상관없다.

# 1.2 extend

extend 함수는 객체의 멤버를 병합하여 객체를 확장한다. 사용 형식은 다음과 같다.

> $.extend(target, obj, ...)
> $.extend(deep, target, obj, ...)

두 개의 인수를 취하는 가장 간단한 형태는 obj의 멤버를 target에 추가한다. 연산식으로 간단히 표현하자면 target = target + obj라고 할 수 있는데 객체의 값을 더하는 것이 아니라 멤버를 병합한다. target에 원래 있던 멤버는 그대로 있고 obj에 있던 멤버가 target에 추가된다. target과 obj에 동시에 존재하는 멤버는 obj의 값으로 덮어쓴다.

인수 목록의 obj 이후에도 여러 개의 객체를 추가 전달할 수 있는데 모든 객체의 멤버가 target에 병합된다. 단 null이거나 undefined인 객체는 무시되며 에러는 발생하지 않는다. 첫 번째 인수인 deep에 true를 지정하면 깊은 복사를 수행하여 객체의 멤버에 대해서도 확장이 일어난다. 간단한 개념적 예제를 보자.

**extend.html**

```
<!DOCTYPE html>
<html>
<head>
    <meta charset="utf-8">
    <title>extend</title>
    <script src="jquery-1.11.0.min.js"></script>
</head>
<body>
    <script>
```

```
        var target = {
            name:'김상형',
            age:29
        };
        var obj = {
            age:35,
            height:180,
            weight:65
        };
        $.extend(target, obj);
        document.write("이름 : " + target.name +
            "<br>나이 : " + target.age +
            "<br>키 : " + target.height +
            "<br>몸무게 : " + target.weight);
    </script>
</body>
</html>
```

원래의 target 객체에는 이름과 나이만 멤버로 포함되어 있다. obj에는 나이, 키, 몸무게 등의 멤버가 있는데 이 둘을 하나로 합쳐 target을 확장했다. 실행 결과는 다음과 같다.

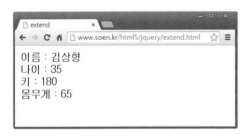

target에 원래 없던 height, weight 멤버가 추가되었다. 또 원래 있던 age는 obj의 새 값으로 대체된다. 없던 멤버는 추가하고 있던 멤버는 새 값으로 교체하는 것이다.

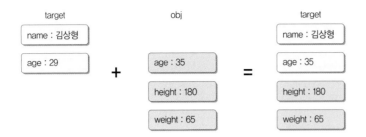

extend 함수에 의해 target은 병합되어 변하지만 obj는 원래값을 유지하며 병합된 객체인 target
을 리턴한다. 이 특성을 잘 활용하면 두 객체를 합치되 원본은 그대로 두고 합친 객체만 얻을 수도
있다. 위 예에서 target과 obj를 유지한 채로 둘을 합친 새로운 객체를 얻고 싶다면 다음과 같이 코
드를 작성한다.

```
var target2 = $.extend({}, target, obj);
```

첫 번째 인수로 빈 객체를 전달하고 target과 obj를 2, 3번째 인수로 전달하면 target은 읽기만 하
므로 원래값을 유지한다. 병합된 객체는 리턴되는 target2로 받으면 된다. 빈 객체를 타겟으로 주
어 병합 결과를 얻고 원본은 유지하는 것이다. 객체를 병합하는 extend를 응용하면 옵션 객체를
전달받는 함수에서 디폴트를 정의할 수 있다.

**extenddefault.html**

```
<!DOCTYPE html>
<html>
<head>
    <meta charset="utf-8">
    <title>extenddefault</title>
    <script src="jquery-1.11.0.min.js"></script>
</head>
<body>
    <script>
        function DoSomething(option) {
            option = $.extend({
                name:'김상형',
```

JavaScript+jQuery 정복

```
            age:29
        }, option);

        document.write("이름 : " + option.name + ", 나이 : " + option.age + "<br>");
    }

    DoSomething();
    DoSomething({name:"이순신", age:45});
</script>
</body>
</html>
```

DoSomething 함수는 객체를 전달받아 name과 age 멤버를 출력한다. 함수는 전달받은 객체를 곧바로 사용하지 않으며 {"김상형", 29} 객체와 병합한 후 사용한다. 호출원에서 인수를 전달하지 않으면 option 인수는 undefined이며 이 경우는 함수 내부에서 가정한 디폴트인 {"김상형", 29} 값이 사용된다. 호출원에서 인수를 전달하면 디폴트는 무시되고 전달된 옵션 객체가 사용된다.

예제에서는 DoSomething을 인수없이 호출하고 옵션 객체를 생성하여 전달하기도 한다. 인수가 없으면 디폴트로 출력되며 인수가 있으면 전달된 인수가 출력된다. 동작예를 보이기 위해 멤버의 값을 단순히 출력만 해 보았는데 실제 예에서는 옵션값을 구체적인 작업에 사용할 것이다.

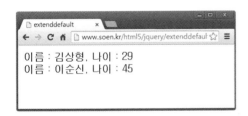

DoSomething 함수의 호출원에서 옵션 객체를 전달할 수도 있고 아닐 수도 있는데 전달하지 않을 경우 함수가 자체적으로 무난한 디폴트를 취한다. extend 함수는 옵션을 디폴트와 병합하되 전달된 옵션을 우선 적용한다. 그래서 옵션을 주면 전달된 옵션을 사용하고 그렇지 않으면 무난한 디폴트를 취하는 것이다. 플러그인 라이브러리가 이 기법을 적극적으로 활용하여 옵션을 받되 사용자가 옵션을 생략할 경우 무난한 값을 취함으로써 편의성을 높인다.

# 1.3 each

jQuery 객체의 each 메서드는 호출 객체의 멤버를 순회한다. 이에 비해 each 함수는 첫 번째 인수로 전달된 배열이나 객체를 순회한다는 점이 다르다.

**$.each(배열, function(index, item) { })**

each 메서드와 인수 구조만 다를 뿐 사용하는 방법은 거의 비슷하다. 앞 장에서 만들었던 each 메서드 예제를 each 함수로 변경하면 다음과 같다.

**eachmethod.html**

```
<!DOCTYPE html>
<html>
<head>
    <meta charset="utf-8">
    <title>eachmethod</title>
    <script src="jquery-1.11.0.min.js"></script>
</head>
<body>
    <h3>문단0</h3>
    <h3>문단1</h3>
    <h3>문단2</h3>
    <h3>문단3</h3>
    <h3>문단4</h3>
    <script>
        var arColor = ['yellow', 'red', 'green', 'blue', 'gray'];
        $.each($('h3'), function(index, item) {
            $(this).css('background', arColor[index]);
        });
    </script>
</body>
</html>
```

앞 코드는 선택자를 먼저 호출하여 그 배열에 대해 each 메서드를 부른 것이고 위 코드는 each 를 먼저 호출하되 선택자 결과 배열을 첫 번째 인수로 넘긴 것이다. $('h3') 검색자의 위치가 어디 인가만 다를 뿐이다. each 메서드는 jQuery 객체의 각 요소를 순회하는 것이고 $.each는 배열의 각 요소를 순회하는 것이다.

# 1.4 배열 관련 함수

다음은 배열 관련 편의 함수 몇 가지를 알아 보자. 동작이 간단하므로 요약적으로 예제만 소개하기로 한다. isArray 함수는 인수로 전달된 객체가 진짜 배열인지 아니면 유사 배열인지 조사한다.

**isarray.html**

```
<!DOCTYPE html>
<html>
<head>
    <meta charset="utf-8">
    <title>isarray</title>
    <script src="jquery-1.11.0.min.js"></script>
</head>
<body>
    <p>문단1</p>
    <p>문단2</p>
    <hr />
    <script>
        var ar = [1,2,3];
        var jQ = $('p');
        document.write("ar의 배열 여부 : " + $.isArray(ar) + "<br />");
        document.write("jQ의 배열 여부 : " + $.isArray(jQ) + "<br />");
    </script>
</body>
</html>
```

ar은 자바스크립트의 배열, 즉 진짜 오리지널 배열이다. jQ 객체는 내부에 선택 엘리먼트 여러 개를 가지는 유사 배열이지만 진짜 배열은 아니다. isArray 함수로 이 두 부류의 배열의 정체를 파악할 수 있다.

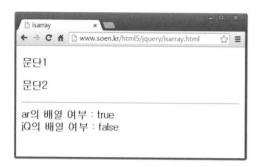

inArray는 특정 요소가 배열에 있는지 조사하여 발견되면 첨자를 리턴하고 그렇지 않다면 −1을 리턴한다. Array 클래스의 indexOf 메서드와 거의 유사하다.

**inArray(값, 배열, [검색시작위치])**

세 번째 인수로 검색 시작 위치를 지정할 수 있는데 생략하면 처음부터 검색한다.

**inarray.html**

```
<!DOCTYPE html>
<html>
<head>
    <meta charset="utf-8">
    <title>inarray</title>
    <script src="jquery-1.11.0.min.js"></script>
</head>
<body>
    <p>ar = [0, 1, 2, 3, 4]</p>
    <hr />
    <script>
        var ar = [0, 1, 2, 3, 4];
        document.write("3의 위치 : " + $.inArray(3, ar) + "<br />");
```

```
            document.write("8의 위치 : " + $.inArray(8, ar) + "<br />");
            document.write("2의 위치 : " + $.inArray(2, ar, 3) + "<br />");
        </script>
    </body>
</html>
```

0~4까지의 요소를 가지는 숫자 배열에서 각 요소를 검색해 보았다. 요소 3은 배열 내에 있지만 8
은 없다. 요소 2는 있지만 검색 시작 위치를 3으로 지정했으므로 발견되지 않으며 2보다 앞쪽에서
검색을 시작해야 발견된다.

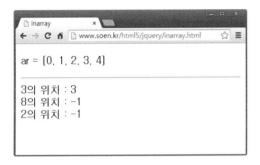

grep 함수는 배열에서 조건에 맞는 원소만 추출하여 새로운 배열을 만든다.

### grep(배열, function(elem, index), [invert])

각 배열 원소에 대해서 콜백 함수를 호출하며 함수가 true를 리턴하는 원소만 취해 새로운 배열을
만든다. invert 인수가 true이면 반대로 false를 리턴하는 원소를 취한다. 다음 예제는 배열에서
짝수 요소만 골라낸다.

grep.html

```
<!DOCTYPE html>
<html>
<head>
    <meta charset="utf-8">
    <title>grep</title>
```

```
    <script src="jquery-1.11.0.min.js"></script>
</head>
<body>
    <p> ar = [8, 5, 0, 6, 2, 9]</p>
    <hr />
    <script>
        var ar = [8, 5, 0, 6, 2, 9];
        var ar2 = $.grep(ar, function(elem, index) {
            return (elem % 2) == 0;
        });
        document.write(ar2.join() + "<br />");
    </script>
</body>
</html>
```

콜백 함수로 요소와 첨자가 인수로 전달된다. 함수에서 요소의 값을 2로 나눈 나머지가 0인 요소에 대해서만 true를 리턴하였으므로 짝수인 요소만 추려내어 새로운 배열을 만든다. 세 번째 invert 인수를 true로 주면 반대로 홀수만 골라낼 것이다.

makeArray 함수는 유사 배열을 일반 배열로 만든다. 자바스크립트의 DOM 함수나 jQuery가 리턴하는 유사 배열은 진짜 배열은 아니므로 배열 관련 메서드를 바로 사용할 수 없다. makeArray를 사용하면 일반 배열로 변환하여 배열 관련 메서드를 사용할 수 있다.

```
<!DOCTYPE html>
<html>
<head>
    <meta charset="utf-8">
    <title>makearray</title>
    <script src="jquery-1.11.0.min.js"></script>
</head>
<body>
    <p>문단1</p>
    <p>문단2</p>
    <p>문단3</p>
    <hr />
    <script>
        var jQ = $('p');
        var ar = $.makeArray(jQ);
        ar.reverse();
        for (i = 0; i < ar.length; i++) {
            document.write(ar[i].firstChild.nodeValue + "<br />");
        }
    </script>
</body>
</html>
```

$('p')로 검색한 jQ 객체를 makeArray 함수로 전달하여 일반 배열 ar로 바꾸었다. 언어가 지원
하는 배열이므로 reverse 메서드를 호출하여 역순으로 만들 수 있다.

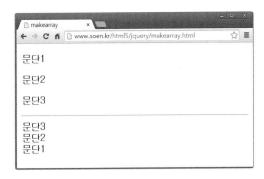

역순으로 바뀐 배열을 순회하며 태그의 텍스트를 구해 출력했다. 배열이므로 ar[i] 표현식으로 객체를 바로 찾을 수 있으며 firstChild.nodeValue 속성을 읽어 텍스트를 구한다. 아니면 $(ar[i]). text()로 jQuery 객체로 래핑한 후 text 메서드를 호출하는 더 간단한 방법을 쓸 수도 있다.

# 1.5 기능 탐지

jQuery 라이브러리는 추상층을 제공하여 브라우저에 무관하게 실행되는 코드 작성을 도와주며 하나의 코드로 크로스 브라우징을 멋지게 구현한다. 그러나 브라우저의 종류가 워낙 많고 업그레이드가 잦아서 완벽할 수는 없다. 호환성 확보를 위해 브라우저의 종류를 직접 조사해야 하는 경우가 있고 때로는 브라우저 정보 자체가 필요한 경우도 있다.

사용자의 브라우저 종류를 판별할 때는 $.browser 속성을 읽는다. 브라우저별로 webkit, msie, mozilla 등의 플래그가 정의되어 있어 이 값이 true이면 해당 브라우저임을 알아낼 수 있다. 특정 브라우저에서만 필요한 코드를 작성하려면 플래그를 조건문으로 비교한다. 예를 들어 IE에서만 필요한 코드라면 다음 형식으로 작성한다.

```
if ($.browser.msie) {
    // IE 브라우저일 때의 코드
}
```

같은 종류의 브라우저라도 버전에 따라 기능이 달라지는 경우도 있는데 $browser.version 속성을 통해 버전을 조사한다. 제작사에 따라 버전을 매기는 방법은 제각각이다. 상기의 두 속성으로 브라우저와 버전을 판별할 수 있지만 실용성은 별로 없다. 워낙 많은 변형 브라우저가 있고 업그레이드도 잦아 이 두 정보만으로는 브라우저의 기능 제공 여부를 정확히 판별하기 어렵다.

그래서 브라우저를 탐지하는 방법은 더 이상 권장하지 않는다. jQuery 1.3이후부터 이 기능을 폐기했으며 1.9부터는 완전히 제외되어 현재는 사용할 수 없는 기능이다. 브라우저를 탐지하는 대신 요즘은 기능을 탐지하는 방법을 더 권장한다. 브라우저가 무엇인가를 조사하는 것보다 특정 기능이 제공되는지를 조사한 후 안전하게 사용하는 것이 더 확실하다. 이때는 다음 속성을 참조한다.

$.support.기능이름

$.support의 속성 이름으로 조사하고자 하는 기능의 이름을 주면 지원 여부를 진위형으로 리턴한다. 예를 들어 $.support.opacity가 true이면 opacity 스타일을 지원하는지 조사한다는 뜻이다. 어떤 기능 목록이 있는지 다음 예제로 덤프해 보자.

**support.html**

```
<!DOCTYPE html>
<html>
<head>
    <meta charset="utf-8">
    <title>support</title>
    <script src="jquery-1.11.0.min.js"></script>
</head>
<body>
    <h1>브라우저 기능 탐지</h1>
    <hr />
    <script>
        $(function() {
            document.write("ajax   : " + $.support.ajax + "<br />");
            document.write("boxModel : " + $.support.boxModel + "<br />");
            document.write("changeBubbles : " + $.support.changeBubbles + "<br />");
            document.write("opacity : " + $.support.opacity + "<br />");
            document.write("style : " + $.support.style + "<br />");
            document.write("tbody : " + $.support.tbody + "<br />");
            document.write("cssFloat : " + $.support.cssFloat  + "<br />");
            document.write("checkOn : " + $.support.checkOn  + "<br />");
            document.write("leadingWhitespace  : " + $.support.leadingWhitespace   + "<br />");
        });
    </script>
</body>
</html>
```

자주 참조하는 기능의 일부를 덤프해 보았는데 완벽한 목록은 레퍼런스를 참고하자. 최신 브라우저에서는 웬만하면 다 true가 리턴되지만 구형 브라우저에서는 일부 false를 리턴할 것이다.

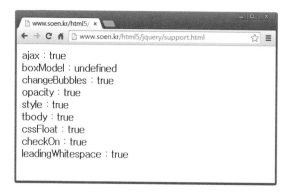

이 기능은 jQuery가 추상층 구현을 위해 내부적으로 사용하고 있으므로 사용자 코드에서는 가급적 이 값을 참조하지 않는 것이 좋다. 라이브러리가 추상층의 역할을 훌륭히 수행하므로 믿고 맡기는 것이 바람직하다.

# 1.6 기타

다음은 사용 빈도가 떨어지는 기타 함수들이다. 이름만 봐도 알 수 있는 쉬운 함수이거나 아주 특수한 경우에만 사용되는 함수들이므로 도표로 간략하게 정리하고 몇 가지 함수에 대해서만 예제를 만들어 보자.

| 함수 | 설명 |
|------|------|
| isFunction | 함수인지 검사한다. |
| inNumeric | 숫자인지 검사한다. 629, 3.14는 당연히 숫자이며 0xcd나 "0xff"도 숫자이다. 그러나 "korea", null, false 등은 숫자가 아니다. |
| isPlaneObject | 호스트 객체는 크로스 플랫폼이 어려운 비일관성 있는데 이 불일치성을 평가한다. |
| isEmptyObject | 자신의 속성과 프로토타입으로부터 상속받은 속성을 점검하여 빈 객체인지 조사한다. |
| isWindow | 브라우저 윈도우인지 조사한다. |

JavaScript+jQuery 정복

| isXMLDoc | DOM 노드가 XML 문서의 내부에 있거나 XML 문서인지를 조사한다. |
|---|---|
| now | 현재 시간을 조사한다. new Date().getTime()을 호출하여 에폭타임을 구한다. |
| noop | 아무것도 하지 않는 함수이다. 옵션으로 전달 가능한 함수를 만들 때 사용하며 플러그인 제작에 주로 사용된다. 함수를 전달하면 해당 함수를 호출하고 그렇지 않으면 noop를 호출하여 빈 자리만 채운다. |
| parseHTML | HTML 문자열을 해석하여 DOM 객체의 집합으로 변환한다. 이렇게 변환된 것을 문서에 삽입할 수 있다. |
| parseJSON | JSON 문자열로부터 자바스크립트 객체를 생성한다. 문자열내의 포맷이 JSON 규칙에 맞지 않으면 예외를 일으킨다. |
| parseXML | 브라우저의 파싱 함수를 호출하여 XML 문서를 생성한다. 생성된 문서는 jQuery 객체로 변환되어 jQuery의 탐색 메서드로 읽는다. |

다음 예제는 parseHTML 함수를 호출하여 문자열을 DOM 객체로 변환한다.

**parsehtml.html**

```
<!DOCTYPE html>
<html>
<head>
    <meta charset="utf-8">
    <title>parsehtml</title>
    <script src="jquery-1.11.0.min.js"></script>
</head>
<body>
    <p id="result"></p>
    <script>
        var str="<p>이것은 <b>문단</b>입니다.</p>"
        var html = $.parseHTML(str);
        $('#result').append(html);
    </script>
</body>
</html>
```

문자열 내의 태그 구조를 분석하여 문단 엘리먼트와 〈b〉 노드, 텍스트 노드를 만들어 낼 것이다. 이렇게 만들어진 노드를 #result 문단에 추가하면 DOM 객체가 문단안에 생성된다.

$() 함수 자체에도 문자열로부터 노드를 생성하는 기능이 있어 굳이 이렇게 할 필요없이 $() 함수를 바로 호출해도 결과는 같다. 아마 $() 함수 내부에서 parseHTML 함수를 호출할 것이다.

```
$('#result').append($('<p>이것은 <b>문단</b>입니다.</p>'));
```

parseJSON 함수는 JSON 표현식으로부터 객체를 생성한다.

---

**parsejson.html**

```
<!DOCTYPE html>
<html>
<head>
    <meta charset="utf-8">
    <title>parsejson</title>
    <script src="jquery-1.11.0.min.js"></script>
</head>
<body>
    <script>
        var JSON = '{"name":"김상형", "age":29}';
        var obj = $.parseJSON(JSON);
        document.write("이름 : " + obj.name + "<br />");
        document.write("나이 : " + obj.age + "<br />");
    </script>
</body>
</html>
```

---

JSON 포맷의 문자열로부터 이름과 나이 멤버를 가지는 객체를 생성하여 아래쪽에 멤버값을 출력해 보았다.

J a v a S c r i p t + j Q u e r y  정복

자바스크립트의 JSON.parse 메서드를 jQuery 방식으로 래핑해 놓은 함수라고 생각하면 된다.

# section 02 효과

## 2.1 기본 애니메이션

애니메이션은 시간의 경과에 따라 속성값을 주기적으로 변경하는 기법이다. 엘리먼트가 갑자기 뿅하고 갑작스럽게 사라지는 것보다 점점 작아지거나 서서히 흐려지는 것이 보기에 멋스럽고 사용자도 화면의 변화를 분명히 인지할 수 있다. 대화형 페이지는 꼭 필요한 최소한의 엘리먼트만 배치하고 나머지 당장 필요치 않은 엘리먼트는 숨겨둔 상태에서 필요한 엘리먼트만 임시적으로 보이도록하는데 이 과정에 애니메이션을 가미하면 훨씬 더 세련되 보인다.

예전에는 애니메이션이 필요할 때 플래시를 사용했다. 플래시의 화려한 기능으로 인해 웹 사이트는 삐까번쩍 멋드러진 치장을 할 수 있었지만 부작용도 만만치 않았다. 별도의 플러그인을 설치해야 하므로 모바일 환경에서 효과가 제대로 표현되지 않아 호환성이 떨어졌다. 또한 너무 무거워서느린 장비에서는 제 속도가 나오지 않았으며 지속적으로 동작하여 배터리도 많이 소모하였다. 그래서 점점 퇴출되는 분위기이다.

요즘은 자바스크립트로 애니메이션을 구현한다. 플래시만큼 화려하지는 않아도 가벼워서 부담이없으며 표준이므로 완벽한 호환성도 얻을 수 있다. 다량의 코드가 필요해 손이 많이 가는 단점이있지만 잘 만들어진 라이브러리로 이 단점을 극복할 수 있다. jQuery는 자주 사용하는 효과를 함수로 제공한다. 많이 사용하는 기본 애니메이션은 다음 메서드로 쉽게 구현할 수 있다.

| 메서드 | 설명 |
|---|---|
| show(), hide() | 보이기, 숨기기 |
| slideDown(), slideUp() | 미끄러지듯 나타나기, 사라지기 |
| fadeIn(), fadeOut(), fadeTo() | 투명도를 변화시키며 나타나기, 사라지기<br>fadeTo는 인수로 지정한 투명도까지 진행한다. |

애니메이션 메서드는 다음 인수를 취하는데 모두 생략 가능하다. 대표적으로 show 메서드의 경우만 보자.

**show(속도, 이징, 콜백)**
**show(옵션객체)**

속도는 애니메이션 진행 시간을 지정하는데 미리 정의되어 있는 slow(600), normal(400), fast(200)값을 사용하거나 1/1000초 단위로 시간을 직접 지정할 수도 있다. 속도를 생략할 때의 디폴트는 메서드마다 다른데 show, hide는 애니메이션 없이 즉시 보이고 숨긴다. slide와 fade는 그 자체가 애니메이션 동작이며 속도 개념이 반드시 필요하므로 normal을 디폴트로 취한다. fadeTo 메서드는 추가 인수가 하나 더 있는데 두 번째 인수로 목표 투명도를 취하며 이 값이 될 때까지 투명도를 조정한다.

**showhide.html**

```
<!DOCTYPE html>
<html>
<head>
    <meta charset="utf-8">
    <title>showhide</title>
    <script src="jquery-1.11.0.min.js"></script>
</head>
<body>
    <button type="button" id="btn1">hide</button>
    <button type="button" id="btn2">show</button>
    <button type="button" id="btn3">slide up</button>
    <button type="button" id="btn4">slide down</button>
    <button type="button" id="btn5">fade out</button>
    <button type="button" id="btn6">fade in</button>
    <button type="button" id="btn7">fade To</button>
    <h1>애니메이션 대상</h1>
    <hr />
    <script>
        $('#btn1').click(function() { $('h1').hide('slow'); });
```

```
          $('#btn2').click(function() { $('h1').show('slow'); });
          $('#btn3').click(function() { $('h1').slideUp('slow'); });
          $('#btn4').click(function() { $('h1').slideDown('slow'); });
          $('#btn5').click(function() { $('h1').fadeOut('slow'); });
          $('#btn6').click(function() { $('h1').fadeIn('slow'); });
          $('#btn7').click(function() { $('h1').fadeTo('slow', 0.5); });
      </script>
   </body>
   </html>
```

〈h1〉 엘리먼트를 하나 배치하고 여섯 개의 버튼으로 각각의 애니메이션을 수행한다. 버튼을 순서 대로 눌러 보면 각 버튼마다 서로 다른 애니메이션을 보여준다. 결과를 천천히 볼 수 있도록 속도 는 느리게 지정했다. 다음은 slide up 버튼을 누를 때의 애니메이션 과정을 순서대로 보인 것이다. 움직임이므로 지면으로 확인하는 것보다는 직접 실행해 봐야 한다.

동작을 잘 관찰해 보면 엘리먼트의 어떤 속성을 조작하는지 감을 잡을 수 있다. show, hide 메서 드는 루프를 돌며 엘리먼트의 높이(height)와 투명도(opacity)를 변경하여 크기를 점차적으로

JavaScript+jQuery 정복

조정하면서 점점 작아지면서 흐려지게 만든다. 슬라이드 효과는 높이만 변경하고 페이드 효과는 투명도만 변경한다. 세 메서드는 중간 과정이 다르지만 애니메이션 완료시 모두 display 속성을 조정하여 엘리먼트를 완전히 숨기거나 보이도록 만든다.

hide 메서드는 애니메이션이 끝나면 display 속성을 none으로 변경하여 자리를 차지하지 않도록 하고 이전값을 저장해 두며 show 메서드는 저장된 이전 값을 복원한다. 이때 엘리먼트에 따라 display 값을 어떻게 복원할 것인가가 다른데 어떤 엘리먼트는 inline으로 복원해야 제대로 보이며 어떤 엘리먼트는 block으로 복원해야 정상적으로 보인다. show, hide 메서드는 엘리먼트의 타입에 따라 display 속성을 정확하게 제어한다.

이미 보이는 상태에서 show 메서드를 호출하거나 숨겨진 상태에서 hide 메서드를 호출하면 더움직일 필요가 없으므로 아무 효과도 나타나지 않는다. 슬라이드나 페이드도 마찬가지로 목표 지점에 이미 도달한 상태에서는 애니메이션하지 않는다. 다음 세 메서드는 각 효과를 토글한다.

```
toggle()
slideToggle()
fadeToggle()
```

toggle은 보이는 상태이면 hide를 호출하고 숨겨진 상태이면 show를 호출함으로써 보이기 상태를 반전시킨다. 보이기와 숨기기 명령을 따로 구분할 필요없이 하나의 명령으로 토글할 수 있어 편리하다.

**toggle.html**

```
<!DOCTYPE html>
<html>
<head>
    <meta charset="utf-8">
    <title>toggle</title>
    <script src="jquery-1.11.0.min.js"></script>
</head>
<body>
    <button type="button" id="btn1">hide/show</button>
    <button type="button" id="btn2">slide</button>
```

```
    <button type="button" id="btn3">fade</button>
    <h1>애니메이션 대상</h1>
    <hr />
    <script>
        $('#btn1').click(function() { $('h1').toggle('slow'); });
        $('#btn2').click(function() { $('h1').slideToggle('slow'); });
        $('#btn3').click(function() { $('h1').fadeToggle('slow'); });
    </script>
</body>
</html>
```

버튼을 누르기만 하면 현재 상태와 반대로 애니메이션된다. 하나의 버튼으로 두 개의 명령을 통합하여 표시할 수 있어 화면 면적도 절약된다.

애니메이션은 실행중에도 다른 작업을 할 수 있도록 하기 위해 비동기적으로 실행된다. 애니메이션 메서드를 호출하면 일단 큐에 등록되며 메서드 자체는 즉시 리턴한다. 큐에 등록된 애니메이션은 순서대로 꺼내져 차례대로 실행된다. 비동기적으로 실행되므로 애니메이션이 끝날 때까지 대기할 수는 없다. 만약 끝나는 시점에 어떤 작업을 하고 싶다면 두 번째 인수로 콜백 함수를 등록한다.

**queue.html**

```
<!DOCTYPE html>
<html>
<head>
    <meta charset="utf-8">
    <title>queue</title>
```

JavaScript+jQuery 정복

```
        <script src="jquery-1.11.0.min.js"></script>
    </head>
    <body>
        <button type="button" id="btn1">hide/show</button>
        <h1>애니메이션 대상</h1>
        <hr />
        <script>
            $('#btn1').click(function() {
                $('h1').toggle(2000, function() {
                    alert("애니메이션이 끝났습니다.");
                });
            });
        </script>
    </body>
</html>
```

애니메이션이 완료되면 콜백 함수가 호출된다. 예제에서는 보이기 상태를 토글한 후 콜백 함수에서
대화상자를 열어 호출 여부만 확인했는데 애니메이션 완료 후 해야 할 작업이 있다면 콜백 함수에
코드를 작성한다. 콜백 함수 안에서 this는 애니메이션 대상이며 대상의 속성을 변경할 수도 있다.

복수 개의 애니메이션을 연속으로 실행할 때는 큐에 애니메이션을 쌓아 놓기만 하면 되므로 굳이
콜백을 사용할 필요가 없다. 다음 예제는 메서드의 인수로 옵션 객체를 전달하는데 동작은 앞 예제
와 같다.

```html
<!DOCTYPE html>
<html>
<head>
    <meta charset="utf-8">
    <title>queue2</title>
    <script src="jquery-1.11.0.min.js"></script>
</head>
<body>
    <button type="button" id="btn1">hide/show</button>
    <h1>애니메이션 대상</h1>
    <hr />
    <script>
        $('#btn1').click(function() {
            $('h1').toggle({
                duration:2000,
                complete:function() {
                 alert("애니메이션이 끝났습니다.");
                }
            });
        });
    </script>
</body>
</html>
```

옵션 객체에 duration, easing, complete 등의 키로 지속 시간, 이징, 콜백 함수 등을 저장하여 전달한다. 이 외에도 step, progress 등의 값을 통해 훨씬 더 상세한 옵션을 지정할 수 있다.

## 2.2 사용자 정의 애니메이션

기본 애니메이션은 보이기와 숨기기만 가능하다. 웹 페이지는 주로 잠시 숨겨 놓고 필요할 때 꺼내 보여주는 동작을 많이 하기 때문이다. 더 다양한 속성을 변경하려면 다음 메서드로 사용자 정의 애니메이션을 수행한다.

### animate(객체, 속도, 이징, 콜백)

첫 번째 인수는 조정할 속성의 이름과 목표값의 쌍을 가지는 객체이다. {left:200} 식으로 객체를 작성하면 left값을 200으로 변경하면서 애니메이션을 수행한다는 뜻이다. 멤버의 개수에 제한이 없으므로 속성과 값의 쌍을 콤마로 구분하여 나열함으로써 동시에 여러 개의 속성을 변경할 수도 있다. 두 번째 이후의 인수는 옵션이며 생략 가능하되 속도 정도만 밝혀 주면 된다.

애니메이션이란 특정값을 점차적으로 변화하여 화면을 다시 그리는 기법이므로 선형적으로 변할 수 있는 숫자 형태의 속성만을 대상으로 한다. 예를 들어 위치나 불투명도 같은 것들이 좋은 예이다. 이에 비해 색상이나 글꼴 등은 중간값을 계산하기 어렵거나 불가능하므로 애니메이션 대상이 될 수 없다. 좌표나 크기 속성값에는 단위를 붙이되 생략시 픽셀로 가정한다.

```
animate_html
```

```html
<!DOCTYPE html>
<html>
<head>
    <meta charset="utf-8">
    <title>animate</title>
    <script src="jquery-1.11.0.min.js"></script>
</head>
<body>
    <button type="button" id="btn1">to right</button>
    <button type="button" id="btn2">to left</button>
    <hr />
    <img src="cosmos.jpg" style="position:relative" />
    <hr />
```

```
<script>
    $('#btn1').click(function() {
        $('img').animate({left:500}, 'slow');
    });
    $('#btn2').click(function() {
        $('img').animate({left:0}, 'slow');
    });
</script>
</body>
</html>
```

페이지 중앙에 이미지 하나를 배치하고 임의의 좌표에 배치하기 위해 position 속성을 relative로 지정했다. 위쪽의 두 버튼을 누르면 이미지의 left 속성을 변경하여 이미지를 이동시킨다. to right 버튼은 left 속성을 0에서 500으로 증가시켜 오른쪽으로 이동시키고 to left 버튼은 반대로 left 속성을 500에서 0으로 점점 감소시켜 왼쪽으로 이동시킨다.

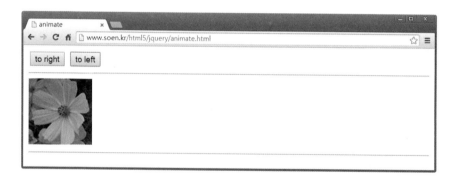

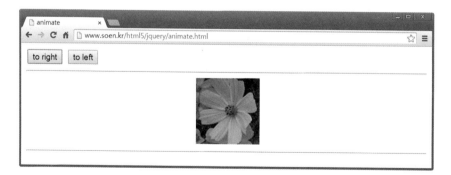

J a v a S c r i p t + j Q u e r y   정복

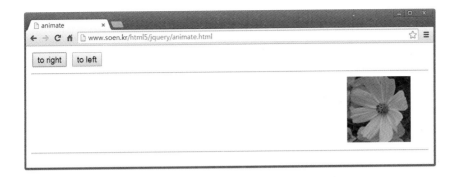

속성의 값 앞에 +=, -= 연산자를 붙이면 현재값을 기준으로 상대적으로 변한다. 연산자가 앞에 붙어 있으면 더 이상 숫자가 아니므로 속성값은 반드시 따옴표로 감싸야 한다. 다음 예제는 버튼을 누를 때마다 좌우로 50픽셀만큼 이동하며 속도는 최대한 빠르게 지정했다.

animate2.html

```
<!DOCTYPE html>
<html>
<head>
    <meta charset="utf-8">
    <title>animate2</title>
    <script src="jquery-1.11.0.min.js"></script>
</head>
<body>
    <button type="button" id="btn1">to right</button>
    <button type="button" id="btn2">to left</button>
    <hr />
    <img src="cosmos.jpg" style="position:relative" />
    <hr />
    <script>
        $('#btn1').click(function() {
            $('img').animate({left:'+=50'}, 'fast');
        });
        $('#btn2').click(function() {
            $('img').animate({left:'-=50'}, 'fast');
        });
```

```
        </script>
    </body>
    </html>
```

상단의 버튼을 누르면 버튼이 좌우로 50픽셀만큼 이동한다. 움직이는 방향에 맞게 버튼의 순서를 조정하고 캡션도 직관적인 아이콘으로 변경했다.

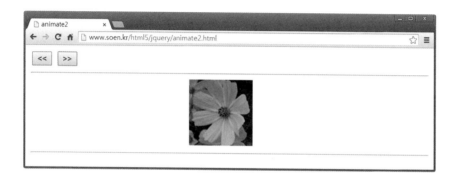

이징(easing)은 시간의 흐름에 따른 속성값의 변화 속도를 정의하는 함수값이다. linear는 선형적으로 변화하고 swing은 사인 곡선 형태로 변한다. 생략시 디폴트는 swing이다. 이징의 차이점은 이동시에 가장 명확하게 잘 보이는데 다음 예제로 테스트해 보자.

easing.html

```
    <!DOCTYPE html>
    <html>
    <head>
        <meta charset="utf-8">
        <title>easing</title>
        <script src="jquery-1.11.0.min.js"></script>
    </head>
    <body>
        <button type="button" id="btn1">swing</button>
        <button type="button" id="btn2">linear</button>
        <hr />
        <img src="cosmos.jpg" style="position:relative" />
```

J a v a S c r i p t + j Q u e r y  정복

```
<hr />
<script>
    $('#btn1').click(function() {
        $('img').animate({left:'+=100'}, 1000);
    });
    $('#btn2').click(function() {
        $('img').animate({left:'+=100'}, 1000, 'linear');
    });
</script>
</body>
</html>
```

움직이는 과정을 확인해야 하므로 이 예제는 직접 실행해 봐야 차이를 관찰해 볼 수 있다.

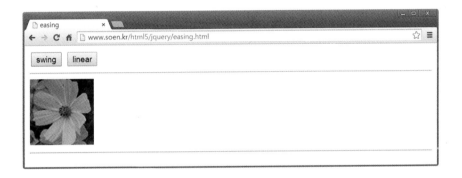

swing은 처음에 굼뜨게 움직이다가 점점 빨라지는데 비해 linear는 이동 속도가 일정하다. 애니메이션 중간 과정을 잘 관찰해 보아라. 대표적인 두 가지 이징만 테스트해 봤는데 나머지 이징도 중간 과정만 다를 뿐이다. 플러그인을 설치하면 더 많은 이징을 사용할 수 있다.

# 2.3 애니메이션 큐

애니메이션 명령은 일단 큐에 저장된후 하나씩 꺼내어 순서대로 실행된다. 그래서 여러 애니메이션을 지정하더라도 동시에 실행되는 것이 아니라 큐에 들어간 순서대로 실행된다. 큐에 먼저 들어간 애니메이션이 실행되는동안 나머지 애니메이션은 대기 상태이며 진행중인 애니메이션이 끝나야 다음 애니메이션이 시작된다.

aniqueue.html

```html
<!DOCTYPE html>
<html>
<head>
    <meta charset="utf-8">
    <title>aniqueue</title>
    <script src="jquery-1.11.0.min.js"></script>
</head>
<body>
    <button type="button" id="btn1">start</button>
    <hr />
    <img src="cosmos.jpg" style="position:relative" />
    <hr />
    <script>
        $('#btn1').click(function() {
            $('img').animate({left:'+=100'}, 1000)
                .animate({opacity:'-=0.8'}, 1000)
                .animate({left:'-=100'}, 1000)
                .animate({opacity:'+=0.8'}, 1000);

        });
    </script>
</body>
</html>
```

　　　　　　　JavaScript+jQuery 정복

이미지 객체에 대해 animate 메서드를 연쇄적으로 4번 호출하여 4개의 애니메이션을 등록했다. 등록된 순서대로 실행되어 오른쪽 이동, 흐려짐, 왼쪽 이동, 또렷해짐 4개의 애니메이션이 총 4초간 실행된다. start 버튼을 누르면 애니메이션이 차례대로 실행되며 만약 진행중에 또 start 버튼을 누르면 4개의 애니메이션이 재등록되어 똑같은 과정이 한번 더 반복된다.

애니메이션은 백그라운드에서 비동기적으로 실행되며 진행중에도 웹 페이지는 다른 작업을 할 수 있다. 그러다 보니 애니메이션 진행중에 애니메이션을 조작하는 것도 가능하다. 애니메이션은 대개의 경우 장식일 뿐 기능적으로 큰 의미가 있는 것은 아니며 조작 속도가 굼떠서 오히려 방해가 되기도 한다. 따라서 사용자가 원치 않을 때는 즉시 멈출 수 있어야 하는데 다음과 같은 방법이 있다.

```
clearQueue()
stop(큐비움, 끝까지이동)
finish()
```

clearQueue 메서드는 큐에 대기중인 애니메이션을 모두 제거하지만 실행중인 애니메이션까지 정지시키는지는 않는다. stop 메서드는 실행중인 애니메이션을 즉시 중지한다. 두 개의 인수를 취하는데 첫 번째 인수가 true이면 중지와 동시에 큐에 대기중인 애니메이션도 제거한다. 두 번째 인수가 true이면 애니메이션의 끝까지 실행한 후 멈춘다. 두 인수 모두 디폴트는 false이며 조합에 따라 효과가 달라진다.

finish 메서드는 stop(true, true)와 유사하지만 큐의 모든 애니메이션을 목표값으로 조정한 후 멈춘다는 점이 다르다. 즉, 하던 거 당장 때려 치우고 애니메이션을 완료한 상태로 바로 점프해 버리는 것이다. 차이점이 미세해서 말로는 명확하게 설명하기 어려우니 다음 예제로 실제 사용예를 보고 연구해 보자.

```html
<!DOCTYPE html>
<html>
<head>
    <meta charset="utf-8">
    <title>clearqueue</title>
    <script src="jquery-1.11.0.min.js"></script>
</head>
<body>
    <button type="button" id="btn1">start</button>
    <button type="button" id="btn2">clear</button>
    <button type="button" id="btn3">stop</button>
    <button type="button" id="btn4">stop, clear</button>
    <button type="button" id="btn5">goto end</button>
    <button type="button" id="btn6">finish</button>
    <hr />
    <img src="cosmos.jpg" style="position:relative" />
    <hr />
    <script>
        $('#btn1').click(function() {
            $('img').animate({left:'+=100'}, 2000)
                .animate({width:'+=50'}, 2000)
                .animate({left:'-=100'}, 2000)
                .animate({width:'-=50'}, 2000);

        });
        $('#btn2').click(function() { $('img').clearQueue(); });
        $('#btn3').click(function() { $('img').stop(); });
        $('#btn4').click(function() { $('img').stop(true); });
        $('#btn5').click(function() { $('img').stop(true, true); });
        $('#btn6').click(function() { $('img').finish(); });
    </script>
</body>
</html>
```

이미지의 위치와 크기를 변경하는 애니메이션 4개를 연속으로 실행한다. start 버튼을 누르면 오른쪽으로 이동했다가 점점 확대되며 다시 왼쪽으로 이동하여 원래 크기대로 축소된다. 결과를 천천히 살펴볼 수 있도록 속도는 느리게 했다.

애니메이션 중간에 위쪽의 버튼을 누르면 진행중인 애니메이션을 중지하는데 각 버튼에서 호출하는 메서드에 따라 어떤 차이점이 있는지 잘 관찰해 보자.

- **start** : 4가지 애니메이션을 순차적으로 실행한다.
- **clear** : 동작중인 것은 끝까지 실행한다.
- **stop** : 현재 애니메이션을 즉시 멈추고 다음 애니메이션을 이어서 실행한다.
- **stop(true)** : 현재 애니메이션을 즉시 멈추고 큐를 비운다.
- **stop(true, true)** : 현재 애니메이션의 끝으로 이동하고 큐는 비운다.
- **stop(false, true)** : 현재 애니메이션의 끝으로 이동한 후 다음 애니메이션을 계속 실행한다.
- **finish** : 모든 애니메이션의 끝으로 이동한다. 이 예제의 경우 시작 상태와 같아진다.

글을 읽어서는 이해하기 어려우므로 직접 버튼을 눌러 보며 실행해 봐야 한다. start 버튼을 눌러 애니메이션을 시작하고 중지 버튼 중 하나를 눌러 다음 결과가 어떻게 되는지 살펴보자. 두 번째 확대 애니메이션 진행중에 중지 버튼을 눌렀을 때의 동작을 그림으로 정리해 보면 다음과 같다.

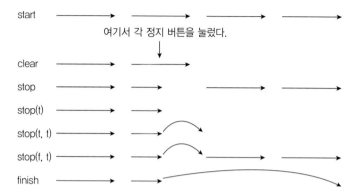

현재 애니메이션을 즉시 중지할 것인가, 끝까지 하고 중지할 것인가, 중지 후 뒤쪽의 남은 애니메이션을 계속 수행할 것인가가 다르다. 차이점을 잘 숙지하고 상황에 따라 적절한 정지 옵션을 잘 선택해야 한다.

큐의 애니메이션은 순서대로 연속적으로 실행되며 하나가 끝나면 다음 애니메이션이 즉시 시작된다. 두 애니메이션 사이에 간격을 두고 싶으면 다음 메서드를 호출하여 중간에 약간의 쉬는 시간을 준다.

### delay(지연시간)

1/1000초 단위로 시간을 지정하면 그 시간 동안에는 아무것도 하지 않고 대기한다.

```
delay.html
```

```
<!DOCTYPE html>
<html>
<head>
    <meta charset="utf-8">
    <title>delay</title>
    <script src="jquery-1.11.0.min.js"></script>
</head>
<body>
    <button type="button" id="btn1">start</button>
    <h1>애니메이션 대상</h1>
```

```
    <hr />
    <script>
        $('#btn1').click(function() {
            $('h1').slideUp('slow').delay(1000).show('slow');
        });
    </script>
</body>
</html>
```

〈h1〉엘리먼트를 위쪽으로 쓸어 올린 후 1초간 대기했다가 다시 나타난다. 중간에 delay 호출문
이 없으면 사라진 후 바로 나타나 버린다. 쉴틈없이 애니메이션을 진행하면 급작스러워 보이므로
약간의 간격을 삽입하여 여유를 두는 것이 좋다.

queue 메서드는 큐의 상태를 보거나 조작하며 인수없이 호출하면 큐의 정보를 리턴한다.

**queue(새로운큐)**
**queue(콜백)**

콜백 함수를 전달하면 큐에 이 콜백 함수를 등록한다. 함수는 코드이므로 애니메이션 사이에 삽입
하여 임의의 조작을 가할 수 있다. 애니메이션은 숫자로 된 속성만 변경할 수 있지만 콜백에서는
임의의 속성을 자유롭게 조작할 수 있다. 콜백 함수 안에서 애니메이션은 $(this)로 구한다. 콜백
에서 원하는 코드를 실행한 후 dequeue 메서드를 호출하여 큐의 다음 함수를 꺼내 실행해야 다음
애니메이션이 계속 실행된다.

```html
<!DOCTYPE html>
<html>
<head>
    <meta charset="utf-8">
    <title>dequeue</title>
    <script src="jquery-1.11.0.min.js"></script>
</head>
<body>
    <button type="button" id="btn1">start</button>
    <h1 style="position:relative">애니메이션 대상</h1>
    <hr />
    <script>
        $('#btn1').click(function() {
            $('h1').animate({left:'+=100'})
            .queue(function() {
                $(this).css('color','red')
                .dequeue();
            })
            .animate({left:'-=100'})
            .queue(function() {
                $(this).css('color','black')
                .dequeue();
            })
        });
    </script>
</body>
</html>
```

<h1> 엘리먼트를 오른쪽으로 이동시켰다가 다시 왼쪽으로 이동하는 애니메이션을 실행하는데 두 애니메이션 사이에 콜백 함수가 등록되어 있다. 콜백에서는 애니메이션의 색상을 빨간색으로 변경했다가 다시 검은색으로 복귀한다.

 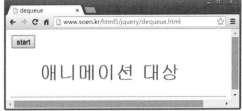

색상은 숫자라기 보다는 RGB 색상의 조합으로 된 복잡한 값이어서 애니메이션 대상이 아니다. 애
니메이션 중간 단계에서 색상을 변경하려면 콜백 함수를 큐에 넣어 직접 변경해야 한다.

# chapter 20
# 플러그인

# 플러그인

## 1.1 플러그인

지금까지 봤다시피 jQuery 같은 라이브러리를 잘 활용하면 짧은 코드로도 많은 작업을 효율적으로 처리할 수 있고 호환성까지 덤으로 확보할 수 있다. 이런 것이 가능한 이유는 자바스크립트라는 언어 자체가 확장이 용이하도록 설계되어 있기 때문인데 jQuery 라이브러리를 임의로 확장하는 것도 어렵지 않다. jQuery 객체의 기능은 jQuery.fn 프로토타입에 작성되어 있는데 여기에 원하는 함수를 추가하면 된다.

```
jQuery.fn.dump = function() {
    alert("개수 = " + this.length);
    return this;
};
```

dump 함수는 jQuery 객체에 포함된 엘리먼트의 개수를 length 속성으로 조사하여 대화상자로 출력하는 간단한 동작을 한다. $('p').dump() 식으로 호출하면 선택자가 jQuery 객체를 생성하고 이 객체의 length 속성을 조사하여 출력한다. 더 정교하게 작성하면 객체의 상세한 정보를 출력할 수 있고 객체를 조작할 수도 있다. 연쇄적 호출을 위해 this를 리턴했는데 연쇄적 호출이 필요 없다면 조사한 정보를 리턴해도 상관없다.

```
<!DOCTYPE html>
<html>
<head>
    <meta charset="utf-8">
    <title>fndump</title>
    <script src="jquery-1.11.0.min.js"></script>
</head>
<body>
    <p>문단1</p>
    <p>문단2</p>
    <script>
        jQuery.fn.dump = function() {
            alert("개수 = " + this.length);
            return this;
        };
        $('p').dump();
    </script>
</body>
</html>
```

문서 내의 모든 문단을 선택한 후 dump 메서드를 호출하여 개수를 출력했다. 기존에 jQuery에 없던 기능이지만 보다시피 아주 잘 동작하며 기존의 메서드와 똑같은 형식으로 호출할 수 있어 통합성도 높은 편이다.

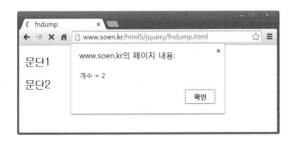

웹 개발은 그 특성상 필요한 작업이 거의 비슷 비슷한 편이라 이미 작성해 놓은 코드를 재활용하는 경우가 많다. 자주 사용하는 작업을 형식성을 갖추어 정의해 놓으면 여러 프로젝트에 재활용할 수 있고 친구나 동료에게 나누어줄 수도 있다. 실제로 웹을 검색해 보면 복사해서 붙여쓸 수 있는 자바스크립트 코드가 넘쳐난다.

이런 유용하고 실용성이 높은 코드를 메서드나 라이브러리의 형태로 잘 정리해 놓은 것을 jQuery 플러그인이라고 한다. 플러그인은 jQuery를 확장하는 공식화된 방법이며 지금까지 발표된 플러그인만해도 수를 헤아리기 어려울 정도로 많다. 검색 및 관리를 위해 공식 배포 사이트인 http://plugins.jquery.com까지 운영하고 있다.

유형별로 플러그인을 잘 분류해 놓았으며 필요한 기능을 검색한 후 별다른 제약없이 다운받아 사용할 수 있다. 대략 수천개의 플러그인이 발표되어 있고 실제 프로젝트에서 유용하게 사용된다. 여러분도 실력이 늘고 공유하고 싶은 기능이 있다면 플러그인을 만들어 등록할 수 있다.

이런 유용한 기능을 jQuery에 직접 포함시키지 않고 플러그인으로 따로 배포하는 이유는 용량 때문이다. 이것 저것 마구잡이로 넣다 보면 jQuery가 비대해져 로딩 속도가 느려지므로 jQuery 자체는 꼭 필요한 필수적인 기능만 포함하고 기능별로 플러그인을 만들어 배포한다. 프로젝트에 꼭 필요한 것만 받아서 사용하면 된다.

JavaScript+jQuery 정복

# 1.2 jQueryUI

jQuery 플러그인 중에 가장 유명하고도 실용적인 것이 jQueryUI이다. 실제 프로젝트에서 자주 사용되고 안정성이 검증된 플러그인을 통합해 놓은 것인데 한마디로 표현하면 플러그인 종합 선물 세트라고 할 수 있다. 사용 방법이 일관되고 jQuery에서 공식적으로 정리한 것이어서 차후의 지원 도 보장되어 신뢰성이 높다. 다음 사이트가 jQueryUI의 공식 홈 페이지이다.

```
http://jqueryui.com
```

이 사이트에서 jQueryUI를 배포하며 관련 예제와 문서도 제공한다.

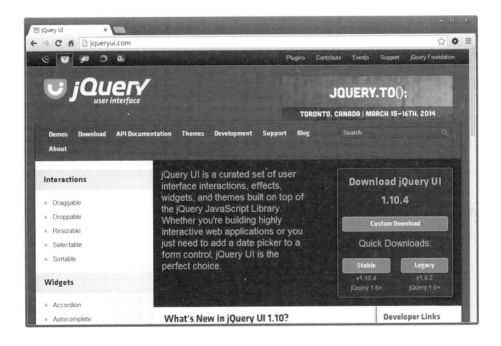

jQueryUI는 이름이 의미하는 바대로 UI, 즉 사용자와 인터페이스하는 기능을 주로 제공한다. 홈 페이지 왼쪽에 4가지 기능의 범주가 표시되어 있다.

| 기능 | 설명 |
|---|---|
| 상호작용 | 드래그 & 드롭, 크기 변경, 선택 |
| 위젯 | 아코디언, 날짜 선택, 메뉴, 프로그래스, 슬라이더 |
| 효과 | 보임, 숨김, 색상 애니메이션 |
| 유틸리티 | 엘리먼트의 위치 조작 |

demos 페이지를 보면 jQueryUI로 어떤 기능을 구현할 수 있는지 살펴볼 수 있으며 소스와 설명까지 친절하게 작성되어 있어 공부하기도 쉽다. 양이 굉장히 많아 jQueryUI만으로도 책 한권이 따로 나올 정도이다. 이 정도 기능을 만들려면 엄청난 양의 코드와 섬세한 스타일시트가 필요한데 이런 것을 고도의 숙련자가 제작하여 배포하니 우리는 사용법만 잘 배워서 활용하면 되는 것이다.

jQueryUI는 자주 업그레이드될 뿐만 아니라 레퍼런스가 잘 정비되어 있어 지면에서 일일이 설명할 필요는 없다. 여기서는 모든 플러그인의 사용법을 상세히 설명하기보다는 전체적인 구조와 활용 방법 위주로 간략하게 소개하기로 한다. 플러그인은 사용 방법이 유사해서 하나만 제대로 공부해 두면 나머지도 비슷 비슷해서 쉽게 익숙해질 수 있다.

# 1.3 설치

플러그인의 실체는 자바스크립트 소스 파일과 스타일시트, 이미지 등의 집합이다. 인터프리터 언어의 특성상 소스를 배포할 수밖에 없으며 통상 jquery.이름.js 형태의 파일명으로 배포된다. 파일만 받아서 복사하면 바로 쓸 수 있어 설치는 아주 쉬운 편이다. jQueryUI는 통째로 배포하지 않고 원하는 기능만 골라서 선별적으로 받을 수 있다. 홈페이지의 Download 탭으로 들어가 보자.

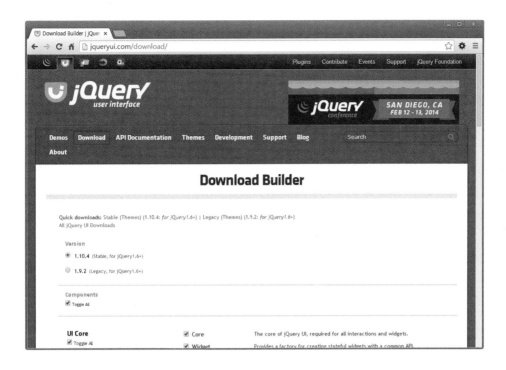

사용할 버전과 필요한 기능 목록, 그리고 테마를 선택하고 Download 버튼을 누르면 선택한 기능에 대해서만 압축 파일로 묶어서 보내준다. 필요한 기능을 자유롭게 선택하되 서로간의 종속성이 있어 하나를 선택하면 종속적인 요소가 자동으로 같이 선택된다. 옵션을 변경할 때마다 종속성을 자동 판단하도록 되어 있어 원하는 기능을 고르기만 하면 된다.

현재 최신 버전인 1.10.4를 선택하고 학습중이므로 모든 기능을 다 받으며 테마는 디폴트인 UI lightness를 그대로 받아들이도록 하자. 실제 프로젝트에서는 필요한 기능만 다운받는다. 예를 들어 아코디언 위젯만 사용하고 싶다면 모든 기능을 선택해제하고 Accordion 기능만 체크하고 테마만 원하는 것으로 선택한다. 이 위젯 기능 구현에 꼭 필요한 Core, Widget 플러그인도 자동으로 선택된다.

옵션을 조정하여 다운로드 받으면 파일 용량이 훨씬 더 작아지며 페이지 로딩 속도가 빨라진다. 개발할 때는 막상 어떤 것이 필요할지 미리 알 수 없으므로 전체 버전으로 진행하되 릴리즈 할 때는 로딩 속도와 반응성을 높이기 위해 불필요한 기능은 빼고 다시 받는 것이 좋다. 선택 항목이 zip 파일 하나로 다운로드되는데 압축을 풀어 보면 다음 폴더로 구성되어 있다.

| 폴더 | 설명 |
|---|---|
| js | jQueryUI 라이브러리 소스 파일이다. |
| css | 테마를 구현하는 스타일시트와 이미지 등의 파일이 있다. |
| development-bundle | 문서 및 예제 |

js 폴더의 jquery-ui-1.10.4.custom.js 파일이 jQueryUI 라이브러리의 소스 파일인데 사용자 인터페이스이다 보니 jQuery보다 용량이 훨씬 더 크다. 압축된 버전인 min 파일도 있는데 내용은 같으므로 어떤 것을 사용하나 무방하다. 라이브러리를 사용하려면 css 폴더와 js 폴더의 파일이 필요하다. 실습 폴더에 두 폴더를 복사한 후 head를 다음과 같이 작성한다.

```
<head>
    <meta charset="utf-8">
    <title>Title</title>
    <link rel="stylesheet" href="css/ui-lightness/jquery-ui-1.10.4.custom.min.css" />
    <script src="jquery-1.11.0.min.js"></script>
    <script src="js/jquery-ui-1.10.4.custom.min.js"></script>
</head>
```

스타일시트를 먼저 포함하고 jQuery 다음에 플러그인 소스를 포함시킨다. 플러그인이 jQuery에 종속적이므로 항상 jQuery를 먼저 포함시켜야 하며 순서가 바뀌면 안된다. 여기까지 준비해 두면 jQueryUI를 사용할 수 있다. 만약 프로젝트중에 다른 기능이 더 필요하다면 해당 기능을 포함하여 다시 받는다.

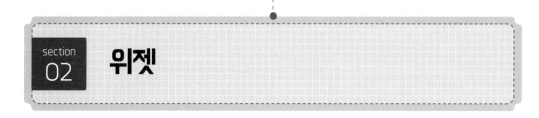

# 위젯

## 2.1 아코디언

위젯은 웹 페이지를 구성하는 컨트롤이며 사용자와 상호 작용하는 일종의 부품이다. 웹에서도 데스크탑 응용 프로그램 수준의 예쁘고 기능적인 위젯이 많이 제공된다. 각 위젯은 고유의 모양과 기능을 가지면서도 위젯이라는 면에서 비슷 비슷해서 옵션, 메서드, 이벤트 세 가지만 공부하면 유사한 절차대로 활용할 수 있다.

jQueryUI의 기능을 가장 잘 보여주는 전형적인 대표 위젯이 아코디언이다. 아코디언을 통해 위젯의 일반적인 특성과 활용 방법을 익혀 두면 나머지 위젯도 쉽게 익숙해질 수 있으며 레퍼런스를 참고하여 실무 프로젝트에 바로 적용할 수 있다. 아코디언은 긴 내용을 접어 두고 필요한 것만 펼쳐서 표시함으로써 좁은 화면에 많은 내용을 보여 주는 위젯이다.

**accordion_html**

```html
<!DOCTYPE html>
<html>
<head>
    <meta charset="utf-8">
    <title>accordion</title>
    <link rel="stylesheet" href="css/ui-lightness/jquery-ui-1.10.4.custom.min.css" />
    <script src="jquery-1.11.0.min.js"></script>
    <script src="js/jquery-ui-1.10.4.custom.min.js"></script>
</head>
<body>
    <div id="accordion">
```

```
            <h3>서론</h3>
            <div>
                <p>알아보자</p>
            </div>
            <h3>본론</h3>
            <div>
                <p>이러쿵 저러쿵하다.</p>
                <p>그래서 어쩌구 저쩌구</p>
            </div>
            <h3>결론</h3>
            <div>
                <p>그러하다.</p>
            </div>
        </div>
        <script>
            $("#accordion").accordion();
        </script>
    </body>
</html>
```

접어서 표시할 내용 전체를 디비전으로 작성하고 각 패널별로 헤더와 디비전을 배치한다. 제일 바깥쪽의 디비전안에 서론, 본론, 결론 세 개의 헤더가 있고 각 헤더 다음에는 실제 내용을 표시하는 디비전이 있다. 이 상태에서 제일 바깥쪽의 디비전을 찾은 후 accordion() 메서드를 호출하면 해당 디비전이 아코디언 형태로 동작한다.

jQueryUI는 플러그인과 동일한 이름의 함수로 해당 기능을 호출하는데 함수명은 전부 소문자로 되어 있다. 아코디언 기능을 실행하는 함수는 accordion()이다. 플러그인의 모든 기능을 수행하므로 메인 메서드라고 부른다. 인수없이 메인 메서드를 호출하면 가장 무난한 형태로 실행된다. 위 예제에서 코드라고는 바깥쪽 디비전을 검색하여 accordion 메서드를 호출하는 한 줄 뿐이다.

JavaScript+jQuery 정복

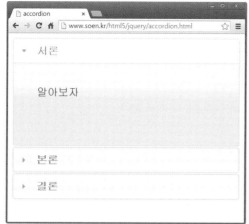 

헤더가 접힌 상태로 나타나며 패널을 클릭하면 펼쳐지고 다른 패널은 축소된다. 패널을 접고 펼치는 동작뿐만 아니라 부드러운 애니메이션까지 수행되며 각 패널의 아이콘이나 배경색도 근사하게 장식되어 있다. 이런 훌륭한 위젯을 단 하나의 함수 호출만으로 사용할 수 있다니 놀랍다. accordion() 함수 안에서 디비전과 차일드의 스타일을 바꾸고 이벤트를 처리하는 엄청난 작업을 할 것임은 쉽게 짐작된다.

메인 메서드만 호출하여 디폴트로만 사용해도 무난하지만 옵션을 전달하면 더 다양한 형태로 꾸미고 동작까지 제어할 수 있다. 위젯은 활용성을 높이고 실무 프로젝트의 다양한 요구에 맞추기 위해 많은 옵션을 제공한다. 원하는 옵션을 객체로 묶어 메인 메서드의 첫 번째 인수로 전달한다. 아코디언의 옵션은 다음과 같다.

| 옵션 | 설명 |
|---|---|
| active | 처음 열 패널을 지정한다. 0부터 시작하는 패널 번호를 지정한다. false로 주면 모든 패널이 닫힌 채로 시작하는데 collapsible이 true여야 가능하다. |
| animate | 패널을 바꿀 때의 애니메이션을 지정한다. false이면 애니메이션을 하지 않는다. 1/1000초 단위로 지속 시간을 지정하거나 문자열로 이징 함수를 지정한다. 이징 함수와 지속 시간을 멤버로 가지는 객체로 두 값 모두 지정할 수 있다. |
| collapsible | 모든 패널을 다 닫을 수 있는지를 지정한다. 디폴트는 false이다. |
| disabled | 사용 금지 상태로 만든다. |
| event | 패널을 활성화하기 위한 이벤트를 지정한다. 디폴트는 click으로 되어 있지만 mouseover로 지정하면 마우스만 올려도 패널이 활성화된다. 두 개 이상의 이벤트를 공백으로 구분하여 지정할 수도 있다. |

| header | 헤더의 선택자를 지정한다. |
|---|---|
| heightStyle | 아코디언과 각 패널의 높이를 지정한다.<br>"auto" : 가장 높은 패널과 같은 높이를 가진다.<br>"fill" : 부모의 높이를 가득 채운다.<br>"content" : 패널의 내용물만큼의 높이만 사용한다. |
| icons | 헤더의 아이콘을 지정한다. false로 지정하면 아이콘을 사용하지 않는다. |

대부분의 옵션은 단순값이지만 일부는 객체나 함수를 동원해야 할 정도로 복잡한 것도 있다. 앞 예제에 간단한 몇 가지 옵션을 적용해 보자. HTML 페이지는 그대로 두고 스크립트의 accordion 함수로 옵션 객체만 넘기면 된다.

---

**accordion2.html**

```
....
<script>
    $("#accordion").accordion({
        active:1,
        animate:false,
        heightStyle : "content",
        icons : false
    });
</script>
```

---

앞 예제와는 몇 가지 면에서 차이가 있다. 시작하자마자 가운데 본론 패널이 펼쳐져 있으며 클릭시 애니메이션 없이 신속하게 교체된다. 각 패널은 자신의 높이만큼 차지하며 헤더의 아이콘은 제외했다. 옵션을 조금 바꿔 보자.

---

**accordion3.html**

```
....
<script>
    $("#accordion").accordion({
        collapsible:true,
        animate:800,
```

JavaScript+jQuery 정복

```
        event:"mouseover click",
    });
</script>
```

열린 패널을 다시 클릭하면 닫히며 모든 패널을 닫은 상태로 만들 수 있어 화면을 적게 차지한다. 또 마우스가 헤더 위로 올라 가기만 해도 패널이 펼쳐지며 애니메이션 속도는 느리게 지정했다.

위젯의 메서드는 jQuery 객체의 메서드로 공개되어 있지 않으며 내부적으로 정의되어 있다. 메서드를 호출하려면 메인 메서드의 첫 번째 인수로 메서드의 이름을 전달하고 두 번째 이후의 인수로 메서드로 전달할 인수를 나열한다.

### accordion (메서드이름, 인수)

메인 메서드가 호출할 메서드의 이름과 인수를 전달받아 대신 호출해 주는 구조이다. 이런 식으로 되어 있는 이유는 jQuery 네임스페이스를 가급적 간결하게 유지하기 위해서이다. 플러그인마다 수십개의 메서드를 등록하면 지저분해지므로 플러그인은 메인 메서드 딱 하나만 등록하고 모든 처리는 이 함수를 통하도록 되어 있다.

아코디언의 경우 옵션 지정, 메서드 호출, 이벤트 처리 등을 모두 accordion 메인 메서드 딱 하나로 처리한다. 쉽게 말해서 창구를 일원화한 것이다. 아코디언의 메서드 목록은 다음과 같다. 메서드임을 분명히 하기 위해 뒤에 괄호를 표기하지만 accordion으로 전달할 때는 괄호 없이 메서드의 이름만 표기한다.

| 메서드 | 설명 |
|---|---|
| destroy() | 아코디언의 기능을 정지하고 평범한 상태로 복귀한다. |
| enable() | 사용 가능하게 한다. |
| disable() | 사용 금지한다. |
| option() | 옵션을 조사하거나 변경한다. |
| refresh() | 높이를 다시 계산한다. |
| widget() | 아코디언의 부모 객체를 구한다. |

웹 페이지에 버튼을 배치하고 아코디언의 사용 가능성 여부를 외부에서 조작해 보자.

accordion4.html

```
<body>
    ....
    <button type="button" onclick="btnenable();">사용 가능</button>
    <button type="button" onclick="btndisable();">사용 금지</button>
    <script>
        $("#accordion").accordion();
        function btnenable() {
            $("#accordion").accordion("enable");
        }
        function btndisable() {
            $("#accordion").accordion("disable");
        }
    </script>
</body>
</html>
```

웹 페이지의 아래쪽에 두 개의 버튼을 배치하고 각 버튼의 클릭 이벤트 핸들러에서 아코디언의
enable, disable 메서드를 호출했다. 별도의 인수는 없으므로 accordion 함수로 호출할 메서드
의 이름만 전달하면 된다. 사용 금지되면 아코디언은 흐릿해지며 내용을 표시만 할 뿐 클릭해도 반
응하지 않는다.

J a v a S c r i p t + j Q u e r y  정복

option 메서드로 disabled 속성을 변경해도 효과는 같다. accordion 메서드의 두 번째 이후의 인수로 변경할 속성과 값을 전달한다. accordion("option", "disabled", false); 문에 의해 accordion함수가 내부적으로 option("disabled", false); 메서드를 호출할 것이다.

```
function btnenable() {
    $("#accordion").accordion("option", "disabled", false);
}
function btndisable() {
    $("#accordion").accordion("option", "disabled", true);
}
```

위젯은 사용자와 상호작용하는 과정에서 사건이 발생할 때마다 이벤트를 보낸다. 특정 시점에 원하는 작업을 하고 싶다면 이벤트를 받아 처리한다. 이벤트 핸들러는 옵션 객체에 함수 형태로 작성하며 이벤트에 관련된 주요 정보는 두 번째 인수인 ui 객체로 전달된다.

### create(event, ui)
아코디언이 생성될 때 호출된다. ui.header는 활성화된 헤더이며 ui.panel은 활성화된 패널이다.

## beforeActivate(event, ui)

패널이 활성화되기 직전에 보내진다. ui.oldHeader, ui.oldPanel은 비활성화되는 헤더와 패널이며 ui.newHeader, ui.newPanel은 새로 활성화되는 패널이다. 패널이 활성화되는 것을 취소할 수도 있다.

## activate(event, ui)

패널이 활성화된 후 호출된다. 인수의 구조는 beforeActivate이벤트와 동일하다.

다음 예제는 패널이 변경될 때마다 현재 활성화된 패널의 헤더값을 읽어 페이지 아래쪽의 문단에 출력한다.

```
accordion5.html
```

```
    ....
    <p id="panel">활성 패널</p>
    <script>
        $("#accordion").accordion({
            activate:function(event, ui) {
                var header = ui.newHeader.text();
                $("#panel").text("현재 패널 : " + header);
            }
        });
    </script>
```

코드는 따로 설명이 필요없을 정도로 간단하다. 사용자가 헤더를 클릭하여 패널을 변경할 때 activate 이벤트가 발생하며 핸들러에서 현재 헤더의 문자열을 읽어 출력하는 것이다.

사용자가 현재 보고 있는 패널에 대한 추가 정보를 보여 준다거나 변경된 패널에 맞게 페이지의 다른 부분을 동기화하고 싶을 때 activate 이벤트를 받아 처리한다.

## 2.2 날짜 선택

jQueryUI의 다른 위젯들도 아코디언 위젯과 구조와 사용법이 비슷하다. 메인 메서드만 호출해도 무난한 옵션으로 사용할 수 있고 옵션을 주면 동작이나 모양에 변화를 줄 수 있으며 메서드나 이벤트로 동작과 사건을 처리한다. 자세한 사용법은 레퍼런스를 통해 알 수 있으므로 간략하게 소개만 하기로 한다. DatePicker 위젯은 날짜를 선택한다.

**datepicker.html**

```html
<!DOCTYPE html>
<html>
<head>
    <title>Title</title>
    <link rel="Stylesheet" href="css/ui-lightness/jquery-ui-1.10.4.custom.min.css" />
    <script src="jquery-1.11.0.min.js"></script>
    <script src="js/jquery-ui-1.10.4.custom.min.js"></script>
```

```
</head>
<body>
    <p>날짜선택 : <input type="text" id="datepicker" /></p>
    <script>
        $("#datepicker").datepicker();
    </script>
</body>
</html>
```

웹 페이지에 input 태그를 배치하고 입력 필드를 찾아 datepicker 메서드를 호출하였다. 이 상태에서 입력 필드를 클릭하면 아래쪽에 달력 모양의 날짜 선택기가 열린다. 날짜를 클릭하면 달력은 자동으로 닫히며 입력필드에 선택한 날짜가 입력된다.

실생활에 사용하는 달력 모양과 같아서 요일을 보며 날짜를 선택할 수 있고 위쪽의 버튼으로 이전, 이후 달로 이동한다. 이 형태가 가장 무난하며 옵션 객체를 주면 여러 가지 형태로 변화를 줄 수 있다. 자주 사용하는 몇 가지 주요 옵션을 적용해 보자.

**datepicker2.html**

```
<!DOCTYPE html>
<html>
<head>
    <title>Title</title>
```

JavaScript+jQuery 정복

```html
    <link rel="Stylesheet" href="css/ui-lightness/jquery-ui-1.10.4.custom.min.css" />
    <script src="jquery-1.11.0.min.js"></script>
    <script src="js/jquery-ui-1.10.4.custom.min.js"></script>
</head>
<body>
    <p>날짜선택 : <input type="text" id="datepicker" /></p>
    <script>
        $("#datepicker").datepicker({
            dateFormat:"yy-m-d",
            numberOfMonths: [2,3],
            showAnim:"fold",
            showButtonPanel:true,
            yearRange:"c-1:c+1",
        });
    </script>
</body>
</html>
```

날짜 형식을 년–월–일로 변경하고 선행 제로는 붙이지 않도록 했다. numberOfMonths에 2를 대입하면 한번에 2개월치 달력을 보여 주는데 [2, 3] 식으로 배열을 입력하면 2행 3열 형태로 넓게 볼 수도 있다. 애니메이션을 폴딩으로 변경하여 위에서 아래로 펼쳐지도록 했으며 달력의 하단부에 Today, Done 버튼을 표시했다.

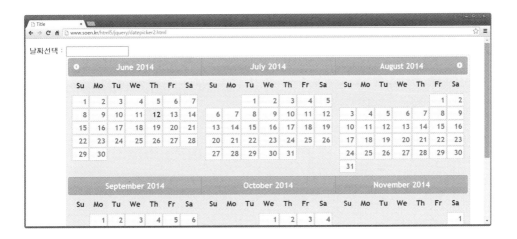

별도의 선택 버튼이 있으므로 날짜만 클릭해서는 자동으로 닫히지 않으며 Done 버튼을 눌러야 닫힌다. 선택 결과가 입력 필드에 자동 입력되므로 별도의 이벤트는 없다. 입력 필드에 대입된 값을 읽어 사용하면 된다.

## 2.3 대화상자

Dialog 위젯은 웹 페이지 안에서 대화상자를 보여 준다. 디비전안에 대화상자의 내용을 표시하고 title 속성으로 대화상자의 제목을 지정한다.

---

**dialog.html**

```html
<!DOCTYPE html>
<html>
<head>
    <title>dialog</title>
    <link rel="Stylesheet" href="css/ui-lightness/jquery-ui-1.10.4.custom.min.css" />
    <script src="jquery-1.11.0.min.js"></script>
    <script src="js/jquery-ui-1.10.4.custom.min.js"></script>
</head>
<body>
    <div id="dialog">
        <p>이것은 대화상자입니다.</p>
        <p>타이틀 바를 드래그하여 이동할 수 있고 X 버튼을 누르면 닫힙니다.</p>
    </div>
    <script>
        $("#dialog").dialog();
    </script>
</body>
</html>
```

---

JavaScript+jQuery 정복

대화상자로 표시할 디비전을 찾아 dialog 메서드만 호출하면 디비전안의 내용이 대화상자 안에 나타난다.

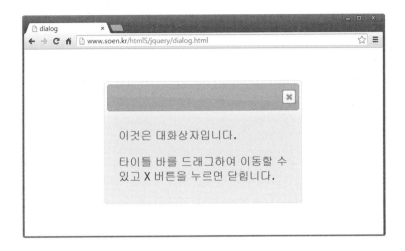

타이틀 바를 드래그하여 위치를 옮길 수 있으며 경계선을 드래그하여 크기를 변경할 수도 있다. 타이틀 바 위쪽의 X 버튼을 누르면 대화상자가 닫힌다. 대화상자가 열릴 때 애니메이션을 수행하며 버튼을 배치할 수도 있고 모달 형태로 열 수도 있다.

이상으로 jQueryUI의 대표적인 위젯 몇 가지에 대해 간략하게 소개했다. 이 외에도 Button, Menu, Slider, Tabs, Tooltip 등의 많은 위젯이 제공된다. jQueryUI 홈페이지에 각 컨트롤에 대한 데모와 레퍼런스는 물론이고 샘플 예제까지 제공되므로 배우기도 쉽다.

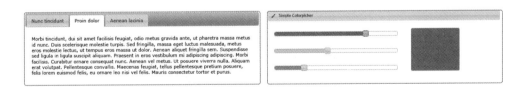

사실 이런 위젯은 굳이 구조까지 상세하게 분석할 필요도 없이 샘플중에 원하는 것과 비슷한 코드를 가져와 목적에 맞게 약간만 수정해도 사용하는데 큰 지장이 없을 정도로 쉽다.

## 상호작용

# 3.1 Resizable

jQueryUI의 상호작용(Interaction) 기능은 사용자의 입력을 받아 복잡한 동작을 구현한다. 주로 마우스 액션을 분석하여 엘리먼트를 조작하는데 직접할 수도 있지만 양이 많은 그런 기능이다. Resizable은 DOM 객체에 크기 조정 기능을 부여하며 오른쪽 아래의 핸들을 드래그하여 크기를 자유 자재로 변경할 수 있다. 마치 윈도우의 크기를 조정하는 것과 비슷하다.

**resizable.html**

```html
<!DOCTYPE html>
<html>
<head>
    <title>resizable</title>
    <link rel="Stylesheet" href="css/ui-lightness/jquery-ui-1.10.4.custom.min.css" />
    <script src="jquery-1.11.0.min.js"></script>
    <script src="js/jquery-ui-1.10.4.custom.min.js"></script>
</head>
<body>
    <div id="resizable" class="ui-widget-content">
        <h3 class="ui-widget-header">크기 조정 가능</h3>
        <p>이 디비젼은 마우스로 드래그하여 크기 조정이 가능합니다.</p>
    </div>
    <script>
        $("#resizable").resizable();
    </script>
</body>
</html>
```

⟨div⟩ 태그 안에 제목과 문단을 넣었다. 각 요소에 적당한 클래스를 지정하여 스타일을 주는 것이 보기 좋은데 ui-widget-content 스타일을 지정하면 회색 배경이 칠해진다. 물론 설치한 테마에 따라 실제 색상은 조금 달라질 수도 있다. 스타일이 없어도 크기 조정은 가능하지만 영역이 명확히 보이지 않아 직관적이지 못하다.

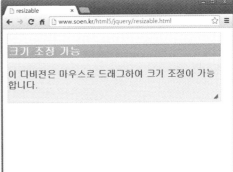

디비전의 오른쪽 아래에 크기 조정 핸들이 나타나며 사용자가 실행중에 이 핸들을 드래그하여 임의의 크기로 조정할 수 있다. 옵션을 적용하면 크기 조정 방식을 다양하게 변경할 수 있는데 다음 예제는 최소, 최대 크기를 제한한다.

**resizable2.html**

```
⟨!DOCTYPE html⟩
⟨html⟩
⟨head⟩
    ⟨title⟩resizable2⟨/title⟩
    ⟨link rel="Stylesheet" href="css/ui-lightness/jquery-ui-1.10.4.custom.min.css" /⟩
    ⟨script src="jquery-1.11.0.min.js"⟩⟨/script⟩
    ⟨script src="js/jquery-ui-1.10.4.custom.min.js"⟩⟨/script⟩
⟨/head⟩
⟨body⟩
    ⟨div id="resizable" class="ui-widget-content"⟩
    ⟨h3 class="ui-widget-header"⟩크기 조정 가능⟨/h3⟩
    ⟨p⟩이 디비전은 마우스로 드래그하여 크기 조정이 가능합니다.⟨/p⟩
    ⟨/div⟩
```

```
<script>
    $("#resizable").resizable({
        minWidth : 200,
        maxWidth : 500,
        minHeight : 100,
        maxHeight : 300
    });
</script>
</body>
</html>
```

크기 조정 단위를 지정할 수 있고 일정한 종횡비를 유지할 수 있으며 드래그하는 즉시 바뀌지 않고 도움선만 보여준 후 마우스 버튼을 놓을 때 확정하는 방식도 가능하다. 크기 변경시에 부드러운 애니메이션을 적용할 수 있으며 크기가 변경되기 시작할 때, 변경이 완료될 때 이벤트를 받을 수도 있다.


# 3.2 Draggable

Draggable 기능은 마치 윈도우의 타이틀 바를 드래그하여 옮기듯이 마우스로 객체를 드래그하여 위치를 옮긴다.

**draggable.html**

```
<!DOCTYPE html>
<html>
<head>
    <title>draggable</title>
    <link rel="Stylesheet" href="css/ui-lightness/jquery-ui-1.10.4.custom.min.css" />
    <script src="jquery-1.11.0.min.js"></script>
    <script src="js/jquery-ui-1.10.4.custom.min.js"></script>
</head>
```

```
<body>
    <div id="draggable" class="ui-widget-content">
        <p>이 디비전은 마우스로 드래그하여 위치를 옮길 수 있습니다.</p>
    </div>
    <script>
        $("#draggable").draggable();
    </script>
</body>
</html>
```

위치를 옮길 대상을 선택한 후 draggable 메서드만 호출하면 해당 엘리먼트의 마우스 이벤트를
처리하여 크기를 옮기는 기능을 구현한다. 디비전을 드래그하면 임의 위치로 이동 가능하다.

Droppable은 엘리먼트가 다른 엘리먼트를 드롭받는다. 드롭받을 때 drop 이벤트가 발생하는데
드롭시에 특정한 동작을 처리하려면 이 핸들러에 코드를 작성한다.

**droppable.html**

```
<!DOCTYPE html>
<html>
<head>
    <title>droppable</title>
    <link rel="Stylesheet" href="css/ui-lightness/jquery-ui-1.10.4.custom.min.css" />
    <script src="jquery-1.11.0.min.js"></script>
```

```
    <script src="js/jquery-ui-1.10.4.custom.min.js"></script>
</head>
<body>
    <div id="draggable" style="width:100px;height:100px;background-color:blue;">
        <p>드래그</p>
    </div>
    <div id="droppable" style="width:200px;height:150px;background-color:yellow;">
        <p>여기에 떨어뜨리세요</p>
    </div>
    <script>
    $("#draggable").draggable();
    $("#droppable").droppable({
        drop:function(event, ui) {
            $(this).find('p').html('참 잘했어요');
        }
    });
    </script>
</body>
</html>
```

두 개의 디비전을 배치하고 하나는 드래그 가능하도록, 하나는 드롭 가능하도록 기능을 부여했다. 드롭 가능한 디비전의 drop 이벤트 핸들러에서 드롭 대상의 텍스트를 변경하여 드롭 받았음을 표시한다. 파란색 사각형을 노란색 사각형안에 떨어뜨리면 텍스트가 변한다.

J a v a S c r i p t + j Q u e r y  정복

인수로 전달되는 ui 객체의 draggable 멤버로 드래그된 객체를 조사하며 position이나 offset 멤버로 드롭된 위치를 조사할 수도 있다. 객체를 드롭하여 이동하거나 객체끼리 정보를 복사할 때 이런 기법을 흔히 사용한다.

# 3.3 Selectable

Selectable은 클릭이나 드래그로 항목을 선택하는 기능이다. 마우스 액션으로 항목의 선택 상태를 토글하며 선택된 항목의 스타일을 변경함으로써 선택 상태임을 표시한다. 선택이 변경될 때 적용할 클래스 이름이 정해져 있으므로 이 클래스에 대해 스타일은 직접 지정해야 한다. 선택중인 항목에 대해서는 ui-selecting 클래스에 스타일을 지정하고 선택된 항목에 대해서는 ui-selected 클래스로 스타일을 지정한다. 항목 선택이 완료될 때 stop 이벤트가 발생하므로 여기서 선택 항목을 알아낸다.

**selectable.html**

```
<!DOCTYPE html>
<html>
<head>
    <title>selectable</title>
    <link rel="Stylesheet" href="css/ui-lightness/jquery-ui-1.10.4.custom.min.css" />
    <script src="jquery-1.11.0.min.js"></script>
    <script src="js/jquery-ui-1.10.4.custom.min.js"></script>
    <style>
        ul { list-style-type:none; }
        li { margin:3px;font-size:150%;border:solid gray 1px; }
        #selectable .ui-selecting { background: lime; }
        #selectable .ui-selected { background: red; color: white; }
    </style>
</head>
<body>
    <ul id="selectable">
```

```
        <li>짜장면
        <li>짬뽕
        <li>탕수육
        <li>군만두
    </ul>
    <p id="result">선택 결과</p>
    <script>
        $("#selectable").selectable({
            stop:function(event, ui) {
                var s = $(".ui-selected", this).text();
                $("#result").text("선택한 메뉴 : " + s);
            }
        });
    </script>
</body>
</html>
```

순서없는 목록에 중국 요리를 나열해 놓고 선택을 받도록 했다. 스타일시트에 선택중일 때와 선택 완료시의 배경색을 지정했다. 항목을 클릭하는 순간에는 초록색이 되었다가 선택이 완료되면 빨간색으로 바뀌어 선택되었음을 표시한다. 클릭뿐만 아니라 항목을 드래그하여 여러 개의 항목을 한번에 선택할 수도 있다.

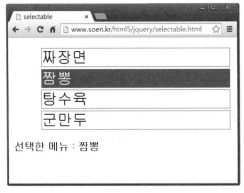
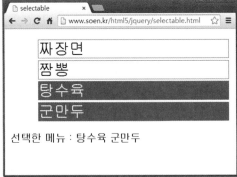

J a v a S c r i p t + j Q u e r y  정복

stop 이벤트에서 ui-selected 클래스로 검색하여 선택 항목을 알아내고 선택된 항목의 문자열을 읽어 출력했다. text 메서드는 선택된 모든 항목의 문자열을 한꺼번에 조사해주는 특성이 있어 굳이 루프를 돌지 않아도 선택된 모든 항목의 텍스트를 쉽게 구할 수 있다.


# 3.4 Sortable

Sortable은 항목을 드래그하여 순서를 조정하는 기능을 제공한다. 동질의 여러 항목이 나열된 상태에서 사용되므로 주로 목록에 대해 적용하는 것이 보통이다. 목록에 대해 sortable 메서드만 호출하면 항목의 드래그 & 드롭 기능과 순서 조정 기능까지 자동으로 구현된다.

**sortable.html**

```
<!DOCTYPE html>
<html>
<head>
    <title>sortable</title>
    <link rel="Stylesheet" href="css/ui-lightness/jquery-ui-1.10.4.custom.min.css" />
    <script src="jquery-1.11.0.min.js"></script>
    <script src="js/jquery-ui-1.10.4.custom.min.js"></script>
    <style>
        ul { list-style-type:none; }
        li { margin:3px;font-size:150%;border:solid gray 1px;background:yellow; }
    </style>
</head>
<body>
    <ul id="sortable">
        <li>1.짜장면
        <li>2.짬뽕
        <li>3.탕수육
        <li>4.군만두
        <li>5.양장피
        <li>6.팔보채
```

```
    </ul>
    <script>
        $("#sortable").sortable();
    </script>
</body>
</html>
```

목록에 여섯 개의 중국 음식을 나열하고 sortable 메서드를 호출했다. 사용자는 항목을 아래 위로 드래그하여 순서를 자유롭게 조정할 수 있다.

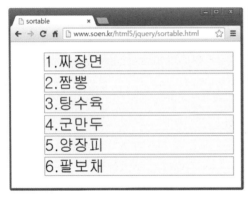 

드래그하는 중에 드롭 타겟의 간격이 약간 벌어져 어디쯤에 놓을지를 표시한다. 여러 가지 옵션이 제공되며 두 개의 다른 목록끼리나 다른 탭 사이에도 드래그 가능하다. 하나의 함수 호출만으로도 순서 조정 기능이 완벽하게 구현되어 참 편리하다.

JavaScript+jQuery 정복

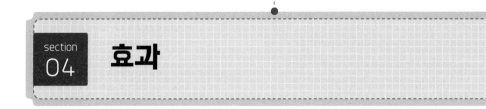

## 효과

section 04

## 4.1 색상 애니메이션

jQueryUI는 색상 애니메이션 기능을 제공한다. jQuery에도 애니메이션 기능이 있지만 정수값만 가능할 뿐 색상은 애니메이션 대상이 아니다. 색상은 숫자 형태로 되어 있지만 R, G, B 세 값의 조합이라는 점에서 단순한 증가, 감소만으로는 중간값을 정확하게 계산할 수 없기 때문이다. jQueryUI는 기존의 animate 함수를 확장하여 색상값에 대한 애니메이션 기능을 제공한다. 다음 예제는 노란색에서 빨간색으로 색상을 변화시킨다.

`coloranimate.html`

```
<!DOCTYPE html>
<html>
<head>
    <title>coloranimate</title>
    <link rel="Stylesheet" href="css/ui-lightness/jquery-ui-1.10.4.custom.min.css" />
    <script src="jquery-1.11.0.min.js"></script>
    <script src="js/jquery-ui-1.10.4.custom.min.js"></script>
</head>
<body>
    <div id="effect" style="width:300px;height:200px;background-color:yellow;">
        <p>색상 애니메이션</p>
    </div>
    <script>
$("#effect").click(function() {
    var target = "yellow";
```

```
        if ($("#effect").css("backgroundColor") == "rgb(255, 255, 0)") {
            target = "red";
        }
        $("#effect").animate({
            backgroundColor:target
        }, 2000);
    });
    </script>
</body>
</html>
```

디비전을 클릭하면 현재색을 조사하여 노란색과 빨간색 사이를 토글한다. 색상이 갑자기 바뀌는
것이 아니라 처음색에서 마지막색으로 2초간 부드럽게 애니메이션이 진행된다. 노란색이 점점 주
황색으로 바뀌었다가 다시 빨간색으로 바뀐다. jQueryUI가 중간색을 정확하게 계산하고 있는 것
이다.

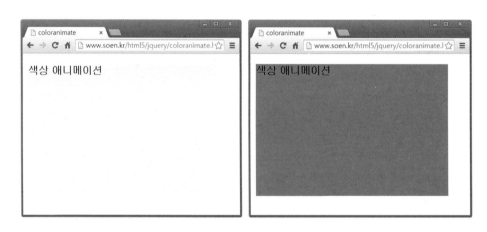

배경색뿐만 아니라 글자색, 경계선 색 등 모든 색에 대해 애니메이션을 수행할 수 있어서 배경색이
전이되는 효과를 구현할 수 있다.

JavaScript+jQuery 정복

# 4.2 클래스 애니메이션

스타일시트에 클래스에 대한 스타일을 지정해 놓은 상태에서 특정 태그에 클래스를 지정하면 일시에 여러 속성을 변경할 수 있다. jQueryUI는 클래스 지정 메서드를 확장하여 클래스의 속성을 적용하는 과정을 애니메이션한다.

**addClass( 클래스명, 지속시간, 이징, 완료콜백)**
**removeClass ( 클래스명, 지속시간, 이징, 완료콜백)**

뒤쪽에 애니메이션 관련 인수를 지정하면 지속 시간 동안 천천히 애니메이션하면서 새로운 클래스의 속성을 적용한다. 마지막 인수로 애니메이션 완료시의 콜백을 지정할 수 있으며 클래스를 제거하는 중에도 애니메이션 가능하다. 두 번째 이후의 인수는 생략 가능하며 하나의 객체로 묶어서 전달할 수도 있다.

```
classanimate.html
```

```
<!DOCTYPE html>
<html>
<head>
    <title>classanimate</title>
    <link rel="Stylesheet" href="css/ui-lightness/jquery-ui-1.10.4.custom.min.css" />
    <script src="jquery-1.11.0.min.js"></script>
    <script src="js/jquery-ui-1.10.4.custom.min.js"></script>
    <style>
        div { width:100px;height:100px;background-color:yellow;color:black; }
        .large { width:300px;height:200px;background-color:red;color:blue; }
    </style>
</head>
<body>
    <div id="effect" >
        <p>클릭하세요</p>
    </div>
    <script>
```

```
            $("#effect").click(function() {
                $("#effect").addClass("large", 2000, rollback);
            });
            function rollback() {
                $("#effect").removeClass("large", 2000);
            }
        </script>
    </body>
</html>
```

디비전의 스타일을 노란색 배경에 검은색 글자, 100*100의 크기로 지정했으며 large 클래스는 빨
간색 배경에 파란색 글자, 300*200의 크기로 스타일을 지정해 놓았다. 〈div〉 태그에 large 클래
스를 적용하되 2초간 천천히 애니메이션하도록 했다. 색상이나 크기가 한꺼번에 바뀌는 것이 아니
라 천천히 애니메이션된다.

rollback 함수는 large 클래스를 제거하는데 addClass 메서드의 마지막 인수로 이 함수를 전달
함으로써 애니메이션 완료 후 자동으로 복귀하도록 하였다. 두 개의 함수로 나누어 놓아서 좀 복잡
해 보이는데 롤백 함수를 인수열에 익명으로 작성해도 상관없다.

```
    $("#effect").click(function() {
        $("#effect").addClass("large", 2000, function() {
            $("#effect").removeClass("large", 2000);
        })
    });
```

J a v a S c r i p t + j Q u e r y  정복

2초간 large 클래스를 적용했다가 곧이어 다음 2초간 large 클래스를 제거하여 원래의 모양으로 복귀한다. 다음 함수는 클래스 지정을 토글한다. 클래스가 지정되어 있지 않으면 추가하고 이미 지정되어 있으면 제거한다.

### toggleClass(클래스명, 지속시간, 이징, 완료콜백)

위 예제를 toggleClass로 변경하면 디비전을 클릭할 때마다 large 클래스를 넣었다 뺐다함으로써 두 상태를 왔다 갔다할 것이다.

**toggleclass.html**

```
....
<script>
    $("#effect").click(function() {
        $("#effect").toggleClass("large", 2000);
    });
</script>
```

다음 메서드는 클래스를 교체한다. 기존의 클래스 지정을 제거하고 새로운 클래스를 추가함으로써 스타일을 통째로 바꾸는 것이다.

### switchClass(제거클래스, 추가클래스, 지속시간, 이징, 완료콜백)

클래스 제거 메서드와 추가 메서드를 합쳐 놓은 것이며 애니메이션 관련 인수까지 지정할 수 있다.

**switchclass.html**

```
<!DOCTYPE html>
<html>
<head>
    <meta charset="utf-8">
    <title>switchclass</title>
    <link rel="stylesheet" href="css/ui-lightness/jquery-ui-1.10.4.custom.min.css" />
```

```
<script src="jquery-1.11.0.min.js"></script>
<script src="js/jquery-ui-1.10.4.custom.min.js"></script>
<style>
    .small { width:100px;height:100px;background-color:yellow;color:black; }
    .large { width:300px;height:200px;background-color:red;color:blue; }
</style>
</head>
<body>
    <div id="effect" class="small" >
        <p>클릭하세요</p>
    </div>
    <script>
        $("#effect").click(function() {
            $("#effect").switchClass("small", "large", 2000);
        });
    </script>
</body>
</html>
```

디비전에 최초 small 클래스가 지정되어 있는데 switchClass 함수로 large 클래스로 교체하였다. 작은 사각형이 점점 커지면서 배경은 빨간색이 된다. 두 스타일에 지정된 모든 속성이 애니메이션 대상이어서 한꺼번에 여러 속성을 변경할 수 있다.

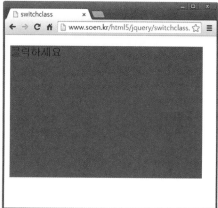

J a v a S c r i p t + j Q u e r y  정복

상태에 따라 여러 개의 클래스를 정의해 놓고 필요에 따라 클래스를 선택적으로 적용하고 싶을 때 유용한 메서드이다.

## 4.3 효과

다음 메서드는 여러 가지 단순 효과를 적용한다. 첫 번째 인수로 효과의 이름을 지정하고 효과에 따른 옵션이나 지속 시간을 지정한다. 두 번째 이후의 인수는 모두 생략 가능하다.

**effect(효과명, 옵션, 지속시간, 완료콜백)40**

여러 가지 깜찍한 효과들이 제공되는데 대표적으로 shake 효과를 테스트해 보자.

**effect.html**

```
<!DOCTYPE html>
<html>
<head>
    <meta charset="utf-8">
    <title>effect</title>
    <link rel="stylesheet" href="css/ui-lightness/jquery-ui-1.10.4.custom.min.css" />
    <script src="jquery-1.11.0.min.js"></script>
    <script src="js/jquery-ui-1.10.4.custom.min.js"></script>
    <style>
        .small { width:100px;height:100px;background-color:yellow;color:black; }
        .large { width:300px;height:200px;background-color:red;color:blue; }
    </style>
</head>
<body>
    <div id="effect" style="width:200px;height:100px;background-color:yellow;">
        <p>클릭하세요</p>
    </div>
    <script>
```

```
            $("#effect").click(function() {
                $("#effect").effect("shake");
            });
        </script>
    </body>
</html>
```

효과를 지정할 엘리먼트를 선택한 후 effect("shake") 메서드만 호출하면 모든 효과가 적용된다.
사각형이 좌우로 덜덜덜 떨면서 흔들릴 것이다.

 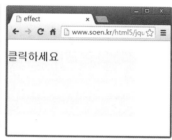

옵션으로 이동 방향, 이동 거리, 횟수 등을 지정할 수 있다. 또한 지속 시간과 완료 콜백도 지정 가
능하다. 다음과 같이 수정해 보자.

---

**effect2.html**

```
    ....
    <script>
        $("#effect").click(function() {
            $("#effect").effect("shake", {
                direction:'up',
                distance:50,
                times:8
            }, 2000);
        });
    </script>
```

J a v a S c r i p t + j Q u e r y  정복

2초동안 아래 위로 크게 8번 진동한다. 진동 외에도 여러 가지 효과가 제공되는데 하나씩 구경해 보자.

```
    ....
<script>
    $("#effect").click(function() {
        $("#effect").effect("explode");
    });
</script>
```

```
    ....
<script>
    $("#effect").click(function() {
        $("#effect").effect("slide");
    });
</script>
```

사방으로 흩어져 점점 투명해져 사라지기도 하고 왼쪽에서 오른쪽으로 미끄러지듯 나타나기도 한다.

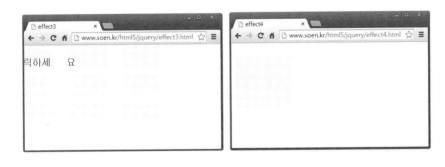

각 효과별로 다양한 옵션이 제공되어 이동 거리나 시간 등을 섬세하게 선택할 수 있다. 너무 과장된 효과는 요란스러우므로 꼭 필요한 곳에 아주 짧은 시간동안 깜찍한 움직임 정도만 활용하는 것이 좋다.

# 찾아보기

# 찾아보기

# 찾아보기

# 찾아보기

# 찾아보기